르네상스의 여인들

시오노 나나미 ▎르네상스 저작집 2

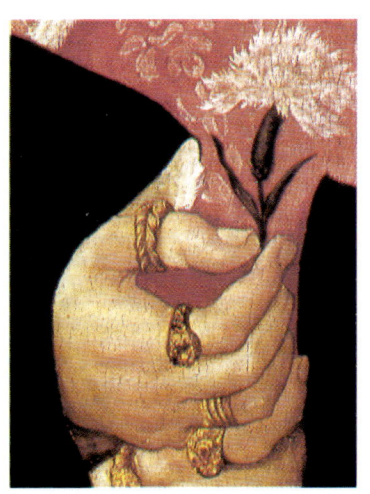

르네상스의 여인들

시오노 나나미 | 르네상스 저작집 2

김석희 옮김

한길사

RUNESANSUNO ONNATACHI
by Nanami Shiono

Copyright © 1996 by Nanami Shiono

Original Japanese edition published by Chuokoron-Sha Inc.
Korean translation rights arranged with Nanami Shiono
through Japan Foreign-Rights Centre

Translated by Kim Suk-hee
Published by Hangilsa Publishing Co., Ltd., Seoul, Korea

바르톨로메오 다 베네토가 그린 이 여인의 초상을 두고 설이 분분하나 많은 학자들이 루크레치아 보르자라는 데 의견의 일치를 보고 있다. 루크레치아는 교황의 딸로 태어나 권력의 심장부에서 자랐으면서도, 그 아름다움 때문에 정략과 정쟁의 제물이 된 비극의 주인공이었다.

티치아노가 그린 「카테리나 코르나로」. 그녀는 강요된 운명에 의해 키프로스의 여왕이 되었으나, 결국은 그 운명에 의해 망국의 꼭두각시가 될 수밖에 없었던 '베네치아의 딸'이었다.

완벽한 궁정인과 귀부인, 그리고 궁정인과 군주의 관계를 다루고 있는 16세기의 명저 『궁정인』의 저자 발다사레 카스틸리오네(라파엘로 그림). 그는 교황청 서기장, 교황 대사 등 여러 요직에 있으면서 만토바 후작부인인 이사벨라 데스테에게 교황청이나 유럽의 정세에 관한 많은 정보를 알려주었다.

흔히 「흰 담비를 안은 여인」(레오나르도 다 빈치 그림)으로 알려진 이 그림 속의 미인이 바로 밀라노 공국의 실질적 지배자였던 루도비코 스포르차(일 모로)의 애인 체칠리아 갈레라니이다. 10년 동안 일 모로의 애인으로 지냈지만 그의 아내 베아트리체 때문에 결국은 거액의 지참금을 지닌 채 다른 백작에게 시집을 가야만 했던 운명 탓에 그녀는 밀라노공국에서 그늘의 여왕으로 불렸다.

타고난 정치적 재능과 예술적 영혼을 한껏 발휘하여, 강대국에 둘러싸인 작은 나라를 슬기롭게 지켜낸 만토바 후작부인 이사벨라 데스테. 그녀는 60세 때 화가 티치아노에게 초상화를 의뢰했는데 그림이 실물보다 이쁘지 않다며 40세나 젊어 보이도록 다시 그려달라고 했다 한다.

만테냐의 「죽은 그리스도」. 당시 만테냐는 북이탈리아의 일류 화가이자 만토바 궁정화가로 봉직하고 있었으며, 로마에 초빙될 만큼 명성을 날리고 있었다. 하지만 만토바 후작부인 이사벨라 데스테는 그에게 초상화를 의뢰하지 않았다. 이 그림에서 보듯이 냉혹할 만큼 사실적인 만테냐의 화풍을 그녀가 좋아하지 않았기 때문이다. 여러 화가에게 초상화를 부탁했던 그녀도 냉혹한 사실주의의 붓에 의해 자기의 얼굴이 그려지는 것만은 참을 수 없었을 것이다.

멜로초 다 포를리가 바티칸 궁 식스투스 4세의 도서관에 그린 프레스코화. 식스투스 4세는 '니포티스모'(조카나 손자 등을 통틀어 일컫는 명칭)라고 불린 근친들을 어디까지 후대할 수 있는가를 보여준 최초의 교황이기도 했다. 이 그림에서도 교황 앞에 서 있는 인물이 바로 교황의 조카로 뒷날 율리우스 2세가 되는 줄리아노 델라 로베레 추기경이다.

이사벨라 데스테의 사위인 프란체스코 마리아 델라 로베레(라파엘로 그림). 이사벨라 데스테는 우르비노 공작 구이도발도의 조카이자 교황 율리우스 2세의 조카인 이 인물과 자기의 딸 레오노라를 결혼시킴으로써 교황과의 관계를 돈독히 하려고 애썼다. 그녀는 당시 이탈리아에 있는 거의 모든 지배자와 인척관계를 맺었다는 말을 들을 정도로 정치적 재능이 뛰어났다.

「아들 프란체스코 추기경을 만나는 루도비코 곤차가」(만테냐 그림). 왼쪽의 옆얼굴이 보이는 인물이 이사벨라의 시조부인 루도비코 곤차가이다. 이사벨라 데스테는 만토바의 중간급 귀족인 곤차가 가문으로 시집을 간 뒤 강대국들의 틈바구니에서 이 소국을 지켜냈다. 멀리 15세기 당시의 만토바 풍경이 보인다.

시인이라기보다는 완벽한 궁정인이고, 당시 '이탈리아 인문주의자들의 귀공자'로 찬양되었던 미남 피에트로 벰보(티치아노 그림). 한때 루크레치아 보르자의 벰보에 대한 사랑이 주위를 돌아보지 않을 정도였으나 남편 알폰소의 개입으로 비련은 끝나고 만다. 지고의 사랑을 노래한 벰보의 『리 아솔라니』(아솔로 사람들) 역시 루크레치아에게 바쳐진 것이다.

페라라의 궁정시인 루도비코 아리오스토. 그는 16세기 이탈리아 르네상스의 최고 시인이며 대서사시 『광란의 오를란도』의 작가이다. 이사벨라 데스테에게 바쳐진 이 작품은 일반적으로 이탈리아 르네상스의 예술 경향과 정신적 자세를 가장 완벽하게 표현한 것으로 평가받고 있다.

만토바 궁정에 있는 이사벨라 데스테의 서재. 이 방에는 값비싼 책이나 훌륭한 미술품이 많았기 때문에 '일 파라디소'(낙원)라는 이름으로 불렸다. 서재 문간에는 그녀의 이름과 "꿈도 없이, 두려움도 없이"라는 현실적인 금언이 새겨져 있다.

르네상스의 여인들

시오노 나나미 ▌르네상스 저작집 2

김석희 옮김

한길사

르네상스의 여인들

시오노 나나미 ▌르네상스 저작집 2

1 이사벨라 데스테

정치와 아름다움 27
두 자매 30
힘과의 만남 39
비극적 간주곡 51
만토바 방어 55
성숙 70
'로마 약탈' 79
만년 92

2 루크레치아 보르자

역사와 여자 103
보르자 가문 사람들 105
'순백의 결혼' 114
어둠 속 126
교황청의 참극 134
로마를 떠나 142
페라라 146
1503년 여름 156
청춘의 죽음 168

- 머리말 21
- 후기 357
- 『르네상스의 여인들』 창작 뒷이야기 359
- 참고문헌 379
- 역자가 독자에게 389

3 카테리나 스포르차

프롤로그 179
산적들 틈에서 191
로마 205
'이탈리아의 여걸' 218
체사레 보르자 242
한 사람의 여자 254
에필로그 264

4 카테리나 코르나로

물 위의 도시 269
키프로스의 역사 275
사생아 자크 283
레반트 해역 289
'파마구스타의 난' 299
강대국의 정치 308
최후의 저항 327
키프로스 합병 335
귀향 341
종말 349

머리말
• 이 책의 성분에 관하여

'머리말'이나 '후기'는 언뜻 보기에는 독자를 위해 있는 것 같지만 실제로는 저자를 위해 있는 것이라고 빅토르 위고라는 위대한 선생이 『크롬웰』'머리말'에서 말했다.

듣고 보니 정말 그렇다. 저자는 수백 쪽이나 되는 본문에서 자신의 의도를 충분히 썼을 터인데, 독자의 이해력을 신뢰하지 않기 때문인지 아니면 자신의 문장력에 불안을 느끼기 때문인지, 이 책은 이런 의도로 쓴 것이니까 독자들이 그것을 알아주지 않으면 곤란하다는 듯이 일부러 다시 한번 독자 앞에 레일을 깔아주는 것이 대개의 '머리말'이 갖고 있는 공통점이라는 것을 알 수 있다. 그렇지 않으면 '후기'에서 이 책은 이러이러한 의도로 이러이러한 고생 끝에 쓴 것이라고 무슨 미련이라도 남은 것마냥 말하는 것이 보통이다.

이렇게 말하면 '머리말'의 효용성 따위는 전혀 없는 것처럼 느껴지지만, 위고 선생은 계속해서 이렇게 말하고 있다. 그렇다고 해서 '머리말'이 반드시 쓸모없다고는 말할 수 없다. 독자들은 그 책을 구입함으로써 돈과 시간을 투자하려 하고 있으니까, 투자 대상이 어떤 기반 위에 서 있는지 정도는 미리 알 권리가 있다. 과연 당연한 논리다. 위고가 살았던 시대의 서점에는 의자가 놓여 있었을지도 모른다고 상상하자 묘하게 우스워졌다.

저혈압인 나는 아무리 먼 거리를 걸어도 괜찮지만, 한 곳에 계속 서 있으면 10분도 지나기 전에 기분이 나빠진다. 그런데 의자가 놓여 있는 서점은 본 적이 없으니까, 나에게는 책을 고르는 시간을 최대한 줄이는 것이 아주 중대한 문제다. 계속 서 있는 것만 괴로운 것은 아니다. 담배 한 대 피우려 해도 재떨이가 놓여 있는 서점은 찾아볼 수 없고, 서점에 서서 조금 오래 책을 읽었나 싶으면 점원이 볼일도 없는데 주위를 얼쩡거리기 시작하여 내 정신을 산만하게 만드는 것밖에 생각지 않는 것 같다. 같은 종류의 책들을 비교해보고 싶어도, 책을 이리저리 움직이면 곤란하다고 점원한테서 당장 항의가 들어오니까 그것조차 불가능하다.

이렇게 되면 신경이 상당히 굵은 사람이 아닌 다음에야 남은 방법은 딱 하나뿐이다. 무조건 저자를 믿고 사는 수밖에 없다. 그런데 유명작가도 아닌 내가 내 이름만 믿고 사달라고 요구하는 것은 뻔뻔스러운 정도가 아니라 비현실적이다. 그러니, 본문은 이런 성분으로 이루어져 있다는 정도는 말해주는 것이 독자에 대한 최소한의 서비스가 아닐까, 그렇게 생각하게 되었다. 하다못해 비스킷도 밀가루, 설탕, 버터, 달걀, 바닐라, 소금 같은 성분이 포장 상자에 명기되어 있지 않은가. 그것을 본받아 『르네상스의 여인들』의 성분표를 만들어보면 다음과 같다.

정략결혼 8, 전쟁 2, 약탈 2, 암살 6, 간통 4,
감옥 2, 강간 1, 처형 4, 그리고 권모술수는 부지기수.

이것이 15세기 후반부터 16세기 초까지의 기간에 살았던 네 여자를 축으로 하여 전개된다.

저자가 이런 악업에만 관심이 있어서 일부러 그것만 다룬 것은 아니다. 「제3의 사나이」라는 오래된 명화의 마지막 부분에서 제3의 사나이로 나온 오손 웰스가 이런 말을 했다.

"당신은 나를 악당이라고 비난한다. 그러나 수백 년 동안 평화가 이어진 스위스는 뻐꾸기 시계를 만들었을 뿐이지만, 보르자 같은 사람들이 온갖 악행을 저질렀다고 비난받는 르네상스 시대에는 레오나르도와 미켈란젤로에 의해 위대한 문화가 꽃을 피웠잖은가."

이런 현상이 왜 일어나는지는 버트런드 러셀처럼 머리좋은 남자도 모르겠다고 말했으니까, 나 같은 사람이 알 리가 없다. 하지만 긴 가을밤에 아무것도 할 일이 없으면 그 문제를 한번 곰곰 생각해보는 것도 재미있지 않을까.

여기까지 읽는 데 기껏해야 2분 30초밖에는 걸리지 않을 것이다. 기분도 나빠지지 않고 점원한테 신경을 쓸 필요도 없이 시간과 돈을 투자할 결심이 섰다면, 이 '머리말'은 비로소 저자를 위한 것이라고 말할 수 있을 것이다.

1973년 늦여름, 피렌체에서

르네상스 시대의 이탈리아

1
이사벨라 데스테

"꿈도 없이 두려움도 없이" *[Nec spe nec metu]*

이사벨라 데스테의 가계도

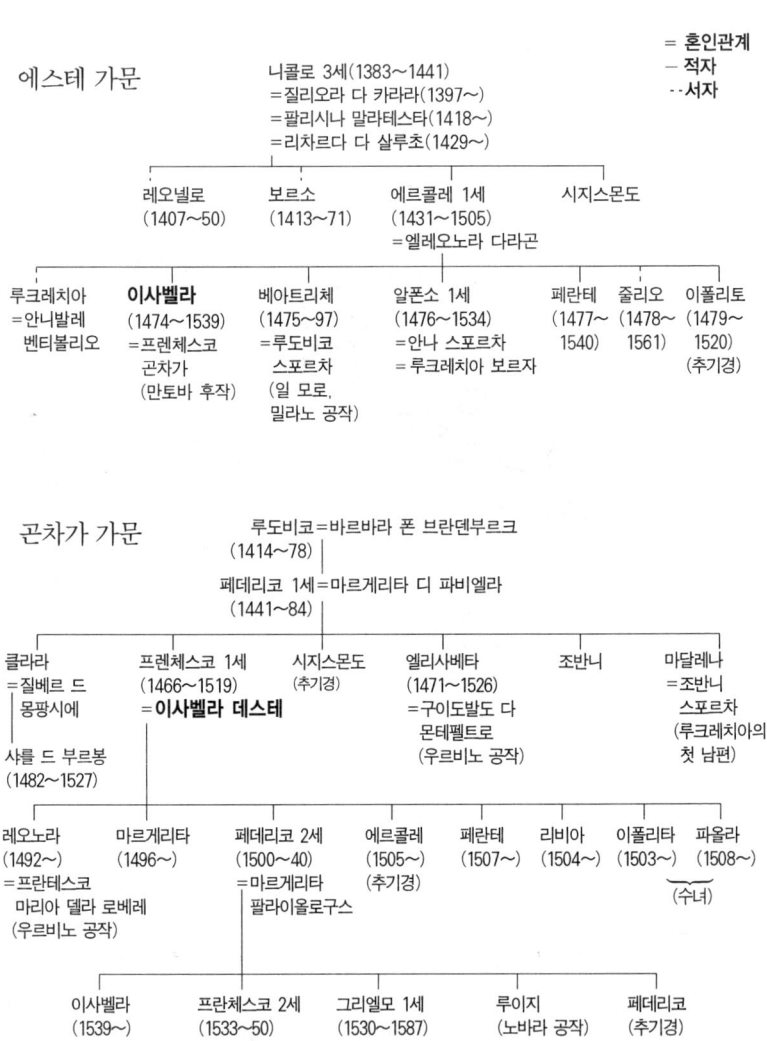

정치와 아름다움

한 점의 데생과 한 역사가의 언급. 여기서 전설이 생겨났다. 이탈리아 르네상스 시대의 숱한 인물들이 그렇듯이. 또한 역사상의 인물들이 흔히 그렇듯이. 이사벨라 데스테(Isabella d'Este, 1474~1539) 역시 그 전체적인 참모습보다는 부분적인 전설로만 알려진 여성이다.

이사벨라 데스테. 우리가 이 여인을 아는 것은 우선 루브르 박물관에 있는 레오나르도 다 빈치의 데생 초상화를 통해서이다. 그리고 다음에는 스위스의 역사가인 부르크하르트의 『이탈리아 르네상스의 문화』(1860)에 나오는 언급이 500년이 지난 오늘날에도 그녀의 모습을 결정적인 것으로 만들어버렸다.

"……그녀에 대한 우리의 판단은 이 아름다운 부인의 후원을 받은 예술가나 문인들의 말을 참고할 필요도 없다. 그녀 자신의 편지들이 어떤 일에도 흔들리지 않고 매사를 낙천적으로 바라보는 이 침착하고 상냥한 여인을 충분히 묘사하고 있기 때문이다. 그녀의 궁정은 약소하고 무력하며 금고 또한 텅 빌 때가 많았음에도, 피에트로 벰보와 마테오 반델로, 루도비코 아리오스토, 베르나르도 타소는 그들의 작품을 이 궁정에 보냈다. 이처럼 세련된 사교 모임은 저 유서깊은 우르비노 궁정이 해체된(1508) 뒤로는 어디에도 존재하지 않는다……. 이사벨라 부인은 특히 예술품에 조예가 깊었다. 수는 별로 많지 않지만 그녀의 정선된 수집품은 예술을 사랑하는 사람이라면 감동하지 않을 수 없다."

유럽에서 부르크하르트의 권위는 거의 절대적이었다. 1903년에 출판된 『만토바 후작부인 이사벨라 데스테』는 아직까지도 그녀에 관한 유일한 결정판 전기인데, 이 책을 쓴 영국의 줄리아 카트라이트도 이사벨라 데스테가 이탈리아의 애국자이며 르네상스 예술의 후원자라는 부르크하르트의 견해를 충실히 따르고 있다.

그리고 1968년 9월에 5회째를 맞이한 '이사벨라 데스테 상'도 전 세계 여성들 가운데 문화·정치·과학 등 여러 분야에서 공적이 있는 사람을 선발하여 시상하도록 되어 있다. 이것이 그동안 우리가 알고 있는 이사벨라 데스테의 모습이었다.

그러나 지금도 만토바에 남아 있는 그녀의 편지들, 그녀에게 보내진 편지들, 모데나에 있는 『페라라 연대기』, 그녀와 동시대를 살았던 역사가 마리노 사누도의 『일지』(日誌), 바티칸의 고문서관에 보관된 자료들, 그리고 특히 19세기 말부터 20세기 초에 걸쳐 만토바 고문서관 관장을 지낸 루치오의 학문적 연구에서도 지금까지 알려진 것과는 전혀 다른 그녀의 모습이 떠오른다.

이사벨라 데스테는 결코 행운으로만 가득 찬 완벽한 인생을 보내지 않았다. 아니, 보낼 수가 없었다. 르네상스 시대에 양반집 자녀들이 모두 그러했듯이, 그녀도 태어날 때부터 이미 '정치' 속에 있었다. 다시 말해서 복잡한 정략이나 크고 작은 권모술수의 소용돌이 속에 있었다. 이것이 그들의 운명이었다. 오늘날의 여성들이 대개 '정치'와는 관계없이 태어나 평생 동안 정치와 관계없이 살다가 죽을 수 있는 것과는 반대다.

다행인지 불행인지, 이사벨라는 에스테 가문이라는 중간급 귀족 집안에서 태어나, 역시 만토바의 중간급 귀족인 곤차가 집안으로 출가하여 일생을 마친다. 루크레치아 보르자처럼 교황의 딸로서 처음부터 각광을 받는 환경에서 태어난 것도 아니다. 그러나 이사벨라의 자존심은 한낱 평범한 귀족 여인으로 일생을 마치는 것을 용납하지 않았다. 그녀는 모든 것을 이용했다. 정쟁도, 예술도, 그녀 자신도 모두 이용했다. 태생적 한계를 극복하기 위해.

　이탈리아는 15세기부터 16세기에 이르기까지 극심한 혼란에 빠져 있었다. 그 시대를 열정적으로 살았던 마키아벨리에 따르면, 15세기에 이탈리아의 4대 세력이었던 밀라노공국과 베네치아공화국, 피렌체공화국, 나폴리왕국도 로렌초 데 메디치(피렌체의 실질적인 지배자로, 15세기 후반의 이탈리아 정치를 주름잡은 실력자이며, 미켈란젤로를 비롯한 많은 예술가를 보호했다. '로렌초 일 마니피코'〔위대한 로렌초〕라고 불렸다. 1449~1492―옮긴이)가 타계한 1492년을 고비로 쇠락의 길을 걷기 시작하여, 그 중 피렌체가 맨 먼저 탈락했다. 그리고 같은해에 교황이 된 알렉산데르 6세에 의해 카톨릭 교회의 세력이 강해지면서 교황령인 로마의 지위가 두드러지게 높아졌다. 그후 몇 년도 지나기 전에 외세의 침입을 견디지 못한 밀라노와 나폴리가 차례로 탈락하고, 이탈리아에는 베네치아와 로마의 양대 세력만이 남게 되었으나, 이들도 독일(신성로마제국)과 프랑스 및 에스파냐의 끊임없는 위협에 시달리더니, 1527년 독일군에 의해 자행된 '로마 약탈'로 말미암아 이탈리아 르네상스는 막을 내리고, 2년 뒤에는 신성로마제국 황제 카를 5세가 볼로냐에서 대관식을 거행함으로써 에스파냐의 무채색이 화려한 색깔의 이탈리아를 대신 뒤덮게 되었다.

　이것이 이사벨라 데스테가 태어나 살았던 시대의 상황이었다. 그녀는 외가인 나폴리의 아라곤 왕가와 여동생 베아트리체가 시집간 밀라노공국이 차례로 무너지는 것을 보면서, 친정인 에스테 가문이 다스리는 페라라와 시댁인 곤차가 가문이 다스리는 만토바를 지켜냈다. 중간급 군주국으로서 강대국의 먹이가 되기 쉬웠던 이 두 공국을 지켜내려면, 대담하면서도 냉철한 현실주의를 택할 수밖에 없었다. 르네상스의 여인으로서 역시 정치 속에서 태어나는 운명을 짊어진 루크레치아 보르자는 정쟁의 소용돌이에 휘말렸고, 카테리나 스포르차는 우직하게 정면 대결하다가 패망했으며, 비토리아 콜론나는 종교로 도피했다. 반면에 이사벨라 데스테는 언제나 냉정한 눈으로 현실을 직시하는 것을 잊지 않았다. 이탈리아 르네상스의 진수인 투철한 합리적 정신을 잊지 않았던 것이다.

이사벨라 데스테는 타고난 정치가였다. 그녀가 평생토록 견지한 활기차고 대담한 영혼, 냉철한 현실주의에 바탕을 둔 합리적 정신이야말로 진정한 정치가의 본질이어야 하기 때문이다. 이 두 가지로 뒷받침된 경우에는 권모술수도 아름답다. 예술적으로 아름답다.

그녀는 예술가들을 보호함으로써 '아름다움의 벗'이 되고자 했다. 그리고 다른 사람들도 그녀를 '예술의 후원자'로 생각해왔다. 그러나 이탈리아 르네상스의 정신인 활기차고 대담한 영혼과 냉철한 현실주의에 바탕을 둔 합리적 정신을 구현한 일생을 통해, 그녀는 예술의 후원자라기보다는 오히려 '아름다움의 벗'이었다. 이사벨라가 문자 그대로 '르네상스 시대의 아이'가 된 것은 그 때문이다. 그리고 시대를 초월하지도 않았지만 시대에 떠밀려가지도 않았던 그녀의 생애가 오늘날 우리의 마음을 사로잡는 것도 바로 그 때문이다.

두 자매

이탈리아 북부, 포 강이 유유히 흐르는 에밀리아 평야는 완만한 구릉이 겹겹이 펼쳐진 피렌체 부근의 풍경과는 달리, 지평선까지 훤히 바라다보일 만큼 탁 트여 있다. 군데군데 서 있는 포플러나무들, 겨울이면 낙엽이 다 떨어져버리는 나무들 사이로 커다란 귤빛 태양이 저

물어가는 것도 잘 보인다. 피렌체에서 모데나를 거쳐 좀더 북쪽으로 가면, 포 강을 건너기 조금 전에 길이 양쪽으로 갈라진다. 감색 바탕에 하얀 글씨로 적힌 이정표를 보면, 오른쪽은 이사벨라의 친정인 에스테 가문이 다스린 페라라이고, 왼쪽은 그녀의 시댁인 곤차가 가문이 다스린 만토바이다.

내가 『페라라 연대기』를 발견한 곳은 모데나에 있는 에스테 가문 도서관이었다. 모데나는 16세기까지만 해도 페라라공국의 일개 영지에 불과했지만, 나중에 에스테 가문 본가의 대가 끊긴 뒤 분가가 모데나로 옮겨와 다스렸기 때문에 에스테 가문의 자료들은 대부분 모데나에 있다. 하지만 오늘날의 모데나는 이탈리아가 자랑하는 경주용 자동차 페라리와 마세라티의 고장이라 해도 좋다. 에스테 가문의 고문서관은 자동차 주행 시험장에서 그리 멀지 않은 곳에 있다. 이 낡은 석조건물 안에서 15세기 무렵의 페라라 방언으로 씌어진 연대기와 잉크빛 바랜 편지 따위를 검토하고 있는 동안에도, 몬차 그랑프리 경주와 몬테카를로 그랑프리 경주를 앞두고 시험 주행을 되풀이하는 경주용 자동차들의 호랑이 울음소리를 연상시키는 엔진 소리가 이따금 유리창을 뒤흔들고 있었다.

이름없는 필자들이 써서 남긴 이 『페라라 연대기』에 따르면, 이사벨라 데스테는 1474년 5월 18일 페라라 공작 에르콜레 데스테와 아라곤 왕녀인 엘레오노라 사이에서 맏딸로 태어났다. 이듬해에는 여동생 베아트리체가 태어났고, 그후 남동생 세 명이 잇달아 태어났다.

이사벨라의 아버지 에르콜레 공작은 정치가로서도 꽤 수완이 좋았고, 그의 공국은 마키아벨리도 인정했듯이 당시 이탈리아 국가들 중에서는 르네상스의 전형적인 정치로 알려져 있었다.

대국에 둘러싸인 중간급 정도의 공국이라는 어려운 정치적 여건 속에서도, 에스테 가문은 예로부터 문예 취미를 숭상하는 가풍을 가지고 있었다. 궁전은 안토니오 피사넬로와 피에로 델라 프란체스카의 벽화로 장식되고, 궁전 발코니 벽에는 시바 여왕이 솔로몬 왕을 방문한 장면을 묘사한 야코포 벨리니의 그림이 그려져 있었다. 게다가 페라라에는 당시 이탈리아에서 가장 시설이 좋은 대학이 있었고, 이탈리아 전역에 이름이 알려진 이 대학의 교수들은 자주 궁정에 초빙되어 대화의 중심 역할을 맡고 있었다. 이따금 열리는 궁정 음악회에서는 이사벨라의 어머니가 하프를, 큰아버지인 레오넬로가 기타를, 남동생 알폰소가 바이올린을, 이사벨라와 베아트리체 자매가 류트를 연주하곤 했다.

이사벨라는 이런 분위기 속에서 어머니의 자상한 보살핌을 받으며 성장했다. 금발에 발랄한 성격을 가진 아리따운 소녀는 일찍부터 영특한 재질을 보여, 언제나 궁정의 인기를 한몸에 모은 꽃 같은 존재였다. 한 살 아래인 베아트리체는 검은 머리에 우울한 빛이 감도는 검은 눈으로 눈부시게 빛나는 언니의 모습을 조심스럽게 지켜보곤 했다. 자매의 외가인 아라곤 왕가에는 아랍인의 피도 섞여 있다고 하는데, 베아트리체한테서는 그 외가의 피가 강하게 느껴졌다(아라곤 왕가의 본거지인 이베리아 반도 동부는 한때 이슬람의 지배를 받았다. 그후 아라곤왕국은 이슬람 세력을 몰아내는 한편, 1479년에는 카스티야왕국과 손잡고 에스파냐왕국으로 통합되었으며, 이탈리아 쪽에도 세력을 뻗쳐 시칠리아와 나폴리왕국까지 지배했다—옮긴이).

1490년 2월, 이사벨라는 열여섯 살에 이웃 나라 만토바의 영주인 프란체스코 곤차가 후작과 결혼했다. 26세의 젊은 후작은 이탈리아 귀족들 중에서도 가장 못생긴 편이었지만, 가장 매력적인 남자이기도 했다. 실팍한 몸집에 훤칠한 키, 수염으로 뒤덮인 얼굴에 할머니의 친정

프란체스코 곤차가

인 브란덴부르크 가문 특유의 매부리코가 올라앉아 있었다. 그는 무엇보다도 무인이었다. 말과 경마대회, 이것이 그가 정열을 불태우는 대상이었다. 그는 당시 이탈리아에서 가장 뛰어난 무인 가운데 하나였다. 한편, 신사로서도 일류급이었다. 북이탈리아 특유의 쾌활한 말투로 지껄이는 수다쟁이였지만, 여자한테는 상냥하고 정중했다. 그는 여자와 늘상 교제하지 않으면 삶의 보람을 느끼지 못하는 남자였다. 그리고 여자를 좋아하는 것은 곤차가 가문의 전통이기도 했다. 베르디의 오페라 「리골레토」의 무대가 만토바이기 때문은 아니지만. 그러나 그는 아내를 사랑했다. 보통 남자들이 젊은 아내를 사랑하듯이.

당시 대다수 귀족의 경우와는 달리, 이사벨라의 결혼 첫날밤이 어떻게 지나갔는지, 그리고 그 자리에 누구 누구가 참석했는지는 기록에 남아 있지 않다. 그러나 이사벨라가 측근 시녀에게 털어놓은 바에 따르면, 프란체스코 곤차가는 믿음직하고 사나이다운 남편 역할을 충분히 수행했고, 이사벨라도 아내로서 마땅히 취해야 할 태도로 응했다고 한다. 그녀는 다소 우쭐대는 투로 그렇게 말했다고 전해진다. 이사벨라는 여자의 도리라고 여겨지는 태도를 취했고, 이런 몸 가짐은 평생 변치 않았다. 그녀는 남자에 따라 여성으로서의 본바탕을 바꿀 수 있는 타입의 여자가 아니었다.

이사벨라가 만토바로 시집간 이듬해에 여동생 베아트리체도 결혼했다. 상대는 루도비코 스포르차였다. 본명보다도 검은 얼굴빛 때문에 '일 모로'(무어인)라는 별명으로 불린 루도비코 스포르차는 밀라노공국의 섭정이었지만, 밀라노 공작인 조카를 무시한 채 실질적인 군주로 행세하고 있었다. 돌이켜보면 일 모로는 이사벨라와 결혼할 뻔한 남자였다. 그는 10년 전에 이사벨라에게 청혼한 적이 있는데, 이사벨라가 한 달 전에 이미 만토바 후작과 약혼한 사이였기 때문에 동생인 베아트리체가 대신 그와 약혼했던 것이다. 밀라노의 숙적인 베네치아에 대항하여 페라라와 우호관계를 유지하기 위한 정략결혼이었기 때문에, 일 모로는 이 바꿔치기에 별다른 난색도 보이지 않고 승낙했다.

1491년 겨울, 동생의 결혼식에 참석하기 위해 밀라노에 간 이사벨라는 난생 처음으로 대도시의 생활을 알게 되었다. 당시 유럽에서 가장 화려한 궁전으로 알려져 있던 밀라노 성은 사실상의 지배자인 일 모로의 결혼으로 들끓고 있었다. 축제 감독을 맡은 사람은 레오나르도 다 빈치와 도나토 브라만테였다. 이사벨라는 만토바에 두고 온 남편에게 보낸 편지에서 밀라노의 상황을 설명하면서 놀라움을 감추지 못했다. 밀라노는 만토바나 페라라 따위와는 비교할 수도 없을 만큼 큰 도시라는 것. 날마다 열리는 무도회와 화려하고 세련된 궁정 사람들, 그 규모와 호화로움을 본 사람이면 아무도 일 모로의 권력을 의심

베아트리체 데스테

하지 못하리라는 것.

주역은 신부였다. 얼마 전까지만 해도 언니의 그늘에 가려 있으나 마나 한 존재였던 베아트리체가 이제는 무대 정면으로 나서게 되었다. 그녀는 이 호화로운 궁정의 한복판에 있는 20세 연상의 남편에게 완전히 열중해버렸다. 일 모로도 어린 신부를 귀엽게 여겨, 그런 모습을 많은 사람들 앞에서 공공연히 보이곤 했다. 며칠 사이에 베아트리체는 갑자기 달라졌다. 여전히 아름답다고는 말할 수 없지만, 까무잡잡하고 앳된 얼굴은 매력으로 가득 차고, 우울한 빛이 감돌던 검은 눈동자는 이제 행복을 움켜쥔 자신감으로 빛나기 시작했다. 이사벨라는 10년 전에 불과 한 달 차이로 놓쳐버린 행운이 어떤 것인가를 처음으로 보았다.

언니의 그늘에서 벗어난 베아트리체는 멈출 줄을 모르는 것 같았다. 일 모로도 이 정열적이고 변덕스러운 젊은 아내의 매력에 끌리고 있었다.

 자신감으로 충만한 베아트리체는 지난 10년 동안 일 모로의 애인이었던 체칠리아 갈레라니를 남편한테서 떼어놓는 일에 착수했다. 레오나르도 다 빈치도 초상화를 그린 이 미모의 여인은 밀라노공국에서 그늘의 여왕으로 불리고 있었다. 처음에는 우선 체칠리아를 공식 석상에서 몰아내는 데 성공했다. 그리고 같은해 말, 체칠리아는 일 모로가 준 거액의 지참금을 가지고 베르가미니 백작에게 시집갔다. 일 모로의 자식을 낳기 조금 전에.

 이어서 베아트리체가 한 일은 언니에게 자신의 행운을 보란 듯이 과시하는 것이었다. 황금과 진주로 호화롭게 장식한 80벌의 최신식 드레스와 수많은 보석은 약소국 만토바의 후작부인으로서는 꿈도 꿀 수 없는 것이었다.

 여기에 대해 이사벨라는 우아하고 개성적인 옷을 맵시있게 차려입는 것으로 응수했다. 두꺼운 비로드의 질감을 살린 단순한 장식의 드레스는 살결이 곱고 풍만한 이사벨라의 몸매에 잘 어울렸다. 그녀는 평생 동안 멋쟁이였다. 좀더 나중의 일이지만, 프랑스 파리에 있는 루이 12세 궁정의 시녀들이 이사벨라가 만들어낸 유행을 따르기 위해, 그녀의 드레스와 똑같은 스타일의 옷을 입힌 인형을 보내달라고 부탁해올 정도였다. 이사벨라는 그다지 아름답게 태어난 것도 아닌데, 사람들은 모두 그녀를 미인으로 생각했다. 그녀는 정치를 하는 것과 거의 똑같은 열의를 가지고 드레스를 골랐다.

 그러나 무엇보다도 이사벨라를 자극한 것은 베아트리체가 브라만테나 레오나르도 같은 위대한 예술가들을 가까이에 두고 있다는 점이었다. 그녀는 차츰 이런저런 핑계를 대어 동생의 초대를 거절하게 되었다. 동생에게 대항할 수 있는 방법은 하나밖에 없었다. 재산이나 권력에서는 만토바가 도저히 밀라노를 따라갈 수 없었다. 남은 것은 이사벨라 자신뿐이었다. 높은 교양으로 조금은 이름나 있던 그녀 자신의 이름을 더욱 높이는 것이었다. 훗날 이탈리아만이 아니라 유럽 전역에까지 널리 알려진 '교양있는 만토바 후작부인'은 이 무렵부터 본바탕이 만들어져갔다.

그녀는 결혼한 뒤에 잠시 중단했던 공부를 다시 시작했다. 페라라 대학 교수였던 구아리노가 만토바로 불려갔다. 그리스-로마의 고전 문학과 역사, 중세 프랑스의 로망. 그녀 주위에 모이는 학자와 문예 애호가들의 대화에는 특수한 언어가 사용되었다. 이 폐쇄적인 대화는 그녀의 살롱에 드나드는 사람이 아니고선 이해할 수 없는 언어였다.

이사벨라가 딸만 잇달아 낳고 풀이 죽은 반면, 두 아들을 낳은 베아트리체는 기고만장했다. 그녀에게는 모든 것이 허용되어 있는 것 같았다. 그러나 그녀에게도 뜻대로 안되는 일이 하나 있었다. 남편인 일 모로가 아무리 밀라노의 실세라 해도, 정통 밀라노 공작은 조카인 잔 갈레아초 스포르차이고, 따라서 밀라노공국의 퍼스트 레이디는 아라곤 왕가의 딸로서 베아트리체와는 사촌간인 잔 갈레아초의 아내였기 때문이다. 이런 까닭에 베아트리체는 공식 석상에서는 언제나 사촌보다 한 걸음 뒤서야 하는 처지였고, 그녀는 이런 처지를 참을 수가 없었다.

베아트리체의 이런 심사는 남편인 일 모로가 오랫동안 품고 있던 야심과 짝을 이루었다. 일 모로는 그 오랜 섭정 기간을 통해 공국을 가로채기 위한 토대를 서서히 구축해가고 있었다. 밀라노의 민심은 이제 잔 갈레아초 공작한테서 완전히 떠나 있었다. 스포르차 가문과 비스콘티 가문(밀라노공국은 1227년 이래 비스콘티 가문이 지배해왔으나, 1447년에 남자 직계의 단절로 잠시 공화제가 시행된 틈을

루도비코 스포르차(일 모로)

타서 용병대장 프란체스코 스포르차가 1450년에 무력으로 공작위를 탈취하여 새로운 군주가 되었는데, 그의 아내가 비스콘티 가문의 딸이었다. 이 두 사람 사이에서 태어난 것이 갈레아초 마리아와 루도비코(일 모로)와 아스카니오이고, 갈레아초 마리아의 아들로서 공작위를 물려받은 것이 잔 갈레아초이다—옮긴이)의 결함을 한몸에 모은 듯한 성격을 가진 잔 갈레아초는 말과 사냥개와 여자 외에는 어떤 것에도 관심이 없었다. 로마 교황청도 일 모로의 손 안에 있었다. 1492년에 로드리고 보르자가 알렉산데르 6세로서 교황에 오른 것은 일 모로와 그의 동생 아스카니오 추기경이 지지해준 덕택이었기 때문이다.

이제 방해가 되는 것은 공작부인의 친정인 나폴리의 아라곤 왕가뿐이었다. 아라곤 왕가의 반대를 쳐부수는 것이 일 모로의 목표였다. 베아트리체에게 아라곤 왕가는 외가이기도 하고, 어린 시절에 나폴리 궁정에서 8년을 보낸 추억도 있었지만, 그런 것은 지금의 그녀에게는 전혀 문제가 되지 않았다. 당시 프랑스 왕 샤를 8세는 앙주 가문과의 먼 혈연관계를 내세워 나폴리왕국에 대한 상속권을 주장하고 있었다 (나폴리왕국은 원래 프랑스계 앙주 가문의 지배를 받았으나, 시칠리아왕국을 지배하고 있던 에스파냐계 아라곤 왕가의 알폰소 5세가 1442년에 앙주 가문으로부터 나폴리를 빼앗아 두 왕국을 통합했다—옮긴이). 일 모로는 나폴리의 아라곤 왕가를 쳐부수기 위해 이것을 이용했다. 샤를 8세와 일 모로 사이에는 프랑스 군대를 무사히 밀라노공국 영내로 통과시킨다는 약속이 이루어졌다. 이것이야말로 그후 몇 세기에 걸친 이탈리아의 비극을 낳은 원인이었고, 외세 침략의 첫 도화선에 불을 댕긴 사건이었다.

1495년, 프랑스 군대가 나폴리를 점령하는 동시에 일 모로는 정통 밀라노 공작이 되었다. 베아트리체도 마침내 밀라노 공작부인으로 불리게 되어 기고만장했지만, 종말은 뜻밖에도 빨리 찾아왔다. 남편에게 새 애인이 생긴 것이다. 베아트리체는 미친 듯이 화를 냈다. 어느 날 밤, 성에서는 여느 때처럼 무도회가 열리고 있었다. 베아트리체는 그 한복판에서 신나게 춤을 추고 있다가, 갑자기 진통을 느꼈다. 방으로 옮겨진 그녀는 밤늦게 사산했다. 그리고 한 시간 뒤에는 그녀도 세상을 떠났다. 22세가 채 안된 젊은 나이였다.

힘과의 만남

프랑스 군대가 과시한 강대국의 위세를 처음으로 실감한 이탈리아 국가들이 외세 침략의 위험성을 깨닫는 데에는 그리 오랜 시간이 걸리지 않았다. 특히 정통 밀라노 공작이 된 일 모로는 자기가 판 함정에 자기가 빠져버린 것을 깨달았다. 프랑스 왕 샤를 8세가 과거의 연고를 내세워 밀라노공국에 대한 권리를 주장하고 나섰기 때문이다. 그 연고란, 한때 밀라노를 다스렸던 비스콘티 가문의 딸 발렌티나가 프랑스의 오를레앙 공과 결혼한 사실을 말한다.

이탈리아는 서둘러 단결했다. 1495년 3월, 프랑스에 대항하기 위해 교황청과 베네치아, 밀라노, 만토바 및 그밖의 도시들을 포함하는 동맹이 결성되었다. 이사벨라의 남편 프란체스코는 동맹군 총사령관으로서 만토바를 떠났다. 뒷일은 아내한테 맡기고.

이것은 이사벨라가 정치에 대한 관심을 자각한 최초의 기회가 되었다. 그것은 군사적 전통을 가진 곤차가 가문과 달리 정치적 재능이 뛰어난 에스테 가문의 혈통을 자각한 것이기도 했다. 20대에 갓 들어선 젊은 후작부인은 신중한 배려와 냉정한 판단으로 일을 처리해 나갔다. 남편의 신하들은 모두 그녀의 자문을 받았다. 후작부인은 만토바 영내를 샅샅이 감독하고 보살폈다. 그녀의 눈길을 피할 수 있는 곳은 아무데도 없었고, 백성들은 누구나 밤이건 낮이건 후작부인을 만날 수 있었다. 그녀는 자진해서 백성들의 이야기를 들으려고 했다. 이렇게 하여 이사벨라는 통치의 요령을 배워 나갔다.

한편, 이사벨라의 남편인 프란체스코는 생애 최고이자 유일한 영예를 얻고 있었다. 7월에 벌어진 타로 전투에서 대승을 거둔 것이다. 그는 프랑스 군대를 철저히 무찔렀고, 샤를 8세는 간신히 프랑스로 도망쳐 돌아갔다. 이탈리아 전역은 이 승전보로 들끓었다. 프란체스코 곤차가는 이제 '이탈리아의 자유'를 지킨 영웅이었다. 만토바의 기쁨과 자부심은 끝이 없었고, 궁정화가인 만테냐는 이 승전을 기념하여 세워진 산타 마리아 델라 비토리아 성당에 「승리의 마돈나」를 그렸다. 이 그림은 얄궂게도 오늘날 루브르 박물관에 소장되어 있다. 프란체스코는 2천 두카토의 특별 보너스를 받았고, 이사벨라도 1천 두카토를 받게 되었다. 이 뜻밖의 횡재에 기쁨을 참지 못한 이사벨라는 돈이 수중에 들어오기도 전에 베네치아에 드레스와 장신구를 주문해버렸다.

그러나 이만한 성공에 기분이 우쭐해진 이사벨라 앞에 그 기쁨을 날려버리려는 듯이 두 남자가 나타났다. 그들은 둘 다 이탈리아 르네상스 역사에서는 제일급인 인물이었다. 하나는 동생 베아트리체의 남편인 일 모로이고, 또 하나는 체사레 보르자였다. 이 두 사람을 통해 이사벨라는 진정한 정치 세계를 조금씩 알게 되었다.

권세가 쇠퇴할 줄 몰랐던 일 모로, 즉 루도비코 스포르차도 1497년에 아내 베아트리체가 죽은 뒤로는 운이 기울기 시작했다. 프랑스가 이번에는 루이 12세를 내세워 밀라노에 다가오고 있었다.

그래도 이사벨라는 아직 일 모로의 힘을 믿고 있었다. 그녀의 머릿속에는 그 호화로운 밀라노 궁정, 밀라노 영주인 일 모로의 자신감 넘치는 모습이 박혀 있었다. 또한 자기가 그 궁정의 여주인이 될 수도 있었는데 한 달 차이로 그 행운을 동생한테 빼앗겨버렸다는 의식이 늘 그녀의 머리를 떠나지 않았다. 동생이 죽은 뒤에 더욱 친해진 일 모로와 편지를 주고받은 것도 그에 대한 이사벨라의 친밀감과 신뢰감을 더해줄 뿐이었다. 일 모로가 밀라노를 내주고 다시 복귀를 노리고 있던 무렵, 이사벨라는 일 모로에게 "만약에 내가 남자라면 군대를 이끌고 도우러 갈 수 있을텐데……" 하는 편지를 써 보냈다.

그러나 이사벨라의 이 감정적 전망은 처음부터 잘못되어 있었다. 교황 알렉산데르 6세는 아들 체사레 보르자가 루이 12세의 사촌누이와 결혼한 뒤로는 더 이상 밀라노 편이 아니었다. 더구나 밀라노와 앙숙인 베네치아는 나 몰라라 하는 정도가 아니라, 아예 프랑스 편에 붙어버렸다. 나폴리도 물론 밀라노 편이 아니었다. 5년 전에 일 모로가 나폴리의 아라곤 왕가를 몰아내는 데 한몫 거들었기 때문이다. 일 모로는 완전히 고립된 상태였다. 1500년에 그는 밀라노를 프랑스에 내주고 포로가 되었다가, 8년 뒤에 로슈 성의 감옥에서 파란만장한 생애를 마쳤다.

일 모로의 몰락을 보고, 이사벨라는 낙관적인 생각을 버렸다. 1년 전에 일 모로의 음모로 남편 프란체스코가 오랫동안 맡고 있던 베네치아 공화국 총사령관 자리에서 쫓겨났을 때에도 이사벨라는 일 모로에 대한 신뢰를 잃지 않았지만, 신뢰나 친밀감 따위는 정치에 아무런 도움도 되지 않는다는 것을 이제는 절실히 깨달았다. 그리고 밀라노가 몰락한 뒤, 만토바는 북쪽의 프랑스와 남쪽의 체사레 보르자에게 위협을 받게 되었다. 만토바는 중간급 공국이면서도 이탈리아 반도의 요지에 자리잡고 있어서, 이곳을 지나지 않고는 남쪽에서도 북쪽에서도 반도를 종단할 수 없었기 때문에 여러 나라의 노림을 받을 수밖에 없는 운명이었다. 신성로마제국과 베네치아도 주의를 게을리해서는 안될 상대였다.

밀라노가 몰락의 길을 걷고 있던 무렵, 일 모로의 애인인 체칠리아 갈레라니와 루크레치아 크리벨리가 만토바의 이사벨라한테 도망쳐왔다. '사랑의 기술자'로 이름난 두 여인을 이사벨라는 친절하게 맞이했다. 체칠리아에 대해서는 이사벨라가 직접 추천장을 써서 프랑스 궁정으로 보내주었다. 루크레치아는 이미 일 모로의 추천장을 지니고 있었는데, 라틴어로 격식을 갖추어 쓴 이 추천장을 번역하면, "나는 언제나 이 여자의 사랑의 기술을 커다란 기쁨과 함께 받아들이곤 했다"는 의미가 된다. 루크레치아 크리벨리는 이 증명서를 늘 몸에 지니고 다녔다.

만토바 궁정에 있는 '신혼방' 내부

밀라노 궁정이 몰락한 뒤에 만토바로 도망쳐온 것은 일 모로의 애인들만이 아니었다. 시인인 니콜로 다 코레조와 금속조각가인 크리스토포로 로마노도 망명해왔다. 1499년 말에는 레오나르도 다 빈치도 밀라노에서 베네치아로 가는 길에 만토바에 들렀다. 1년 전에 레오나르도가 그린 체칠리아 갈레라니의 초상화를 보고 몹시 부러워했던 이사벨라는 뛸 듯이 기뻐하며 레오나르도의 방문을 애타게 기다렸다.

만토바 궁정에 머무는 동안, 레오나르도는 자진해서 데생용 연필을 손에 들었다. 그가 그린 것은 평상복 차림에 머리도 그대로 풀어내린 채, 보석도 아무것도 몸에 걸치지 않은 이사벨라의 모습이었다. 이 데생은 오늘날 루브르 박물관에 남아 있다. 이사벨라는 데생이 아니라 본격적인 초상화를 그리게 하려고 애썼지만, 결국 실패했다. 레오나르도는 이사벨라가 수집한 수많은 예술품을 보고도 전혀 관심을 보이지 않았다. '신혼방'(살라 델리 스포시)이라고 불리는 방에 그려진 만테냐의 유명한 벽화에도 그는 무관심했다. 레오나르도가 만토바에서 열광한 것은 단 한 가지, 이탈리아에서 최고라고 일컫는 만토바산(産) 말뿐이었다.

이사벨라는 그후에도 몇 번이나 레오나르도에게 편지를 보내고, 피렌체 주재 만토바 대사까지 동원하여 초상화를 그려달라고 요청했지만, 레오나르도한테서는 답장 한번 받지 못했다. 1506년에 이사벨라가 처음이자 마지막으로 피렌체를 방문했을 때 라파엘로는 때마침 고향인 우르비노에 가서 피렌체에 없었지만, 일 페루지노와 로렌초 디 크레디는 이사벨라를 만났는데, '앙기아리 전투'를 그린 벽화의 실패로 그림에 넌더리가 난 나머지 피렌체에서 수리학 연구에 몰두해 있던 레오나르도는 그녀를 만나려고도 하지 않았다.

레오나르도만 이사벨라를 무시한 것은 아니었다. 같은 무렵, 이사벨라는 조반니 벨리니(처음엔 사실적 수법으로 엄숙한 종교화를 많이 그렸으나, 점차 현실적 감정을 담은 화풍으로 옮아가 16세기 베네치아파를 창시했다. 1430~1516-옮긴이)에게 그림을 주문하고 벌써 몇 차례나 선금을 주었는데도, 베네치아의 벨리니한테서는 아무 소식이 없었다. 2년 동안이나 이런 상태가 계속되자, 마침내 화가 난 이사벨라는 벨리니에게 최후 통첩을 보내 돈을 돌려주든가 그림을 그려주든가 하지 않으면 베네치아 총독에게 모든 것을 일러바치겠다고 경고했다. 벨리니도 여기에는 답장을 보내왔다.

"……저는 주문에 비해 일을 늦게 하는 편이지만, 사실은 열심히 노력하고 있습니다. 그림은 되도록 빨리 보내드리겠습니다."

몇 달 뒤에 그림이 만토바에 도착했다. 이사벨라는 기뻐하며 그 그림을 줄곧 소중히 간직했다. 그러나 이 그림은 1627년 이후 행방을 알 수 없게 되었다.

역사상, 이사벨라 데스테는 로렌초 데 메디치(일 마니피코)와 루도비코 스포르차에 이어 예술의 후원자로 알려져 있다. 그러나 앞의 두 사람에 비하면 이사벨라는 가진 돈이 너무 적었다. 만토바 궁전의 금고는 텅 빌 때가 많았다. 무슨 일이 있을 때마다 그녀는 보석까지 팔아야 했다. 그러나 그녀는 예술의 후원자가 되기에는 자신의 교양과 취미에 지나친 자부심을 가지고 있었다. 측근들은 이사벨라의 교양과 취미를 극구 찬양하여 그녀의 자부심을 더욱 부추겼다. 이런 경향 때문에 그녀는 페라라 궁정시인 아리오스토에게도 처음 얼마 동안은 별다른 관심을 보이지 않았다. 16세기 이탈리아 르네상스의 최고 시인이며 명작 서사시 『광란의 오를란도』의 작가인 아리오스토도 이사벨라의 살롱에 모이는 삼류 추기경 시인들 사이에서는 거의 무시당하고 있었다. 아리오스토는 『광란의 오를란도』를 이사벨라에게 바쳤는데, 이것은 페라라 궁정에 생활비를 의존해야 했던 시인으로서는 어쩔 수 없는 일이었다고 해야 할 것이다.

이사벨라가 무시한 예술가들 중에는 만테냐도 포함되어 있었다. 만테냐는 북이탈리아의 일류 화가로 알려져 있었지만, 당시에는 만토바 궁정화가로 봉직하고 있었다. 따라서 이사벨라의 초상화도 그렸을 것 같은데, 그가 그린 이사벨라 초상화는 한 점도 남아 있지 않다. 왜냐하면 냉혹할 만큼 사실적인 그의 화풍을 이사벨라가 좋아하지 않았기 때문이다. 그녀가 시누이인 우르비노 공작부인 엘리사베타에게 보낸 편지가 남아 있다. 이 편지에는, 만테냐에게 초상화를 그리게 할 마음은 추호도 없으니까 우르비노 궁정화가 한 사람을 만토바로 보내달라고 적혀 있다. 이 요청에 따라 만토바에 온 화가가 저 유명한 라파엘로의 아버지인 조반니 산치오였다. 그는 우아한 화풍을 가진 화가였다. 이사벨라는 여기에 만족한 모양이다. 그러나 만테냐는 당시 로마

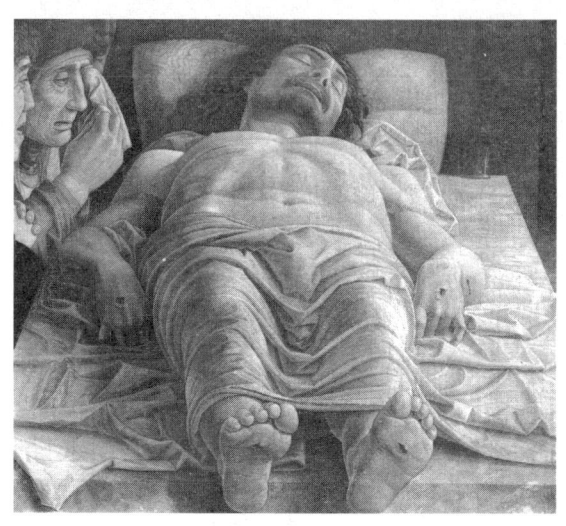

만테냐가 그린 「죽은 그리스도」

에 초빙될 만큼 명성을 얻고 있었기 때문에 이사벨라는 그를 후하게 대우했다. 그가 죽었을 때, 생전에 진 빚을 모두 이사벨라가 갚아주었다고 한다. 다만 만테냐가 냉혹한 사실주의의 붓으로 그녀의 얼굴을 초상화에 남기는 것만은 참을 수 없었다. 수척하고 노쇠한 모습을 라파엘로가 그대로 화폭에 옮겨도 태연했던 훗날의 교황 율리우스 2세와 이사벨라 데스테의 차이가 여기에 있었다.

이사벨라 데스테에게는 예술을 키우는 것보다 '만토바 후작부인의 예술 살롱'이 세간에 널리 알려지는 것이 더 중요했다. 약소 공국의 후작부인이라는 위치를 넘어설 수 있는 방법은 이것밖에 없었기 때문이다. 예술가들은 그녀에게 모여들었다. 그러나 그들은 귀족의 보호를 필요로 하는 예술가들뿐이었다. 레오나르도 다 빈치처럼 여기저기서 서로 끌어가려고 아우성친 예술가들은 그녀를 거들떠보지도 않았다. 이사벨라는 예술품을 수집하는 노력도 아끼지 않았지만, 그것도 자신의 서재를 위해서였다. 그것은 소규모 컬렉션의 범주를 끝내 넘어서지 못했다.

1500년. 일 모로에게는 파멸의 해였지만, 체사레 보르자에게는 운이 급상승한 해였다. 그리고 이사벨라 데스테에게도 사적인 의미와 공적인 의미에서 바쁜 해가 되었다.

5월에 애타게 기다리던 아들이 태어났다. 아들에게는 페데리코라는 이름을 붙여주었다. 아들이 세례를 받을 때 누가 대부로 선택되었는지는 당시의 정세를 잘 반영하고 있다. 우선 신성로마제국 황제인 막시밀리안 1세. 이 황제는 프란체스코와 오랜 친교를 갖고 있었다. 정적인 프랑스 왕 루이 12세의 기분을 상하지 않도록 하기 위해, 황제를 대부로 선택한 것은 얼마 전에 황제에게 손자가 탄생한 기쁨을 함께 나누기 위해서라는 이유가 붙여졌다. 이 황손은 나중에 카를 5세(에스파냐 왕으로서는 카를로스 1세)가 된 인물이다. 물론 이사벨라는 갓 태어난 이 황손이 나중에 이탈리아와 그녀의 아들에게 얼마나 큰 영향을 미치게 될 것인지는 상상도 못했을 것이다. 두번째 대부는 산세베리노 추기경이었는데, 이 사람은 밀라노의 스포르차 가문과 가까운 관계에 있었지만, 아직도 은연한 세력을 가지고 있었다. 마지막 대부는 당시 교황의 아들로서, 보기 드문 권세와 지략으로 당대에 두려움의 대상이 되어 있던 체사레 보르자였다. 체사레는 대부로 선택된 것을 진심으로 기쁘게 생각한다는 편지와 함께 이 제의를 기꺼이 수락했다. 그러나 프란체스코와 이사벨라는 이 편지에 기뻐 날뛸 만큼 순진하지는 않았다. 만토바는 체사레가 위험 인물이라는 것을 충분히 알고 있었다. 그 무렵 로마에 주재하고 있던 페라라 대사가 이사벨라에게 다음과 같은 편지를 보내왔다.

"발렌티노 공작(체사레 보르자)은 교황에게 막강한 영향력을 가지고 있습니다. 발렌티노 공작 자신도 그 자신의 강한 정신과 명예욕을 강하게 자각하고 있는 듯합니다. 그러나 정복하는 솜씨는 뛰어나지만, 지키고 다스리는 능력은 별로 없다는 것이 이쪽에서의 평판입니다. 언젠가는 교황 성하께서도 이렇게 말씀하시더군요. '발렌티노 공작은 아주 훌륭한 자질을 갖추고 있지만, 모욕당하면 결코 잊지 않아. 언젠가도 발렌티노 공작에게 말해주었지. 로마는 자유로운 도시라고. 그랬더니 공작은 이렇게 대답하더군. 그거야말로 로마에는 좋은 일이겠습니다만, 저는 로마 시민들에게 그 자유를 너무 남용하지 않는 편이 상책이라는 것을 가르쳐주겠습니다, 하고 말일세.'"

마키아벨리가 "말은 별로 없지만 늘 행동하고 있는 사나이"라고 평한 체사레는 만토바에도 지극히 기분나쁜 존재였다.

1500년 7월, 체사레 보르자의 야심은 착착 실행에 옮겨지고 있었다. 우선 그의 누이인 루크레치아의 두번째 남편이자 나폴리의 아라곤 왕가의 서자인 알폰소가 바티칸에서 살해되었다. 이어서 체사레와 짠 프랑스가 당장 나폴리를 정복했고, 체사레는 로마냐 지방을 손에 넣었다. 그로부터 몇 주일 뒤, 보르자 집안에서는 안나 스포르차(잔 갈레아초 스포르차의 누이)가 죽은 뒤 독신으로 지내온 에스테 가문의 후계자 알폰소와 얼마 전에 과부가 된 루크레치아 보르자의 혼담을 제의해왔다. 그러나 알폰소 본인은 물론이고 그의 아버지인 에르콜레 공작도 이 혼담에는 전혀 마음이 내키지 않았다. 이를 눈치챈 체사레는 나바라 왕녀인 아내 샤를로트 달브레의 사촌이자 에스테 가문의 보호자이기도 한 프랑스 왕 루이 12세를 통해 압력을 넣었다. 만토바는 더 이상 대답을 미룰 수가 없었다. 1501년 8월, 혼담이 성립되었다.

루크레치아의 결혼식이 끝나고 얼마 후, 한 통의 편지가 만토바를 깜짝 놀라게 했다. 체사레 보르자가 보낸 이 편지는 이제 갓 두 살이 된 곤차가 가문의 후계자 페데리코와 자기 딸의 약혼을 제의한 것이었다. 체사레의 속셈을 의심하지 않는 사람은 하나도 없었다. 만토바는 신중했다. 무엇보다도 교황의 근친은 지금 당장은 막강한 권세를 갖고 있어도, 그 힘이 오래가지 못한다. 이것은 과거의 예를 보아도 분명하다. 하지만 체사레의 세력은 너무나 막강했고, 교황 알렉산데르 6세는 죽음을 예상하기에는 아직 젊었다. 이사벨라와 프란체스코는 체사레의 비위를 건드리지 않도록 세심한 주의를 기울이면서 확답을 최대한 미루기로 결정했다. 하지만 체사레가 약혼 확정을 끈질기게 요구해오자, 프란체스코는 동생인 시지스몬도를 추기경으로 발탁해달라는 조건을 내걸었다. 이것은 추기경 임명권을 가진 교황, 즉 보르자 가문 쪽으로서는 마지막 카드를 의미했다. 역시 체사레는 확답을 주지 않았다.

만토바의 요구를 다른 방향으로 돌리기 위해, 체사레는 이번에는 자기 딸과 페데리코가 결혼할 때 준다는 조건으로 거액의 계약금을 요구해왔다. 이사벨라는 로마에 있는 체사레에게 다음과 같은 답장을 보냈다.

"지금 만토바의 금고에는 그런 큰 돈이 들어 있지 않습니다. 있는 것은 제가 가진 보석뿐입니다. 하지만 아직 보석을 몸에 지니고 즐길 수 있는 나이의 젊은 여자한테서 그 보석을 빼앗았다가 15년 뒤에 아들이 결혼할 때 돌려주셔도, 그때 이미 저는 보석을 즐길 나이가 지나버렸을 것입니다. 진정한 신사라면 어떻게 그런 짓을 할 수 있겠습니까."

그후 체사레는 두번 다시 계약금을 요구하지 않았다.

그러는 동안에도 만토바 주변은 차례로 체사레에게 정복당하고 있었다. 레오나르도 다 빈치가 무기 개발을 책임지고 있던 체사레의 군대는 6월에 스폴레토를 정복한 다음 우르비노 영토로 쳐들어갔다. 우르비노 공작 내외는 만토바로 망명했다. 같은 달 21일, 체사레는 우르비노에 입성했다. 궁전은 예술품과 함께 약탈당했다. 이어서 페루자와 시에나, 피사, 루카도 체사레의 수중에 들어갔다.

우르비노 공작 일가가 만토바로 피난해온 지 사흘 뒤, 이사벨라는 전에 시누이의 남편인 우르비노 공작의 소장품 중에서 보았던 미켈란젤로의 비너스상과 큐피드상을 체사레가 다른 예술품들과 함께 로마로 가져간 것을 알았다. 그녀는 전부터 부러운 마음으로 그 조각품을 바라보았기 때문에 무슨 수를 써서라도 그것을 갖고 싶었다. 마침 그 무렵 이사벨라는 소장품을 보관해둘 방을 하나 마련한 참이었다. 일단 갖고 싶다고 생각하자 애가 타서 가만히 있을 수가 없었다. 이사벨라는 추기경이 되어 로마에 머무르고 있는 동생 이폴리토에게 편지를 보내, 체사레한테 부탁해보라고 말했다.

몇 주일 뒤, 체사레의 가신이 조각품을 가지고 만토바에 도착했다. 이사벨라는 기뻐서 어쩔 줄 몰랐다. 그녀는 이에 대한 답례와 승전 축하를 겸하여, 로마에 있는 체사레에게 사육제용 가면 100개를 보냈다. 친밀감이 담긴 편지도 동봉했다. 체사레한테서는 곧 답장이 왔다. 이것도 친밀감이 넘치는 편지였고, 편지 끝에는 로마냐 공작이라고 서명하는 대신 장난스럽게 '그대의 동생 체사레로부터'라고 썼다. 그는 29세인 이사벨라보다 한 살 아래였다.

1503년 8월, 교황 알렉산데르 6세가 죽었다. 바티칸 궁전에서 잠깐 병을 앓다가 갑자기 죽은 것이다. 거의 같은 시기에 체사레도 앓아누웠다. 역사가들은 이들이 독을 먹었다고 말하지만, 사실은 말라리아에 걸렸던 것이다. 체사레에게 겁을 먹고 있던 이탈리아 국가들은 교황이 죽었다는 소식에 덩실덩실 춤을 추며 기뻐했다.

아버지가 죽은 뒤, 체사레는 로마냐 지방을 새 교황 율리우스 2세에게 바치고, 그 자신은 나폴리로 가려고 했지만 도중에 붙잡혀 에스파냐로 압송되었다. 프랑스와 나폴리도 그를 외면하고 거들떠보려고도 하지 않았다. 로마 역시 반 년도 지나기 전에 그를 잊어버렸다.

그러나 체사레 보르자를 잊지 않은 사람들도 있었다. 이사벨라도 그 중 한 사람이었다. 아버지가 교황에 즉위하면서 18세에 정치 권력의 중심이 되었고, 28세에 아버지의 죽음과 함께 몰락할 때까지 이탈리아 전역을, 아니 유럽 전역을 누비고 다닌 사나이. 친보르자파인 마키아벨리는 말할 것도 없지만, 반보르자파인 프란체스코 구이차르디니(피렌체 태생의 정치가·역사가. 정치적으로는 귀족정치를 지지했으며, 『회상록』·『이탈리아 역사』등을 저술했다. 1483~1540−옮긴이)까지도 인정할 수밖에 없었던 체사레의 남다른 개성과 뛰어난 재능과 인간적인 매력. 직접 만나볼 기회는 한번도 갖지 못했지만, 이사벨라는 그에게서 강한 인상을 받을 수밖에 없었다.

비극적 간주곡

현실주의자든 아니든, 불합리한 사랑의 분쟁에는 이길 수 없는 법이다. 더구나 그것이 남이 일으키는 사랑의 분쟁인 경우에는 더욱 그렇다. 음모와 집안 싸움이 일상다반사인 시대였기 때문에, 그 분쟁은 당연히 비극적인 형태로 끝날 수밖에 없었다.

우선 이사벨라의 손아래 올케인 루크레치아 보르자와 남편인 프란체스코의 사랑.

체사레 보르자가 1507년에 에스파냐에서 죽을 때까지 그를 진정으로 염려한 사람은 누이동생인 루크레치아뿐이었다. 그녀는 여기저기에 탄원서를 보냈지만 모두 헛수고로 끝났다. 이때 절망에 빠진 그녀를 위로하고 친절하게 의논에 응해준 사람이 바로 이사벨라의 남편 프란체스코였다. 한 사람은 사위로서, 또 한 사람은 며느리로서 에스테 가문과 인연을 맺고 있었지만, 이 집안 남매들이 깊은 우애로 결속해 있는 바람에 이들 두 사람은 늘 겉도는 신세였고, 또한 에스테 가문의 교양있는 분위기에 동참하기에는 지적 수준이 낮은 편이었다.

그때까지만 해도 이사벨라는 남편의 여성 편력을 다 알고 있으면서도 눈치채지 못한 척하고 있었다. 10년 전, 어떤 여자가 남편의 아이를 둘이나 낳은 사실이 공개되었을 때에도, 그 아이가 둘 다 계집아이였기 때문에 당시의 관습으로는 그냥 넘어갈 수 있었다. 그러나 이번 상대는 다름아닌 남동생 알폰소의 아내였다. 가문의 후계자이기도 한 이 동생을 그녀는 끔찍이 사랑하고 있었다. 그리고 동생이 아내를 사랑하고 있다는 것도 잘 알고 있었다. 남편이 포 강 근처에서 루크레치아를 만나, 거기서 그리 멀지 않은 만토바 성까지 데리고 돌아왔을 때, 이사벨라는 질투심도 분노도 느끼지 않았다. 단지 두 사람을 경멸했을 뿐이다.

프란체스코와 루크레치아가 단순히 마음으로만 애정을 나누는 사이였는지, 아니면 좀더 깊은 관계였는지는 당시의 어떤 기록에도 나와 있지 않다. 하지만 얼마 후 두 사람은 편지조차 주고받을 수 없게 되었다. 두 사람 사이에서 편지를 전해주던 사내가 암살당했기 때문이다. 알폰소가 살인을 사주했다는 의혹은 곧 풀렸지만, 이사벨라가 시켰다는 증거도 나오지 않았다.

또 다른 사랑의 비극은 1505년에 페라라의 에스테 가문에서 일어났다. 그리고 이 비극적인 사건은 그후 반세기에 걸쳐 에스테 가문에 짙은 그림자를 드리우게 되었다.

루크레치아 보르자가 에스테 가문으로 시집올 때 데려온 시녀 중에 안젤라가 있었는데, 그녀는 이사벨라의 이복동생인 줄리오와 사랑하는 사이였다. 아름다운 안젤라를 사랑한 사람은 미남 청년인 줄리오만이 아니었다. 이사벨라의 또 다른 동생인 이폴리토 추기경도 안젤라를 사랑하고 있었다. 하지만 안젤라는 추기경의 사랑을 거절하면서, 당신의 전부보다 줄리오의 아름다운 눈을 선택하겠다고 말했다. 이 말에 화가 나고 질투심에 정신이 나가버린 이폴리토는 며칠 뒤 페라라 성 밖에서 혼자 돌아오고 있는 줄리오를 몇몇 가신과 함께 습격하여, 그의 두 눈을 손가락으로 후벼내고 말았다.

줄리오는 이 일을 이복형 알폰소에게 호소했다. 하지만 상대가 추기경인 이상 어쩔 도리가 없었다. 그보다도 알폰소가 걱정한 것은, 추기경에 대해 어떤 조치를 취하느냐에 따라 프랑스와 가까운 페라라를 늘 눈엣가시로 여기고 있는 교황 율리우스 2세가 무슨 트집을 잡을지도 모른다는 것이었다. 더구나 페라라는 에스테 공작이 교황한테 봉토로 받은 공국이었다. 만토바가 신성로마제국 황제한테 봉토로 받은 공국인 것과 마찬가지였다. 알폰소는 줄리오에게 참으라고 타이르고, 이폴리토와 화해할 것을 명령했다.

분을 참지 못한 줄리오는 또 다른 이복형인 페란테에게 호소했다. 줄리오를 동정한 페란테는 아우와 함께 알폰소 살해 계획을 세웠다. 하지만 실행에 옮길 용기가 좀처럼 나지 않아서 계속 미루고만 있었다. 그러는 동안 이폴리토가 이 계획을 알고는, 때마침 파리에 가 있는 알폰소에게 급히 이 사실을 알렸다. 알폰소는 서둘러 페라라로 돌아왔다. 형 알폰소 앞에 무릎을 꿇고 용서를 빈 페란테는 그 자리에서 체포되었고, 줄리오는 만토바의 이사벨라한테 도망쳤다. 이사벨라는 동생들 사이에 벌어진 이 사건에 몹시 마음이 아팠다. 그녀는 알폰소가 보낸 추격자들한테서 잠시 줄리오를 숨겨주기는 했지만, 피할 수 없는 결말을 충분히 알고 있었다. 사형을 조금이라도 가벼운 형벌로, 하다못해 종신형으로 낮추려고 노력하는 수밖에 없었다. 그리고 이런 노력이라도 기울인 사람은 이사벨라뿐이었다.

페라라 성 앞 광장에서 사형이 집행되는 날이 왔다. 페란테와 줄리오, 그리고 그들에게 동조한 두 가신이 끌려나왔다. 사람들이 지켜보는 앞에서 먼저 두 가신이 사방으로 달리는 말에 사지가 찢겨 죽는 능지처참을 당했다. 드디어 에스테 가문의 두 형제가 처형당할 차례가 왔을 때, 페라라 영주인 알폰소 공작은 두 사람에게 사형을 면하고 종신형에 처한다는 선고를 내렸다. 사람들 사이에서 안도의 환호성이 일어났다.

페란테와 줄리오는 성채의 한구석, 하얗게 칠해진 탑 안에 있는 윗방과 아랫방에 따로따로 유폐되었다. 방으로 통하는 출입구에는 벽토를 발라 굳혀서 아무도 드나들지 못하게 폐쇄했다. 그들은 누구하고도 만나는 것이 금지되었다. 이따금 심부름꾼이 사무적인 용무를 전하러 올 뿐이었다. 방 위쪽에 구멍이 하나 뚫려 있어서 그곳으로 식사가 차입되었다. 얼마 후에는 성 내부가 아니라 외부에 면한 창문으로 저 멀리 사람들이 오가는 모습을 희미하게나마 바라볼 수 있게 되었다. 그로부터 얼마 뒤에는 윗방과 아랫방이 서로 연락할 수 있게 되었고, 공기가 통하는 큰 방도 주어졌다.

당시 26세였던 페란테는 37년 뒤에 이 탑 안에서 죽었다. 25세였던 줄리오는 페란테가 죽은 뒤에도 19년을 더, 그러니까 통틀어 56년 동안이나 이 탑에 유폐되어 있다가, 죽기 2년 전에야 석방되었다. 참으로 반세기에 걸친 끈질긴 집념이었다. 그동안 알폰소도 죽고, 아들인 에르콜레 2세도 죽고, 이제는 그 손자인 알폰소 2세가 페라라를 다스리고 있었다. 『페라라 연대기』는 이렇게 끝을 맺고 있다.

"이 노인이 탑에서 나왔을 때, 몸에 걸치고 있던 의복은 정확히 반세기 전의 최신 유행복이었다."

이사벨라는 이 비극이 일어난 뒤 한동안 페라라에 발길을 끊을 만큼 충격을 받았다. 그러나 가문에 강한 애착을 가진 그녀는 그후 알폰소와 교황들 사이의 잇달은 대립 속에서 언제나 동생을 편들고 에스테 가문을 도왔다. 알폰소는 이 누나에게서 누구보다도 진정한 벗을 찾아냈다.

만토바 방어

1509년 여름, 이사벨라 데스테는 35세의 한창 나이였다. 그러나 이 여름에 일어난 사건이 그녀의 인생을 변화시켰다. 이 사건으로 그녀는 생애 최대의 시련을 맞이했고, 지금까지의 따분한 궁정 생활에서 벗어나 진정한 정치투쟁의 한복판으로 내던져졌다. 그러나 이 시련을 이겨냄으로써 이사벨라는 인간으로서 성장했고, 이탈리아 르네상스의 역사에서 정당한 지위를 획득했다.

여러 자료를 토대로 하여 그 길고도 복잡한 1년을 재구성하면, 사건은 대충 다음과 같은 과정을 밟으며 진행되었다.

그 전해인 1508년 10월, 베네치아공화국이 그 강력한 힘을 배경으로 로마냐와 롬바르디아 지방에 대한 야욕을 노골적으로 드러내기 시작했다. 그러자 교황 율리우스 2세는 프랑스 왕 루이 12세와 신성로마제국 황제 막시밀리안 1세, 페라라 공작 알폰소, 만토바 후작 프란체스코 등과 캉브레 동맹을 결성하고 베네치아에 대해 선전포고를 했다. 오랫동안 베네치아공화국의 용병대장이었던 프란체스코는 이때 처음으로 베네치아와 맞서는 입장에 서게 되었다.

이듬해인 1509년 4월, 프랑스 군대는 이탈리아 국경을 넘었고, 그와 동시에 우르비노 공작 프란체스코 마리아가 이끄는 교황 군대는 로마냐로 진군했다. 5월에 베네치아 군대는 각지에서 벌어진 싸움에서 철저히 패배했다. 베네치아의 지배 아래 있던 베로나·비첸차·파도바 같은 도시들은 동맹군에 점령되어버렸다. "베네치아는 지난 800년 동안 얻은 것을 전부 잃어버렸다"(마키아벨리)고 할 만큼 심한 타격이었다. 그러나 베네치아의 힘은 그렇게 간단히 무너지지는 않았다. 7월에 베네치아 군대는 파도바를 되찾았다.

8월 8일 밤, 사건은 이때 일어났다. 파도바 포위군을 지휘하고 있던 프란체스코가 경솔하게도 무방비 상태로 자고 있다가 적의 기습을 받은 것이다. 이때의 상황을 역사가 구이차르디니는 다음과 같이 전하고 있다.

"후작은 거의 알몸인 상태로 달아났다가, 도와주는 척하는 농부에게 붙잡혔다. 후작은 거액의 몸값을 낼 테니 놓아달라고 부탁했지만, 농부는 상대도 하지 않고 그를 베네치아 군대에 넘겨버렸다."

이 소식은 같은 날 한밤중이 지났을 때 만토바에 도착했다. 이사벨라는 기겁할 만큼 놀랐다. 당시 교황의 명령으로 마체라타에 가 있던 시동생 시지스몬도 추기경에게 당장 사람을 보냈다. 빨리 만토바로 돌아오라고, 그리고 이런 불행을 당한 자기와 나라를 도와달라고 그녀는 시동생에게 부탁했다. 이 소식은 로마에도 거의 동시에 전해졌다. 그렇지 않아도 걸핏하면 화를 잘 내는 교황 율리우스 2세는 그야말로 불같이 화가 나서, "쓰고 있던 붉은 모자를 바닥에 내동댕이치

고, 불경스러운 험한 말로 성인을 욕하면서 '성 베드로는 돼지 새끼야!' 하고 외쳤다."(사누도)

이사벨라는 시녀들과 어울려 올케 험담이나 늘어놓는 궁정 생활을 더 이상 계속할 형편이 아니었다. 그녀는 교회에서 신에게 기도하거나 점성술에 의지하기보다는, 이 불행을 현실적으로 타개할 방법을 찾으려고 밤낮으로 애썼다. 우선 그녀는 다음과 같은 목표를 정했다.

(1) 만토바를 적의 손에서, 그리고 적보다 더 귀찮은 아군의 손에서 끝까지 지켜낼 것.

(2) 희생을 최소한으로 줄이면서 남편 프란체스코의 석방을 얻어낼 것.

(3) 힘이나 교활한 지혜를 이용하여 복수할 것.

만토바는 약소국이었다. 그리고 지금은 군주가 적에게 붙잡혀 있었다. 만토바를 호시탐탐 노려온 베네치아가 이 기회를 그냥 넘기지 않으리라는 것은 누가 보아도 뻔했다. 게다가 당연히 우군이어야 할 막시밀리안 1세와 루이 12세와 교황도 믿을 수 없었다. 아니, 적보다 더 성가신 존재였다. 믿을 수 있는 사람은 아무도 없었다.

만토바 시민들은 지금까지 후작부인이 섭정으로 쌓은 실적을 보고, 그녀의 속깊은 처신과 계획을 실행하는 굳은 의지를 잘 알고 있었다. 백성들은 모두 그녀를 따르겠다고 맹세했다. 타개할 전망이 막막하여 어려움에 직면한 그녀를 따르겠다고 맹세한 것이다. 우선 군대가 소집되었다. 이어서 만토바 시민들에게 포고령이 내려졌다.

"만토바 시의 집회나 연예는 일절 중지한다. 남녀 모두 수수한 옷으로 갈아입을 것. 온 나라가 근검 절약에 힘쓸 것. 이것은 궁정부터 앞장서서 실천할 것이다. 농부들도 언제든 무기를 들 수 있도록 만반의 준비를 갖출 것. 후작이 귀국했을 때 이전과 다름없는 만토바를 볼

르네상스 시대의 북이탈리아

수 있도록 해둘 것."

 세제는 바꾸지 않고 그대로 두었다. 이 불행한 1년 동안 세금을 징수당한 사람은 무기를 들 의무가 없는 유대인뿐이었다.

 한편 이사벨라는 여기저기에 탄원서를 보내어 남편의 석방을 도와달라고 부탁했다. 프랑스 왕 루이 12세와 왕비, 신성로마제국 황제 막시밀리안 1세, 부르봉 공작, 사부아 공작, 몬페라토 후작, 피렌체 장관, 시에나와 루카 같은 작은 도시의 통치자, 바이에른 공작과 브란덴부르크 공작, 메디치 추기경, 아라곤과 산세베리노 추기경 및 헝가리의 왕, 심지어는 터키의 술탄에게까지 편지를 보냈다.

 그러나 이사벨라는 이들 가운데 누구보다도 교황에게 부탁하는 편이 가장 효과적이라는 것을 알고 있었다. 사건이 일어난 지 한 달도 지나기 전에 루도비코 브로뇰로가 로마에 특사로 파견되었다. 교황 율리우스 2세는 이사벨라가 저자세를 보인 것에 만족하여, 그를 찾아온 브로뇰로에게 이렇게 말했다.

"후작부인이 나를 믿고 의지하는 것은 옳은 일이오. 나도 부인을 딸처럼 여기고 있으니까."

그러나 프란체스코에 대해서는 호감을 갖고 있지 않다는 것을 분명히 드러냈다. 프란체스코가 전부터 외국 세력에 접근하는 정책을 취한 것이 교황의 마음에 거슬렸던 것이다. 교황의 본심은 이탈리아에서 외국 세력을 몰아내는 것이었고, 베네치아를 쳐부술 의도는 처음부터 없었다. 교황이 목적을 달성하기 위해서는 베네치아를 교묘하게 자기 생각으로 끌어들이는 것이 중요했고, 그 앞에서 프란체스코 한 사람의 신변 따위는 전혀 문제가 되지 않았다.

이사벨라도 교황의 이런 생각을 잘 알고 있었다. 잘 이해하고 있었기 때문에, 오히려 거기에서 해결책을 찾아낼 수 있다는 희망을 갖고 있었다. 그저 호시탐탐 만토바를 노리고 있는 프랑스나 독일 황제의 속셈보다 훨씬 원대한 이 교황의 야심 속에 오히려 남편 문제를 밀어넣기가 더 쉬울 거라고 생각했던 것이다.

이사벨라의 생각은 옳았다. 루이 12세는 프란체스코의 불행을 동정조차 하지 않았다. 그는 자기를 찾아온 페라라 대사에게 이렇게 말했다.

"우리가 붙잡은 베네치아 포로와 프란체스코를 교환한다 해도, 포로 가운데 가장 하찮은 인물과도 교환할 마음이 없소."

그리고 사건이 일어난 직후, 루이 12세는 다음과 같은 편지를 이사벨라에게 보냈다.

"내 충고를 들었더라면 이런 일은 일어나지 않았을 거요. 어쨌든 프랑스 병사 100명을 보내어 만토바를 지키도록 하겠소."

이사벨라는 프랑스의 파병이 만토바 정복의 발판이 될 것을 우려했지만, 그보다는 베네치아가 프랑스의 파병을 구실로 삼아 만토바를 공격해올 것을 더욱 두려워했다. 만토바와 베네치아는 국경을 맞대고 있었기 때문이다. 발빠른 심부름꾼이 이사벨라의 편지를 가지고 파리로 달려갔다.

"폐하, 저는 폐하의 친절을 진정으로 고맙게 여기고 있습니다. 하지만 이 불행한 사건을 맞아, 지금 우리 백성과 궁정 신하들은 저를 충실히 도와주고 있습니다. 폐하의 생각을 제가 받아들인다면, 지금 이렇게 충성을 맹세하고 있는 백성들을 제가 불신하고 있다는 증거가 될 것입니다. 만토바는 만토바 백성이 지키고 있습니다."

그러나 이런 시국에 누군가를 적으로 만드는 것은 어리석은 짓이다. 그래서 이사벨라는 프랑스 왕비한테는 태도를 완전히 바꾸어, 여자의 동정심에 호소하는 편지를 보냈다.

"프랑스의 지원이 없으면 저는 죽을 수밖에 없습니다. 남편이 없는 이런 생활을 계속하는 것은 여자에게 죽음보다도 더 괴로운 일이라는 것을 헤아려주십시오."

루이 12세가 만토바에 군대를 보내겠다고 제의한 것을 안 막시밀리안 1세도 가만히 있지 않았다. 그는 당장 독일군을 만토바에 보내겠다는 뜻을 이사벨라에게 전해왔다. 그녀는 황제한테도 똑같은 내용의 편지를 보내 독일군 파병을 사절했다.

한편, 베네치아에 붙잡혀 있는 프란체스코는 처음 얼마 동안은 높은 긍지를 가지고 포로 생활을 견디고 있었다. 그가 베네치아에 포로로 입성했을 때, 기다리고 있던 시민들은 빈정거리는 투로 말했다.

"잘 오셨습니다, 만토바 후작 각하."

이에 대해 그는 이렇게 대꾸했다.

"여기 있는 사람은 프란체스코 곤차가이지, 만토바 후작이 아니오. 만토바 후작은 만토바에 있는 내 아들 페데리코요."

하지만 한 달이 지나고 두 달이 지나도 석방될 기미는 전혀 보이지 않았다. 프란체스코는 초조해지기 시작했다. 그는 아내에게 자기 대신 신에게 기도해주기 바란다는 따위의 심약한 편지를 보내기 시작했다.

이사벨라도 남편이 걱정스러워 견딜 수가 없었다. 그녀는 남편을 위해 하인과 의사를 베네치아로 보내고, 기분전환을 하라고 악사와 어릿광대도 보냈다. 그러나 베네치아는 이들을 모두 되돌려보냈다. 이사벨라는 남편의 옷가지를 전달할 때에는 남편이 조금이라도 나은 처우를 받게 하려고 "우리 부부는 전부터 베네치아에 깊은 존경과 호의를 가지고 있었습니다"라는 따위의 새빨간 거짓말도 불사했지만, 베네치아는 그것을 깨끗이 무시했다. 이런 처사에 비위가 상한 이사벨라는 로마 주재 대사에게 편지를 보내, 베네치아가 너무 무례하니까 그 자초지종을 교황에게 전해달라고 부탁했다.

무엇보다도 큰 문제는 만토바의 국고가 텅 비어가고 있다는 점이었다. 이사벨라는 베네치아의 요구에 따라 남편만이 아니라 남편과 함께 포로가 된 가신들의 체재비도 모두 지불해야 했다. 게다가 베네치아 당국은 포로들의 경비를 맡고 있는 병사들에게 지불하는 급료까지 만토바가 부담하라고 요구해왔다.

그녀를 더욱 난처하게 만든 것은 막시밀리안 1세가 베네치아와 싸우기 위해서라는 명분으로 돈을 요구해온 일이었다. 황제는 이 방면에서 악명이 높았다. 교황 율리우스 2세도 "100명의 악마한테서 태어난 그놈은 전세계를 가난하게 만든다"고 말했을 정도다. 황제의 억지를 견디다 못한 이사벨라는 교황에게 "만토바에는 이제 돈이 없다고 황제한테 전해주세요"라고 부탁했지만, 교황은 만토바 대사에게 "내가 그 말을 전한다 해도 별 도움이 되지 않을 것이고, 오히려 그것을 기화로 이번에는 나한테 돈을 요구해올 거요" 하고 대꾸할 뿐이었다.

이사벨라는 세금을 올리기보다는 차라리 자기 보석을 팔았다.

그러나 무엇보다도 그녀를 슬프게 한 것은 남편 프란체스코가 그녀를 의심하기 시작한 점이었다. 여위고 병약해진 프란체스코는 마음까지 약해져서, 그를 만나러 온 베네치아공화국 통령(統領 : 국가원수) 앞에서 눈물을 흘리며 석방을 애원할 정도가 되어 있었다. 그리고 베네치아는 이사벨라가 친정인 에스테 가문과 짜고 프랑스에 완전히 붙어서 남편의 석방 따위는 바라지도 않는다는 소문을 프란체스코에게 전했고, 프란체스코는 베네치아의 꾐에 넘어가 그 소문을 믿어버렸다.

이사벨라는 베네치아에 있는 프란체스코에게 사실을 알려달라고 로마 교황에게 호소했다. 지금까지 이사벨라가 독일 황제나 프랑스 왕에게 취한 태도를 높이 사고 있던 교황은 베네치아에 사절을 보내, 프란체스코에게 이사벨라의 처지를 설명했다. 하지만 프란체스코의 의심은 여전히 풀리지 않았다.

그러는 동안 로마에서는 프란체스코 석방 운동이 일어나기 시작했다. 추기경들은 교황에게 탄원서를 제출하여, 로마 주재 베네치아 대사를 인질로 잡은 다음 프란체스코와 교환하는 조건으로 프란체스코의 석방을 요구하자고 제의했다. 그러나 교황은, 외교 사절의 신변 안전은 보장해야 한다는 당연한 이유로 이 제안을 일축했다. 이사벨라는 독일 황제와 프랑스 왕 및 로마 교황이 동시에 베네치아에 사절을 보내 석방을 요구하는 게 어떠냐고 제의했지만, 루이 12세는 하다못해 파도바만이라도 점령한 뒤가 아니면 베네치아에 사절을 보낼 수 없다고 거부했다.

이사벨라는 이제 믿을 데는 교황뿐이라는 생각을 굳히게 되었다. 전쟁 초기에 교황에게 파문당한 베네치아는 그 조치를 해제받으려는 움직임을 보이고 있었다. 이를 알아차린 이사벨라는, 베네치아에 대한 파문을 해제할 때는 남편의 석방을 조건으로 내걸어달라고 교황에게 부탁하는 것을 잊지 않았다.

이와 병행하여, 그녀는 약혼중인 딸 레오노라와 우르비노 공작 프란체스코 마리아의 결혼을 서두르기로 했다. 우르비노 공작 구이도발도는 후사가 없자 조카인 프란체스코 마리아 델라 로베레를 양자로 삼았는데, 프란체스코 마리아는 우르비노 공작 구이도발도의 조카인 동시에 교황 율리우스 2세의 조카이기도 했다. 이사벨라는 이 결혼으로 교황과의 관계를 조금이라도 강화하려고 생각한 것이다.

12월에 레오노라는 아버지의 불행에 울면서 우르비노로 시집을 갔다. 결혼한 뒤 로마에 머물고 있던 프란체스코 마리아는 기회가 있을 때마다 교황에게 장인의 석방을 부탁했지만, 그때마다 교황은 짜증을 내며 조카인 우르비노 공작에게 "너 이놈, 발렌티노 공작(체사레 보르자)을 흉내내고 싶어서 그러느냐"고 호통을 치곤 했다. 율리우스 2세는 전임 교황 알렉산데르 6세가 아들(체사레 보르자)이 제멋대로 굴도록 내버려둔 것을 몹시 싫어했다.

이 까다로운 율리우스 2세에게 그런 부탁을 하는 것은 꽤나 신경이 쓰이는 일이었다. 더구나 교황은 프란체스코의 석방을 도와달라는 부탁에 이미 진저리가 나 있는 상태였다. 하루는 교황이 참관한 가운데 로마에서 경마대회가 열렸다. 여느 때처럼 만토바산 말이 우승했다. 관중은 환호를 지르며 "만토바!"를 외쳤다. 교황도 기분이 좋았다. 이 기회를 놓쳐서는 안된다고 생각한 프란체스코의 누이 엘리사베타와 딸 레오노라는 오빠이자 아버지인 프란체스코의 석방을 호소했다. 교황은 약속할 테니까 너무 초조하게 굴지 말라고 기분좋게 말했다.

1509년도 다 끝나갈 무렵, 베네치아 군대는 포 강을 따라 진을 치고 있던 페라라의 알폰소 공작을 공격해왔다. 총력을 기울인 대공세였다. 이를 안 이사벨라는 당장 루이 12세에게 사람을 보내, 자기가 요청할 때까지는 프랑스든 다른 어떤 나라든 군대를 만토바에 파병할 필요가 없다고 전하고, 전국에 긴급 동원령을 내렸다. 농부와 상인들까지도 무기를 들었다. 성벽에 진을 친 만토바 군대는 후작부인으로부터 이런 훈령을 받았다.

"설령 베네치아 군대가 후작을 성벽 밑에 끌어다 앉히고, 성문을 열지 않으면 후작을 죽이겠다고 위협해도 절대 성문을 열어서는 안된다. 우리는 한 사람의 후작보다는 만토바를 지켜야 한다. 설령 그 사람이 만토바의 군주라 해도, 한 사람의 목숨보다는 만토바가 소중하다."

베네치아 군대는 만토바에 침입하기 일보 직전에 패퇴했다. 이폴리토 데스테 추기경이 이끄는 페라라 군대는 알폰소가 자랑하는 근대적 병기를 갖추고 있었다. 베네치아 병사들은 페라라 군대에 쫓긴 끝에, 포 강에 빠져 물귀신이 되었다.

로마에서는 드디어 교황이 움직이기 시작했다. 1510년으로 해가 바뀐 2월, 교황과 베네치아 사이에 교섭이 시작되었다. 우선 교황은 프란체스코를 베네치아공화국 총사령관으로 삼아서 석방하라고 요구했다. 이 요구의 이면에는 교황과 베네치아가 연합하여 프랑스를 이탈리아에서 몰아낸다는 암묵적인 양해가 있었던 것은 물론이다. 베네치아는 승낙했다.

하지만 이사벨라는 여기에 반대했다. 그렇게 되면 만토바는 독일과 프랑스에 짓밟혀버리기 때문이다. 어느 쪽에도 만토바를 침략할 구실을 주어서는 안된다는 것이 그녀의 생각이었고, 이런 관점에서 보면 그녀가 반대한 것은 너무나도 당연한 일이었다. 그녀는 이때 처음으로 교황과 대립했다.

그녀의 염려는 곧 현실로 나타났다. 교황과 베네치아가 프란체스코를 베네치아군 총사령관으로 삼으려 한다는 것을 안 막시밀리안 황제가 만토바의 후계자인 페데리코를 독일에 볼모로 데려가겠다는 뜻을 비추기 시작한 것이다. 어머니로서 이사벨라의 걱정은 이루 말할 수가 없었다. 이제 열 살이 된 페데리코는 그녀가 가장 사랑하는 아들이었다. 또한 페데리코가 독일에 볼모로 잡혀가는 것은 정치적으로도 결코 최선책이라고는 여겨지지 않았다. 이사벨라는 당장에 독일 주재 만토바 대사에게 훈령을 보냈다.

"만약에 황제가 볼모 문제를 꺼내거든, 우리는 절대로 승낙할 수 없다고 전하시오. 페데리코가 볼모로 잡혀가면 만토바 전체가 지금까지 어려움을 견디며 노력해온 것이 모두 물거품이 되어버리기 때문이라고 말하시오. 그리고 이것은 최종 대답이고, 절대로 바뀌지 않는다는 점을 강조하시오."

이사벨라에게 닥쳐오는 어려움은 끊이지 않았다. 베네치아는 프란체스코를 총사령관으로 삼는다 해도 그를 신뢰하지는 않았다. 프란체스코가 배신할 가능성은 충분했다. 그래서 베네치아는 이사벨라에게 아들 페데리코를 볼모로 보내라고 요구해왔다. 페데리코가 베네치아에 도착하는 대로 프란체스코를 베네치아군 총사령관으로 삼아 석방하겠다는 것이다. 이사벨라에게 이 요구는 굴욕이었다. 물론 그녀는 거부했다. 그러자 베네치아에 잡혀 있는 프란체스코는 아들 페데리코 대신 아내 이사벨라를 볼모로 삼으라고 제의했다.

"아내를 베네치아든, 프랑스든, 세계 끝이든, 어디든 마음대로 데려가도 좋소이다."

그러나 베네치아는 이 제안에 대꾸도 하지 않았다. 그들은 생각하기를, 여자를 좋아하는 프란체스코인 만큼 오랫동안 함께 산 아내한테 싫증이 난 나머지 마누라를 내쫓고 싶은 속셈에서 이런 제의를 한 게 분명하다고 여겼다.

5월에 베네치아는 시위 행동으로 나왔다. 산 마르코 광장에 모여든 시민들은 그 한복판에 불려나온 프란체스코를 향해 "베네치아 총사령관! 공화국 군대 총사령관!"이라고 저마다 환성을 질렀다.

이 정보는 당장 프랑스 궁정에 전해졌다. 루이 12세는 갈레아초 비스콘티를 만토바에 특사로 파견하여, 페데리코를 프랑스에 볼모로 보내라고 요구해왔다. 이사벨라는 우선 그 요구를 회피할 궁리를 했다.

"아들은 아직 어리기 때문에, 파리까지 먼 길을 여행하는 것은 이 아이한테 너무나 무거운 부담입니다."

이 핑계가 받아들여지지 않자, 그녀는 강한 태도로 나왔다.

"페데리코는 이제 단순한 아들이 아니오. 만토바 백성에게는 페데리코야말로 현재의 영주이고, 페데리코 밑에서 만토바는 단결해 있소. 황제의 똑같은 요구에도 응하지 않은 이상, 프랑스의 요구에도 응할 수 없소이다."

이 위기는 프랑스 특사인 비스콘티가 이사벨라에게 품고 있던 개인적인 존경심 덕에 루이 12세의 기분을 별로 상하게 하지 않고 수습되었다.

그러나 이번에는 베네치아에 있는 프란체스코가 똑같은 요구를 해왔다. 이사벨라는 남편에게 다음과 같은 편지를 보냈다.

"당신의 요구는 내가 가장 생각하고 싶지 않은 것이었습니다. 설령 페데리코를 베네치아에 보낸다 해도, 당신의 자유가 얼마나 확실하게 보장될까요. 오히려 베네치아는 그 기회를 틈타 석방을 더욱 늦추어버릴지도 모릅니다. 그렇게 되면, 만토바에 프랑스 군대가 침입할 절호의 구실을 주게 될 것입니다. 황제도 프랑스 왕도 페데리코를 볼모로 삼는 것을 단념해주었는데 말입니다. 나는 프랑스 특사가 만토바에 입성할 때도 무기를 휴대하지 못하게 할 만큼 신경을 쓰고 있습니다. 조금만 더 기다려주세요. 나와 당신의 아우인 시지스몬도 추기경은 전력을 다해 만토바와 당신 문제가 잘 처리되도록 애쓰고 있으니까요."

이 편지는 프란체스코가 지금까지 품고 있던 의심에 불을 붙였다. 그는 울면서 "갈보 같은 년. 동생은 아무것도 몰라!" 하고 외쳤다. 그러나 이사벨라는 남편의 분노를 무시했다.

그녀의 생각은 명백했다. 첫째, 남편이 베네치아군 총사령관 자격으로 자유를 얻는 것에 반대했다. 모든 적들에게 만토바 침공의 구실을 줄 위험이 있기 때문이었다. 둘째는 되도록 적은 희생을 치르고 남편의 자유를 얻어내는 것이었다. 얼핏 보기에 타산적인 이 생각은 교황과 베네치아만이 아니라, 이제는 만토바의 가신들 사이에서도 한결같이 나쁜 평가를 받고 있었다. 이사벨라는 완전히 고립되었다. 교황은 그녀에게 거리낌없이 분노를 터뜨렸다.

"그 빌어먹을 후작부인은 통치하는 데 재미를 붙인 나머지, 남편의 석방 따위는 바라지도 않고 있어."

그러나 사태는 서서히 이사벨라에게 유리한 쪽으로 돌아가고 있었다. 프란체스코의 무조건 석방을 보장하지 않고는 어떤 교섭도 필요 없다는 그녀의 주장에 우선 교황 율리우스 2세가 양보했다. 그는 프란체스코를 베네치아군 총사령관보다 교황군 총사령관으로 삼는 편이 자신에게 더 유리하겠다고 생각하기 시작했다. 교황은 페데리코를 우선 우르비노 공작에게 볼모로 보낸 다음, 프란체스코가 석방된 뒤에 베네치아로 보내자는 타협안을 제시했다. 이것은 제안이 아니라 명령이었다. 그러나 이사벨라는 이것도 거부했다. 교황은 또다시 울화통을 터뜨렸다.

"안 그래도 지금 아내한테 화가 나 있는 후작이 석방된 뒤에 이사벨라에게 무슨 짓을 해도, 나는 더 이상 이사벨라를 돕지 않을 것이다."

그러나 율리우스 2세도 곧 분노를 거두어들일 수밖에 없었다. 신성로마제국 황제 막시밀리안 1세가 이사벨라에게 편지를 보내, 만약에 페데리코를 베네치아에 넘겨주면 독일군이 당장 남하할 거라고 경고해왔기 때문이다. 교황은 또다시 양보하여, 페데리코를 교황이 있는 로마로 보내되, 베네치아가 원하는 한 계속 로마에 붙잡아둔다는 타협안을 제시했다. 이사벨라는 드디어 수락했다. 페데리코를 절대로 베네치아에 넘겨주지 않겠다는 약속과 프란체스코를 무조건 석방한다는 약속을 받아낸 뒤에 승낙한 것이다.

이사벨라는 마침내 이겼다. 지난 1년 동안 교황과 남편한테까지 입에 담지 못할 욕을 들으면서도 결국은 승리를 얻어냈다. 만토바가 원인이 된 전쟁도 일어나지 않았다. 독일도 프랑스도 이탈리아에 침입할 구실조차 잡지 못했다. 만토바의 국경은 온존하게 지켜졌다. 베네치아도 다른 누구도 만토바의 국경을 침범하지 못했다. 아들을 로마에 볼모로 보내는 것은 참을 수밖에 없었다. 볼모라 해도, 우방의 보호를 받고 있기 때문이다. 온 유럽의 찬사와 공감이 그녀에게 쏟아졌다. 교황 율리우스 2세도 그녀를 높이 평가했다. 막시밀리안 황제는 "이사벨라에게 반할 정도"라고 말했고, 루이 12세도 그녀의 용기에 칭찬을 아끼지 않았다. 베네치아 사람들까지도 "후작부인은 그렇게 할 수밖에 없었다"고 그녀에게 공감을 표시했다고 한다.

  7월 16일, 프란체스코는 약 1년 동안의 포로 생활에서 해방되었다. 이 무렵 볼로냐에 체류중인 교황을 만나러 가는 길에 프란체스코가 리미니에 도착하자, 이사벨라가 보낸 심부름꾼이 그를 기다리고 있었다. 심부름꾼은 지난 1년 동안 이사벨라가 처해 있던 상황을 자세히 설명했다. 이야기를 다 듣고 난 프란체스코는 끼고 있던 반지를 빼어 심부름꾼에게 맡겼다. 아내에 대한 감사의 표시이니, 만토바에 돌아가거든 후작부인에게 전해달라면서.

  한편, 모든 일을 끝내고 안심한 이사벨라는 이제 어머니로서의 걱정으로 가득 찼다. 아들을 처음으로 슬하에서 떠나보내야 하는 것이다. 열 살 난 페데리코는 그리 슬퍼하는 기색도 없이 로마로 떠났다. 가는 길에 볼로냐에 들러 아버지를 만나기도 했다. 어머니는 거의 날마다 로마의 아들에게 편지를 썼다.

  로마로 보내진 페데리코는 교황한테서 로마 교외가 바라다보이는 아름다운 벨베데레 저택을 숙소로 제공받고, 볼모답지 않은 좋은 대우를 받았다. 그는 자주 아레티노의 안내를 받아 로마 시내를 구경하고 다녔다. 피에트로 아레티노(이탈리아의 시인·극작가로 왕후나 귀족들의 생활을 통렬하게 풍자했으며, 줄리오 로마노의 동판화를 삽화로 곁들인 「16가지 교접체위」라는 제목의 시를 발표하여 세간에 충격을 주었다. 1492~1556—옮긴이). 훗날 베네치아 창녀들의 '사부'가 된 이 르네상스식 '카마수트라'의 창시자는 열 살 난 소년의 상대로는 조금 위험한 가정교사였는지도 모른다. 율리우스 2세는 이 소년을 몹시 좋아했다. 그래서 라파엘로에게 소년의 초상화를 그리게 하기도 했다. 바티칸에 있는 예술품들을 아낌없이 보여주기도 했다. 페데리코는 어머니에게 보낸 편지에서 특히 「라오콘 군상」이 마음에 든다고 천진난만하게 말했다.

성숙

이사벨라 데스테는 이제 이탈리아 르네상스식의 완전한 조화 속에 있었다. 이탈리아 르네상스식 조화란 정신과 육체, 선과 악이 명쾌하면서도 감각적이고 관능적으로 공존하는 것을 말한다.

이탈리아 르네상스에는 프로테스탄트적인 견해, 즉 정신적인 것과 육체적인 것의 '갈등' 따위는 존재하지 않는다. 정신과 육체 사이에 '갈등'이라는 혼탁하고 달콤한 관계는 없었다. 그것은 어디까지나 정신과 육체를 나누어 생각하고 싶어하는, 인문주의적 전통을 갖고 있지 않은 북방의 프로테스탄트적인 견해였고, 사보나롤라(이탈리아의 종교개혁가. 르네상스 시대의 교회와 속세의 도덕적 부패를 공격했으며, 한때는 민중의 지지를 받아 피렌체의 독재자가 되었으나, 교황청 및 메디치 가문과 대립한 끝에 실각하여 처형당했다. 1452~1498 - 옮긴이)가 지나치게 높은 평가를 받거나 당시 교황들이 타락했다는 평가를 받는 이유도 여기에 있다. 이탈리아에서는 정신과 육체가 인간 속에 조화를 이루며 공존하고 있었다. 다시 말하면 이탈리아 르네상스의 요체는 비좁은 정신주의의 껍데기 속에 틀어박히지 않는 대담한 영혼과 냉철한 합리적 정신에 있다. 여기에 입각한 정신과 육체의 감각적이고 관능적인 조화. 이것을 감지하지 못하는 한, 이탈리아 르네상스의 정신을 이해할 수는 없을 것이다. 이사벨라 데스테는 30대 후반부터 40대에 걸쳐 이 이탈리아 르네상스의 정신을 더한층 대담하게 구현해 나갔다.

그러나 남편의 석방과 만토바의 안전을 확보한 뒤, 평화로운 날들은 그리 오래 지속되지 않았다. 교황 율리우스 2세는 적을 바꾸었다. 이제는 베네치아가 아니라 프랑스가 교황의 적이었다. 그리고 교황이 가장 먼저 노린 것은 프랑스와 가까운 관계를 맺고 있는 페라라였다. 페라라는 이사벨라의 동생 알폰소 데스테가 다스리는 나라였다. 그녀는 문자 그대로 골육상잔에 직면해야 했다.

1511년, 교황 군대가 볼로냐에서 페라라로 진격했다. 우르비노 공작과 프란체스코 곤차가가 교황군을 이끌었다. 프란체스코가 석방된 뒤, 교황이 그를 교황군 사령관으로 임명했기 때문이다. 이사벨라는 괴롭기 짝이 없었다. 남편과 사위가 동생을 공격하고 있었기 때문이다. 교황군은 페라라 영토인 모데나와 미란돌라를 간단히 점령했다. 그러나 알폰소는 결사적으로 페라라를 지키고 있었다.

이사벨라는 또다시 보석을 팔았다. 의사를 매수하기 위해서였다. 의사는 진단서를 작성했다. 만토바 후작 프란체스코 곤차가는 포로 생활 당시 누적된 피로 때문에 몹시 쇠약해진 나머지 도저히 군무를 계속할 수 없는 상태에 있다는 내용이었다. 이사벨라의 계획은 멋지게 성공했다. 남편은 영문도 모른 채 전선에서 제외되었다. 그 탓도 있었는지, 페라라를 지원하러 온 프랑스 군대가 교황군을 다시 볼로냐까지 밀어내는 데 성공했다. 시기가 적당하다고 판단한 이사벨라는 영국·프랑스·독일·에스파냐의 대사들이 만토바에서 이 문제에 관해 회담을 갖는다는 조건으로 휴전을 제의했다. 교황 율리우스 2세는 야망을 이루지 못한 데 낙심하고 로마로 돌아갔다.

8월, 만토바에서는 이사벨라가 연출한 회의가 열렸다. 유럽 각국의 대사들과 이탈리아 각국의 대표들이 만토바에 모였다. 이사벨라는 37세가 되었지만, 아직도 충분히 매력적이었다. 온 유럽의 화젯

거리가 되고 있던 교양과 지성을 갖춘데다 발랄하고 재치있는 성격을 타고난 후작부인을 중년의 성숙함과 세련미가 우아하게 감싸고 있었다. 에스파냐 대표로 참석한 나폴리 총독은 이사벨라의 매력에 반해버렸을 정도다. 그러나 그녀의 생각은 훨씬 깊은 곳에 있었다. 만토바 궁정에서 고르고 고른 최고의 미녀들이 총동원되었다. 이 여자들은 회의 중간과 밤중에 끊임없이 열리는 무도회와 음악회를 화려하게 장식했다.

회의는 이사벨라의 의도대로 진행되었다. 확고한 보증은 없었지만 페라라는 현상태로 유지되고, 밀라노는 1499년 이후 11년 만에 스포르차 가문의 소유로 돌아갔다. 베아트리체와 일 모로 사이에 태어난 아들 마시밀리아노에게 돌아간 것이다. 이 밀라노 문제는 생각지도 않은 횡재였다. 독일(신성로마제국) 황제 막시밀리안과 에스파냐 왕 페르난도는 둘 다 밀라노공국을 손자인 카를로스(1516년에 외조부 페르난도가 죽자 카를로스 1세로서 에스파냐 왕위에 오르고, 1519년에 조부 막시밀리안이 죽자 카를 5세로서 독일 황제에 올라 유럽 최대의 군주가 되었다. 1500~1558-옮긴이)에게 주고 싶어했다. 그러나 교황의 강력한 반대에 부닥쳤다. 베네치아를 비롯한 이탈리아 국가들도 교황과 행동을 같이했다. 이 대립을 이용하여 마시밀리아노가 밀라노에 입성한 것이다. 이모인 이사벨라의 교묘한 도움이 있었던 것은 물론이다.

로마에서는 교황 율리우스 2세가 죽어가고 있었다. 1513년 2월 20일, 자신의 감정에 정직하고 때로는 미친 듯이 화가 나서 천박한 말을 마구 내뱉기도 하는 이 인간적인 위인, 교회 세력을 강화하고 이탈리아를 외국 세력으로부터 지키려 애쓴 유일한 교황 율리우스 2세는 마침내 세상을 떠났다. 교황은 이따금 상스러운 말로 이사벨라를 욕하기도 했지만, 그녀를 이해하고 공감하며 높이 평가하고 있었다. 그러나 이사벨라는 율리우스 2세의 원대한 포부를 이해하지 못했다. 이탈리아 통일 따위는 그녀와는 아무 상관도 없는 일이었다. 이사벨라에게는 만토바와 페라라가 중요했다. 그래서 교황이 죽었다는 소식에 기뻐한 알폰소 데스테와 마찬가지로 그녀도 안도의 한숨을 내쉬었다. 아들 페데리코가 만토바로 돌아올 수 있게 되었기 때문이기도 하다.

이 무렵 이사벨라는 밀라노 궁정에 있었다. 조카인 마시밀리아노가 밀라노 공작에 즉위하는 것을 돕고, 독일과 에스파냐로부터 페라라의 안전보장을 확실히 얻어내기 위해서였다. 언제나 그랬듯이, 여기에는 아름다운 시녀들이 동원되었다.

밀라노 공작이 된 마시밀리아노는 당시 19세였지만, 에스파냐에서 보낸 오랜 망명 생활이 이 청년에게 애처로운 그림자를 드리우고 있었다. 그는 절대로 웃는 법이 없었다. 난쟁이나 광대한테만 어린애 같은 관심을 보이고, 그들하고만 웃었다. 나라를 다스리는 일에는 전혀 흥미가 없었다. 종종 색다르고 엉뚱한 행동을 보여, 사람들을 놀래키기보다는 두렵게 했다. 이사벨라는 이런 조카에게 조금도 기대를 품지 않았다. 조카는 조만간 폐인이 될 테니까, 그 다음 일을 미리 생각해둘 필요가 있었다.

그러나 당시 그녀를 난처하게 만든 것은 자신의 시녀들과 밀라노에 주재하는 각국 대사들의 추문이었다. 만토바에서 성공한 이 수법이 이곳 밀라노에서는 정도가 지나쳤다. 이사벨라는 나폴리 총독과 추문을 일으킨 시녀를 해고할 수밖에 없었다. 이 시녀는 고이토 근처의 수녀원으로 보내져, 거기서 총독의 첩으로 살게 되었다.

이 소문을 들은 프란체스코는 몹시 화를 냈다. 그의 편지가 이사벨라에게 도착했다. "나는 뭐든지 자기 생각대로 하려고 드는 아내를 가진 것을 부끄럽게 생각한다"는 내용이었다. 프란체스코는 아내의 술수로 페라라 전선에서 제외된 뒤로는 병약한 몸으로 무기력한 나날을 보내고 있었다. 그리고 아내가 정치적으로 화려하게 움직이는 것을 불쾌한 눈으로 지켜보고 있었다. 아니, 그보다는 그가 베네치아에 포로로 잡혀 있을 때 이사벨라가 취한 방식을 잊을 수가 없었다. 한 나라의 영주로서는 아내의 방식을 이해할 수 있지만, 개인적 감정에서는 참을 수가 없었다. 그 감정이 이제 폭발한 것이다. 여기에 대해 이사벨라는 다음과 같은 답장을 보냈다.

"밀라노에서 일어난 불상사는 확실히 제 책임이기도 합니다. 그러나 저는 만토바를 위해서, 그리고 페라라를 위해서 한 일입니다. 저는 늘 만토바와 페라라를 생각하며 살아왔습니다. 당신은 어떤 남편보다도 아내인 저에게 감사해야 합니다. 당신이 아무리 저를 사랑하고 존경해도, 지금까지 제가 한 일에 충분히 보답할 수는 없을 것입니다." (1513년 3월 11일)

이 편지에 그녀는 여느 때처럼 '당신의 아내 이사벨라'라고 서명하는 대신 '만토바 후작부인'이라고 서명했다.

이사벨라는 남편의 사랑을 잃었다. 그와 동시에 이사벨라의 마음도 남편을 떠났다. 이제 만토바에서는 할 일이 아무것도 없었다. 남편이 이사벨라가 국정에 관여하지 못하게 하려고 애썼기 때문이다. 마흔살이 된 그녀는 정치에 다소 피로를 느끼기도 했다. 그녀는 여행을 떠나기로 결심했다. 오랫동안 동경하던 땅 로마로.

로마는 대도시다. 풍요롭고 화려한 고도(古都) 로마의 매력은 이사벨라를 당장 사로잡았다. 새 교황 레오 10세도 전부터 그녀를 초대했기 때문에, 바티칸 전체가 그녀를 열렬히 환대했다. 이사벨라는 이곳 로마에서 많은 친구를 발견했다. 비비에나는 추기경이 되어 있었다. 벰보도 있었다. 로마에 도착한 뒤 두 달 동안은 고대 유적과 바티칸을 구경하는 데 몰두했다.

이사벨라는 지금까지 크리스토포로 로마노나 벰보한테서 말로만 들었던 로마, 아들 페데리코의 천진한 감동의 말을 듣고 머릿속으로만 그렸던 로마를 처음으로 직접 보았다. 카스틸리오네와 비비에나가 입이 마르게 칭찬하던 미켈란젤로의 「천지창조」도, 우아하고 완벽한 라파엘로의 벽화도 직접 보았다. 벰보와 비비에나, 사돌레토, 카스틸리오네 등이 그녀를 안내했다. 라파엘로도 당시 발굴단장으로서 직접 발굴을 지휘하고 있던 '티투스의 목욕탕'이나 '네로의 황금 궁전'의 유적으로 그녀를 안내하곤 했다. 그러는 동안에도 그녀를 위해 밤낮으로 무도회나 음악회가 열렸다. 비비에나 추기경이 쓴 희극 「칼란드리아」가 바티칸 궁전에서 상연되었을 때는 교황도 주빈인 이사벨라와 함께 공연을 관람했다.

1515년의 사육제가 다가왔다. 이사벨라는 비할 데 없이 화려한 로마의 사육제를 보고 싶었지만, 남편의 명령으로 귀국할 수밖에 없었다. 그녀를 로마에 머물게 하려는 교황의 배려도 허사였다. 그녀는 떨어지지 않는 발걸음으로 로마를 떠났다. 만토바에 도착한 날 밤, 그녀는 당장 비비에나 추기경에게 편지를 썼다.

"지금 저는 만토바에 있습니다. 남편에 대한 의무 때문이죠. 하지만 이 작은 방, 따분한 생활…… 로마에 남기고 온 바티칸의 홀과 그 멋진 날들은 잊을 수가 없습니다. 제 몸은 비록 이곳에 있어도, 마음은 그곳 로마에 남기고 왔습니다."

그러나 이사벨라의 이러한 감상은 당장 찬물을 뒤집어쓰게 되었다. 로렌초(일 마니피코)의 차남인 교황 레오 10세가 드디어 메디치 가문 출신다운 태도를 드러내기 시작했던 것이다. 레오 10세는 우르비노 공국의 영주이자 전임 교황 율리우스 2세의 조카이며 이사벨라의 사위인 프란체스코 마리아를 우르비노에서 쫓아내고, 이 공국을 자신의 아우인 줄리아노에게 주었다. 병으로 요양하고 있던 줄리아노는 그것을 바라지도 않았다. 그는 전부터 우르비노 공작 가문이나 만토바의 곤차가 가문과 친했기 때문이다. 줄리아노는 두 달 뒤에 세상을 떠났다. 그러자 교황은 조카인 로렌초(로렌초 일 마니피코의 장손으로, 교황 레오 10세의 형인 피에트로의 아들이다—옮긴이)에게 줄리아노의 뒤를 잇게 했다. 이럴 때면 교황은 이사벨라에 대한 친밀감을 잊어 버렸다. 이사벨라의 딸과 사위를 추방하는 데에도 전혀 망설임을 느끼지 않았다.

1519년, 신성로마제국 황제 막시밀리안 1세가 죽었다. 그러자 손자인 카를 5세가 황위를 계승하여 독일·에스파냐·네덜란드·나폴리를 모두 통치하게 되었다. 프랑스는 젊은 프랑수아 1세의 시대가 되어 있었다.

3월, 만토바 후작 프란체스코도 죽음의 침상에 누워 있었다. 29일 아침, 공증인이 불려왔다. 만토바의 상속권은 페데리코에게 주어졌다. 다른 두 아들 에르콜레와 페란테에게는 각각 연수입 8천 두카토를 주었다. 수녀원에 들어간 두 딸에게는 지참금 3천 두카토를 주었다. 서출로 태어난 두 딸에게는 400두카토씩을 주었다. 아내 이사벨라에게는 해마다 1만 2천 두카토의 수입이 들어오는 그녀 소유의 재산을 보장해주었다. 아우인 시지스몬도 추기경과 조반니에게는 유언 집행의 책임을 맡겼고, 페데리코가 33세가 될 때까지 국정의 조언자 역할을 맡아달라고 부탁했다. 딸 레오노라가 시집간 우르비노 공작 일가에는 망명이 끝날 때까지 1년에 6천 두카토를 지급하게 했다.

유언을 마친 프란체스코는 아내와 자식들을 불러들여, 침상 주위에 둘러선 가족에게 작별을 고했다. 페데리코에게는 자신의 머리카락을 주면서 나라를 잘 다스리라고 일렀고, 마지막으로 이사벨라를 보면서 아이들을 잘 돌봐달라고, 당신의 지성과 재능을 신뢰하고 있으니까 안심하고 아이들을 맡길 수 있다고 말한 다음, 신부가 독경하는 가운데 조용히 눈을 감았다.

이사벨라는 깊은 슬픔에 빠졌다. 그녀의 추억은 좋은 일이든 궂은 일이든 모두 프란체스코라는 한 남자와 연결되어 있었다. 마지막 몇 년 동안, 이 부부는 비록 남녀의 애정은 사라졌지만 서로를 배려하는 깊은 친밀감으로 맺어져 있었다. 그녀는 남편의 묘지 설계를 로마의 라파엘로에게 맡겼다. 하지만 이것은 라파엘로의 갑작스러운 죽음으로 실현되지 못했다.

이사벨라는 유럽 전역에서 동정과 위로를 받았다. 교황 레오 10세는 호의에 가득 찬 위로의 편지와 함께, 이사벨라의 친구이기도 한 비서관 피에트로 벰보를 조문 사절로 만토바에 보냈다. 각국에서 조문이 잇따랐다. 페라라에 있는 루크레치아 보르자는 슬픔에 가득 찬 편지를 보내 이사벨라의 용서를 빌었다. 루크레치아도 병석에 누워 있었는데, 그녀도 프란체스코가 죽은 지 석 달 뒤에 세상을 떠났다.

이사벨라는 이제 완전히 실권을 장악했다. 페데리코는 아직 너무 어렸고, 시동생은 둘 다 사람이 좋은데다 이사벨라에게 매혹되어 있었다. 그녀의 친구이며 교황의 특사인 프란체스코 키에리카티는 외국에서 들어오는 정보를 그녀에게 전해주었다. 런던의 헨리 8세 궁정에서, 에스파냐의 카를로스 1세(신성로마제국 황제로는 카를 5세) 궁정에서 들어오는 정보를 그녀에게 보내왔다. 새 시대를 맞이한 각국의 정세를 정확히 알려준 것이다. 그러나 이사벨라는 이처럼 이탈리아 바깥이 급속히 변하고 있는 것을 알면서도 아직 그것을 실감하지 못했다. 지금 그녀의 소원은 아들 페데리코가 교황군의 총사령관이 되는 것이었다. 그녀는 교회의 세력을 의심하려고도 하지 않았다. 이사벨라의 부탁을 받은 카스틸리오네의 강력한 도움으로 1521년에 그녀의 소원은 이루어졌다. 이사벨라는 뛸 듯이 기뻐했다. 교황의 요구로 페데리코가 서명한 서약서가 작성되었고, 이 문서는 교회에 충성을 바친다는 증거로 바티칸 궁전의 금고에 보관되었다. 그러나 나중에 카를로스의 대군이 로마에 바싹 다가왔을 때, 이사벨라는 이 서약서를 되찾으려고 허둥댔다.

교황 레오 10세는 페데리코를 교황군 총사령관으로 임명하면서 이사벨라에게 어려운 문제를 떠맡겼다. 우르비노 공작 일가를 만토바에서 추방하라고 요구한 것이다. 공작은 어쩔 수 없이 베네치아와 비첸차 등지를 전전해야 했지만, 이사벨라는 딸(레오노라)과 시누이(엘리사베타)를 추방하는 것만은 단연코 거부했다. 교황은 힘을 잃은 상대에게 재차 타격을 주려는 것처럼, 이번에는 페라라를 교황령으로 만들어버리려는 의도를 분명히 드러냈다. 전부터 이사벨라의 부탁을 받고 교황의 의도를 살피고 있던 카스틸리오네가 그녀에게 암호 편지를 보내왔다. 이사벨라와 알폰소는 절망에 빠졌다.

나쁜 소식은 잇달아 날아왔다. 믿고 있던 프랑스 군대가 밀라노에서 쫓겨난 것이다. 그리고 페데리코가 지휘하는 교황군과 황제파 장군인 프로스페로 콜론나가 힘을 합쳐, 로트레크가 이끄는 프랑스 군대를 무찔렀다. 이 소식에 교황은 기뻐서 어쩔 줄을 몰랐다. 교황은 메디치 추기경을 밀라노 공작으로 삼을 작정이었다. 이사벨라는 여기에 맞서서, 일 모로와 베아트리체의 차남인 프란체스코 스포르차를 지원하고 있었다. 모든 일은 교황의 뜻대로 되어가는 것 같았다. 그러나 닷새 뒤, 교황은 사냥을 나갔다가 감기에 걸렸다. 그리고 같은 날 저녁에 세상을 떠났다. 향년 45세였다. 독살당했다는 소문이 나돌았지만, 진상은 잘 알려져 있지 않다.

레오 10세는 죽은 뒤에 30만 두카토의 빚을 남겼다. 뿐만 아니라 교회의 보석과 금, 교황의 삼중관, 주교관, 은식기류, 시스티나 성당에 있는 값비싼 플랑드르산 태피스트리 따위를 모조리 저당잡힌 상태였다. 로마 주재 베네치아 대사는 "레오 10세만큼 악평 속에서 죽은 교황은 없다"는 글을 남겼고, 만토바 대사는 이사벨라에게 보낸 편지에서 "레오 10세는 여우처럼 권력을 움켜잡았고, 사자처럼 다스렸고, 개처럼 죽었다"고 말했다.

페라라의 알폰소는 안도의 한숨을 내쉬며 가슴을 쓸어내렸다. 그는 당장 기념 메달을 만들고, 거기에 'Ex Ore Leonis'(사자의 입 밖)라는 문구를 새겼다. 프란체스코 마리아도 교황이 죽었다는 소식을 듣자마자 만토바로 달려와서, 이사벨라와 알폰소한테서 돈과 군대를 빌려 우르비노로 갔다. 그는 아무 어려움도 없이 시민들의 환호 속에 우르비노 공작으로 복귀할 수 있었다.

'로마 약탈'

조용히 그러나 끊임없이 '로마 약탈'(사코 디 로마)의 무대가 준비되고 있었다. 등장인물들도 한 사람씩 갖추어지기 시작했다.

이 무렵 프랑스의 귀족 청년 한 사람이 만토바를 방문했다. 그는 이사벨라의 큰시누이인 클라라 곤차가와 프랑스 귀족 질베르 드 몽팡시에 백작 사이에 태어난 샤를 드 부르봉이었다. 훗날 이탈리아에 큰 재난을 가져온 이 잘생긴 귀공자는 발랄하고 고상한 정신과 기품있는 처신으로 이사벨라에게 아주 좋은 인상을 심어주었다. 그는 샤를 8세의 조카딸과 결혼하여 부르봉 공작으로 책봉되었으나, 아내가 죽은 뒤 태후인 루이즈 드 사부아의 모략으로 궁정에서 쫓겨났다. 카를 5세는 그를 에스파냐 궁정으로 맞아들여, 에스파냐-독일 연합군의 지휘관을 맡겼다. 샤를 드 부르봉도 유명한 처외숙모에게 깊은 존경심과 애정을 품고 돌아갔다.

이탈리아는 한동안 평화를 누리고 있었다. 새로 교황에 오른 클레멘스 7세는 1523년에 즉위할 당시부터 사촌형인 레오 10세의 정책을 그대로 계승할 작정이었다. 그리고 카를 5세의 품 안에서 승부를 내려고 하는 한편, 프랑스 왕 프랑수아 1세와도 은밀히 교섭을 추진하고 있었다. 클레멘스 7세는 에스파냐와 프랑스라는 양대 세력의 균형을 유지하면서 교회 세력을 강화하려고 한 것이다. 카스틸리오네를 교황 특사로 에스파냐 궁정에 파견한 것도 이런 이유에서였다. 이런 움직임으로 말미암아 이사벨라는 카를 5세의 존재를 인정하지 않을 수 없게 되었다. 그녀는 17세가 된 셋째아들 페란테를 에스파냐 궁정에 보냈다. 전에 맏아들 페데리코를 파리의 프랑수아 1세 궁정으로 보낸 것과 같은 생각에서였다.

이사벨라 데스테는 3남 3녀를 보았다. 하지만 그녀는 오로지 아들들한테만 관심을 쏟았고, 딸들은 아버지한테는 귀여움을 받았지만 어머니의 보살핌은 받지 못했다. 맏딸 레오노라는 전부터 약속된 대로 우르비노 공작에게 시집갔지만, 아래 두 딸은 지참금을 절약하기 위해 수녀원으로 보내졌다. 그때 아버지는 울었지만, 어머니 이사벨라는 눈물 한 방울 흘리지 않았다. 세 아들은 이사벨라의 극진한 보살핌

페데리코 곤차가

속에서 최고의 교육을 받았다. 구김살없이 자란 이 아들들은 대군주의 궁정에서도 재능을 인정받고 중용되었다.

프랑수아 1세가 마침내 알프스를 넘었을 무렵, 이사벨라를 몹시 슬프게 하는 일이 그녀의 눈앞에서 벌어졌다. 가장 사랑하는 맏아들 페데리코가 어머니한테 반항하는 태도를 보이기 시작한 것이다. 그는 20세가 되었을 무렵부터 '라 보스케타' 라는 유부녀를 사랑하고 있었다. 이 여자가 자신의 아이를 셋이나 낳았을 때, 페데리코는 그녀와 정식 결혼하기로 결심했다. 그러나 그는 17세 때 이미 마리아 팔라이올로구스와 약혼한 사이였다. 마리아는 동로마제국 황제의 후예인 몬페라토 후작의 딸로, 이 약혼은 이사벨라가 원한 것이었다. 그러나 페데리코는 애인을 위해 성에서 조금 떨어진 곳에 아름다운 궁전을 짓고, 그녀를 거기에 살게 했다. 줄리오 로마노가 설계한 이 궁전은 '차의 궁전' (팔라초 델 테)이라고 불렸다. 게다가 페데리코는 마리아 팔라이올로구스와의 약혼을 없었던 것으로 해달라고 교황에게 요청했다.

만토바 궁정은 라 보스케타를 중심으로 움직이게 되었다. 성에 있는 이사벨라의 방 창문으로 내다보면, 화려하게 차려입은 젊은이들이 라 보스케타를 에워싸고 왁자지껄 떠들며 말을 타고 지나가는 것이 자주 보였다. 이사벨라 주위에는 노인 몇 명이 남았을 뿐이었다. 페데리코는 이따금 의견을 청하러 올 뿐, 어머니를 국정에서 멀리 떼어놓으려고 했다. 고독이 밀려왔다. 이사벨라는 처음으로 나이를 느꼈다. 그녀도 어느덧 51세가 되어 있었다.

그러나 인문주의자들이 "보기 드문 불사조"라고 부른 이사벨라 데 스테였다. 이대로 늙어갈 생각은 추호도 없었다. 그녀는 다시 한번 삶의 소용돌이 속에 자신을 내던지기로 결심했다. 다시 로마에 가기로 한 것이다. 둘째아들 에르콜레를 추기경으로 승진시키려는 목적이 있었다. 1525년 봄, 그녀는 로마로 떠났다. 가는 길에 프랑수아 1세와 황제군의 전투 상황을 들으면서.

그녀의 옛 친구들은 이제 로마에 거의 남아 있지 않았다. 비비에나 추기경, 줄리아노 데 메디치, 라파엘로는 세상을 떠났고, 카스틸리오네는 에스파냐에 가 있었다. 그러나 교황의 비서인 사돌레토와 파올로 조비오, 키에리카티는 남아 있었다. 교황 클레멘스 7세도 지금처럼 정치적 정세가 어려울 때 만토바를 함부로 다룰 수는 없었다. 교황은 에르콜레를 추기경으로 승진시키겠다고 약속했다. 하지만 시기에 관해서는 모호한 말로 얼버무릴 뿐이었다. 이사벨라는 에르콜레를 위해 추기경의 빨간 모자를 얻을 때까지는 로마를 떠나지 않을 결심이었다. 친구들과 함께 보내는 나날이 지나갔다. 그녀의 살롱에서 문예적이고 지적인 대화를 나누는 틈틈이, 마차를 타고 햇빛 찬란한 고대 유적을 돌아다니기도 했다.

1526년 1월, 프랑수아 1세는 파도바 전투에서 황제군에 참패를 당하고 자신도 포로가 되어버렸다. 그는 나폴리에 대한 프랑스의 권리를 포기하겠다고 약속한 뒤에야 겨우 석방되었다. 5월, 이제 너무나 강대해진 카를 5세의 세력에 겁을 먹은 교황은 베네치아·피렌체·밀라노에 호소하여 카를 5세에 대한 신성동맹을 결성했다. 프랑스도 여기에 가담했다. 그러나 만토바는 로마에 있는 이사벨라의 지시에 따라 동맹에 가담하지 않았다. 만토바 후작 페데리코는 교황군 총사령관이었기 때문에, 교황측은 만토바도 당연히 동맹에 가담하리라고 생각했다. 하지만 페데리코는 움직이지 않았다. 교황이 과거에 페데리코가 작성한 서약서를 제시하려고 했지만, 그건 벌써 이사벨라가 손을 써서 바티칸 금고에서 훔쳐낸 뒤였다. 이 일은 이탈리아 전역에서 대단한 평판을 불러일으켰다. 이사벨라는 도덕적인 이유(돈으로 사람을 매수해서 저지른 도둑질)나 인간적인 이유(아들에게 배신자의 오명을 씌우는 짓)보다 정치적인 이유에 따라 행동했기 때문이다.

　만토바의 페데리코도 은밀히 카를 5세와 연락을 주고받고 있었다. 비밀 협약이 맺어졌다. 만토바 군대를 많은 군수품과 함께 카를 5세에게 제공하고, 황제군의 만토바 영내 통과를 보증한다는 계약이었다. 이사벨라와 페데리코 모자는 이탈리아를 배신한 것이다.

　아무리 기다려도 만토바 후작이 움직이려 하지 않는 것을 알고 교황은 미친 듯이 화가 났다. 하지만 이제 와서 만토바로 출병한다는 것은 생각할 수도 없는 일이었다. 그만큼 사태가 긴박해져 있었다. 결국 교황은 만토바를 내버려둘 수밖에 없었다.

　9월, 황제측 추기경인 폼페오 콜론나가 로마를 습격했다. 이사벨라는 로마에 온 이후 숙소로 삼고 있던 콜론나 궁전에서 이 상황을 자세히 볼 수 있었다. 콜론나의 군대가 이 궁전 앞에 집결했기 때문이다.

교황은 산탄젤로 성(바티칸에서 동쪽으로 500미터쯤 떨어진 이 성채는 바티칸에 딸린 감옥이나 요새로, 위급한 때에는 교황의 피신처로 쓰였다—옮긴이)으로 피신했다. 그는 동맹을 철회하겠다는 약속을 강요당했다. 그러나 군대가 철수한 뒤, 교황은 자신의 군대를 소집하여 콜론나의 군대를 쫓아가서 흩어버렸다.

11월, 독일-에스파냐 연합군은 1만 2천 명의 독일 용병(란츠크네흐테)과 함께 프룬츠베르크의 지휘로 알프스를 넘었다. 그 직후 프룬츠베르크가 병에 걸리는 바람에 샤를 드 부르봉이 대신 지휘를 맡게 되었다. 만토바의 페데리코는 이사벨라에게 빨리 귀국해달라고 애원하는 편지를 잇달아 보냈다. 귀국하지는 않더라도 최소한 로마에서는 떠나달라고 애원했다. 로마에 있는 어머니의 신변이 걱정되어 견딜 수가 없었던 것이다. 하지만 이사벨라는 로마에서 움직이지 않았다. 황제군을 지휘하고 있는 것은 그녀의 조카사위인 부르봉 공작인데다, 셋째아들 페란테도 카를 5세의 군대에서 부대 하나를 맡아 지휘하고 있었다. 게다가 둘째아들 에르콜레는 아직도 추기경에 오르지 못했다. 이사벨라도 다른 사람들과 마찬가지로 반 년 뒤에 벌어질 '로마 약탈'을 전혀 예상하지 못했다.

이듬해인 1527년 5월, 부르봉 공작이 비테르보에 도착했다는 소식이 바티칸에 전해졌다. 교황은 처음으로 위기를 실감했다. 위험을 알아차린 시민들은 귀중품을 산탄젤로 성으로 나르거나 땅 속에 파묻기 시작했다. 시민들이 로마 밖으로 떠나려 한다는 것을 안 교황은 피난 금지령을 내리고, 피난하는 자는 사형으로 다스리겠다고 경고했지만 별로 효과가 없었다. 로마의 성문들은 모두 폐쇄되었다. 렌초 다 첼리가 이끄는 약간의 병력이 성벽을 지키고 있을 뿐이었다. 교황청 주재 프랑스 대사인 뒤 벨은 이렇게 기록했다.

"그날 아침, 나는 교황과 함께 시간을 보냈다. 교황의 마음 속에 숨어 있는 두려움을 말로 표현하기는 어렵다. 교황은 렌초가 1천 명의 병사를 더 모으는 것에 희망을 걸고 있었다. 그러나 이것은 경제적으로도 지금의 그에게는 불가능한 일이었다."

교황은 추기경을 새로 임명하여 이 경제적 어려움을 타개하려고 했다. 5명의 추기경이 새로 임명되었다. 그들은 각자 4만 두카토를 교황에게 바쳤다. 이들 가운데 에르콜레 곤차가도 끼여 있었다. 주위 사람들은 페데리코의 배신과 부르봉 공작이나 페란테의 행동을 이유로 에르콜레의 추기경 임명에 반대했지만, 교황은 듣지 않았다. 교황에게는 물론 4만 두카토가 중요했지만, 최악의 사태가 벌어졌을 경우에 대비한 포석도 그의 마음 속에는 깔려 있었다. 만약의 경우에는 에르콜레 추기경이 방패막이가 되어줄 거라는 계산이었다.

5월 5일, 부르봉 공작이 이끄는 독일-에스파냐 연합군이 로마 성벽 밑에 도착했을 무렵, 추기경의 빨간 모자가 콜론나 궁전에 있는 이사벨라에게 전해졌다. 이사벨라는 마침내 소원을 이룬 것이다. 하지만 이제는 로마를 떠난다는 건 생각조차 할 수 없는 일이었다. 그녀는 부르봉과 페란테의 진영에 사람을 몰래 보내, 설령 로마가 점령되더라도 자기가 머물고 있는 궁전의 안전은 보장해달라고 요청했다. 부르봉 공작은 그녀의 안전을 보장하겠다고 약속했다.

당장 이사벨라의 명령으로 궁전에 바리케이드를 쌓는 작업이 시작되었다. 그러는 동안에도 이사벨라가 있는 곳이 안전하다는 것을 눈치챈 사람들이 그녀에게 보호를 요청해왔다. 이사벨라는 거절하지 않았다. 그것은 동정심 때문이 아니라, "공주로 태어난 사람은 평생을 공주로서 살아간다"는 생각, 다시 말하면 윗사람은 언제나 아랫사람을 보호해야 한다는 의무감에서 나온 행위였다. 콜론나 궁전에 속속 피난해온 로마의 상류층과 귀족들은 전부터 이곳에 머물고 있던 사람들을 포함하면 무려 3천 명에 이르렀다. 준비는 모두 끝났다. 이사벨라는 조용히 다음에 일어날 일을 기다렸다.

1527년 5월 5일 밤, 황제군은 몬테마리오를 지나 로마 성벽 바로 밑에 진을 쳤다. 한밤중에 나팔이 울려퍼지고 공격이 시작되었다. 공격 지점은 바티칸 언덕 위, 톨리오네 문과 산토스피리토 사이였다. 성벽이 가장 낮은 지점을 노린 것이다. 황제군 병사들은 테베레 강에서 피어오르는 안개에 감싸여 있었지만, 성벽 위에 진을 친 바티칸 수비대와 산탄젤로 성에서 쏘아대는 대포의 강렬한 불빛이 밀려오는 적군의 대열을 훤히 비추었다.

부르봉 공작은 은빛 갑옷을 입은 아름다운 모습으로 말에 올라타고, 성벽에 매달려 있는 병력을 지휘하고 있었다. 그러다가 캄포산토 근처의 성벽에 세워져 있던 사다리를 탈취하여, 따르는 병사들을 질타하거나 독려하면서 직접 성벽 위로 올라섰다. 이 광경을 보고 병사들은 승리의 함성을 질렀다. 바로 그때 총탄이 그에게 명중했다. 가까이에 있던 병사들은 부르봉 공작의 외침소리를 들었다.

"아아, 성모 마리아여, 저는 죽습니다!"

성벽에서 굴러떨어진 그에게 오랑주 공작은 망토를 벗어서 덮어주었고, 병사들이 가까운 교회로 그를 옮겼다. 죽기 전 30분 동안, 샤를 드 부르봉은 "로마로! 로마로!"를 헛소리처럼 계속 중얼거리다가 눈을 감았다.

황제군은 사령관의 죽음을 알고 흥분했다. 분노가 새로운 용기를 불러일으켰다. 마침내 산토스피리토의 성벽이 무너지고, 병사들은 일제히 로마 시내로 쏟아져 들어갔다.

샤를 드 부르봉의 죽음(16세기의 판화)

 이 소식이 들어왔을 때, 교황은 바티칸 안에 있는 성 베드로 동상 앞에 엎드려 있었다. 그는 바티칸 근위대인 스위스 병사들이 침략군과 맞서는 것을 보았다. 그리고 "에스파냐제국! 에스파냐제국!"이라고 외치는 소리가 로마 시가지 위에 울려퍼지는 것을 들었다. 시종들이 교황을 산탄젤로 성으로 통하는 비밀 통로로 인도했다. 13명의 추기경이 교황을 뒤따랐다. 파올로 조비오는 자신의 진홍빛 망토를 교황에게 입히고, 자신은 하얀 저고리로 적군의 눈길을 끌면서 산탄젤로 성의 널다리를 들어올렸다. 늦게 도착한 늙은 추기경 아르멜리니는, 성문이 밖에서 열리지 않도록 문지방 구멍에 고정시키는 격자문이 내려온 뒤, 바구니로 끌어올려졌다. 또 다른 늙은 추기경 푸치는 공포와 피로로 반쯤 죽은 상태가 되어 창문으로 끌어올려졌다. 영국과 프랑스 대사는 그렇게 피신하기를 거부했다가, 나중에 렌초에게 구조되었다.

 그러나 바티칸 경비를 맡고 있는 스위스 용병들은 이날의 전투에서 모두 전사했다. 지금도 로마에 가면 화려한 제복 차림으로 바티칸을 경비하고 있는 스위스 용병들을 볼 수 있다. 이들에게는 1년에 한 번 그들만의 명절이 있는데, 그것은 500년 전 절대적으로 우세한 독일-에스파냐 연합군에 맞서서 바티칸을 지키려다 전멸한 선배들의 죽음을 기리는 날이다.

새벽 5시 반에는 싸움이 고비를 넘겼다. 독일 군대는 피오리 광장에 집결했고, 에스파냐 군대는 나보나 광장에 진을 쳤다. 페란테 곤차가는 산탄젤로 성으로 통하는 다리를 감시했다. 이제 폭도로 변한 독일 용병과 에스파냐 병사들은 무방비 상태의 시민들을 습격했다. 아녀자도 무차별로 공격했다. 약탈과 폭행과 파괴가 계속되었다. 교회도 제단도 약탈당했다. 미처 달아나지 못한 추기경들은 멱살을 잡힌 채 질질 끌려다녔다.

오랑주 공작은 바티칸에 숙소를 정했다. 그 덕에 적어도 교황의 도서관과 진귀한 수집품들은 약탈을 모면했다. 그러나 플랑드르산 태피스트리나 라파엘로의 밑그림은 도난당했다. 그리고 독일 용병들은 라파엘로의 프레스코 벽화가 있는 방들을 마구간으로 사용했다. 황금으로 제작된 콘스탄티누스의 십자가는 산 피에트로(성 베드로) 성당의 출입문을 통해 어딘가로 반출되었고, 율리우스 2세의 무덤은 도굴당했다. 무질서하기 짝이 없는 독일 용병들의 만행에는 에스파냐 쪽도 놀랐다. 카를 5세의 판무관인 가티날레는 황제에게 이런 보고서를 보냈다.

"로마는 모두 파괴되었습니다. 산 피에트로 성당도, 교황의 궁전도 이제 마구간으로 변해버렸습니다. 오랑주 공작은 병사들의 질서를 되찾으려고 애썼지만, 이제는 폭도로 변해버린 용병들을 어찌할 도리가 없습니다. 독일 용병들은, 교회에 대해 아무런 존경심도 갖지 않은 루터파 교도란 바로 이런 것이구나 여겨지도록, 그야말로 야만인처럼 행동하고 있습니다. 모든 귀중품과 예술품은 파손되거나 도난당했습니다."

콜론나 궁전에서 이사벨라는 이 상황을 내려다보고 있었다. 죽어가는 사람들의 신음소리와 여자들의 비명소리가 들렸다. 산탄젤로 성에서는 총성이 끊임없이 들려왔다. 긴 시간이 지났다. 모두들 공포에 질려, 살아 있다는 실감조차 나지 않았다. 믿고 있던 부르봉한테서는 아무 소식도 없었고, 도와주는 사람도 오지 않았다.

궁전 앞 광장이 저녁 안개 속에 잠기려 할 무렵, 흑·적·백의 삼색이 어우러진 황제군 군복 차림에 투구를 쓴 한 기사가 광장을 가로질러 어스름 속을 달려오는 것이 보였다. 모두 숨을 죽였다. 그는 궁전 문 앞으로 다가왔다. 그때 이사벨라의 시녀이자 친척이기도 한 카밀라 곤차가가 자기 오빠인 알레산드로라고 기쁨의 환성을 질렀다. 당장 밧줄이 내려지고, 그는 창문으로 끌어올려졌다.

이 친척의 출현으로 이사벨라는 안심했다. 알레산드로는 이사벨라에게 보고했다. 부르봉 공작은 성벽을 넘다가 죽었다는 것. 그의 시신은 지금 시스티나 성당에 안치되어 있다는 것. 교황과 추기경들은 산탄젤로 성으로 달아났다는 것. 그가 이야기를 마치기도 전에 에스파냐 기사인 돈 알폰소 디 코르도나가 도착했다. 그는 어제 부르봉 공작한테서 이사벨라가 머물고 있는 궁전을 지켜주라는 명령을 받았지만, 상황이 너무 혼란스러워 지금까지 오지 못했다고 말했다. 이사벨라도 다른 사람들도 모두 걱정을 덜었다. 밤 10시에 마침내 페란테가 도착했다. 이제야 맡은 임무에서 벗어날 수 있었던 것이다. 이사벨라는 3년 전에 에스파냐로 떠난 이후 격조했던 아들을 진심으로 반갑게 맞이했다. 아들은 그 사이에 늠름한 사나이로 성장해 있었다.

그로부터 7일 동안, 점령군은 마음껏 로마 시내를 돌아다니며 약탈과 파괴를 자행했다. 추기경들의 저택은 물론이고, 카를 5세의 조카인 로마 주재 포르투갈 대사의 저택도 약탈과 파괴를 면치 못했다. 페란테는 궁전에 새로 바리케이드를 쌓았다.

 이 '로마 약탈'(사코 디 로마)로 말미암아 전성기 르네상스의 중심지였던 로마는 폐허로 변해버렸다. 해마다 열리는 사육제 때는 화려한 가장행렬로 흥청거리고, 평소에도 사람의 왕래가 끊이지 않던 코르소 거리도 이제는 사람의 그림자조차 찾아볼 수 없으며, 이따금 술에 취해 떼강도로 변한 독일 용병들의 고함과 간간이 이어지는 총성이 다 무너져내린 벽 안에 숨어 있는 사람들을 두려움에 떨게 했다.
 그래도 해가 떠 있는 동안은 나았다. 그러나 밤의 어둠이 모든 것을 덮어버리면 사람들의 공포는 극에 달했다. 아무도 '밤'이라는 말을 입에 올리려 하지 않았다. '밤'(라 노테)이 아니라 '죽음'(라 모르테)이라고 말한 듯한 기분이 들었기 때문이다.
 코르소 거리에서 조금 들어간 곳에 있는 콜론나 궁전으로 피난한 사람들에게도 '밤'과 '죽음'은 같은 느낌을 주었다. 게다가 굶주림의 고통이 거기에 더해졌다. 3천 명을 먹이다 보니, 이사벨라가 비축해둔 식료품도 금세 바닥을 드러냈다. 누더기를 걸친 거지들이 얼마 안 되는 음식을 향해 비쩍 마른 팔을 뻗는 광경은 비참했다. 그러나 포동포동 살찐 하얀 육체를 드러내고, 화려한 의상을 걸치고, 보석으로 치장하고, 머리를 야단스럽게 땋아올린 귀부인들, 평소에는 대단한 은혜라도 베푸는 듯한 얼굴로 신자들에게 반지 낀 손을 내밀어 반지에만 살짝 입을 맞추게 하는 데 익숙한 고위 성직자들, 거만한 태도의 궁정 사람들이 빵 한 조각을 향해 앞다투어 달려가는 광경은 비참한 정도가 아니라 완전히 지옥이었다.

이 비참한 지옥에서 오직 이사벨라 혼자만 초연한 것처럼 보였다. 그녀도 공포를 느끼지 않은 것은 아니다. 황제파인 콜론나 공작이 자기 궁전을 숙소로 내주었고, 전사했다고는 하지만 황제군 사령관인 부르봉 공작은 그녀의 조카사위이고, 아들 페란테는 황제군 부대장이다. 이것으로 그녀의 안전은 충분히 보장되어 있을 터였다. 그러나 궁전 밖의 정세는 낙관을 허용치 않았다. 질서를 잃은 독일 용병들에게 '로마'라는 말은 부와 재물의 창고를 의미할 뿐이다. 북쪽에서 온 그들에게는 콜론나나 부르봉이라는 이름도 전혀 권위를 갖지 않는다. 하물며 일개 부대장에 불과한 곤차가의 이름이 그들에게 얼마나 위협을 주겠는가. 기대하는 쪽이 어리석다. 이사벨라는 이것을 충분히 알고 있었다. 우아하고 근사하게만 지어진 로마 시내의 궁전들이 약탈에 미친 그들에게 습격당하면 잠시도 버텨내지 못하리라는 것도 알고 있었다. 그녀도 역시 어느 정도는 두려움을 느꼈을 것이다.

또한 북방의 야만스러운 루터파 교도들이 어떻게 로마 시내와 로마 예술품을 파괴하고 있는지도 아들 페란테에게 들어서 알고 있었을 것이다.

로마. 이 말만큼 풍요롭고 관능적인 울림을 느끼게 하는 낱말도 그리 많지 않다. 예루살렘이라는 이름을 입에 올릴 때 어떤 부류의 사람들이 갖는 느낌과는 전혀 다른 느낌을 로마도 지난 2천 년 동안 계속 사람들에게 주어왔다.

하물며 이사벨라에게 로마는 반평생 동경하던 도시였다. 무언가를 타개하기로 결심할 때면 그녀의 발길은 언제나 로마로 향했다. 로마야말로 이름만 들어도 찾아가고 싶은 마음이 저절로 나는 유일한 도시였다. 그 로마가 지금 아름다움의 가치라고는 전혀 모르는 독일 용병들의 진흙발에 짓밟히고 있었다. 교황조차도 로마에서 달아나 오르비에토로 피난할 수밖에 없었다. 이탈리아 르네상스의 종말을 상징하는 이 '사코 디 로마'라는 사건의 엄청난 소용돌이 속에 있었던 이사벨라가 이 비극을 애도하는 감상적인 말을 남겼다 해도, 누구나 그것을 당연하게 생각했을 것이다. 그리고 교양과 지성을 갖춘 예술의 이해자이자 후원자로서 그녀의 명성은 더욱 확고해지고, 부르크하르트도 그녀의 말을 그 명저 속에 소개하고 싶은 유혹을 뿌리치지 못했을 게 분명하다.

그러나 이 공포의 일주일 동안, 이사벨라는 단 한 통의 편지만을 우리에게 남겼다. 만토바의 아들에게 쓴 편지였다. 이 편지는 남에게 전해들은 로마 시내와 바티칸에서의 사건, 콜론나 궁전의 바리케이드, 궁전 밖에서 들려오는 총성과 아녀자들의 비명소리에 관하여 담담하게 기술하고 있을 뿐이다. 다만 편지 말미에 "오늘도 마늘 바른 빵이 식사의 전부인 모양이다"라는 해학적인 구절이 한 줄 덧붙어 있다. 이 말에서는 두려움도 감상도 전혀 엿보이지 않는다. 오직 철저한 현실주의에 입각한 합리적 정신과 대담한 웃음만이 있을 뿐이다. 이사벨라의 이 해학적인 한마디 앞에서는 저 도저한 인문주의자 에라스무스의 다음과 같은 언사도 너무나 허약하게 들린다.

"로마는 단지 기독교도만을 위한 도시는 아닙니다. 고귀한 정신과 뮤즈가 살고 있는, 우리 모두의 어머니 같은 존재입니다. 이번의 슬픈 소식을 나는 깊이 애도하는 마음으로 전해들었습니다."(사돌레토에게 보낸 편지)

만년

50세가 넘은 이사벨라 데스테는 그 무렵 생애의 마지막 승부수를 던지기 시작했다. "만토바 후작은 가치가 적다"(구이차르디니)는 말을 들은 페데리코는 너무나 유명한 어머니 밑에서 세상을 등지고 애인인 라 보스케타의 품 안에서 위안을 찾을 뿐이었기 때문에 전혀 문제가 되지 않았다. 그녀의 승부 상대는 '로마 약탈' 이후 이탈리아 역사를 뒤덮고 있는 에스파냐 왕이자 신성로마제국 황제이기도 한 카를 5세였다. 지금은 모든 것이 그의 의지에 달려 있었다. 물론 노련한 이사벨라는 이 강력한 인물을 적으로 삼는 짓은 하지 않았다. 그녀는 카를 5세의 힘을 냉정하게 계산하고, 자기가 필요로 하는 경우에만 그가 눈치채지 못하도록 교묘하게 그의 힘을 이용했다.

'로마 약탈'로 말미암아 카톨릭 제국의 황제인 카를 5세는 세간의 비난을 한몸에 뒤집어썼다. 황제는 교황을 언제까지나 굴욕적인 상태로 내버려둘 수는 없다는 것을 알았다. 이제는 카를 쪽에서 교황과 화해할 필요성이 생긴 것이다.

그러나 프랑스의 야욕을 꺾고 나폴리와 롬바르디아까지 손에 넣은 카를 황제의 승리는 완벽했다. 1529년 8월 12일, 그는 제노바에 도착했다. 그가 이탈리아에 발을 들여놓은 것은 이때가 처음이었다. 그의 오랜 소망은 로마에서 교황이 직접 씌워주는 신성로마제국 황제의 관을 쓰는 것이었다. 그가 이탈리아에 온 것은 바로 이 숙원을 이루기 위해서였다. 그러나 로마 사람들은 2년 전의 그 끔찍한 사건을 잊지 않고 있었다. 이 점을 고려하여, 로마와 제노바의 중간 지점인 볼로냐가 교황과 황제의 회견 장소로 선정되었다. 이탈리아 각지에서 귀족들이 속속 볼로냐로 모여들었다. 이사벨라가 이 기회를 놓칠 리 없었다. 그녀도 11월에 여느 때처럼 아름다운 시녀들을 데리고 볼로냐로 갔다.

이사벨라의 의도는 다음 몇 가지였다. 우선 만토바 후작의 지위를 공작으로 승격시키는 것. 그리고 일이 잘되는 경우, 지금 조카인 프란체스코 스포르차가 다스리고 있는 밀라노공국을 그가 병약하다는 이유로 만토바에 합병시키는 것. 그밖에 동생인 알폰소 데스테가 다스리는 페라라공국과 역대 교황들 사이의 불화를 카를 5세의 힘으로 해소시키는 것도 그녀의 목적이었다. 이 때문에 알폰소와 이사벨라는 자주 편지를 교환하면서 방법을 꾸미고 있었다.

1529년 11월, 18명의 추기경을 거느린 교황 클레멘스 7세와 역시 위풍당당한 행렬을 거느린 카를 5세가 잇달아 볼로냐에 입성했다. 이때부터 마치 이탈리아 르네상스의 붕괴를 상징하는 것처럼, 흑백의 단순한 에스파냐풍 의상이 지금까지 유행하던 화려한 색채의 르네상스풍 의상을 밀어내고 유행하기 시작했다.

이듬해인 1530년 2월 22일, 교황은 신성로마제국 황제의 관을 직접 카를 5세에게 씌워주었다. 밤마다 잔치와 무도회가 열렸다. 그런 가운데에도 이사벨라의 소망은 착착 실현되어갔다. 공작 승격 문제는 카를 황제한테 직접 약속을 받아냈다. 밀라노공국을 합병하는 문제는 황제가 밀라노 공작 프란체스코 스포르차에게 친밀감을 품고 있었기 때문에 이루어질 가망이 없었다. 페라라와 교회의 화해는 완전히 이루어졌다. 카를 5세는 대관식 직후에 교황의 반대를 무릅쓰고 알폰소 데스테를 볼로냐로 불렀다. 알폰소는 카를 5세가 이탈리아 귀족들 가운데 유일하게 됨됨이를 인정하고 있던 인물이었다. 3월 초에 급히 볼로냐에 도착한 알폰소와 교황 사이에 화해가 이루어졌다.

그러나 또다시 이사벨라의 시녀들 때문에 스캔들이 일어나고 말았다. 그녀들 때문에 에스파냐와 이탈리아의 기사들이 결투를 벌여 하룻밤 사이에 14명이나 죽는 사건이 발생하자, 이사벨라는 서둘러 시녀들을 데리고 볼로냐를 떠나야 했다. 그러나 카를 5세는 진심에서 우러나오는 호의와 존경심으로 이사벨라를 대했다. 카를 5세는 그녀의 아들들을 칭찬하고, 이사벨라에 대해서는 에스파냐 궁정에서 카스틸리오네한테 자주 이야기를 들었노라고 말했다. 그리고 돌아가는 길에 만토바에 들르겠다고 약속했다.

3월 25일, 만토바에 들른 카를 5세는 페데리코를 공작으로 승격시켰다. 이제 이사벨라의 맏아들은 공작의 칭호를 얻었고, 둘째아들 에르콜레는 추기경이 되었고, 셋째아들 페란테는 카를 5세의 궁정에서 활약하고 있었다. 그런 이사벨라에게 오랑주 공작을 대신하여 황제군을 지휘하고 있던 페란테가 피렌체를 함락시켰다는 소식이 들어왔다. 이탈리아 독립의 마지막 보루인 피렌체공화국은 이렇게 무너졌다.

황제는 만토바를 떠나기 전에 페데리코의 결혼을 지시했다. 만토바 공작은 30세가 되어 있었다. 그는 17세 때 당시 8세인 마리아 팔라이올로구스 디 몬페라토와 약혼했지만, 애인인 라 보스케타 때문에 교황에게 파혼을 요청하여 허락을 받았다. 그 이유는 마리아 팔라이올로구스의 어머니가 라 보스케타의 남편을 시켜서 페데리코와 라 보스케타를 독살하려 했다는 것이었다. 이것은 완전한 누명이었지만, 이 때문에 라 보스케타의 남편은 목숨을 잃었다. 그러나 만토바의 군주인 페데리코의 결혼은 하나의 정치다. 이제는 페데리코도 라 보스케타도 그것을 알고 있었다. 라 보스케타는 공작부인이 되는 것을 체념하고 있었다. 그러나 아이들이 있었다.

이럴 때 황제가 혼담을 가져온 것이다. 황제가 고른 신부는 인판타 줄리아였다. 아라곤 왕가에서 유일하게 살아남은 왕녀로, 페데리코의 사촌누이이기도 했다. 줄리아는 못생긴 여자였다. 게다가 마흔 살이 다된 나이였다. 페데리코는 형식적인 결혼이라 해도 마음이 내키지 않았지만, 라 보스케타는 그에게 이 결혼을 권했다. 그녀는 줄리아가 못생긴데다 나이가 많기 때문에 페데리코의 자식을 낳지 못할 테고, 페데리코도 그런 여자를 사랑하지는 않을 거라고 생각했다. 그러면 자기 자식이 페데리코의 후계자가 될 수 있으리라고 계산한 것이다. 라 보스케타의 이런 움직임을 이사벨라는 말없이 지켜보고만 있었다. 그녀는 움직이지 않고 때를 기다렸다.

그러나 그 시기는 뜻밖에 빨리 찾아왔다. 어린 몬페라토 후작이 말을 타다 떨어져 죽은 것이다. 상속권은 마리아 팔라이올로구스에게 돌아갔다. 그러자 페데리코는 자기가 너무 성급했다고 생각했다. 그는 당장 교황과 황제에게 편지를 보내, 줄리아와는 결혼할 수 없는 이유가 있으니까 그녀와의 약혼을 무효로 해달라고 요청했다. 그 이유는 옛 약혼녀인 마리아 팔라이올로구스와 파혼할 때 그 절차가 충분치 않았다는 것이다. 여기에는 황제도 교황도 기가 막혔다. 당연히 결정은 지연되었다. 그러는 동안 마리아 팔라이올로구스도 죽어버렸다. 다음 상속자는 마리아 팔라이올로구스의 여동생인 20세의 마르게리타였다.

그제서야 마침내 이사벨라가 움직이기 시작했다. 젊은 상속녀인 마르게리타에게는 여기저기서 청혼이 쇄도했다. 마르게리타의 어머니인 몬페라토 후작부인은 딸을 밀라노 공작인 프란체스코 스포르차와 결혼시키고 싶어했다. 밀라노 공작도 그것을 바라고 있었다. 이사벨라는 우선 후작부인을 설득하는 일부터 시작했다. 이사벨라의 교묘한 외교 앞에서 후작부인은 전혀 상대가 되지 않았다. 결국 이사벨라는 후작부인한테서 "딸만 좋다면 페데리코와 결혼시켜도 좋다"는 대답을 얻어냈다. 이사벨라는 당장 페데리코를 마르게리타에게 보냈다. 젊은 마르게리타는 페데리코의 교묘한 말솜씨에 함락되었다. 그녀는 "페데리코와 결혼하지 못하면 수녀가 되어버리겠다"고 말하게 되었다. 이사벨라는 동시에 교황과 황제에 대해서도 운동을 벌이기 시작했다. 그녀는 페데리코의 고해 신부를 매수했다. 연극은 종교적 교리의 복잡성 위에 성립되었다. 과거에 파혼할 때의 참회가 교리에 맞지 않았기 때문에 마리아 팔라이올로구스와 페데리코의 약혼은 무효가 되지 않았다는 논리였다. 여기에는 교황과 황제도 승복할 수밖에 없었다. 게다가 약혼한 언니가 죽으면 여동생이 언니의 약혼자와 결혼하는 것은 흔히 있는 일이었다.

1531년 7월, 페데리코 곤차가와 마르게리타 팔라이올로구스의 결혼이 발표되었다. 11월, 젊은 신부가 만토바에 도착했다. 그리고 3년 뒤, 몬페라토공국은 만토바공국에 합병되었다.

라 보스케타의 희망은 사라졌다. 10년 동안이나 애인 사이였던 페데리코는 이 결혼 때문에 그녀를 버렸다. 페데리코가 그녀를 추방할 필요도 없이, 그녀 스스로 만토바를 떠났다. 그러나 아이들은 남겨두었다. 이사벨라는 이겼을지 모르나, 10년 동안의 라이벌인 라 보스케타한테서 자기와 똑같은 부류의 인간을 발견했다.

이사벨라 데스테에게 아들 페데리코의 결혼은 평생 동안 지켜온 공식에 따른 그녀의 마지막 행동이었다. 60세가 다된 그녀는 죽을 때까지 9년 동안 자기 서재에서 조용히 보낼 때가 많았다. '그로타'(둥지)와 '스투디오'(서재)라고 불린 두 방은 비록 크기는 작았지만, 안뜰에 면한 커다란 창문으로 햇빛이 쏟아져 들어오고, 그녀가 모아놓은 수많은 예술품으로 장식되어 있었다.

이사벨라의 서재(스튜디오)

1534년에 동생 알폰소가 죽었고, 이어서 밀라노 공작과 우르비노 공작 등 그녀와 동시대를 살았던 사람들은 거의 다 세상을 떠났다. 세대가 바뀌었다. 그러나 정신의 독립성에 대한 이사벨라의 긍지는 조금도 노쇠함을 보이지 않았다. 딸 레오노라와 아들 에르콜레가 당시 유명했던 비토리아 콜론나의 살롱에 열심히 드나들어도, 서재 문간에 걸려 있는 이사벨라의 좌우명 — "꿈도 없이, 두려움도 없이" — 에 나타나 있듯이, 비토리아 콜론나의 '종교적이고 청결한 정신적 결합' 따위는 이사벨라와는 전혀 관계가 없었다. 이사벨라에게는 눈앞에 있는 현실이 곧 인생이었다. 설령 그 현실이 청결하거나 아름답지 않다 해도, 그게 바로 인생이었다. 그녀는 비토리아 콜론나를 정중하게 대했지만, 그것은 그녀의 '고귀한 정신'을 존중했기 때문이 아니라 비토리아의 조카가 당시 가장 유력한 알폰소 다바로스였기 때문이다.

이사벨라의 생각대로 알폰소 다바로스는 나중에 이사벨라의 손녀와 결혼했다.

생애의 마지막 몇 해 동안 이사벨라가 정열을 쏟은 것은 소라롤로라는 작은 지방을 다스리는 일이었다. 로마냐 지방의 이 작은 고을을 그녀는 자기 뜻대로 다스렸다. 근대적으로 구획을 정리하고, 합리적으로 세금을 징수했다.

지금도 볼로냐에서 리미니로 가는 길에서 조금 벗어난 곳에 있는 이 작은 도시의 중앙 광장은 곤차가 광장이라고 불린다. 그녀의 통치는 높은 평가를 받았다. 사람들은 그녀에 대해 "마땅히 여왕으로 태어났어야 할 분"이라고 칭송했지만, 그녀가 통치에만 전념한 것은 아들 페데리코에 의해 만토바 국정에서 소외된 데 따른 서글픈 도피이기도 했다. 그러나 그녀는 푸념을 늘어놓지도 않았고, 아들을 대신하려고도 생각지 않았다. 만토바를 위해 해야 할 일은 이제 다 끝났다고 생각했기 때문이다. 그 나이가 되어서도 여전히 그녀는 쾌활하고 멋진 여자였다.

1537년 6월, 이제는 거의 남아 있지 않은 이사벨라의 동시대인 가운데 하나인 그녀의 옛 친구 피에트로 벰보 추기경이 만토바로 그녀를 찾아왔다. 그는 그녀의 서재—이제는 '파라디소'(낙원)라고 불리게 되었다—에서 예술품을 감상하면서 닷새 동안 만토바에 머물렀다. 만테냐·코레조·벨리니·티치아노 등의 그림, 미켈란젤로의 조각, 그리스의 대리석상과 고대 로마의 수많은 조각품들, 이 모든 것들은 그녀의 추억과 연결되어 있었다. 벰보는 아직도 젊고 발랄한 정신을 간직하고 있는 이사벨라와 함께 보낸 날들에 대해 깊은 인상을 가지고 만토바를 떠났다. 며칠 뒤, 이사벨라의 아들 에르콜레는 벰보한테서 이런 편지를 받았다.

"자네는 참으로 훌륭한 어머님을 두었네. 이사벨라 데스테는 우리 시대에 가장 현명하고 행복한 여자였네."

2년 뒤인 1539년 2월 13일, 이사벨라는 세상을 떠났다. 향년 65세였다.

2
루크레치아 보르자

"카이사르(황제)이거나, 아무것도 아니거나"
[Aut Caesar aut nihil]

루크레치아 보르자의 가계도

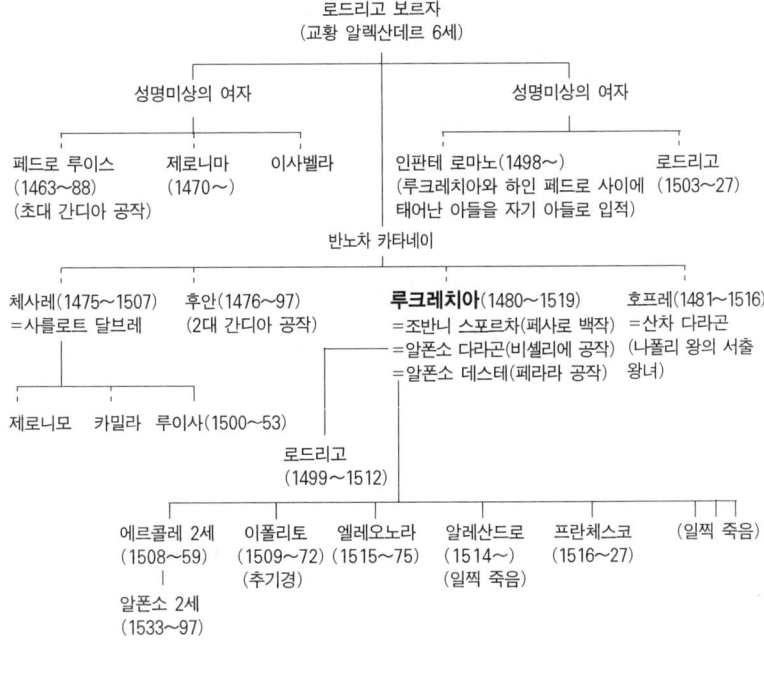

성직자의 자녀는 친자식이라도 공식적으로는 인지할 수 없기 때문에 서자로 취급된다.

역사와 여자

로마의 여름은 덥다. 하지만 시원한 바람이 분다. 바티칸의 석조건물 안에 있는 이 구역에서는 깊게 낸 창문으로 들어오는 산들바람이 화끈 달아오른 살갗 위를 기분좋게 흐른다. 특히 여름철에 많이 찾아오는 관광객들은 누구나 미켈란젤로의 벽화를 보기 위해 시스티나 성당으로 걸음을 재촉한다. 하지만 이곳으로 가는 길에 왼쪽으로 구부러진 곳에 있는 '보르자의 방'에 들르는 사람은 별로 없다.

핀투리키오는 이곳에 보르자 가문 사람들을 벽화에 담았다. 왼쪽에는 성 카테리나 앞에 서 있는 루크레치아 보르자(Lucrezia Borgia, 1480~1519). 그 오른쪽에는 남동생 호프레와 그의 아내 산차. 오른쪽 끝에는 당시 유행하던 터키풍 의상을 입은 오빠 후안. 그리고 옆방 출입문 위에는 교황의 예복을 갖춰 입은 아버지 알렉산데르 6세. 루크레치아의 큰오빠인 체사레 보르자만 이곳에 없다.

저 아래 내려다보이는 안뜰에는 평범한 분수가 물보라를 뿜어올리고, 그 옆을 검은 승복 차림의 사람들이 오간다. 하지만 500년 전에는 이 창문으로 벽화에 그려진 산야가 바라다보였다. 그리고 루크레치아에게 이곳은 그녀의 한평생이 새겨진 방이었다.

우선 그녀의 첫 남편인 페사로 백작과의 결혼식이 이 방에서 치러졌다. 두번째 남편인 비셸리에 공작은 이 방에서 그녀의 친오빠인 체사레에게 참살당했다. 세번째 남편인 알폰소 데스테와 결혼하기 위해 페라라로 떠나던 날, 그녀가 그후 두번 다시 만나지 못한 아버지와 마지막 작별을 한 것도 바로 이 방이었다. 그리고 아버지가 죽은 곳도, 그후 보르자 가문의 급속한 몰락으로 체사레가 절망에 사로잡혀 있었던 곳도 모두 이 방이었다. 벽화에 그려진 그녀의 초상은, 과거에는 눈부시게 빛나는 가지각색의 보석들로 장식되어 있었다. 그 보석들이 박혀 있던 구멍이 지금도 그녀의 머리와 가슴에 무참한 흔적을 남기고 있다. 그러나 그 얼굴에 깃든 풋풋하고 달콤한 아름다움은 아직도 그대로 남아 있다.

루크레치아 보르자의 비극은 아버지가 교황에 즉위했을 때부터 시작된다. 치렁치렁한 금발을 땋아올리지 않고 어깨 너머로 자연스럽게 늘어뜨리기를 좋아한 이 여자의 일생은 보르자 가문 사람들, 특히 아버지인 교황 알렉산데르 6세와 큰오빠인 체사레 보르자를 빼놓고는 기술할 수가 없다.

개성이 강한 르네상스 시대, 여자이면서도 남자와 대등하게 자신의 능력을 발휘한 여자들, 예를 들면 이사벨라 데스테나 카테리나 스포르차 같은 여자들에게 칭찬을 아끼지 않았던 시대에 루크레치아는 너무나 평범한 여자였다. 교황의 딸이라는 지위에 있었고, 카톨릭 교회라는 권력의 심장부에서 자라면서도 그녀는 끝내 프리마 돈나가 되지 못했다. 자기 자신을 강하게 주장하기 위해 아버지나 오빠의 권세를 이용하는 것은 아름다움과 여자다움을 타고난 그녀에게는 상상도 할 수 없는 일이었다. 그녀는 스스로는 아무것도 바라지 않는 여자였다.

하지만 이것뿐이라면 그녀의 삶이 그처럼 비극적인 생애가 되지는 않았을 것이다. 지방 귀족의 현모양처로서 평온한 일생을 보낼 수도 있었을 게 분명하다. 그러나 그녀의 가장 큰 불행은 평범하고 여자다운 그녀가 너무나 비범한 남자들을 아버지와 오빠로 두었다는 점이다. 루크레치아는 평생 동안 아버지와 오빠의 그늘에서 벗어나지 못했다.

"여자를 아는 것은 곧 역사의 진실을 아는 것이다. 어떤 시대를 잘 알고 싶으면 그 시대의 여자들을 잘 조사해보라"고 말한 사람은 괴테였다. 그녀에 관해서 쓴 사람들도 루크레치아의 성격에 흥미가 있었던 것은 아니다. 그녀에 대해 글을 쓰는 이유는 필연적으로 주변 상황이나 주위 사람들을 써넣을 수밖에 없기 때문이었다. 즉 남자에 대해 쓸 때는 주위 여자에 대해 쓰지 않아도 되지만, 여자에 대해 쓸 때는 남자에 대해 쓰지 않을 수가 없다. 따라서 여자에 대해 쓰면, 결과적으로 역사의 진실에 다가서게 된다. 그 좋은 예가 바로 루크레치아의 일생이다. 이탈리아 사람이 쓴 루크레치아 전기 가운데 가장 정밀한 전기의 저자인 마리아 벨론치도 그 책에 『루크레치아 보르자와 그 시대』라는 제목을 붙였다. 루크레치아 자신은 역사적으로 대단한 인물이 아니더라도, 아버지와 오빠는 그야말로 수많은 사람들의 관심을 끄는 인물, 매력적인 개성에 넘치는 역사상 제일급의 남자들이었다.

보르자 가문 사람들

1492년 7월 25일부터 26일에 걸친 밤, 로마에서는 교황 인노켄티우스 8세가 사경을 헤매고 있었다. 성격이 약하고 특히 말년이 될수록 측근들의 의견에 영향을 받기 쉬웠던 이 인물은, 문제의 근본적 해결에 실마리를 주기는커녕 모든 문제를 뒤에 남겨놓은 채 죽으려 하고 있었다.

우선 이탈리아 밖에는 오스만터키 문제가 있었다. 동로마제국의 수도인 콘스탄티노플이 오스만제국에 점령된 1453년 이래, 카톨릭 국가들은 무언의 압력을 느끼고 있었다. 그러나 오스만제국보다 더 현실적으로 로마 교황청을 위협한 것은 발치에 있는 서구 카톨릭 국가들이었다. 즉 근대 전제국가로 점점 강대해진 프랑스와 독일 및 에스파냐의 대두였다. 이 나라들은 국가로서 성장하는 데 교회의 힘을 이용했지만, 지금은 그 이상의 영토적 야심을 이탈리아로 돌리기 시작한 터였다.

이탈리아 국내에서도 교회는 강대한 세력들에 협공당하고 있었다. 베네치아·밀라노·피렌체·나폴리 등 이탈리아의 4대 강국은 자기들끼리의 세력 균형을 유지하기 위해 교회 세력을 되도록 약화시키려는 의도를 공통적으로 가지고 있었다.

교황청 내부에도 문제가 있었다. 교황령인 로마냐 지방은 전혀 통제되지 못한 채 베네치아공화국의 야욕에 조금씩 잠식당하고 있었다. 로마 시내에서도 오르시니와 콜론나 및 사벨리 같은 호족들은 교회 세력을 견제하려는 열강의 후원을 받아 심한 횡포를 부렸지만, 여기에 대해 교회는 속수무책이었다.

교회의 권위는 이제 땅에 떨어져버렸다. 교회는 이탈리아 안팎의 열강들에게 이용만 당하는 존재가 되어 있었다. 당연히 다음번 교황 자리를 노리는 음모는 치열했다. 모두 자기 쪽에 유리한 교황이 선출되도록 음모를 꾸몄다.

나폴리왕국을 노리고 있던 프랑스는 밀라노공국의 섭정인 루도비코 스포르차(일 모로)와 짜고 자신의 아우인 아스카니오 스포르차 추기경을 표면에 내세웠고, 나폴리의 페란테 왕은 자파인 줄리아노 델라 로베레 추기경을 밀었다. 베네치아는 조용히 지켜보기로 결정했고, 피렌체는 넉 달 전에 로렌초 데 메디치(일 마니피코)가 죽는 바람에 아무 대책이 없었다. 따라서 교황 선출에서는 사실상 스포르차와 로베레의 두 세력이 부딪치게 되었다.

그러나 아스카니오 스포르차는 37세로 너무 젊었고, 줄리아노 델라 로베레는 거친 행동과 지나치게 정치적인 언행으로 미움을 사고 있었다. 그 틈새를 뚫고 나온 것이 바로 로드리고 보르자 추기경이었다.

보르자에게도 불리한 점이 없는 것은 아니었다. 그는 에스파냐 출신이었다. 외국인 교황을 싫어하는 이탈리아인 추기경들에게 '카탈루냐 사람'이라는 말은 별로 듣기 좋은 말이 아니었다.

강대한 밀라노공국의 세력을 등에 업은 아스카니오 스포르차, 나폴리왕국과 결탁하여 인노켄티우스 8세의 제일가는 측근으로서 권력을 휘두르고 있던 줄리아노 델라 로베레(나중에 율리우스 2세)의 정치력에 대해, 로드리고 보르자는 과연 무엇을 가지고 있었는가.

바로 돈이다. 추기경들 중에서도 최고 부자로 알려진 보르자는 그 자신의 가장 중요한 재산인 '냉정한 현실 판단력과 계산'에 따라 요소요소에 대담하게 돈을 뿌렸다. 34년 동안 추기경들 가운데 가장 높은 지위인 교황청 궁무원(宮務院) 차관(비체 칸첼리에레) 자리에 있으면서 얻은 경험이 이 승부를 도왔다. 최대의 '요소'는 젊은 나이 때문에 이번에는 교황이 되는 것을 포기하고 자신의 입김이 닿는 사람을 후원하기로 마음먹은 스포르차였다.

보르자의 이런 움직임을 안 로베레는 미친 듯이 화를 냈다. 이제 음모는 표면으로 드러났다. 죽기 나흘 전, 인노켄티우스 8세가 절망적인 상태에서 병상에 누워 있을 때, 그 교황 앞에서 보르자와 로베레는 적개심을 폭발시켰다.

보르자는 로베레를 노려보면서 말했다.

"우리가 지금 교황 성하 앞에 있지 않았다면, 누가 궁무원 차관인가를 그대에게 보여주었을 거요."

그러자 로베레도 맞받아 호통을 쳤다.

"우리가 지금 이 자리에 있지 않았다면, 그대를 무서워하지 않는 사람이 누구인가를 보여주었을 거요."

교황이 죽은 지 여드레가 지난 8월 3일 아침. 23명의 추기경이 참석한 가운데 최초의 '콘클라베'(교황 선출을 위한 추기경단 비밀 회의)가 열렸다.

카라파 9표, 보르자 7표, 로베레 5표, 기타 2표.

보르자의 매수공작은 아직 효과를 나타내지 않았다. 스포르차파는 고령인 카라파 추기경에게 표를 던졌다. 그러나 아무도 유효 득표수인 3분의 2를 얻지 못했기 때문에 결정은 다음 투표로 미루어졌다. 산 피에트로 광장에 모여 콘클라베의 결정을 기다리고 있던 로마 시민들은 사방으로 흩어져갔다.

두번째 콘클라베도 관례에 따라 시스티나 성당에서 열렸다.

카라파 9표, 보르자 8표, 로베레 5표, 기타 1표.

스포르차파는 여전히 보조를 흐트러뜨리지 않고 굳게 단결하여 자파인 카라파에게 표를 던졌다. 아침 9시라 해도 여름의 로마는 벌써 무덥다. 이번 투표에서도 교황이 결정되지 않았다는 소식을 가지고 이탈리아 전역으로 흩어져가는 발빠른 말들이 일으킨 모래먼지가 산 피에트로 광장을 하얗게 뒤덮고 있었다.

세번째 투표도 똑같은 결과로 끝났다. 네번째 콘클라베부터는 추기경들에게 빵과 물밖에는 주어지지 않는 것이 관례였다. 보르자는 마침내 이 단계에서 승부수를 던지기 시작했다. 수많은 미술품과 은제품 속에 교묘히 숨겨진 돈이 보르자 궁전에서 스포르차의 집으로 몰래 들어갔다. 보르자는 스포르차에게 네피 성을 선물했다. 뿐만 아니라 보르자는 스포르차에게 약속하기를, 이번에 자기가 교황에 즉위하면 당신을 궁무원 차관에 임명하고, 정치적으로도 손을 잡겠다고 말했다. 이 모든 일은 8월 10일부터 11일에 걸쳐 이루어졌다. 승부는 결판이 났다. 카라파에게 몰렸던 스포르차파의 표는 모두 보르자에게 던져졌다. 보르자 17표. 3분의 2의 유효 득표수를 넘어섰다. 이를 안로베레는 이제 더 이상 어찌할 도리가 없다는 것을 느끼고, 그날 밤으로 오스티아 해안에 있는 자기 성으로 도망쳤다.

8월 11일 아침, 산 피에트로 광장에 모인 로마 시민들은 지금까지 벽돌로 막혀 있던 창문에서 벽돌이 소리를 내며 허물어져 내리는 것을 지켜보고 있었다. 이윽고 열린 창문에서, 라틴어로 새 교황 선출을 알리는 목소리가 들려왔다.

"로드리고 보르자 추기경께서 알렉산데르 6세로서 교황에 즉위하신다."

진정한 귀족은 시민의 도덕 따위는 문제삼지 않는다. 시민적 도덕을 문제삼기 시작하면, 그 순간부터 귀족계급은 몰락하기 시작한다. 진정한 귀족으로서의 이같은 사고방식을 구현한 것이 새 교황이 된 로드리고 보르자의 생애였다.

에스파냐의 발렌시아 근처, 보르자 가문의 땅 하티바에 살고 있던 로드리고는 1455년에 큰아버지가 교황에 즉위한 뒤부터 출세하기 시작했다. 교황 칼릭스투스 3세는 즉위하자마자 에스파냐에서 두 조카를 불러들여 요직에 앉혔다. 형인 페드로 루이스는 교회군 총사령관에 임명되고, 동생인 로드리고는 추기경이 된 데 이어 궁무원 차관으로 발탁되었다. 로드리고의 지성과 재능은 벌써 널리 인정받고 있었지만, 당시 그의 나이는 아직 25세에 불과했다. 하지만 그것만이 아니었다. 교황은 조카에게 주교구 중에서도 가장 풍요로운 지방을 주었다고 당시 기록은 전하고 있다.

뛰어난 지성을 타고난데다 추기경들 중에서도 손꼽히는 부자가 된

알렉산데르 6세

로드리고는 용기와 침착성도 보여주었다. 3년 뒤에 교황 칼릭스투스 3세가 죽자, 언제나 그렇듯이 콜론나와 오르시니가 반란을 일으켰다. 형 페드로 루이스는 무정부 상태가 된 로마에서 탈출하기로 작정했다. 그러나 로드리고는 로마를 떠나는 형을 성벽까지 배웅하고, 자신은 바티칸으로 돌아와 조용히 기도를 드리면서 폭도들이 바티칸을 약탈하는 것을 내버려두었다. 이런 로드리고에게 폭도들은 아무도 감히 손을 대지 못했다. 그러나 태연해 보인 그의 마음 속은 도망치는 도중에 오르시니에게 붙잡혀 살해된 형에 대한 복수심으로 부글부글 끓고 있었다.

그후 34년의 세월이 흘렀다. 그동안 네 명의 교황이 바뀌었다. 로드리고는 여전히 궁무원 차관에 머물러 있으면서 자신의 시대가 오기를 끈기있게 기다렸다. 그러는 동안에도 그의 세력과 재력은 점점 강대해져갔다.

르네상스 전성기의 로마에서 그는 성직자로서의 한정된 생활이 아니라 왕이나 대귀족 같은 생활을 하고 있었다. 그는 사냥과 호화로운 축제를 즐겼다. 르네상스 시대의 많은 사람들이 그러했듯이, 학문과 예술은 그에게는 조석 끼니나 마찬가지였다. 하지만 학문과 예술을 특별히 보호하여 일신의 명성을 높이는 속물주의와는 관계가 없었다. 귀족적. 이것이야말로 로드리고와 보르자 가문의 특질이라고 말할 수 있을 것이다. 남들이 어떻게 생각하든, 그는 상관하지 않았다. 언제 어디서나 그는 '자연'이었다. 호화로운 잔치 석상에서도, 예배당 안에서도.

바로 여기에 교황 보르자의 진면목이 있다. 후세 및 동시대 사람들에게 '가장 세속적인 그리스도'(il più carnale Homo), 즉 타락한 교황으로 전해진 보르자의 참모습은 이것이었다. 위선을 철저히 싫어하고, 남의 생각 따위는 아랑곳하지 않는 그의 성격, 이것이 적의 선전과 프로테스탄트적인 비난을 불러일으켰다. 그러나 "역사는 언젠가 이 빛나는 생애에 정당한 지위를 부여할 것이다"(후안 로페스), 이렇게 생각한 사람은 동시대인 중에서도 로페스 한 사람만은 아니다.

'가장 세속적인 그리스도.' 물론 너무나 인간적인 그의 생활방식을 비난하려고 들면, 그 실례를 거론하는 것은 그리 어려운 일이 아니다. 하지만 북쪽의 프로테스탄트 교도들은 다음과 같은 점을 보지 못했고, 그것을 참을 수도 없었다. 교황은 성직자이기보다는 오히려 정치가일 필요가 있다. 바티칸은 종교단체라기보다는 정치단체다. 아니, 정치단체가 되지 않을 수 없다. 이것은 카톨릭 교회, 아니 모든 종교의 공통된 숙명이고, 이 본질은 그것을 강하게 요구받은 그 시대만이 아니라 오늘날에도 전혀 달라지지 않았다.

"자신이 태어난 시대를 그 시대에 걸맞게 살아간 사나이"라는 평가를 받은 알렉산데르 6세는 모든 의미에서 '르네상스 시대의 아들'이었다. 종교적으로나 정치적으로, 그리고 자신의 욕망에 솔직하다는 점에서도.

28세 때 교황 피우스 2세를 수행하여 만토바 회의에 참석한 그는 그곳에서 한 시골 여자를 사랑하게 되었다. 반노차 카타네이라는 이름을 가진 이 순박한 여자와의 사랑은 그후에도 30년 동안이나 지속되었고, 두 사람 사이에 남녀관계가 없어진 뒤에도 그의 마음 속에서는 반노차에 대한 애정과 배려가 사라지지 않았다. 보르자 추기경은 이미 유부녀였던 그녀를 로마로 불러들여 네 아이를 낳았다. 체사레, 후안, 루크레치아, 호프레. 하지만 아이들은 태어나자마자 어머니 곁을 떠나 보르자의 사촌누이인 아드리아나 미라의 슬하에서 자랐다. 보르자는 자기 궁전 바로 근처에 처소를 마련하여 반노차에게 주었다. 반노차는 이 집에 살면서 보르자가 찾아오기를 기다리고, 이따금 아이들과 시간을 보내는 것 외에는 전혀 표면에 나서지 않고 평생을 그늘의 여자로 보냈다.

그녀와 대조적인 것은 줄리아 파르네세였다. 로마의 귀족 집안에서 태어난 줄리아는 보르자 추기경이 교황이 되기 몇 년 전부터 애인이었다. '미모의 줄리아'로 평판이 난 그녀는 바로크적인 아름다움을 지니고 있었다. 60세가 다된 보르자는 스무 살도 채 안된 이 여자에게 열렬한 사랑을 쏟았고, 그녀는 화려하게 각광을 받는 그 존재를 마음껏 즐겼다. 줄리아는 보르자의 권유를 받아 아드리아나 미라의 아들인 오르시노 오르시니와 명목상의 결혼을 했지만, 사람들은 뒤에서 그녀를 '그리스도의 신부'라고 불렀다. 그녀의 오빠인 알레산드로는 누이의 애인인 교황 덕택에 추기경이 되었고, 나중에는 파울루스(바오로) 3세로서 교황 자리에까지 올랐다.

관능적 쾌락을 추구하는 데서도 타고난 실력을 발휘한 알렉산데르 6세에게는 자식도 그만큼 많았고, 이 글을 계속해 나가기 위해서는 최소한 5명의 자식을 언급해야 한다.

우선 어머니의 이름도 알려져 있지 않은 맏아들 페드로 루이스. 그는 1463년에 태어났다. 일찍부터 에스파냐로 보내진 그는 군인으로서 페르난도 왕에게 중용되었다. 페르난도 왕은 그를 간디아 공작에 봉하고, 자기 조카딸과 약혼시켰다. 아버지 로드리고는 그런 페드로 루이스에게 기대를 걸고 있었는데, 아버지가 교황에 즉위하기 4년 전에 그만 젊은 나이로 죽어버렸다.

다음은 반노차가 낳은 네 자녀이다. 아버지가 교황에 즉위한 해에 체사레는 17세, 후안은 16세, 루크레치아는 12세, 그리고 호프레는 11세였다.

체사레는 당시 피사 대학에서 우등생으로 공부를 하고 있었지만, '맏아들은 후계자, 둘째아들은 성직자, 셋째아들은 군인'이 되는 당시의 관례에 따라 학생이면서도 벌써 팜플로나의 주교였다. 그러나 그의 동급생 중에는 추기경도 있었다. 로렌초 일 마니피코의 둘째아들로 나중에 교황 레오 10세가 된 조반니 데 메디치였다. 체사레는 학업 성적이 우수했던 반면, 미래의 교황인 이 메디치 가문의 조반니는 언제나 체사레에게 몇 걸음 뒤처져 있었다.

셋째아들 후안은 보르자 가문 특유의 후리후리한 체격을 남보다 훨씬 멋진 옷으로 감싸고, 로마 사교계에 '꿈의 왕자'(프린치페 아추로)로 군림했다. 하지만 그의 방자하고 무절제한 태도는 유명하여 아버지를 속태웠고, 또한 그것 때문에 총애를 받기도 했다. 아버지는 그를 죽은 맏아들 대신 후계자로 삼으려 하고 있었다.

치렁한 금발과 잿빛이 감도는 푸른 눈을 가진 루크레치아는 아버지가 교황에 즉위한 뒤 바티칸의 교황 궁전 바로 옆에 있는 궁전에서 살게 되었다. 이 궁전은 시스티나 성당을 통해 교황 궁전과 왕래할 수 있도록 되어 있었다. 그녀는 1480년 4월에 태어난 이후 줄곧 함께 살고 있는 아드리아나 미라——자기 아들을 로드리고의 애인인 줄리아 파르네세와 결혼시켜, 그 아들을 역사상 최대의 오쟁이진 남편으로 만들고도 태연자약했던 여자——와 아버지의 새 애인인 줄리아 파르네세와 셋이서 이 궁전에 살았다.

기묘하게 짜맞춰진 세 여자가 살고 있는 궁전을 찾아가는 시간은 교황 알렉산데르 6세에게는 꽤 즐거운 시간이었다. 아버지는 딸 루크레치아를 자기 애인과 함께 살게 하고도 전혀 걱정하지 않은 모양이다. 걱정하기는커녕, 로마 최고의 창녀들까지 참석한 야회에도 태연히 딸을 데려갔다. 이것이 딸에 대한 그의 교육법이었다. 루크레치아는 벌써 어느 에스파냐 귀족과 약혼한 사이였다. 하지만 아버지는 교황에 즉위한 뒤, 그녀를 좀더 유용하게 써먹으려 했다.

끝으로 어린 호프레. 이 아들은 무언가를 결정하기에는 아직 너무 어렸지만, 그 또한 몇 년 뒤에는 정략의 수단으로 이용되었다.

보르자의 아이들, 특히 교황의 사랑을 받은 반노차가 낳은 아이들은 아무도 정치투쟁의 소용돌이 밖에서 생애를 보낼 수 없었다.

'순백의 결혼'

교황에 즉위한 뒤, 알렉산데르 6세의 행동은 재빨랐다. 닷새 뒤에 열린 최초의 추기경 회의에서 아들 체사레를 지금까지 그가 차지하고 있었던 발렌시아 대주교 자리에 앉혔다. 그와 동시에 몬레알레 대주교인 조카 조반니는 추기경으로 승격시키기로 결정했다. 체사레에게는 발렌시아 대주교와 함께 에스파냐의 최고재판관 자격이 주어졌다. 바티칸의 다른 요직들도 모두 보르자 일가가 차지했다. 당시 교황청 주재 페라라 대사는 에스테 공작에게 다음과 같은 서신을 보냈다.

"새 교황은 10명의 교황이 해야만 겨우 해낼 수 있을 정도의 족벌주의를 혼자서 해치웠습니다."

이때부터 "교회의 힘을 강대하게 만든"(마키아벨리) 알렉산데르 6세의 정치가 시작되었다. 그는 처음 얼마 동안은 외교 정치에 관심을 두었지만, 샤를 8세의 프랑스 군대가 이탈리아에 침입한 것을 계기로 군사 정치에도 눈을 떴다. 그것은 지금까지 교회의 힘을 약화시키면서 세력 균형을 유지하려는 이탈리아의 4대 세력의 방식에 반항하는 것이었다.

밀라노(일 모로)와 프랑스의 연합 세력은 바티칸에서 아스카니오 스포르차 추기경의 강력함으로 나타났고, 나폴리(페란테 왕)와 로베레 추기경의 후원은 오르시니 가문이 로마 시내에서 저지르는 횡포로 나타나 교황을 겁먹게 했다. 종교적인 문제도 사보나롤라의 종교개혁 이후 내버려둘 수 없었지만, 지금은 무엇보다도 땅에 떨어진 교회의 권위를 회복시키는 것이 선결문제였다. 배후에 큰 세력을 갖지 못한 교황 알렉산데르 6세가 요직을 친족으로 메운 것도 이 상황에서는 필요했다고 여겨진다.

로드리고 보르자를 교황으로 선출하는 데 주역을 맡았다고 자부한 아스카니오 스포르차 추기경은 그 무렵 자신의 계산착오를 깨닫기 시작하고 있었다. 자기 뜻대로 움직여주리라고 생각한 새 교황이 그의 적인 나폴리와도 우호관계를 맺을 기미를 보이기 시작했기 때문이다. 그는 알렉산데르 6세의 의도를 알 수 없어서 불안해졌다. 하지만 이것은 알렉산데르 6세의 노련함이었다. 조종할 수 있다고 생각한 상대에게 거꾸로 조종당하는 결과가 된 것을 아스카니오는 아직도 깨닫지 못하고 있었다. 아스카니오, 즉 밀라노파는 일 모로의 야심을 달성하기 위해 무슨 수를 써서라도 교황을 자기 편으로 만들어둘 필요가 있었다.

밀라노파가 노린 것은 이제 갓 열두 살이 된 루크레치아 보르자였다. 결혼 상대로는 일 모로와 아스카니오의 사촌인 조반니 스포르차가 선정되었다. 그는 아드리아 해 근처에 있는 페사로의 영주로서, 전에 만토바 후작의 누이인 마달레나 곤차가와 결혼했지만, 아내가 죽은 뒤로는 독신으로 지내고 있었다.

1492년 10월 중순, 페사로 백작은 로마로 불려갔다. 이 혼담은 처음부터 끝까지 은밀하게 추진되었다. 루크레치아의 약혼자였던 에스파냐 귀족한테는 3천 두카토를 주고 파혼 교섭을 매듭지었다.

이 혼담은 아스카니오의 책동으로 극비리에 진행되었지만, 나폴리가 눈치채지 못할 리는 없었다. 페란테 왕은 큰 타격을 받았다. 프랑스가 나폴리왕국에 대한 야욕을 노골적으로 드러내고 있는 지금, 밀라노와 교황이 가까워지는 것은 결코 좌시할 수 없는 문제였다. 나폴리 쪽도 당장 교황에게 혼담을 가져왔다. 체사레는 성직에 있었고, 후안은 죽은 맏형의 뒤를 이으리라고 여겨졌기 때문에 남은 것은 호프레뿐이었다. 그 호프레와 아라곤 왕녀를 결혼시키자는 제의였다. 당시 호프레는 열한 살의 어린 나이였다. 아스카니오는 나폴리 쪽의 이런 움직임을 알고, 약혼만으로는 안심할 수 없다고 생각했다. 서둘러 결혼 준비가 진행되었다. 하지만 교황은 루크레치아의 나이를 생각하여, 일단 결혼한 뒤에 1년 동안의 '약혼 기간'을 둔다는 조건을 제시했다.

1493년으로 해가 바뀐 봄, 페사로 백작은 거액의 지참금이 딸린 교

보르자의 방

황의 딸인데다 젊고 아름다운 루크레치아의 남편이 된다는 기쁨에 들떠서 로마에 도착했다. 그는 바티칸의 호화로움에 꿀리지 않도록, 로마에 오기 전에 만토바의 프란체스코 곤차가 후작한테서 그가 자랑하는 멋진 금목걸이를 빌렸다. 결혼식 때 이 목걸이를 건 페사로 백작은 그 목걸이가 만토바 후작의 것임을 알고 있는 만토바 대사와 페라라 대사의 비웃음을 샀다.

6월 12일 아침, 핀투리키오가 이미 벽화를 그리기 시작한 바티칸의 '보르자의 방'에서 결혼식이 거행되었다. 8명의 추기경들에게 둘러싸인 교황이 하객들 사이를 지나 자리에 앉자, 신랑이 만토바 후작의 금목걸이를 빛내며 입장했다. 아스카니오와 그의 심복인 산세베리노 추기경은 승리의 눈빛을 교환했다. 신부의 큰오빠 체사레는 단순한 주교복 차림으로 조용히 서 있었지만, 작은오빠인 후안은 체사레와는 대조적으로 호화로운 보석을 박은 최신 유행복을 입고 그 자리에 모인 여자들의 시선을 한몸에 받고 있었다. 그리 넓지 않은 두 개의 방은 150명이나 되는 하객으로 발 디딜 틈도 없었다.

이윽고 신부가 입장했다. 아름답다기보다는 아직 청순하고 앳된 느낌을 주는 루크레치아는 보석을 달지 않은 소박한 옷을 입고, 무게가 느껴지지 않는 조용한 걸음으로 아버지인 교황 앞까지 걸어갔다. 당시 유행했던 흑인 소녀 노예가 그 뒤를 따랐다. 하지만 사람들의 시선은 바로 뒤이어 들어온 교황의 애인 줄리아 파르네세의 요염한 자태에 일제히 쏠렸다. 금방이라도 터져버릴 것처럼 풍만한 그 호박색의 살덩어리는 될 대로 되라는 태도로 걸음을 옮기고 있었다. 결혼식은 간단히 끝났다. 이어서 연극 관람과 피로연이 이튿날 새벽까지 계속되었다. 잔치의 꽃은 신부인 루크레치아가 아니라 신부의 오빠인 후안과 교황의 애인인 줄리아였다. 결혼을 축하하기 위한 사탕과자(콘페티)가 여인들의 화려한 교성 속에서 그녀들의 훤히 드러난 젖가슴 속에 일부러 깊이 던져졌다.

6월 13일 아침, 루크레치아는 고단한 몸을 겨우 침대에 눕힐 수 있었다. 웨딩드레스는 벗어서 아무렇게나 던져버렸다. 방은 어제 결혼식을 올리러 나가기 전에 그녀가 살던 방이었다. 자는 것도 어제와 마찬가지로 혼자였다. 생활도 전혀 변하지 않았다. 여느 때처럼 아드리아나 미라와 줄리아 파르네세와 셋이서 지내는 생활이 계속되었다.

딸 루크레치아의 '순백의 결혼'(라 노체 비안카)으로 아스카니오 추기경의 입을 막은 교황은 한 달도 채 지나기 전에 추기경 회의를 소집하여, 아들 체사레를 추기경으로 임명했다. 그와 동시에 이폴리토 데스테와 알레산드로 파르네세 등 13명의 추기경을 새로 임명해버렸다. 이리하여 아스카니오파의 세력은 이제 머릿수만으로도 역전된 셈이다. 아스카니오는 또다시 교황에게 거꾸로 당하고 말았다.

같은해에 후안 보르자가 죽은 형 페드로 루이스의 뒤를 이어 간디아 공작에 책봉되었고, 형의 약혼녀까지 물려받아 결혼식을 올리기 위해 에스파냐로 건너갔다. 이듬해에는 호프레도 열세 살의 어린 나이에 아라곤 왕가의 서출 왕녀인 세 살 위의 산차와 나폴리에서 결혼했다.

이 무렵부터 페사로 백작은 불안해지기 시작했다. 약속한 1년이 다 지나고 있는데, 교황한테서는 아무 소식도 없었다. 루크레치아는 여전히 두 여자와 사이좋게 살고 있었다. 줄리아와 루크레치아는 사이가 좋았다. 루크레치아는 자기와 나이차가 별로 없는 젊고 화려한 아버지의 애인에게 질투심 따위는 조금도 느끼지 않았다. 평생 동안 질투심이 그녀를 괴롭힌 적은 한번도 없었다.

세 여자가 살고 있는 궁전은 그녀들에 대한 교황의 총애 때문에 당연히 화려한 사교장이 되어 있었다. 교황에게 바칠 탄원서를 가져오는 방문객도 줄을 이었다. 루크레치아는 차마 거절하지 못하고 탄원서를 떠맡았지만, 좋아하는 춤을 추고 있는 동안에 그만 잊어버려서, 그런 탄원서는 으레 방구석에 놓인 채 먼지만 뒤집어쓰곤 했다.

페사로 백작은 초조해진 나머지, 무슨 수를 써서라도 아내를 페사로로 데리고 돌아갈 작정이었다. 그렇게라도 하지 않는 한, 이 결혼은 흐지부지 없었던 일로 끝나버릴 것 같은 기미였다. 그가 루크레치아를 페사로로 데려가고 싶다고 하자 교황은 루크레치아만이 아니라 아드리아나와 줄리아도 함께 데려간다는 조건으로 허락했다. 이 무렵 로마에서는 페스트가 유행하고 있었기 때문에, 교황의 마음 속에는 역병이 물러갈 때까지 당분간만 세 여자를 피신시키자는 속셈이 숨어 있었다. 아드리아나는 '순백의 결혼'을 계속 유지시키라는 지시를 받앉다. 하지만 페사로 체류 기간은 교황의 뜻과는 달리 길어져버렸다. 샤를 8세의 프랑스 군대가 이탈리아에 침입하는 대사건이 일어났기 때문이다.

1494년. 이 해는 이탈리아에 "가장 비참한 시대의 첫해"(구이차르디니)가 되었다. 이탈리아 사람들은 프랑스 군대가 의아하게 생각할 만큼 침략군을 열렬히 환영했고, 샤를 8세는 이런 환영 속에서 이탈리아 남하를 계속했다.

프랑스 군대가 노린 나폴리의 아라곤 왕가를 제외하면, 당시의 군주들 가운데 이 침입의 위험성을 알고 있었던 사람은 교황 알렉산데르 6세뿐이었다고 해도 좋다. 그는 모든 외교 수단을 동원하여 나폴리를 정복하려는 샤를 8세의 뜻을 바꾸려고 애썼다. 그러나 키가 작달막하고 못생긴 이 프랑스 왕은 위대한 샤를마뉴 대제를 계승하겠다는 망상으로 가득 차 있었다. 게다가 교회 내부에서도 스포르차 가문의 아스카니오 추기경은 물론이고 원래 나폴리파였던 로베레도 이제 프랑스 쪽으로 돌아서 있었다. 로베레와 가까운 오르시니 가문의 배신도 각오해야 한다. 이것은 교황에게는 로마 안에 폭탄을 안고 있는 거나 마찬가지였다.

2년 전에는 서로 앙숙이었던 로베레와 아스카니오가 손을 잡았다. 우선 로베레가 샤를 8세에게 접근하여 종교회의를 소집하자고 제안했다. 거기서 보르자를 내쫓고, 프랑스와 가까운 새 교황을 선출하자는 것이다. 2년 전의 교황 선거가 매수로 이루어졌기 때문이라는 것이 그 이유였다. 이 제의를 받아들인 샤를 8세는 아스카니오를 교황에게 사절로 보냈다.

바티칸에 들어간 아스카니오 추기경과 교황 알렉산데르 6세는 여섯 시간이나 단도직입적인 회담을 계속했다. 두 사람 사이의 대화가 그렇게 되는 것은 당연했을 것이다. 2년 전에 표를 판 사람과 표를 산 사람이 마주앉았기 때문이다. 그러나 교황은 프랑스파의 제안, 아니 제안이라기보다는 강요를 단호히 거부했다.

"교황은 프랑스 왕의 노예가 아니오."

회담이 끝난 직후에 교황을 알현한 페라라 대사에게도 알렉산데르 6세는 내뱉듯이 똑같은 말을 되풀이했다.

11월 말, 교황은 두번째로 협박하러 찾아온 아스카니오를 산탄젤로 성에 감금해버렸다. 12월에는 예상했던 대로 오르시니가 프랑스 쪽으로 돌아섰다. 로마를 지키는 것은 소수의 아라곤 병사와 에스파냐 병사뿐이었다. 교황은 거의 무방비 도시가 된 로마에 프랑스 군대가 입성하는 것을 묵인할 수밖에 없었다. 이때 알렉산데르 6세는 교회 자체의 군대를 가져야 할 필요성을 절감했다. 강력한 군사력은 곧 '힘'이었다. 이것은 나중에 체사레에 의해 실현되었다.

그해 마지막 날, 샤를 8세는 로마에 입성했다. 여섯 시간이나 계속된 군대의 행진은 샤를 8세가 숙소인 산 마르코 궁전(지금의 베네치아 궁전)에 들어간 뒤에도 오랫동안 끝나지 않았다. 으레 그렇듯이 약탈이 시작되었다. 프랑스 병사들은 루크레치아의 어머니인 반노차의 집도 그냥 넘어가지 않았다. 교황은 바티칸 궁전의 창문으로 약탈 상황을 말없이 지켜보고 있었다. 산탄젤로 성에서 아스카니오가 활개치며 나오는 모습도 보였다.

1월 6일, 샤를 8세는 승자의 위력을 과시하면서 바티칸에 들어갔다. 교황과 첫번째 회견을 하기 위해서였다. 그것은 회견이라기보다는 나폴리 정복에 대한 교황의 승인과 종교회의 개최를 강요하는 것이었다. 그러나 바티칸 궁전의 방에서 단둘이 마주앉았을 때, 샤를은 정치적으로 알렉산데르의 적수가 아니었다. 교황의 타고난 수완에 넘어가, 어느새 당초의 두 가지 요구사항이 흐지부지 되어버린 것을 왕 자신도 깨닫지 못했을 정도다. 첫번째 회견은 카톨릭 국가의 왕이 교회의 수장을 예방한 정도로 끝나버렸다. 교황이 비성직자에게 주는 최고의 하사품인 금제 가시관을 받은 샤를 8세는 그것으로 만족했다.

하지만 알렉산데르 6세는 프랑스 군대의 로마 주둔이 기정사실로 되어버리는 것을 우려했다. 하루라도 빨리 프랑스 군대를 로마 성벽 밖으로 내보내는 것이 선결문제였다. 교황은 다음과 같은 왕의 요구를 받아들이기로 했다.

(1) 프랑스 군대의 교황령 통과를 승인할 것.

(2) 터키 왕자인 젬과 체사레 보르자 추기경을 볼모로 넘겨주고 두 사람 몫의 연금을 지불할 것. 체사레는 넉 달 동안만 볼모로 잡고 있겠다는 조건이었다.

1월 28일, 샤를 8세는 로마를 떠나 나폴리로 향했다. 체사레도 왕과 나란히 말을 달렸다. 체사레의 문장(紋章)이 아름답게 장식된 검은 비로드로 싼 19개의 짐꾸러미가 열 마리의 말에 실려 그 뒤를 따랐다. 그러나 이 19개의 짐꾸러미 가운데 2개에는 그의 물건이 들어 있었지만, 나머지 17개의 짐꾸러미에는 쓸모없는 허드레 물건만 들어 있었다. 잠시 길을 가는 동안, 이 2개의 짐을 실은 말만 슬며시 행렬에서 벗어나 어딘가에 숨겨졌다. 그날 밤의 숙소는 로베레의 소유지인 바레토리로 정해져 있었다. 숙소에 도착하여 모두 잠자리에 들었을 때, 19세의 체사레는 샤를에게 밤인사를 하러 갔다. 그는 잠시 왕과 부드러운 대화를 나누고 나서 자기한테 배정된 방으로 돌아갔다.

이튿날 아침, 이 볼모의 안부를 보러 온 샤를의 신하는 하얀 이부자

체사레 보르자

리 위에 던져진 추기경의 빨간 옷을 발견했다. 체사레는 그림자도 보이지 않았다.

샤를은 당장 교황에게 항의 서한을 보냈다.

"추기경은 나쁜 짓을 했습니다. 참으로 나쁜 짓을."

이것은 현재 남아 있는 편지를 직역한 것이다. 강대국 프랑스의 왕 치고는 너무나 유치한 문장이다. 당시 이탈리아에서는 약소국의 외교관도 이런 유치한 글은 쓰지 않았다. 이 항의 서한이 씌어졌을 무렵, 체사레는 이미 로마에 도착해 있었다. 그는 아버지인 교황과 은밀히 만난 뒤, 로마를 떠나 이틀 뒤에는 스폴레토에 있었다. 이를 안 샤를은 체사레를 넘겨달라고 스폴레토에 요구했다. 그러나 스폴레토의 대답은 다음과 같았다.

"추기경은 벌써 떠났습니다. 하인 두 명을 데리고 셋이서 웃으며 떠났는데, 워낙 신출귀몰해서 지금은 여기 있나 싶으면 다음 순간에는 저기 있는 식입니다."

교황도 "어디를 찾아봐도 추기경이 보이지 않아, 나도 걱정하고 있는 중"이라고 대답할 뿐이었다.

2월 5일, 여드레 동안이나 낭비해버린 샤를은 체념하고 나폴리로 떠났다. 그로부터 이틀 뒤, 잡동사니가 든 17개의 짐꾸러미를 실은 말이 하인과 함께 로마로 돌아왔다. 3월 말이 될 때까지 아무도 체사레의 소식을 알지 못했다.

아들의 '도주극'으로 홀가분해진 알렉산데르 6세는 당장 복수전을 개시했다. 이탈리아 국가들은 교황의 호소에 모두 찬성했다. 프랑스 군대를 불러들인 장본인인 일 모로뿐 아니라 에스파냐 왕과 신성로마 제국 황제도 가담하여, 4월 12일에 대(對)프랑스 동맹이 정식으로 성립되었다.

나폴리를 간단히 손에 넣고 승리감에 도취해 있던 샤를도 이 동맹이 성립된 것을 알고는 "정복한 땅에서 포로가 되지 않기 위해" 급히 프랑스로 돌아갈 것을 군대에 명령했다. 샤를은 돌아가는 길에 교황을 만나고 싶다고 요구했지만, 알렉산데르 6세는 이 요구를 거부하기로 했다. 교황은 방비 태세가 단단한 오르비에토와 페루자로 출발했다. 어쩔 수 없이 샤를과 프랑스 군대는 강행군을 거듭하면서 알프스로 달려갔다. 알프스를 넘어 이탈리아에 침입한 지 아직 1년도 채 지나지 않았다. 하지만 아펜니노 산맥을 넘어 타로 강에 이르렀을 때, 프랑스 군대는 만토바 후작 프란체스코 곤차가가 이끄는 동맹군과 마주치고 말았다. 싸움은 프랑스 군대의 참패로 끝났다. 샤를 8세는 모든 것을 버리고, 아군 병사들까지 내버리고 가까스로 알프스를 넘어 프랑스로 돌아갔다. 이 침입에서 프랑스 군대는 이탈리아에 선물 하나를 주었다. 그래서 이탈리아 사람들은 그것을 '프랑스 병'(매독)이라고 불렀는데, 물론 프랑스 사람들이 그 명칭을 사용할 리는 없다. 그들은 이 불명예스러운 질병을 '나폴리 병'이라고 불렀다.

루크레치아는 페사로에서 아드리아 해를 바라보며 15세 생일을 맞이하고 있었다. 로마에서 함께 온 줄리아와 아드리아나는 이곳의 따분한 생활에 벌써 싫증을 내고 로마로 가버렸기 때문에, 루크레치아는 혼자 페사로에 남겨지게 되었다. 프랑스의 위협을 물리친 교황은 딸을 다시 곁으로 불러들이려 했다. 밀라노 세력의 쇠퇴를 재빨리 알아차린 교황으로서는 더 이상 밀라노와 가까운 관계를 유지할 필요가 없었기 때문이다. 게다가 교황이 로마에서 샤를 8세에 대한 대책에 전념하고 있을 무렵, 페사로 백작은 교회 군대 소속으로 봉급을 받으면서 밀라노 쪽으로 돌아선 적도 있었다. 교황의 강력한 요구에 따라, 루크레치아는 아버지 곁을 떠난 지 1년 만인 6월 16일에 남편과 함께 당시 아버지가 머무르고 있던 페루자로 돌아왔다. 그리고 프랑스 군대가 알프스를 넘었을 무렵, 아버지와 함께 로마로 돌아왔다.

이듬해가 되자, 알렉산데르 6세는 딸과 페사로 백작의 사이를 갈라놓는 일에 본격적으로 착수했다. 깜짝 놀란 페사로 백작은 로마와 페사로 및 밀라노를 오가며 사태를 수습하려고 애썼지만 허사였다. 믿고 있던 밀라노의 일 모로와 아스카니오도 교황과의 관계를 더 이상 악화시키지 않으려고, 이 가련한 사촌을 거들떠보지 않았다. 하지만 이혼을 인정하지 않는 카톨릭 교리상 이혼을 실현하기는 어렵다. 바티칸 문서국에서는 편리한 조문을 찾아내느라 바빴다. 그러는 동안 1년이 지났다.

1497년, 교황은 사보나롤라와 치열한 논쟁을 벌인 것으로도 유명한 수도사 마리아노 다 제나차노를 페사로로 보냈다. 루크레치아와의 결혼은 "남편의 성불능 때문에 실제로는 수행되지 않았다"는 점을 페사로 백작에게 설득하기 위해서였다. 노련한 수도사 마리아노의 논법에 페사로 백작은 쩔쩔맬 뿐이었다. 절망에 빠진 그는 일주일만 말미를 달라고 부탁한 뒤, 급히 밀라노로 말을 달렸다. 일 모로와 의논하기 위해서였다.

페사로 백작이 밀라노에서 일 모로에게 "정말 아무 일도 없었나? 증인을 입회시킨 자리에서 다른 여자와 관계하는 방법으로 실증해볼까?" 하는 따위의 놀림을 받고 있을 무렵, 그때까지 로마 생활을 즐기고 있는 것처럼 보였던 루크레치아가 말을 타고 멀리까지 놀러 나갔다가 느닷없이 수녀원에 틀어박혀버렸다. 아버지가 명령해도 그녀는 밖으로 나오려 하지 않았다. 하지만 이 소동에서 달아나고 싶었던 그녀는 결혼 무효 서류에는 서명했다. 더 이상 써볼 방법이 없어진 페사로 백작은 이제 결혼할 때 루크레치아가 가져온 3만 두카토의 지참금을 걱정했다. 그해 말에 이 돈을 돌려주지 않아도 좋다는 결정이 내려지자, 페사로 백작도 자기가 사내 구실을 제대로 못한다고 인정하는 서류에 서명했다.

어둠 속

루크레치아가 수녀원에 틀어박힌 지 여드레가 지난 6월 14일, 그녀의 어머니 반노차는 자녀들을 중심으로 보르자 가문의 친지들을 초대하여 조촐한 파티를 베풀었다. 달콤한 초여름 밤을 즐기려고 파티는 정원에서 열렸다. 아직도 아름다움을 충분히 간직하고 있는 어머니를 둘러싸고 화기애애한 분위기 속에서 파티가 진행되었다.

체사레는 추기경의 승복이 아니라 평복을 입고 있었다. 화려하진

않지만 재단이 잘된 그 옷차림은 채찍처럼 호리호리한 그의 체격을 더욱 돋보이게 해주었다. 까무잡잡한 살결, 검은 머리, 푸른빛이 감도는 커다란 잿빛 눈에는 깊은 빛이 담겨 있었고, 관능적인 검은 수염과 수염에 뒤덮인 입술이 자칫 엄격해지기 쉬운 그의 용모를 누그러뜨려 주었다.

그 자리의 꽃은 후안이었다. 지난해에 아버지의 부름을 받고 에스파냐에서 돌아온 그는 교회군을 재편성하려는 아버지의 의도에 따라 교회군 총사령관(카피타노 제네랄레 델라 키에사)에 임명되어 있었다. 그는 아버지의 기대를 받으며 오르시니와의 싸움을 지휘했지만, 그 결과는 비참하게 끝났다. 그러나 그는 이 실패를 염두에도 두지 않고, 아내를 에스파냐에 두고 온 자유로운 생활을 마음껏 즐기고 있었다. 아버지의 사랑을 한몸에 받고 있는 그의 세력은 대단했다. 그는 오만한 태도로 사사건건 아스카니오 추기경과 충돌했고, 그때마다 인내심을 발휘해야 하는 쪽은 이제 아스카니오였다.

후안이 사람들의 눈길을 한몸에 모으고 있던 그날 밤, 그의 곁에는 가면을 쓴 한 낯선 사내가 바싹 붙어앉아 있었다. 그 자리에 있는 사람들이 아무도 모르는 사내였다. 그래도 사람들은 불안해하거나 의아하게 생각하지 않았다. 사람들은 서로 소곤거리고 있었다. 아마 후안의 정열적인 불륜 상대일 거라고.

호프레도 아내인 산차와 함께 와 있었다. 검은 머리의 정열적인 나폴리 여자 산차는 어린 남편에게 만족하지 못하고, 로마에 오자마자 체사레와 관계를 가졌고, 후안과도 그가 에스파냐에서 돌아왔을 때부터 관계가 있었다. 시숙들과의 이 추문은 교황의 걱정거리이기도 했다.

한밤중이 다되자 사람들은 반노차에게 인사를 하고 각자 집으로 돌아가기 시작했다. 보르자 집안 사람들은 거처가 있는 바티칸 쪽으로 향했다. 기분좋은 밤공기 속을 사람들은 천천히 걸어갔다. 바티칸에 가까워진 테베레 강가에 이르렀을 때, 후안이 밤공기를 좀더 마시고 싶다면서 동행한 가면의 사내를 자기 말에 태우더니 마부만 데리고 일행과 헤어졌다. 사람들은 위험하니까 무기라도 가져가라고 말했지만, 후안은 금방 돌아올 테니까 걱정 말라고 웃을 뿐이었다. 로마의 거리는 어둡고, 길에는 사람의 그림자도 없었고, 집들은 창문을 닫았고, 군데군데 서 있는 가로등만이 희미한 빛과 그림자를 떨구고 있을 뿐, 무서울 만큼 캄캄한 어둠이었다. 그 어둠 속으로 후안은 사라졌다.

이튿날 바티칸에서는 교황이 아침부터 분주했다. 오전에는 나폴리에서 열릴 새 왕의 대관식을 의논하면서 보냈다. 후안은 나타나지 않았다. 교황은 조금 걱정스러웠지만, 전에도 창녀 집에서 잠을 잔 후안이 거기서 나오는 것을 사람들에게 들키고 싶지 않아서 저녁까지 돌아오지 않은 적이 있었기 때문에 이번에도 그런 모양이라고 생각했다. 그러나 간디아 공작은 어둠의 장막이 내린 밤에도 모습을 나타내지 않았다. 교황은 이제 불안을 숨길 수 없었다. 근위대의 에스파냐 병사들이 시내로 달려가 길이라는 길은 모두 샅샅이 뒤졌다. 바쁘게 뛰어다니는 에스파냐 병사들을 보고, 시민들은 오르시니나 콜론나의 군대가 로마로 쳐들어오나 보다고 생각했다. 이윽고 간디아 공작의 마부가 발견되었다. 그러나 중상을 입고 빈사상태에 빠져 있다가, 아무것도 알아내기 전에 죽어버렸다. 누구나 후안의 죽음을 예감했다.

이 무렵, 테베레 강가에 매어져 있던 배 안에서 잠을 자고 있던 사내가 끌려왔다. 조르조라는 이름을 가진 그 뱃사람은 이렇게 이야기했다.

6월 14일부터 15일에 걸친 밤, 여느 때처럼 배 안에서 잠을 자고 있던 그는 이상한 기척에 눈을 떴다. 그리고 두 사내가 스카보니 병원 쪽에서 오는 것을 보았다. 사내들은 주의깊게 주위를 둘러보면서 걸어왔다. 잠시 뒤에 백마를 탄 사내 하나가 다가오는 것이 보였다. 두 말구종이 안장 뒤에 동여맨 사람 몸뚱이를 좌우에서 떠받치고 있었다. 그들은 강가에서 걸음을 멈추었다. 말을 탄 기사는 말의 방향을 바꾸더니 사내들에게 명령을 내렸다. 사내들은 움직이지 않는 사람을 말안장에서 내려 강물 속에 내던졌다. 뱃사람은 잘 던졌느냐고 묻는 기사의 목소리를 분명히 들었다. "예, 주인 나리." 사내들이 대답했다. 기사는 다시 말의 방향을 바꾸었다. 강물은 유유히 흐르고 있었다. 무언가가 물 위에 떠 있었다. 죽은 사람이 입고 있는 망토가 바람을 안고 떠내려가는 것이었다. 그 망토를 향해 사내들은 돌멩이를 던졌다. 다시 기사의 명령으로 사내들은 흙바닥에 남은 흔적을 지웠다. 그러고 나서 기사와 사내들은 사라졌다. 밤이 돌아왔다.

  신고할 마음은 없었다고, 지금까지 이런 일을 숱하게 보았지만 언제나 어둠 속에 묻혀버렸기 때문이라고 뱃사람은 말했다.

  그 순간, 교황은 넋을 잃었다. 그는 믿지 않았다. 다른 사람들은 모두 예감이 들어맞은 것을 깨달았지만, 교황만은 믿으려 하지 않았다. 그러나 테베레 강에 대한 대대적인 수색 작업이 전개되었다. 300척의 배가 그물을 던져 강바닥을 훑고, 강물을 비추는 수천 개의 횃불빛으로 테베레 강의 양쪽 기슭은 밤새도록 대낮처럼 환했다.

  이튿날 정오, 포폴로 광장 근처의 강바닥에서 간디아 공작의 시체가 인양되었다. 두 손을 묶이고 온몸에 아홉 군데의 상처가 있었다. 목을 깊이 찌른 상처가 치명상으로 여겨졌다. 칼은 꽂힌 채였고, 지갑 속에는 30두카토나 되는 돈이 그대로 들어 있었다. 망토 속에는 강바닥의 진흙이 잔뜩 달라붙어 있었다.

간디아 공작의 시체는 산탄젤로 성으로 옮겨졌다. 사람들은 더러워진 옷을 벗기고, 몸을 깨끗이 씻었다. 그런 다음, 공작의 정장을 입히고 교회군 총사령관의 문장을 가슴에 달았다. 당시 그의 나이는 21세에 불과했다.

그날 저녁, 장례 행렬은 산타 마리아 델 포폴로 성당으로 향했다. 친척과 성직자와 귀족들이 관을 따르고, 높이 쳐든 120개의 횃불빛이 비추는 가운데, 장례 행렬은 산탄젤로 성을 나와 소리도 없이 모여든 군중 속을 지나갔다. 그때 "사람들은 활짝 열린 성의 어두운 창문 안에서 죽은 아들의 이름을 부르는 교황의 고함소리를 들었다. 그 목소리는 마치 짐승이 으르렁거리는 소리 같았다."(사누도)

교황은 고문을 받은 것처럼 괴로워했다. 그는 사흘 동안 식사도 않고 잠도 자지 않았다. 사건이 일어난 지 닷새 뒤에 열린 추기경 회의에 그는 초췌한 모습으로 나타났다. 에스파냐어 억양이 섞인 교황의 낮은 목소리가 띄엄띄엄 들려왔다.

"너무나 큰 충격이오! 나는 간디아 공작을 진심으로 사랑했소. 모든 것을 원래대로 돌릴 수만 있다면 얼마나 좋겠소. 하지만 아무리 자기가 지은 죄의 응보라 해도, 그처럼 끔찍하게 죽다니."

교황은 울고 있었다. 그는 추기경들을 둘러보며 말을 이었다.

"교회 내부를 개편하고 싶소. 족벌주의는 폐지할 작정이오. 앞으로 교회직은 거기에 적합한 인재에게 주어질 것이오."

이렇게 말하는 교황의 말투는 이제 명료했다. 코스타 추기경이 개혁 책임자로 임명되었다.

그러는 동안에도 교회 경찰의 수사는 계속되고 있었다. 우선 사건이 일어난 날 밤에 후안과 함께 있었던 가면 쓴 사내를 추적했다. 하지만 그 사내의 생사조차도 알아내지 못했다. 용의자의 이름이 차례로 떠올랐다.

첫번째 용의자는 아스카니오 스포르차 추기경. 그의 암살 동기는 완벽하다고 해도 좋을 정도였다. 그와 후안의 불화는 모르는 사람이 없었고, 밀라노 세력은 이제 테러리즘에 호소하는 것말고는 다른 방법이 없을 만큼 교회 안에서 고립되어 있었다. 이제는 프랑스의 야욕이 밀라노로 향하고 있었다. 따라서 밀라노는 무슨 수를 써서라도 교회와 우호관계를 맺을 필요가 있었기 때문에, 밀라노 반대파의 선봉에 서 있는 간디아 공작을 암살할 동기는 충분했다. 게다가 간디아 공작이 마지막으로 사라진 지점이 마침 아스카니오 궁전 근처였기 때문에, 그에 대한 의심은 더욱 깊어졌다. 아스카니오 궁전에 대한 가택 수색이 이루어졌다. 그러나 아무런 단서도 찾아내지 못했다. 교황은 나중에 아스카니오의 결백을 공표했다.

다음 용의자는 우르비노 공작 구이도발도였다. 그는 오르시니와 싸울 때 간디아 공작과 동행했는데, 패전한 뒤 포로로 붙잡힌 그를 놓아둔 채 공작 혼자 도주해버린 일이 있었다. 그 원한 때문에 공작을 죽인 것으로 의심을 받았다. 그러나 우르비노 공작의 온후하고 성실한 인품은 널리 알려져 있었고, 그런 성격을 가진 사람이 살인을 저지른다는 건 생각지도 못할 일이었다.

사건 당초에 계속 이름이 거론된 루크레치아의 남편 페사로 백작도 사건 당시 밀라노에 있었다는 알리바이가 증명되었고, 아내를 빼앗긴 원한 때문에 형을 죽였을지 모른다고 의심받은 막내동생 호프레도 무죄가 입증되었다. 간디아 공작에게는 적이 많았다. 아니, 주위 사람들 대부분이 적이라 해도 좋을 정도였다. 그런 간디아 공작의 암살사건은 미궁에 빠질 양상을 보이기 시작했다. 사건이 일어난 지 21일째

되는 7월 5일, 교황은 갑자기 수사의 중단을 공표했다. 동시에 보르자 집안 사람들은 바티칸에서 소외되고, 호프레와 산차는 나폴리로 떠나야 했다. 22일에는 체사레도 죽은 후안과 함께 갈 예정이었던 나폴리 왕의 대관식에 참석하기 위해 로마를 떠났다.

이탈리아만이 아니라 유럽 전체의 눈길이 바티칸에서 일어난 이 수수께끼의 암살사건에 쏠려 있었지만, "그 역시 사람을 낚는 어부임을 보이기 위해, 알렉산데르 6세는 자기 자식을 그물로 잡았다"(산나차로)는 항간의 소문도 수그러들었을 무렵, 사건이 일어난 지 8개월이 지난 1498년 2월 22일에야 우리는 비로소 암살자로서 체사레 보르자의 이름을 발견하게 된다. 그날 베네치아 주재 페라라공국의 정보관인 알베르토 델라 피냐는 에스테 공작에게 이런 편지를 보냈다.

"우리가 새로이 전해 들은 바에 따르면, 간디아 공작의 암살은 추기경인 형의 소행이라고 합니다."

호기심 어린 눈길이 다시금 보르자 집안에 쏠렸다. 사건 직후의 모든 일이 다시 사람들 입에 오르내렸다. 지난 8개월 동안 체사레의 이름은 단 한번도 용의자로 거론된 적이 없었고 소문에도 오르지 않았기 때문에, 그것은 더한층 사람들의 호기심을 부추겼다. 암살 동기와 체사레를 암살자로 추정하는 정황 증거는 다음과 같았다.

(1) 제수인 산차를 후안에게 빼앗긴 데 따른 질투.

(2) 누이동생 루크레치아를 둘러싼 형제간의 사랑의 갈등.

(3) 아버지인 교황이 후안을 총애하는 데 대한 질투.

(4) 사건 직후에 교황이 "나는 누구의 소행인지 알고 있다"고 말한 점.

(5) 어머니인 반노차가 사건 직후에 교황을 만났고, 그후 교황이 수사 중단을 지시한 점으로 미루어보아, 반노차는 분명 암살자를 알

고 있었으리라는 것.

(6) 나폴리에서 돌아온 체사레에게 교황은 의례적인 입맞춤만 허락한 채 말도 건네지 않았다는 점.

이런 점들이 사람들 입에 오르내렸다.

그러나 (1)과 (2)와 (3)은 당시 베네치아로 망명해 있던 오르시니 일파의 악의적인 선전에 따른 것으로 무시할 수 있을 것이다. 또한 체사레의 성격을 보면, 그가 단순한 질투심, 게다가 여자를 둘러싼 질투심 때문에 동생을 죽일 만큼 천박한 인간이 아닌 것은 분명하다.

하지만 22세의 이 '아름답고 신비로운 사나이'의 가슴 속에는 무엇이 들어 있었을까. 그의 원대한 야망과 그 야망을 반드시 달성하고야 말겠다는 강한 의지로 미루어보아, 그리고 그후 체사레가 동생이 가지고 있던 지위를 간디아 공작만 빼고는 모두 물려받은 사실을 생각하면, 당시 드물지 않았던 형제간의 살인극으로 볼 수도 있을 것이다. 지금도 역사가들의 의견은 갈라져 있다. 하지만 적어도 교황은 체사레가 범인이라고 생각한 듯싶다. 그런데도 교황은 가문을 지키려고 그것을 덮어버렸다.

옛 아피아 가도 근처, 솔숲이 여기저기 흩어져 있는 한갓진 곳에 산시스토 수녀원이 있다. 루크레치아는 오빠의 참혹한 죽음과 아버지가 남편에게 강요한 이혼극을 수녀원의 높은 담장 안에서 딴세계의 일처럼 받아들이고 있었다. 상냥했던 오빠가 죽은 것은 슬펐지만, 깊이 생각하지 않기로 마음먹었다. 그녀는 무슨 일이 가까이에서 일어날 때마다 거기에서 도피하는 것이 자기에게 남겨진 유일한 방법이라고 생각하기 시작했다.

이처럼 불안하고 쓸쓸한 나날을 보내고 있던 루크레치아의 눈이 어느 날 갑자기 가까이에 있던 단 하나의 남자에게 멎었다 해도 이상할 것은 없다. 페드로 칼데론. 이 에스파냐 출신의 젊은이는 교황의 하인으로, 교황과 루크레치아 사이에서 심부름꾼 역할을 맡고 있었다. 조용한 수녀원 안에서 열정적인 눈으로 그녀를 쳐다보는 이 잘생긴 하인에게 루크레치아는 몸을 주었다.

이 일을 교황이나 체사레에게 계속 숨길 수는 없었다. 루크레치아가 하인의 아이를 잉태했을 때, 그들은 노발대발했다. 그리고 벌써 항간에 소문이 퍼지기 시작한 것을 알았을 때는 몹시 난감해했다. 어느 날, 페드로의 사소한 말대꾸에 분노가 폭발한 체사레는 칼을 빼들고 바티칸 안을 쫓아다니다가 교황이 보는 앞에서 페드로를 칼로 내리쳤다. 교황의 얼굴에 피가 튀었을 정도였다. 그대로 모습을 감춘 하인은 몇 주일 뒤 테베레 강에서 손발이 묶인 시체로 발견되었다. 루크레치아는 이 이야기를 듣고도 안색 하나 변하지 않았다. 석 달 뒤에 그녀는 사내아이를 낳았다.

교황청의 참극

체사레는 왕국 창업이라는 원대한 야망을 서서히 실천에 옮기기 시작했다. 나폴리의 아라곤왕국을 본 그는 그 왕국이 풍요롭지만 내정이 불안정하다는 것을 알아차렸다. 그리고 여기서 자신의 꿈이 실현될 가능성을 보았다. 그러나 나폴리에 대한 프랑스의 오랜 야욕도 무시할 수 없었다. 그는 교황에게 편지를 보내 루이 12세의 동정을 살펴달라고 부탁하는 한편, 자신은 왕권에 좀더 가까이 다가가기 위해 아라곤 왕의 정식 왕비가 낳은 딸과 결혼할 가능성을 타진했다. 산차 같은 서출 왕녀와는 결혼해봤자 아무 소용이 없었다.

그는 이 공작의 첫걸음으로 누이동생 루크레치아를 아라곤 왕자와 혼인시킬 계획을 세웠다. 상대는 산차의 오빠인 알폰소였다. 물론 서출 왕자. 혼담은 쉽게 결정되었다. 아라곤 왕가도 왕권과 관련된 적출 왕녀를 체사레와 결혼시키는 것은 위험하다고 생각했지만, 루크레치아와 서출 왕자를 결혼시키는 것은 아무 문제도 없었다. 교황과 가까운 관계를 갖는 것은 아라곤 왕가로서도 환영할 만한 일이었기 때문이다.

1498년 7월, 바티칸 궁전 안에서 가까운 가족만 모인 가운데 은밀하게 결혼식이 치러졌다. 이면에 어떤 사정이 있었든지 간에, 루크레치아는 행복했다. 새 남편은 평범한 남자였지만, 남유럽인 특유의 쾌활하고 여린 성격이었고 아름다운 산차의 오빠답게 그 또한 미남이었다. 알폰소 다라곤은 이 결혼으로 비셸리에 땅을 하사받고 공작이 되었지만, 영지로 돌아가려 하지 않고 로마 사교계에서 교황의 사위라는 지위를 만끽하고 있었다. 신혼부부는 지금까지 루크레치아가 살고 있던 궁전에서 살게 되었다. 두 사람이 그대로 보르자 집안과 관계없이 평생을 보낼 수 있었다면 행복했을지도 모른다. 그러나 체사레는 움직임을 멈추지 않았다.

한 달 뒤, 23세의 체사레는 마침내 추기경의 빨간 옷을 군복으로 바꿔 입고 칼을 찼다. 17일에 열린 추기경 회의에서 그는 추기경 자리를 물러나겠다고 선언했다. 같은 무렵, 프랑스 왕 루이 12세는 리옹 근처에 있는 발랑스(발렌티노) 영지와 함께 공작 칭호를 그에게 하사했다. 루이 12세는 교황의 아들을 이처럼 후대하는 대신, 교황한테서 이혼 허락을 받아냈다. 그는 아내를 버리고, 샤를 8세의 미망인이자 엄청난 부자인 안 드 브르타뉴와 재혼하고 싶어했다.

체사레—이제는 발렌티노 공작—는 교황의 이혼 허가서를 휴대하고 늦가을의 로마를 떠나 프랑스로 향했다. 이탈리아에 대한 루이 12세의 속셈을 살피는 한편, 샤를 8세의 왕비였던 안의 궁정에 맡겨져 있는 아라곤 왕녀 카를로타와 결혼하는 것이 목적이었다. 부드러운 가을 햇살 속에서, 가장자리에 금장식을 댄 하얀 공단 저고리에 검은 비로드 망토를 걸치고 하얀 바탕에 검은색과 갈색 털이 섞인 멋진 말에 올라탄 체사레의 아름다운 모습에 교황은 만족했다. 교황은 마치 어린 아이를 타이르듯, 프랑스에 들어갈 때도 이처럼 당당하게 말을 타고 들어가야 한다고 지시했다.

가을이 끝나고, 겨울이 지나고, 이듬해 봄도 한창인 5월, 프랑스에서 심부름꾼이 체사레의 결혼 소식을 가지고 로마에 도착했다. 신부는 나바라 왕의 누이이자 루이 12세의 사촌인 열여섯 살의 샤를로트 달브레였다. 체사레는 나폴리를 정복하겠다는 루이 12세의 의지가 굳은 것을 알고, 그 때문에 체사레와 아라곤 왕녀의 결혼을 루이가 바라지 않는다는 것도 알았다. 체사레는 당장 방침을 바꾸었다. 아라곤을 버리고 대신 프랑스를 갖기로 한 것이다. 그리고 루이 12세의 사촌누이와 결혼했다. 이때부터 체사레의 눈은 이탈리아의 다른 지방, 특히 로마냐 지방과 토스카나 지방으로 쏠렸다. 이것은 루크레치아에게는 비극이 시작된 것을 의미했다. 하지만 그녀는 아직 아무것도 모른 채 남편과 행복한 나날을 보내고 있었다.

바티칸 궁전에서는 오랜만에 웃음이 되살아났다. 딸의 행복한 모습을 보고 아버지인 교황도 만족했다. 그럴 즈음 프랑스에서 심부름꾼이 가져온 체사레의 결혼 소식은 바티칸 전체를 웃음꽃으로 뒤덮었다. 파리에서 나흘 동안 계속 말을 갈아타면서 로마에 도착했을 때, 심부름꾼은 너무 피곤해서 서 있을 수도 없을 지경이었다. 그는 특별히 교황 앞에서 의자에 앉는 것을 허락받았다. 애가 탄 나머지 한시라도 빨리 사정을 알고 싶어하는 교황에게 심부름꾼은 쉴 틈도 없이 일곱 시간이나 보고를 계속해야 했다.

결혼식은 왕과 왕비도 참석한 가운데 순조롭게 끝났다는 것. 뒤이어 열린 피로연도 훌륭했다는 것. 신혼 첫날밤에도 루이 12세가 직접 참석하여 증인이 되었다는 것. 신랑은 신부와 관계를 한 번 끝낼 때마다 왕에게 신호를 보냈는데, 여섯번째로 신호가 오자 왕도 호쾌하게 웃으면서 자기보다 훨씬 낫다고 말했다는 것. 이 말을 들은 순간, 교황이 웃음을 터뜨렸다. 루크레치아를 비롯하여 그 자리에 있던 사람들도 모두 거리낌없이 웃어댔다. 웃음은 좀처럼 그치지 않았다. 그날 밤 바티칸에서는 체사레의 '성공'을 축하하는 성대한 파티가 밤늦게까지 계속되었다.

하지만 루크레치아에게 이 행복은 오래 지속되지 않았다. 체사레의 결혼으로 프랑스와 교회가 접근한 것은 프랑스의 검은 구름이 나폴리 하늘을 뒤덮기 시작한 전조였다. 나폴리의 아라곤 왕가는 불안에 사로잡혔다. 이 불안은 보르자 집안 사람들과 가까이에 있는 비셀리에 공작(알폰소 다라곤)에게는 더욱 심각했다. 일단 불안해지기 시작하자 알폰소는 불안을 억누를 수가 없었다. 어느 날 그는 아내한테도 말하지 않고 나폴리로 도망쳐버렸다. 루크레치아는 신경질적으로 웃으면서 말했다.

"페사로 백작도 그렇고 비셀리에 공작도 그렇고, 내 남편들은 모두 바티칸에서 도망치는군."

그때 그녀는 임신 6개월이었다. 그녀의 기분이 어떠했는지는 상상하기 어렵지 않다. 화가 난 교황은 산차를 나폴리로 돌려보내고, 나폴리 왕에게 "자기 것은 자기가 가지는 편이 좋을 거요"라고 말했다. 하지만 교황은 딸의 슬픔을 어떻게든 달래주어야 했다. 그는 루크레치아를 교황령인 스폴레토의 집정관 자리에 앉혔다. 남편에게 버림받는 수모를 당한 딸이 혼자서도 얼마든지 살아갈 수 있다는 것을 세상 사람들에게 보여주고 싶은 심정에서였다. 루크레치아의 동생 호프레도 동행시키기로 했다.

　남편이 도망친 지 닷새 뒤인 8월 8일, 루크레치아와 호프레 일행은 스폴레토로 향했다. 남편에게 버림받은 19세의 루크레치아와 아내에게 계속 배신당한 18세의 호프레를 위해 교황은 아버지다운 배려로 충분한 행렬을 준비해주었다. 동행하는 귀족과 시녀들도 잘 선발되어 있었다. 몸이 무거운 루크레치아가 편안히 앉아서 여행할 수 있도록, 교황은 내부를 공단으로 치장하고 두 개의 쿠션을 놓은 아름다운 가마를 특별히 제작해서 선물했다. 발코니에서 배웅하는 교황 밑을 지나갈 때, 루크레치아와 호프레는 챙 넓은 모자를 들어 올려 아버지에게 작별인사를 했다. 루크레치아의 금발이 여름 햇살에 빛났다. 눈 아래를 지나가는 딸과 아들에게 교황은 세 번이나 손을 흔들었고, 그 모습이 시야에서 사라질 때까지 발코니를 떠나지 않았다.

　북이탈리아의 밀라노가 마침내 루이 12세의 손에 들어간 것을 안 나폴리는 이제 곧 자기 쪽에 겨누어질 프랑스의 창끝을 느끼고 절망에 빠졌다. "교황이 아라곤을 버린다면, 이제 믿을 것은 터키밖에 없다"고 말할 정도였다. 아라곤 왕가는 마지막 희망에 매달렸다. 나폴리로 도망쳐온 비셀리에 공작을 아내 곁으로 돌려보내 교황의 분노를 달래기로 한 것이다. 9월 중순, 비셀리에 공작은 어쩔 수 없이 로마로 출발했다. 하지만 교황을 만날 용기가 없어서 로마 성벽 주위를 잠깐 얼쩡거리다가 그냥 스폴레토로 갔다. 그래도 루크레치아는 남편이 돌아와준 것이 기뻐서 어쩔 줄을 몰랐다. 그녀는 스폴레토의 정무를 내팽개치고, 남편과 함께 네피 성으로 떠났다. 아름다운 움브리아의 가을을 단둘이 즐기기 위해서였다.

10월 14일, 남편과 함께 로마로 돌아온 루크레치아는 닷새 뒤에 사내아이를 낳았다. 아이한테는 외할아버지와 같은 로드리고라는 이름을 붙여주었다.

밀라노에 입성한 루이 12세의 프랑스 군대와 호응하여 로마냐 지방을 착실히 정복하고 있던 체사레의 마음 속에서 아라곤을 치겠다는 의지는 이미 결정적인 것이 되어 있었다. 자신의 야망을 실현하기 위해서는 프랑스와 베네치아를 자기 편으로 만들어두어야 한다. 이를 위해 그는 이미 밀라노를 희생의 제물로 바쳤다. 다음에는 나폴리의 아라곤 왕가를 희생시켜야 한다.

6월 말, 바티칸에 벼락이 떨어져 교황이 다치는 사고가 일어났다. 그리 대단한 상처는 아니었지만, 루크레치아와 나폴리에서 돌아와 있던 산차가 바티칸에 묵으면서 교황을 수발하게 되었다.

7월 15일, 비셀리에 공작은 여느 때처럼 바티칸으로 아내와 누이를 찾아가, 교황과 함께 저녁식사를 마치고 잠시 잡담을 나누며 시간을 보냈다. 그가 바티칸에서 나왔을 때는 벌써 자정이 지나 있었다. 그는 하인 한 사람의 배웅을 받으며 교황 궁전의 발코니 밑을 지나 산 피에트로 광장으로 들어섰다. 1500년이라는 그해는 유럽 각지에서 로마를 찾아오는 순례자가 유난히 많았고, 그 중에서도 가난한 순례자들은 산 피에트로 성당의 처마 밑에서 잠을 자는 것이 보통이었다. 비셀리에 공작이 광장으로 들어선 순간, 자고 있는 것처럼 보였던 사람들 가운데 몇 개의 그림자가 벌떡 일어났다. 검은 그림자들이 당장 공작을 둘러쌌다. 그들은 칼을 빼들고 공격해왔다. 공작도 칼을 빼들었다. 그는 칼을 다루는 솜씨가 능숙했기 때문에 구태여 도망치려고도 하지 않았다. 그러나 상대의 수가 너무 많았다. 망토가 칼에 잘려나가 바닥에 떨어졌다. 저고리의 금장식이 떨어졌다. 셔츠가 찢기고 피가 줄줄 흘러내렸다. 마침내 공작은 온몸에 상처를 입고 쓰러졌다. 그때까지 겁에 질려 아무 소리도 내지 못하고 있던 하인은 그제서야 정신을 차리고 바티칸으로 달려가, 문을 두드리며 큰 소리로 도움을 청했다. 쓰러진 공작을 말에 태우고 있던 암살자들은 그 소리를 듣고는 공작을 그대로 둔 채 말을 타고 달아나버렸다. 바티칸에서 헌병이 나왔을 때는 이미 달려가는 말발굽 소리만 멀리서 들려올 뿐이었다.

헌병들은 비셀리에 공작을 바티칸 안으로 옮겼다. 온몸이 피로 물들고 얼굴은 죽은 사람처럼 창백했다. 조금 전까지 비셀리에 공작이 아내와 누이를 상대로 즐거운 시간을 보내고 있던 곳에서는 아직도 그녀들이 이야기를 계속하고 있었다. 공작은 다 꺼져가는 소리로 자기가 누구의 하수인에게 당했는가를 호소했다. 그 이름을 듣고 신음 소리를 낸 것은 루크레치아였다.

중상을 입은 비셀리에 공작을 밖으로 데리고 나가는 것은 불가능했다. 루크레치아는 놀라고 두려워하는 교황에게 부탁하여, 바티칸 안에 있는 방으로 남편을 옮겼다. 그녀는 믿을 수 있는 16명의 감시인을 배치하고, 당장 나폴리 대사를 불렀다. 그녀는 그에게 나폴리 왕의 시의를 빨리 로마로 보내달라고 부탁했다. 그러고는 산차와 둘이 남편 곁에서 시중을 들었다.

이튿날 아침 일찍, 이 사건은 벌써 로마 전역에 알려져 있었다. 아무도 입 밖에 내서 말하지는 않았지만, 이 암살의 주모자가 누구인지는 의심할 여지가 없었다.

비셸리에 공작은 '보르자의 방'에 누워 있었다. 창백하고 열도 높았지만 의식은 또렷했다. 루크레치아와 산차는 급조한 침대를 그 방에 들여놓고, 비셸리에 공작 곁에서 잠을 잤다. 비셸리에 공작의 세끼 식사는 그 방 안에 들여놓은 야전용 화덕에서 그녀들이 직접 만들었다. 독살의 가능성을 경계한 것이다. 옆방에는 나폴리에서 도착한 의사가 늘 대기했고, 방 밖은 믿을 수 있는 교황의 직속 병사들과 공작의 몇몇 가신들이 지키고 있었다.

한 달이 지나고 있었다. 젊은 공작의 몸은 꾸준히 회복되어갔다. 창문까지 걸어갈 수도 있게 되었다. 그러나 루크레치아는 사건에 관해서는 한마디도 하지 않았다. 그저 남편을 온몸으로 지키려 하고 있을 뿐이었다. 남편이 회복되면 자기가 직접 나폴리까지 남편을 데려갈 작정이라고 나폴리 왕에게 전했을 정도였다. 그녀는 평생 처음으로 자신의 의지를 관철하려 하고 있었다. 공작도 이제는 아내만 믿고 의지했다. 두 사람 사이에 처음으로 참된 사랑이 생겨났다. 그러나 한 사람의 이름만은 절대로 입에 올리지 않도록 조심했다.

8월 18일, 교황의 부름을 받은 루크레치아와 산차는 두 방 건너에 있는 교황을 만나기 위해 잠깐 방을 비웠다. 그리고 그들은 두번 다시 남편과 오빠를 볼 수 없었다. 비셸리에 공작은 혼자 남겨졌다. 그러자 방 밖을 지키고 있던 감시병과 옆방의 의사가 체포되었다. 체사레의 '오른팔'인 돈 미켈레토가 방으로 들어왔다. 문이 안에서 잠겼다. 모든 것은 끝났다. 얼마 후 돌아온 두 여자는 방 앞에서 낯선 무장병들을 보았다. 돈 미켈레토는 두 사람에게 설명했다. 공작은 부주의하게도 바닥에 넘어져 돌아가셨다고. 그녀들은 하다못해 시신만이라도 만나게 해달라고 부탁했지만 허사였다. 비셸리에 공작의 시체는 그날 밤이 지나기도 전에 은밀히 매장되었다. 그리고 며칠 뒤, 루크레치아는 아버지의 애원을 뿌리치고 아들 로드리고와 함께 네피 성으로 떠나버렸다.

로마를 떠나

 루이 12세의 전폭적인 지원을 등에 업고 교회군을 강화하여 아버지인 교황의 꿈을 실현한 체사레가 추기경의 빨간 옷을 군복으로 갈아입은 솜씨는 그야말로 눈부셨다. 교회군 총사령관으로서 군사력을 장악하고, '교회의 기수'(곤팔로니에레 델라 키에사)라는 지위를 얻어 정치권력까지 손에 넣은 체사레는 로마냐 지방의 이몰라·파엔차·포를리·페사로 등을 차례로 정복했다. 그 주변 국가인 페라라·만토바·피렌체·볼로냐는 이제 갓 25세가 된 이 "말은 별로 없지만 항상 행동하고 있는 사나이"(마키아벨리)의 의도를 살피느라 필사적이었다. 이제 교황이 아들의 절대적인 영향을 받고 있는 것은 누가 보아도 분명했다.

 그러나 체사레는 자기가 지금 해야 할 일을 알고 있었다. 그것은 노쇠한 아버지에게 만약의 사태가 일어날 경우에 대비하여 지금부터 준비를 추진하는 일이었다. 프랑스와 우호관계를 유지하면서, 이탈리아의 다른 나라들 — 베네치아, 피렌체, 페라라, 만토바 — 을 자기 편으로 끌어들이는 것이었다. 베네치아에는 전부터 자신의 그런 의도를 기회 있을 때마다 전달하고 있었다. 피렌체에는 그의 궁극적 야심인 토스카나 지방 정복의 의도를 교묘히 숨기면서, 지금은 피렌체 편이라는 태도를 보이고 있었다. 만토바에 대해서는 자기 딸과 만토바 후작의 아들을 약혼시켜 관계를 맺으려 하고 있었다.

 루크레치아가 네피 성에서 로마로 다시 불려온 것은 마지막으로 남

알폰소 데스테

은 페라라공국에 대한 대책 때문이었다. 이번의 결혼 상대는 페라라의 영주인 에스테 가문의 후계자 알폰소 데스테였다.

하지만 루크레치아의 새 남편감으로 점찍힌 에스테 가문으로서는 완전히 "사자의 표적이 된 여우" 같은 심정이었다. 당시 베네치아와 더불어 완벽함을 자랑하고 있던 페라라와 만토바의 정보망이 총동원된 것은 말할 나위도 없다. 이 혼담에 내막이 없을 리가 없다고 생각한 페라라의 에르콜레 공작은 물론이고, 만토바의 이사벨라 데스테한테도 하루에 몇 번씩 로마에서 정보가 들어왔다. 체사레와 교황뿐 아니라 루크레치아의 주변까지 철저히 조사되었다.

한편, 공식적으로는 로마 주재 대사를 통해 혼담을 거절하기 위한 온갖 수단을 강구했다. 알폰소 공작은 이미 프랑스의 어느 미망인과 결혼하기로 약속이 되어 있다고 핑계를 댔지만 허사였다. 로마는 그렇다면 둘째아들 페란테라도 좋다고, 하지만 모데나와 레조의 영지를

루크레치아 보르자 143

페란테에게 주라고 요구했다. 이것은 페라라 쪽에는 나라가 둘로 쪼개지는 것을 의미했다. 페라라는 교회의 봉토에 세워진 나라이고, 따라서 교회의 수장인 교황의 기분에 따라서는 나라 전체를 빼앗길 수도 있었다. 에르콜레는 맏아들을 루크레치아와 결혼시키기로 결심했다. 보르자의 부탁을 받은 루이 12세의 요청도 있어서 더 이상 혼담을 거절할 수 없었기 때문이다.

그러는 동안에도 바티칸 안에 그물처럼 펼쳐진 페라라와 만토바의 정보망은 뜻밖의 사실을 알아냈다. 이 혼담이 체사레의 정치적 의도에서 나온 것은 분명하지만, 두번째 결혼과 다른 점은 교황 자신이 무척 원하고 있다는 점. 딸의 불행에 상심하고 있던 교황이 알폰소 데스테의 문벌과 성격으로 보아 딸에게 딱 알맞은 남편감이라고 생각한다는 점. 루크레치아도 로마를 떠나는 것을 불만스럽게 생각하기는커녕 오히려 원하고 있다는 점.

이를 안 에르콜레 공작이 두손 놓고 앉아 있을 리가 없다. 여우는 여우지만, 그는 보기 드물게 교활한 늙은 여우였다. 그는 당장 경제에 밝은 가신 두 사람을 대사 자격으로 로마에 특파했다. 지참금을 최대한 올리기 위해서였다. 1500년 말부터 혼담이 오가기 시작한 뒤, 결혼식이 거행될 때까지 1년이 넘게 걸렸다. 그동안의 교섭은 대부분 지참금 문제에 집중되었다.

하지만 교황은 딸의 행복한 얼굴을 보고 싶어서, 에르콜레의 요구를 모두 받아들였다. 뿐만 아니라 에르콜레를 "위대한 공작", 알폰소를 "가장 아름다운 젊은이", 이사벨라 데스테를 "지성과 덕성과 미모를 겸비한 보기 드문 여인"이라고 추켜올리는 형편이었다. 그런데 체사레만은 에르콜레 공작의 이 단작스러움을 몹시 싫어하여 "꼭 장사꾼 같다"고 내뱉듯이 말했다. 교황은 시집가는 딸의 신변을 깨끗이

해주고 싶어서, 하인 페드로와 루크레치아 사이에 태어난 인판테 로마노(로마의 아이)를 체사레의 아들로 입적시키고, 다른 교서에서는 자기 아들로 신고하기까지 했다.

1501년 말이 가까워질 무렵, 드디어 모든 교섭이 끝났다. 루크레치아의 지참금은 30만 두카토로 합의되었다. 10만 두카토의 현금, 네피 성을 포함한 두 개의 성, 로마냐 지방의 작은 영지, 보석과 의상만도 7만 5천 두카토에 달했다. 그밖에도 교황청이 페라라에 주는 수많은 특전과 보증이 덤으로 붙었다. 빈틈없는 에르콜레는 이런 특전과 보증에 대한 증명서도 모두 받아냈다. 루크레치아가 첫 남편과 두번째 남편에게 가져간 지참금이 각각 3만 두카토씩이고, 이사벨라 데스테가 결혼할 때의 지참금이 2만 5천 두카토였던 것을 생각하면, 이번 지참금이 얼마나 파격적인 액수인가를 알 수 있다. 드디어 페라라에서 에스테 가문의 넷째아들인 이폴리토 추기경과 둘째아들 페란테가 신부를 맞이하기 위해 로마에 도착했다.

1502년 1월 6일, 로마는 드물게도 눈이 내릴 듯한 날씨였다. 이날 아침, 루크레치아는 20년 동안 살았던 궁전에서 로마에서의 마지막 아침을 먹었다. 몸차림이 끝나자 그녀는 아들 로드리고의 방으로 갔다. 아이는 아직 자고 있었다. 그녀는 로마의 아버지 곁에 남겨두고 가야 하는 아들을 깨우지 않고 그대로 두었다. 그러고는 바티칸으로 갔다.

교황은 벌써 방에서 기다리고 있었다. 루크레치아는 아버지 앞에 무릎을 꿇었다. 고개를 숙인 채, 그녀는 아무 말도 하지 않았다. 사람들은 두 사람을 남겨두고 방에서 나갔다. 잠시 뒤에 체사레가 방으로 불려들어갔다. 그리고 잠시 시간이 흘렀다.

떠날 시간이 되었다. 에스테 가문의 이폴리토와 페란테가 그것을 알렸다. 루크레치아는 체사레와 이폴리토의 부축을 받아 일어섰다. 방을 나갈 때, 그녀는 다시 한번 아버지를 돌아보았다. 교황은 "안심하고 가거라. 무슨 일이 있으면 언제라도 편지를 보내렴" 하고 에스파냐어로 말했다. 그러고는 주위 사람들도 알아듣게 하려는 것처럼 똑같은 말을 이탈리아어로 되풀이했다.

눈이 내리기 시작했다. 일행은 흩날리는 눈발 속에서 길을 떠났다. 루크레치아는 오빠와 이폴리토 사이에 끼여서 말을 몰았다. 교황은 이 창문에서 저 창문으로 종종걸음을 치며 떠나는 딸을 지켜보았다. 아버지와 딸은 그후 두번 다시 만나지 못했다.

일행이 드디어 하루 여정을 끝내고 그날 밤의 숙소가 가까워졌을 무렵, 느닷없이 체사레가 누이에게 작별을 고했다. 루크레치아는 깜짝 놀랐다. 오빠가 숙소까지는 바래다줄 줄 알고 있었기 때문이다. 그러나 체사레는 어안이 벙벙한 채 말문이 막혀버린 루크레치아 앞에서 이폴리토 데스테에게 작별인사를 하고는 그대로 말을 돌려 뒤도 돌아보지 않고 가버렸다. 이때 처음으로 루크레치아는 로마를 떠난 것을 뼈저리게 느꼈다.

페라라

포 강 하류에 펼쳐져 있는 페라라의 겨울은 혹독하다. 저물녘이 되면, 거의 날마다 강에서 피어오르는 하얀 안개에 덮여 한치 앞도 보이지 않는다. 안개는 이른 새벽부터 도시를 완전히 뒤덮어버릴 때도 있다. 이 혹독한 겨울 추위를 견디기 위해 이 지방 사람들은 포도주를 많이 마시고, 맛이 진한 요리가 발달했다. 그 때문인지, 그들의 성격은 거칠고 교활하면서도 대담했다. 그들을 다스리려면 냉정하고 노련한 지배자가 필요했다.

페라라 공작 에르콜레 데스테는 이 지방에는 그야말로 안성맞춤인 군주였다. 페라라는 강대국 베네치아공화국과 국경을 맞대고 있었기 때문에, 페라라 공작에게는 국내의 성가신 군소 영주들을 통솔하는 능력과 더불어 주변 정세를 냉정하게 판단하고 민첩하게 움직이는 외교 수완도 필요했다. 에르콜레 공작은 이런 재능을 충분히 갖춘 지배자였다. 그리고 군주로서 그 능력을 충분히 발휘하려면 우선 '돈의 위력'이 가장 중요하다는 것도 알고 있었다. 그는 구두쇠라는 평판이 나는 것 따위는 아랑곳하지 않았다. 1년 동안 날짜를 정해놓고 영지의 부자나 상인들 집을 직접 돌아다니며 기부를 받는 것을 관례로 삼았다. 『페라라 연대기』에는 "아무개는 닭 20마리, 또 아무개는 치즈와 올리브유 3통을 바쳤다"는 식의 기록이 남아 있다.

백성들은 에르콜레 공작의 단작스러움을 뒤에서 비웃고, 공작의 아들들은 아버지한테 돈을 뜯어내는 데 열중했지만, 공작의 통치력을 의심하는 사람은 아무도 없었다. 페라라는 공작 치하에서 안심하고 지낼 수 있었다. 공작은 페라라 출신인 사보나롤라에게 심취하여 수도원을 마구 짓는가 하면, 궁정에서 에로틱한 희극을 상연하게 하고도 태연했다. 3년 뒤 죽음의 침상에 누워서도 그는 하프시코드를 연주하게 하고 만족스러운 듯 손으로 박자를 맞추면서 음악을 들었다고 한다. 모든 의미에서 에르콜레 공작은 전형적인 '르네상스인'이었다.

이런 에르콜레의 성격을 물려받은 사람은 맏딸 이사벨라와 넷째아들 이폴리토였다. 만토바 후작 프란체스코 곤차가에게 시집간 이사벨라에 관해서는 제1부에서 이미 기술했다. 다만 에스테 가문에 시집오는 루크레치아에게 이사벨라는 상당히 골치아픈 시누이 유형에 속했다. 로마에서도, 루크레치아가 페라라로 가는 여행길에도, 루크레치아가 결혼한 뒤에는 페라라 궁정에서도, '일 프레테'(사제)라고만 서명된 편지가 루크레치아에 관한 모든 정보를 이사벨라에게 계속 보내고 있었다.

에르콜레 공작의 넷째아들 이폴리토는 추기경이라기보다는 정치가이자 군인이었다. 교양도 있고 냉정한 두뇌를 가진 그는 아버지가 죽은 뒤 형 알폰소의 좋은 협력자가 되었다. 둘째아들 페란테와 서자인 셋째아들 줄리오는 둘 다 잘생긴 용모를 타고났지만, 평범한 궁정인에 불과했다. 이 두 사람은 나중에 형 알폰소를 죽이려는 음모를 꾸몄지만 실패로 끝났다. 르네상스는 나쁜 짓도 못하는 대신 좋은 일도 못하는 인간, 즉 그들처럼 아무 일도 못하는 인간에게는 가혹한 시대였다.

루크레치아의 남편이 된 알폰소는 당시의 귀공자로서는 파격적인 인간이었다. 첫 아내 안나 스포르차가 일찍 죽은 뒤, 그가 21세 되던 해 여름의 일이다. "정오 무렵, 페라라의 중앙 광장에 있던 사람들은 광장을 건너가는 청년의 모습을 보고 기겁을 했다. 청년은 등에 칼을 찼을 뿐, 실오라기 하나 걸치지 않은 채였다. 그 청년이 이 나라의 후계자인 알폰소였기 때문에 광장에서는 마치 벌집을 쑤셔놓은 듯한 소동이 벌어졌다. 그는 그 소란 속을 태연히 걸어갔다. 그 뒤를 친구 몇 명이 와글와글 떠들면서 따라가고 있었다."(사누도) 알폰소는 친구들과 내기를 한 것이다. 그리고 내기에서 이겼다. 하지만 이를 안 아버지 에르콜레 공작은 "그게 무슨 경거망동이냐!"고 노발대발했다. 아버지가 잔뜩 화가 나 있다는 말을 들은 알폰소는 성으로 돌아가지도 않고, 그 길로 만토바의 누나에게 도망쳤다. 그리고 아버지의 노여움이 가라앉을 때까지 누나의 궁전에 유유히 눌러앉아 있었다.

그는 상당히 교양도 있고, 바이올린 연주 솜씨는 전문가를 뺨칠 정도였지만, 무엇보다도 그가 열중한 것은 여행과 대포였다. 여행. 그는 여행을 떠날 때는 언제나 그럴듯한 이유와 행선지를 말했고, 역사가 부르크하르트도 견문을 넓히기 위해서였다고 칭찬했지만, 실제로는 모험적인 방랑여행으로 끝난 적이 많았다. 물론 결과적으로는 견문이 넓어졌지만. 그리고 그는 귀공자의 여행답게 많은 하인을 데려가는 것을 몹시 싫어했다. 건장한 몸을 자랑하고 있던 그는 경호원의 필요성을 느끼지 않았기 때문에, 언제나 되도록이면 적은 수—대개는 두세 명—의 하인만 데리고 조용히 출발했다. 그 지위 때문에 어쩔 수 없이 많은 일행을 거느리고 가야 할 때도 있었지만, 그런 경우에도 페라라를 떠날 때만 사회적 체면과 타협하고, 일단 영지를 벗어나면 당장 일행을 모두 돌려보내고 여전히 두세 명만 데리고 여행하곤 했다. 이런 버릇은 아버지의 뒤를 이어 공작이 된 뒤에도 전혀 달라지지 않았다.

그는 궁정인을 싫어하고 사교 모임을 싫어하고 혼자 식사하기를 좋아했지만, 여행지에서는 금방 친구를 사귀었다. 그가 주로 사귀는 친구는 병사나 어부나 장사꾼들이었다. 한번은 에스파냐에 가려고 출발했다가 항구에서 베네치아 해군의 두 선장과 알게 되어, 그들의 갤리선을 타고 아드리아 해에 출몰하는 해적을 쫓아다니는 데 열중해버린 적도 있다. 당시 베네치아공화국은 아드리아 해를 자기네 바다처럼 생각하고, 비밀을 지키기 위해 지도조차도 만들려 하지 않았는데, 해적 소탕작전에 동행한 사람이 바로 페라라 영주라는 것을 알고는 대소동이 벌어졌다. 덕분에 두 선장은 잠시 감옥에 갇히는 신세가 되었다.

알폰소는 여행을 떠나지 않을 때는 온종일 공방에서 시간을 보냈다. 선반기계 앞에 앉아서 쇠나 구리를 만지작거리는 것이 취미였다. 하지만 그의 대포야말로 나중에 페라라 군대의 자랑거리가 되었다. 여행이나 대포에 시간을 쏟지 않을 때는 궁전 창문으로 광장의 사람들을 내다보았다. 더 많은 민중을 보기 위해 악취가 풍기는 활기찬 어시장을 일부러 자기 방 창문 밑에 열게 하고, 사람들로 북적거리는 어시장을 내려다보면서 식사를 했다.

그는 군주로서의 재능도 갖추고 있었다. 동생 이폴리토만큼 화려하게 움직이지는 않았지만, 나중에는 그 굳은 의지와 냉정한 정세 판단이 페라라를 구하게 되었다. 그의 능력을 가장 먼저 인정한 사람은 처남인 체사레였다. 체사레 보르자는 로렌초 데 메디치의 세력 균형 정책인 열강공존주의를 신봉하는 에르콜레 공작과는 사이가 나빴지만, 그의 아들인 알폰소의 능력은 인정해주었다. 체사레의 세력이 한창일 때는 아직 에르콜레가 재위해 있었기 때문에 알폰소와 직접적인 관계가 없었지만, 체사레는 "우리 신세대는……" 운운하면서 알폰소의 날카로운 통찰력과 현실주의에 칭찬을 아끼지 않았다. 알폰소의 자질을 인정한 사람은 체사레만이 아니었다. 나중에는 마키아벨리도 그를 인정했고, 위대한 카를 5세도 이탈리아 귀족 가운데 알폰소 한 사람만은 존중해주었다.

알폰소는 루크레치아에 대해서도 그녀의 전남편들과는 전혀 다른 태도를 취했다.

신부 일행이 페라라 시내에 들어오기 전날 밤이었다. 일행이 잠자리에 들기 전에 잡담으로 시간을 보내고 있을 때, 갑자기 창 밑에서 말발굽 소리가 들렸다. 볼로냐에서부터 루크레치아 일행을 따라온 벤티볼리오 공작이 창문으로 내려다보다가 깜짝 놀라 소리를 질렀다.

"알폰소 공작입니다."

사람들은 술렁거렸다. 루크레치아는 급히 머리를 매만지고 옷매무새를 가다듬었다. 페란테가 문간으로 뛰어나갔을 때, 알폰소는 벌써 말에서 내리고 있었다. 그는 동생의 팔을 잡고 어서 신부한테 안내하라고 말했다. 페란테가 아무 대답도 못하고 있는 사이에, 그들은 어느새 루크레치아 앞에 와 있었다. 루크레치아는 부끄러움을 머금은 그 눈부신 미소로, 관례를 무시하고 느닷없이 찾아온 신랑을 맞이했다. 알폰소는 루크레치아의 얼굴을 뚫어지게 바라보았다. 그러고는 마음에 든다는 듯 고개를 끄덕이고 나서야 비로소 정중히 인사를 했다.

두 시간이나 계속된 이 파격적인 만남에서 알폰소는 루크레치아에게 앞으로는 매사에 당신 자신의 뜻을 따르라고 말했고, 그녀는 기꺼이 승낙했다. 그는 자기 아내가 될 사람은 보르자 가문을 등에 업은 루크레치아가 아니라 한 인간으로서의 루크레치아라는 사실을 그녀에게 확인시켰다. 그리고 첫 만남에서 시작된 두 사람의 이런 관계는 그후 20년 동안의 결혼생활을 통해 한번도 바뀌지 않았다. 하지만 알폰소 같은 남자는 여자가 좀처럼 이해하기 어려운 타입이다. 그리고 루크레치아도 끝내 진정한 알폰소를 이해하지 못했다.

결혼한 이튿날 아침, 루크레치아는 달콤한 나른함 속에서 혼자 뒤늦게 눈을 떴다. 남편은 이미 옆에 없었다. 손님들은 기다림에 지쳤고, 아침 일찍 일어난 이사벨라는 벌써 각국 대사들 사이를 돌아다니며 정치적 논의를 끝냈는데, 루크레치아는 아직도 잠자리에서 늦은 아침을 즐기고 있었다. 이곳 페라라의 차가운 공기 속에서도 그녀는 달콤한 늦잠을 즐기는 로마식 버릇을 버리지 못했다. 드디어 그녀는 가벼운 아침식사를 가져오라고 지시하고, 좀 나른한 기분으로 천천히 몸단장을 시작했다. 벌써 정오가 가까워지고 있었다.

결혼식에 뒤이은 축제에서 루크레치아는 가장 좋아하는 춤을 마음껏 즐겼지만, 무도회 시즌이 끝나버리자 따분한 나날이 다시 시작되었다. 남편 알폰소는 여전히 여행과 대포에 몰두했고, 그녀의 처소에 뻔질나게 드나드는 사람은 시녀들의 관심을 사로잡고 있는 페란테와 줄리오뿐이었다. 루크레치아는 아침 늦게 일어나 천천히 몸단장을 하고, 예배당에서 미사를 올린 뒤 아침을 먹고, 몇몇 손님을 만나고, 시녀들과 잡담을 하거나 새옷을 고르고, 때로는 성인 이야기나 에스파냐의 연애시를 소리내어 읽거나 작은 상자에서 옛날 편지들을 꺼내 보는 생활을 계속했다. 비셀리에 공작과 살 때는 남편이 늘 곁에 함께 있었다. 루크레치아는 그 시절을 그리워했다.

늦여름에 칠삭둥이 아이를 사산한 뒤 루크레치아의 몸이 무척 쇠약해졌을 때의 일이다. 어느 날 저녁, 갑자기 체사레가 페라라 성을 찾아왔다. 누이동생을 문병하기 위해서였다. 수행원은 열세 명뿐이었다. 제노바에서 루이 12세와 회견한 뒤 페라라로 서둘러 달려온 것이다. 병상에 누워 있던 루크레치아는 이 오빠의 문병을 몹시 기뻐했다. 에스테 가문의 궁정 사람들은 그날 밤 발렌시아 사투리로 이야기를 나누며 밤새도록 성채의 회랑을 거니는 남매의 모습을 보았다. 이튿날 아침 일찍, 체사레는 왔을 때처럼 느닷없이 페라라를 떠났다. 뒤에 남은 루크레치아는 오빠가 떠난 뒤 다시 병석에 누워 버렸다.

그럴 즈음에 그녀에게 접근해온 사람이 시인인 에르콜레 스트로치였다. 선천적으로 한쪽 다리가 짧은 절름발이여서 지팡이에 의지할 수밖에 없는 몸이지만 귀족적이고 세련된 이 페라라의 시인은 루크레

피에트로 벰보

치아의 단순한 마음을 당장 마음대로 조종할 수 있게 되었다. 알폰소도 아내의 처소에 문예적인 분위기가 감돌도록 하기 위해 시인이 자유롭게 아내 방에 드나드는 것을 관대하게 보아주었다. 시인은 루크레치아가 수도원에 갈 때도 동행했고, 베네치아에서 새옷을 고르는 일까지 맡았다. 그리고 그는 나중에 루크레치아와 그녀의 애인들 사이에서 사랑의 중개자 역할까지 맡게 되었다.

루크레치아의 건강이 겨우 회복되기 시작한 그해 가을, 베네치아에서 피에트로 벰보가 페라라를 찾아왔다. 시인이라기보다는 완벽한 궁정인이고, 당시 "이탈리아 인문주의자들의 귀공자"(Il principe degli umanisti italiani)로 찬양받은 이 미남자는 당장 루크레치아의 살롱을 정복해버렸다. 페라라에는 그의 친구가 많았다. 스트로치, 사돌레토, 테바르데오, 아리오스토. 이들 덕택에 루크레치아의 주변은 갑자기 문예 취미로 넘쳐흐를 것 같았다.

루크레치아 보르자 153

겨울 내내 도시를 뒤덮고 있던 안개가 걷히고 봄이 찾아온 4월 어느 날, 스트로치가 벰보에게 보낼 편지를 루크레치아에게 보여주었다. 편지는 루크레치아의 아름다움을 찬미한 수많은 미사여구로 가득 차 있었다. 아름답게 표현된 이 찬사는 루크레치아의 마음에 쏙 들었다. 그녀는 편지를 다시 봉했지만, 그 전에 아무것도 씌어 있지 않은 백지를 집어 피에트로 벰보라는 이름만 써서 봉투에 넣었다. 주위에 있던 시녀들은 사람의 마음을 어지럽히는 이 가벼운 장난을 웃으면서 보고 있었다. 이 편지를 받은 벰보의 마음 속에 루크레치아에 대한 애정이 생겨난 것은 상상하기 어렵지 않다. 두 사람의 사랑은 이렇게 시작되었다.

남편 알폰소가 이제 연례 행사처럼 된 여행을 떠난 뒤, 루크레치아와 벰보는 급속히 가까워졌다. 벰보가 페라라 궁정에 없을 때는 편지가 두 사람 사이를 뻔질나게 오갔다. 중간에서 편지를 전해주는 것은 언제나 스트로치였다. 루크레치아는 에스파냐어로 쓴 편지와 에스파냐의 노래 따위를 벰보에게 보냈다. 처음 얼마 동안은 이탈리아어로 편지를 썼지만, 언젠가 벰보한테서 "사랑스러운 에스파냐어의 감미로움은 닳고 닳은 토스카나어에서는 찾아볼 수 없습니다. 그대로, 태어난 모습 그대로의 에스파냐어로 편지를 써주십시오" 하는 편지를 받은 뒤부터 에스파냐어로 편지를 쓰게 되었다. 페라라로 시집온 이후 자기가 에스테 가문의 견실한 가풍에 어울리지 않는 것을 느낀 루크레치아는 자신감을 잃고 불안해졌지만, 벰보에게 에스파냐어로 편지를 쓰면서 다시 자신감을 갖고 자기 자신을 되찾은 듯한 기분을 느꼈다. 편지도 '나의 피에트로'로 시작하여 'FF'라는 서명으로 끝나게 되었다. FF는 라틴어로 'Firmitas Fidelis'(변함없는 충실)를 의미했다.

하지만 그해 여름에 아버지가 돌아가시고 뒤이어 보르자 가문이 급속히 몰락하자, 이 두 사람의 사랑도 그 거센 물결에 휩쓸려버렸다. 8월, 이폴리토 추기경한테서 교황이 세상을 떠났다는 소식을 받은 루크레치아는 절망에 빠졌다. 그녀는 상복을 입고 온통 검은색으로 뒤덮인 방에 등불도 켜지 않고 웅크려 앉은 채, 먹지도 않고 자지도 않았다.

불행을 알고 당장 달려온 피에트로 벰보는 넋나간 사람처럼 방바닥에 멍하니 쭈그려 앉아 있는 루크레치아를 보고는, 방으로 들어가려던 발길을 돌려 말없이 돌아갔다. 그러고는 이런 편지를 보내왔다.

"지금 당신이 우는 것은 아버님의 죽음이 슬퍼서라기보다는 앞으로 에스테 가문에서 당신이 처하게 될 괴로운 입장을 생각해서 우는 것입니다. 이런 편지를 쓰는 것도 우리 두 사람에게는 부주의한 일입니다. 하지만 당신은 계속 굳건하게 살아야 합니다. 특히 앞으로는 더더욱……"

그때까지만 해도 루크레치아는, 페트라르카(이탈리아 르네상스 초기의 시인. 프랑스 여행중에 아비뇽에서 라우라를 만나 시적 영감을 얻었으며, 그 인상을 대표작인 서정시 『칸초니에레』에 담았다. 1303~1374―옮긴이)에 심취해 있는 이 시인에게는 '라우라'의 한 사람일 뿐이었다. 하지만 이제 시인은 그 모든 인간성으로 그녀를 따뜻하게 격려하고 위로하려 하고 있었다. 시의 영감을 얻기 위한 여자가 아니라, 살과 피를 가진 사랑하는 여자를 위해.

여행길에 교황의 사망 소식을 들은 알폰소도 급히 페라라로 돌아왔다. 하지만 아내의 흐트러진 모습에는 그도 속수무책이었다. 시인 벰보처럼 따뜻한 위로의 편지를 보내지는 않았지만, 그 대신 아버지 에르콜레를 비롯한 세간의 차가운 눈과 맞서서 아내를 지켜주었다. 이제 보르자라는 이름은 모든 사람의 적이자 악의 대명사처럼 되어버렸고, 루이 12세는 "루크레치아 보르자는 알폰소 공작에게 어울리지 않는다"고 말하기까지 했다. 그러나 그는 아무도 아내의 지위에 손가락 하나 대지 못하게 했다. 이것이 루크레치아에 대한 그의 애정이었다.

그러나 가을이 되자 벰보에 대한 루크레치아의 사랑은 주위를 돌아보지 않을 정도가 되었다. 그녀는 마치 아버지가 죽은 슬픔을 잊으려는 것처럼 벰보에게 열중했다. 그녀는 자신의 검은 비로드로 에스파냐풍의 호화로운 망토를 만들어 벰보에게 선물했다. 그가 오는 것을 성의 창문에서 조금이라도 빨리 알아볼 수 있도록 하기 위해서였다. 그녀는 잇달아 벰보에게 편지를 보냈다.

"나를 죽여버리는 그대의 달콤한 손에 키스를……"

"내 마음은 감미로운 복수를 위해 당신의 입술에 다다르고 싶어요."

"지금까지 입맞춤한 어떤 남자보다 상냥하고 감미로운 그대의 손에 키스를……"

루크레치아와 벰보의 관계는 이제 보르자라는 이름에 아무 두려움도 품지 않게 된 사람들의 입에 더한층 노골적으로 오르내리게 되었다. 그러자 알폰소는 사냥을 나간다면서 벰보가 사는 페라라 교외로 갔다. 그리고 그를 만났다. 두 사람 사이에 어떤 이야기가 오갔는지는 모른다. 하지만 그로부터 사흘 뒤 벰보는 베네치아로 떠났다. 사랑은 끝났다. 이듬해, 지고의 사랑을 노래한 벰보의 『리 아솔라니』(아솔로 사람들)는 루크레치아에게 바쳐졌다.

1503년 여름

페라라의 루크레치아를 그같은 광란으로 몰아넣은 보르자 가문의 몰락에서 우리는 고전주의 비극의 본질을 엿볼 수 있다. 그것은 고귀한 사람들의 비참한 말로를 보여주기 때문이다. 그리고 그 불행이 우연히, 게다가 갑작스럽게 찾아왔기 때문이기도 하다.

1503년 여름까지 로마냐 지방은 우르비노 정복을 마지막으로 완전히 체사레의 지배 아래 들어가 있었다. 그는 로마냐 공작의 칭호도 얻었다.

일 모로가 다스리는 밀라노 궁정에서 17년 동안 생활한 뒤, 만토바에도 베네치아에도 머물지 않고 피렌체에서 수리학 연구에 몰두해 있던 레오나르도 다 빈치가 제 발로 체사레를 찾아가 자신의 뛰어난 재능을 바치겠다고 제의한 것도 이 무렵의 일이다. 체사레는 레오나르도에게 공학기술 감독의 지위와 백지위임장을 주고, 그를 '나의 아르키메데스'라고 부르면서 레오나르도가 하고 싶은 대로 하도록 내버려두었다. 당시 체사레는 27세, 레오나르도는 50세였다.

마키아벨리가 피렌체공화국의 외교사절로서 체사레를 만난 것도 바로 이 무렵이다. 체사레는 피렌체에 대해 가혹했고, 토스카나 전체를 은밀히 노리고 있었다. 그런 체사레와 교섭하는 것은 무척 어려운 일이었지만, 마키아벨리는 이윽고 "이 뛰어난 재능을 가진 남자"한테서『군주론』의 구체적인 모델을 발견했다. 마키아벨리는 이탈리아가 안고 있는 비극의 "칼을 상처에서 잡아뺄" 수 있는 사람, 즉 지금 이탈리아가 처해 있는 분열상태의 근본 원인을 척결할 수 있는 사람을 오직 "민중의 두려움과 경애를 동시에 받고 있는" 체사레한테서만 찾아낼 수 있었다. 이상적인 지배자는 '여우'(냉철한 현실주의)와 '사자'(대담한 영혼)의 두 가지를 완벽하게 갖추어야 한다는 마키아벨리의 사상은 여기에서 생겨났다.

"나에게는 적과 동지가 있을 뿐, 중간 따위는 존재하지 않는다"고 마키아벨리에게 말한 체사레 앞에는 누가 보아도 눈부시게 빛나는 미래가 펼쳐져 있는 것처럼 보였다. 체사레는 용병대장들의 반란도 예술적이라고까지 말할 수 있는 '완벽한 속임수'로 쉽사리 진압해버렸다. 개별 교섭을 통해 용병대장들의 결속을 먼저 무너뜨린 다음, 그들 모두를 한자리에 초대해놓고 한꺼번에 죽여버린 것이다. 체사레를 적으로 삼거나 그에게 등돌린 자들은 죽음을 면치 못했다. 그것도 무자비하게. 오랫동안 "교회의 목구멍에 걸린 뼈"였던 콜론나와 오르시니 일당도 철저히 짓밟혔다.

체사레의 행동은 언제나 민첩하고 과감했다. 그런 체사레에게 이탈리아 전체가 마구 휘둘리고 있는 형편이었다. 하루는 루이 12세를 만나기 위해 제노바에 나타났다가, 이튿날은 누이를 문병하기 위해 페라라에 가 있었고, 그 다음날은 로마냐 지방의 이몰라와 우르비노를 순찰했다. 그러고는 그날로 곧장 피렌체로 달려갔다. 프랑스 왕과 피렌체를 중재하기 위해서였다. 그러는 동안에도 그는 사냥을 즐겼다. 그리고 다음날부터 여드레 동안은 행방불명이었다. 측근들은 체사레가 병에 걸려 몸져누웠다고 발표했지만, 이 말을 믿는 사람은 아무도 없었다. 각국의 정보관들은 신출귀몰하는 체사레의 행방을 추적할 길이 없어 안절부절못하였다. 하지만 이 무렵 체사레는 로마에 있었다. 교황과 은밀히 만나기 위해서였다. 체사레는 자기가 거느린 군대의 깃발에다 "Aut Caesar aut nihil"(카이사르이거나, 아무것도 아니거나), 즉 제왕이 안되면 아무것도 안되겠다는 좌우명을 새겨넣을 만큼 창업에 대한 야망을 불태우고 있었다. 그 야망이 이제 실현될 날을 눈앞에 두고 있었다.

그러나 비극은 갑자기 찾아왔다. 그해 여름, 로마는 지독한 날씨에 허덕이고 있었다. 바람도 한 점 없이, 태양은 살을 찌를 듯이 내리쬐고 있었다. 물이 썩기 시작했다. 그리고 말라리아가 로마 시민들을 덮쳤다. 추기경들의 궁전은 모두 병원으로 변했다고 당시 기록은 전하고 있다. 그러나 지붕 밑에서 죽을 수 있는 사람은 그래도 나았다. 대부분의 사람들은 돌이 깔린 길바닥 위나 물도 나오지 않는 분수 옆에서 죽어갔다. 거두어갈 사람도 없어서 그대로 방치된 시체들이 여기저기 흩어져 있고, 부패하기 시작한 시체의 악취가 시가지를 뒤덮었다. 공포에 사로잡힌 사람들 사이에 페스트라는 말이 퍼졌다. 하지만 페스트는 아니었다. 증상은 악성 말라리아였다.

우선 피렌체 대사가 죽었다. 뒤이어 교황의 조카인 조반니 보르자 추기경도 죽었다. 조카가 죽었다는 소식을 듣고, 72세가 된 교황은 이제 노쇠한 몸을 추스르는 데 피곤함을 느꼈다. 로마 밖으로 나갈 수 있는 사람은 모두 로마를 버리고 떠났다. 추기경들도 교외의 별장으로 피신했다. 각국 대사와 정보관들은 로마를 떠나도록 허락해달라고 본국 군주에게 요청했다.

교황도 체사레도 로마를 떠나야 할 필요성을 느끼고 있었다. 특히 체사레는 로마냐로 떠날 작정이었다. 하지만 둘 다 8월 11일에 열릴 교황 즉위 11주년 기념식 때문에 로마를 비울 수가 없었다. 그런 두 사람을 위해, 전에는 교황의 비서였고 지금은 추기경이 된 안드리아노 다 코르네토가 8월 4일에 로마 교외의 별장에서 호화로운 오찬회를 베풀었다.

그로부터 여드레가 지난 8월 12일, 우선 교황이 고열과 구토로 쓰러졌다. 이튿날에는 체사레도 똑같은 증상으로 병석에 누웠다.

여기서 보르자 가문의 몰락이 시작되었다고 사람들은 말한다. 추기경을 죽일 작정으로 독약을 탄 포도주를 교황이 잘못 알고 그대로 마셨고, 체사레는 물을 타서 마셨다는 것이다. 이것은 "8일 전의 오찬회에 참석한 다른 추기경들도 앓아누웠다"는 베네치아의 정보에 따른 것이다. 동시대 역사가인 구이차르디니와 조비오 및 사누도도, 그리고 후세의 부르크하르트도 이 독살설을 믿었다.

하지만 당시의 기록자인 연대기 작가들은 독살에 대해서는 한마디도 기록에 남기지 않았다. 카타네이, 코스타빌리, 부르카르트는 "많은 사람들이 페스트가 아닌 이 병 때문에 죽었다. 교황과 체사레 공작도 병석에 누웠다. 증상은 이따금 주기적으로 덮쳐오는 고열과 구토인데, 이것은 다른 환자들과 똑같다"는 기록을 남겼고, 병명이 'Febbre terzana'(사흘돌이로 되풀이되는 열. 말라리아를 뜻하는 당시의 용어)라고 말했다. 파스토르와 루치오를 비롯한 후세의 역사가들은 모두 독살설에 반대하는 입장을 취했다. 물론 체사레 보르자가 사용하고 있었던 것 같다는 독약은 시간을 두고 서서히 작용하여 결국 사람을 죽이는 약이었다. 하지만 72세의 노인을 죽이는 데 보름이나 걸렸다는 점, 그리고 오찬회에 참석한 추기경들은 그 가운데 가장 나이가 많은 사람조차도 죽지 않았다는 점, 무엇보다도 모든 기록에 남아 있는 교황과 체사레의 증상은 악성 말라리아의 증상을 그대로 나타내고 있다는 점. 이런 점들을 검토하면, 독살설은 보르자의 비극을 좀더 극적으로 만드는 효과는 있을지언정, 그 진실성의 근거는 빈약하다고 말할 수밖에 없다.

8월 12일에 쓰러진 교황도 그 이튿날 병석에 누운 체사레도 약간 회복되는 듯싶다가 다시 악화되곤 했다. 8월 14일, 의사들은 교황의 피를 뽑았다. 피를 뽑는 것은 당시에는 유일한 치료법으로 여겨지고 있었다. 그러나 교황의 고열은 계속되었다. 그는 병상에 축 늘어진 채 움직이지 않았다. 체사레도 의사들에게 둘러싸여 있었지만, 몹시 쇠약해진 상태였다. 타는 듯한 고열이 되풀이하여 그를 덮쳤다. 구역질이 심했다. 고열에 따르는 두통이 시작될 때마다 그는 몸부림치며 괴로워했다. 누구나 교황보다 체사레의 증세가 더 심하다고 믿었다.

체사레는 이따금 덮쳐오는 고열에 시달리면서도 아버지의 병세를 걱정했다. 너무 늦기 전에 자기가 나아야 한다. 오르시니와 콜론나의 복수도 위험했고, 베네치아와 피렌체, 그리고 프랑스도 믿을 수 없었다.

추기경들은 각자 집 안에 틀어박혀 정세를 관망하고 있었다. 각국 정보관들은 시시각각 달라지는 두 사람의 병세 때문에 쉴새없이 펜을 놀려야 했고, 그 편지를 가져가는 발빠른 말들이 하얀 먼지를 일으키며 이탈리아 전역으로 흩어져갔다. 아무도 잠을 자지 않았다.

그러나 중증으로 여겨진 체사레보다 연로한 교황의 체력이 먼저 소진되었다. 발병한 지 엿새째인 8월 18일 아침, 그는 병실에서 미사를 올리기를 원했다. 미사가 끝난 뒤, 교황은 참회를 하고 성체를 받았다. 그리고 만종이 울릴 무렵, 이제 빈사상태에 빠진 그에게 종부성사가 베풀어졌다. 깊은 침묵이 병실을 뒤덮었다. 그날 밤 알렉산데르 6세는 세상을 떠났다. 그의 노쇠한 심장은 더 이상 고열을 견뎌내지 못했던 것이다.

교황의 죽음은 바로 윗방에 누워 있는 체사레에게 당장 알려졌다. 하지만 그 자신도 생사의 갈림길을 헤매고 있었기 때문에 병석에서 일어날 수도 없었다. 마키아벨리는 나중에 이렇게 썼다.

"그는 나에게 말했다. '나는 아버지가 돌아가셨을 때 일어날 수 있는 모든 일을 전부터 이미 생각하고 있었소. 그리고 그에 대한 대책도 모두 세워두었소. 하지만 아버지가 돌아가셨을 때 나도 역시 죽음의 문턱에 다가가 있게 될 줄은 꿈에도 생각지 못했소.'"

하지만 이제 그의 마지막 소망, 자기가 회복될 때까지 아버지가 버텨주면 좋겠다는 소망도 사라졌다. 모든 것은 끝났다.

중병에 허덕이고 있는 주인을 대신하여, 이번에도 돈 미켈레토가 충절을 발휘했다. 나중에 체사레의 적들은 이처럼 충성스러운 부하를 둔 체사레를 못내 부러워했다. 우선 중요한 것은 바티칸을 폭도의 약탈에서 지키는 것이었다. 그의 명령에 따라 바티칸과 산탄젤로 성의 문들이 모두 닫혔다. 이어서 바티칸 안에 있는 귀중품을 모두 체사레의 병실과 가까운 방으로 옮겼다. 지금까지의 예로 보아, 하인들조차도 안심하고 믿을 수 없었기 때문이다. 교황의 병실도 거의 텅 비었다. 침상 위에 유해가 누워 있을 뿐이었다. 그리고 이런 일들이 모두 끝난 뒤에야 체사레의 명령에 따라 비로소 교황의 죽음이 공표되었다.

한편, 교회 의전관이자 냉정한 기록자이기도 했던 스트라스부르 출신의 독일인 부르카르트는 교황의 유해를 다른 방으로 옮겼다. 그리고는 유해를 깨끗이 씻어 교황의 예복을 입힌 다음, 두 개의 촛불 사이에 보라색 비단을 덮은 탁자 위에 안치했다. 바람 한 점 들어오지 않는 밀폐된 방, 촛불은 흔들리지도 않고 조용히 타올랐다. 죽은 교황은 숨막힐 듯이 무더운 그 방에서 한 사람의 시중꾼도 없이 홀로 누워 있었다.

이튿날 아침, 유해는 산 피에트로 성당으로 옮겨졌다. 영결 미사에 추기경은 한 사람도 참석하지 않았다. 장례 기도를 올릴 때 필요한 성경조차도 어디에 놓여 있는지 알 수 없는 상태였다. 성가대는 빨리 노래를 끝내려고 서둘렀다. 근위병들은 횃불을 서로 빼앗으며 큰 소리로 욕설을 퍼붓고, 미사에 참석한 사제들도 그게 두려워 성구실로 피신해버렸다.

사람들의 마지막 작별인사를 받기 위해 격자 칸막이 저편에 안치된 유해는, 그러는 동안에도 더위 때문에 부패하기 시작했다. 시신은 거무죽죽하게 변하고 퉁퉁 부어올랐다. 악취까지 풍겨왔다. 교회 안에 줄지어 서 있던 민중도 공포로 몸서리를 쳤다. 하지만 오싹한 구경거리를 좋아하는 군중심리 때문인지, 행렬은 오후까지 끊이지 않았다. 그래도 얼마 후에는 차마 눈 뜨고 볼 수 없을 만큼 변해버린 교황의 유해를 누군가가 덮개로 덮어버렸다.

한밤중이 다되었을 때, 쓸쓸한 장례 행렬이 몇 개의 횃불빛을 받으며 바티칸 근처의 묘지로 향하고 있었다. 주교 한 사람과 그 부제들 외에는 극소수의 사람만이 장례 행렬을 따라갔다. 매장할 때는, 준비된 관에 퉁퉁 부어오른 교황의 유해가 들어가지 않아서 사람들을 난처하게 만들었다. 힘센 산역꾼 두 명이 손으로 눌러도 들어가지 않아, 결국에는 발을 사용하여 억지로 밀어넣어야 했다. 관 속으로 밀어넣으려 할 때마다 용수철처럼 튀어오르는 시체의 추한 모습을 횃불빛이 무시무시하게 비추고 있었다. 겨우 관뚜껑을 닫고, 매장은 끝났다. 참석자들은 불을 끄고, 말없이 서둘러 묘지를 떠났다.

불과 보름 전만 해도 영광 속에서 야망을 실현하고 있던 체사레 보르자도 이제는 중병으로 앓아누워 제 발로 일어서지도 못한 채, 모든 것이 허물어져가는 것을 느끼고 있었다. 아버지의 지위를 등에 업고, 천재적인 정치력과 대담한 군사적 재능으로 쌓아올린 체사레 보르자의 세력은 대단한 것이었지만, 그 내용은 빈약하여 아직 성숙한 힘이 되어 있지 않았다. 뭐니뭐니 해도 세력이 성숙할 만한 시간이 지나지 않았다. 교황의 갑작스러운 죽음도 불행이었지만, 무엇보다도 같은 시기에 체사레가 중병에 걸린 불행이 모든 것을 무너뜨리고 말았다.

우선 우르비노와 페루자가 반란을 일으켰다. 하지만 로마냐 지방은 체사레에게 충성스러웠다. 이 지방은 나중에 체사레가 최악의 상황에 처했을 때도 충성을 버리려 하지 않았다. 그리고 그에게는 아직 교회 군 총사령관의 지위가 있었다. 이것은 적조차도 무시할 수 없는 지위였다.

그러나 추기경단(사크로 콜레조)은 서둘러 다음 교황을 선출해야 한다. 체사레는 누가 새 교황이 되어야 자기한테 유리할 것인지를 생각하려 했지만, 아직 몸이 말을 듣지 않았다. 게다가 그가 더 이상 로마에 눌러앉아 있는 것은, 콘클라베(교황을 선출하기 위한 추기경단의 비밀 회의)가 진행되는 동안에는 어떤 군인도 로마에 있어서는 안 된다는 '전통'에 어긋나는 일이었다. 추기경단이 이 전통을 내세워 그에게 로마를 떠나라고 요구했을 때, 거기에 순순히 따른 것이 체사레의 첫번째 실수였다. 어떻게든 로마에 눌러앉아 있으면서, 보르자 가문에 유리하지는 않더라도 최소한 적개심은 품고 있지 않은 교황, 그리고 임기가 긴 교황이 선출되도록 애써야 했다. 당시 그의 군대는 로마에서 100킬로미터 떨어진 오르비에토까지 와 있었기 때문이다. 고열은 그의 육신만이 아니라 그의 명석한 두뇌와 냉정한 판단력까지 둔하게 만들어버렸다.

9월 2일, 체사레는 로마를 떠나 네피 성으로 향했다. 프랑스와 에스파냐 및 독일 대사들이 성벽 밖까지 그를 배웅했다. 체사레는 새빨간 커튼이 쳐지고 여덟 명의 하인이 멘 가마 속에 누워 있었다. 몰라볼 만큼 수척해진 그는 다리만 퉁퉁 부어올랐고, 아직도 심한 두통에 시달리고 있었다. 이번에 처음으로 주인을 태우지 않은 그의 멋진 말이 공작의 문장을 박은 검은 비로드 덮개를 등에 얹고 가마 뒤를 따랐다.

9월 16일, 로마에서는 콘클라베가 열렸다. 추기경들 중에서도 프랑스파는 루앙의 대주교이자 루이 12세의 신임이 두터운 당부아즈 추기경을 밀었다. 당부아즈가 추기경으로 승격한 것은 알렉산데르 6세 덕택이었기 때문에, 그가 교황이 되는 것은 체사레에게도 유리했다. 에스파냐파는 다른 추기경을 밀었고, 베네치아파는 나중에 닥쳐올 재난도 모른 채 줄리아노 델라 로베레를 지원했다. 이 팽팽한 삼파전 속에서, 9월 22일 프란체스코 피콜로미니가 피우스 3세로서 새 교황에 선출되었다. 하지만 새 교황은 병석에 누워 있었다. 80세라는 고령으로 보아 과도기의 교황인 것은 분명했다. 체사레 보르자에게 동정적이었던 피우스 3세에게 교황의 지위는 육체적으로 너무 버거운 짐이었다. 즉위한 지 불과 26일 만에 그는 세상을 떠났다.

네피에서 로마로 돌아온 체사레는 처음에는 추기경 이폴리토 데스테의 궁전에 있다가, 복수심에 불타며 로마 시내를 가득 메우고 있는 오르시니 일당을 피해 산탄젤로 성으로 거처를 옮겼다. 그리고 다음번 콘클라베에 자신의 운명을 걸었다. 그는 아직도 보르자라는 이름에 충실한 에스파냐 출신 추기경 12명의 표를 장악하고 있었다. 37표 가운데 3분의 1에 상당하는 표다.

10월 29일, 체사레는 바티칸에 가서 줄리아노 델라 로베레를 만났다. 그는 콘클라베에서 보르자파의 표를 모두 로베레에게 모아주겠다고 제의했다. 그 대신 교회군 총사령관의 지위와 로마냐 공작의 영지를 보장해달라는 조건을 달았다. 로베레는 이 제의를 승낙하고, 조건을 받아들이겠다고 약속했다.

체사레는 로베레의 눈을 뚫어지게 바라보았다. 지금까지 그는 자기편이 배신하는 것을 몇 번이나 보았다. 그리고 정치에서 진실은 감정

율리우스 2세

에 있는 것이 아니라 유용성에 있다는 것도 충분히 알고 있었다. 하지만 두 사람은 지금까지도 서로의 행동에 일종의 존경심을 품고 있었다. 위대하지만 성질이 전혀 다른 이 두 힘이 하나로 합쳤다면, 나중에 이어질 이탈리아의 비극은 피할 수 있었을지도 모른다. 하지만 로베레는 지금은 체사레에게 진실한 태도를 보이면서도, 그리고 체사레의 딸과 자기 조카를 결혼시키자는 의논을 하면서도, 보르자 일족에게 계속 쓴잔을 마셔온 지난 11년 동안의 증오를 잊지 않았다. 로베레를 믿은 것, 이것이 체사레의 두번째 실수이자 최대의 실수였다. 그는 도박에 졌다. 정치에 졌다. 그로부터 며칠 뒤, 줄리아노 델라 로베레는 율리우스 2세로서 교황에 즉위했다.

체사레는 당장 자신의 실수를 깨달을 수밖에 없었다. 그에 대한 율리우스 2세의 태도는 날마다 달라졌다. 로마냐는 마땅히 교회에 속해야 한다고 공공연히 발언하기까지 했다. 하지만 이번 실수는 체사레에게는 너무나 큰 실수였다. 그의 태도는 옆에서 보기에도 "옛날의 발렌티노 공작과 같은 사람이라고는 도저히 생각할 수 없을 만큼"(마키아벨리) 변했고, 실수에 실수를 거듭했다.

그는 로마냐까지 통행허가증을 달라고 율리우스 2세에게 요청했다. 허가증이 나오면 오스티아에서 배를 타고 리보르노까지 가서, 아직 그에게 충성스러운 로마냐의 군대를 가지고 처음부터 다시 시작할 생각이었다. 이 시대의 남자들은 항상 처음부터 다시 시작할 준비가 되어 있었다. 하지만 지금의 체사레에게는 이미 무언가가 빠져 있었다. 오스티아에서 배를 타기 직전에 그는 율리우스 2세가 보낸 추격대에 붙잡히고 말았다. 로마로 압송된 체사레는 바티칸 안에 있는 '보르자의 방', 과거에 자기네 집안의 방이었던 그곳에 손님으로 맞아들여졌다. 하지만 그것은 이미 감금이었다. 지금까지 그와는 가장 거리가 멀었던 것들—절망, 고뇌, 눈물—이 한꺼번에 밀려왔다. 초인의 정신은 조금씩 해체되어가고 있었다.

이 무렵, 피렌체 군대에 붙잡힌 체사레의 가신 돈 미켈레토와 타데오 델라 볼페가 지독한 고문을 당하면서도 주군에 대한 충절을 버리지 않고 피렌체 쪽으로 돌아서기보다는 차라리 포로 신세를 선택했으며, 로마냐의 민심은 아직도 체사레에게 있다는 따위의 이야기를 듣고도, 체사레 자신은 포로나 마찬가지인 현재 상태에 절망하고 프랑스의 루이 12세마저 자기를 버린 것에 절망하고 있었다. 그래서 그는 교황이 내놓은 교환 조건—로마냐 군대를 포기하면 자유를 주겠다는 제의—을 받아들였다. 그는 이탈리아를, 그 모든 야망을 포기한 것이다.

이듬해인 1504년 2월, 체사레는 자유의 몸이 되어 바티칸을 나왔다. 그리고 그에게는 영광과 굴욕의 도시인 로마를 떠나 나폴리로 갔다. 에스파냐왕국의 나폴리 총독인 곤살로 데 코르도바가 전부터 절친한 사이였던 것을 믿었기 때문이다. 하지만 나폴리로 간 것은 그의 세번째 실수이자 마지막 실수가 되었다. 에스파냐 왕 페르난도가 체사레를 에스파냐로 송환하라고 명령한 것이다. 페르난도가 송환 명령을 내린 명목은 체사레가 간디아 공작인 후안 보르자를 암살한 주모자라는 것이었다. 용장으로도 유명한 코르도바 총독은 체사레에게 존경과 우정을 느끼고 있었다. 그는 마음 속으로 싸웠다. 하지만 왕의 명령인 이상 어쩔 도리가 없었다.

5월 25일 밤, 체사레는 코르도바의 부름을 받았다. 코르도바는 제의하기를, 길거리에 수상한 자들이 어슬렁거리고 있으니까 자기 성에 있는 편이 안전할 거라고 말했다. 체사레는 그 말을 믿었다. 두 친구는 우정에 넘치는 분위기에서 즐겁게 이야기를 나누며 저녁식사를 함께 했다. 잠자리에 들 무렵이 되자, 코르도바는 체사레를 침실까지 데려다주었다. 그리고 두 사람은 거기서 잠시 또 이야기를 나누었다. 이윽고 체사레는 곤살로에게 이제 그만 쉬고 싶다고, 그러니 돌아가달라고 말했다. 그러나 친구는 고개를 저었다. 그러고는 이렇게 말했다. 나는 자지 말고 당신 곁에 붙어 있으라는 명령을 받았다고. 체사레는 새파랗게 질린 얼굴로 외쳤다.

"맙소사, 당신이 나를 배신하다니!"

8월 20일, 나폴리의 항구에서 한 척의 배가 하얀 돛에 햇빛을 가득 받으며 에스파냐로 떠났다.

청춘의 죽음

페라라에서는 루크레치아가 오빠를 걱정하고 있었다. 그녀는 생각나는 모든 유력자에게 편지를 보내 체사레의 석방을 탄원했다. 교황 율리우스 2세에게는 체사레를 페라라로 보내달라고 부탁했다. 그러나 교황은 로마 주재 페라라 대사에게 그녀의 편지를 보여준 다음, 에스테 가문에서는 아마 체사레를 떠맡을 마음이 없을 거라고 말하면서 루크레치아의 요청을 정식으로 거절했다. 그 무렵 페라라의 영주인 에르콜레는 죽음의 침상에 누워 있었다. 그런 상황에서 에스테 가문이 교황의 뜻을 무시하면서까지 체사레를 받아들일 수는 없는 노릇이었다.

루이 12세한테서는 친절하고 정중한 답장이 왔다. 하지만 이미 체사레를 포기한 왕의 편지는 여성에 대한 외교적인 인사치레에 불과했다. 같은 무렵 교황에게 보낸 편지에서, 루이 12세는 체사레를 프랑스 영토 안에 놓아둘 생각은 추호도 없다고 말했다. 에르콜레에게 보낸 편지에서는 "그 수도승의 사생아 따위는 상관 말고 내버려두라"고 말하기까지 했다.

루크레치아는 하다못해 보호자를 잃은 어린 아이들만이라도 돌려 달라고 부탁했지만, 서류상 체사레의 아들로 되어 있는 인판테 로마노(루크레치아와 하인 페드로 사이에 태어난 아들)만 페라라가 아니라 페라라 근처에 있는 카르피의 소영주가 맡아서 기르는 것이 허용되었을 뿐, 비셸리에 공작과 루크레치아 사이에 태어난 아들 로드리고는 파리의 이사벨라 다라곤의 궁정으로 보내야 했다. 하지만 이것은 루크레치아한테 아직 후계자를 얻지 못한 알폰소 데스테로서는 당연한 조치라고 말할 수밖에 없다.

이처럼 그녀의 걱정과 애원은 완전히 무시당했다. 아무도 그녀의 부탁을 상대해주지 않았다. 아무것도 모르는 젊은 여자가 하는 일로만 생각했을 뿐이다. 사실 그녀가 한 일은 감정만 앞서서 신중한 배려가 부족했다. 24세의 생일을 앞두고 있었는데도, 루크레치아는 여전히 '영원한 소녀'일 뿐이었다.

이럴 즈음, 절망에 빠진 루크레치아를 상냥하게 위로하고 격려해준 사람이 바로 시누이 이사벨라 데스테의 남편인 프란체스코 곤차가였다. 만토바의 영주이고 바보도 아닌 프란체스코는 루크레치아가 하는 일이 유치한 헛수고라는 것을 잘 알고 있었다. 하지만 따뜻한 마음씨를 타고난 그는 이 아름답고 의지할 데 없는 여자가 오빠를 열심히 걱정하고 있는 데 감동했다. 그리고 루크레치아도 안심하고 의지할 수 있는 남자, 늘 가까이에 있으면서 자기를 상냥하게 감싸줄 남자가 필요했다.

프란체스코는 결코 지적으로 뛰어난 남자는 아니었지만, 현실적인 사나이의 매력이 있었다. 키가 크고, 까무잡잡한 살결에 훤칠하고 우람한 체격, 반쯤 감은 눈은 상냥하게 빛나고, 매부리코는 오히려 친밀감을 느끼게 했다. 그가 저 멋진 만토바산 말을 타고 달리는 모습은 조각품이라기보다 차라리 아름다운 건축물이 달리는 것 같았다. 그는 포도주를 좋아했다. 그리고 포도주를 좋아하는 남자들이 대개 그렇듯이, 그도 여자를 사랑했다.

이 감각적인 두 사람이 가까워지는 데에는 그리 오랜 시간이 걸리지 않았다. 만토바와 페라라는 가까웠고, 시누이 남편과 처남댁 사이인 만큼 만날 기회도 많았다. 하지만 자주 만나면서도 틈틈이 편지 왕래는 계속되었다. 그리고 두 사람 사이를 연결해주고 편지 교환을 도와준 것은 이번에도 시인인 스트로치였다. 편지에서는 서로 가명을 썼다. 프란체스코는 구이도, 루크레치아는 바르바라, 페라라 공작 알폰소는 카밀로, 그의 동생 이폴리토 추기경은 티그리노, 프란체스코의 아내 이사벨라는 레나, 그리고 스트로치는 칠로. 루크레치아가 편지를 스트로치에게 넘겨주면, 스트로치는 만토바에 사는 동생한테 넘겨주고, 동생은 만토바 궁정에 자유롭게 드나들 수 있는 처남 우베르티에게 넘겨주고, 우베르티가 만토바 후작 프란체스코에게 전해주었다. 프란체스코가 루크레치아에게 보내는 편지는 반대의 경로를 통해 루크레치아에게 전해졌다. 편지 내용은 대부분 체사레 문제에 관한 것이었지만, 이따금 "카밀로는 내일 아침 프랑스로 떠납니다"라는 내용도 전해졌다. 1506년 가을, 포 강가에서 두 사람이 만나 프란체스코가 루크레치아를 만토바 성으로 데려갔을 때부터 그들의 관계는 사람들의 입방아에 오르기 시작했다. 하지만 둘 다 체사레 문제로 만난다는 명분이 있었다. 그리고 알폰소는 질투심을 겉으로 드러내는 성격이 아니었고, 이사벨라도 자존심 때문에 내버려두었다. 단지 두 사람을 경멸했을 뿐이다.

프란체스코는 루크레치아의 요청을 받아들여, 교황과 에스파냐 왕에게 체사레의 석방을 부탁하는 편지를 자신의 이름으로 보냈다. 하지만 그래도 좋은 소식이 오지 않아 우울한 나날을 보내고 있던 루크레치아에게 기쁜 소식이 도착했다.

1506년 10월 25일 밤, 체사레가 붙잡혀 있던 카스티야 지방의 성에서 탈출하는 데 성공했다는 소식이었다. 6년 전에 로마의 산 피에트로 광장에서 사납게 날뛰는 황소를 한 마리씩 쓰러뜨리고 여섯번째인 마지막 황소를 칼등으로만 때려죽여 로마 군중을 열광시킨 체사레의 젊은 힘이 다시금 되살아난 것 같았다. 체사레는 도망친 뒤 한 달이 넘도록 추적자를 피해 모습을 감추고 있다가, 12월 3일에야 처가인 나바라왕국의 수도 팜플로나에 나타났다. 그리고 거기서 루크레치아에게 소식을 보낸 것이다.

체사레가 자유를 얻었다는 소식은 루크레치아만이 아니라 유럽 전역을 뒤흔들었다. 사람들은 수군거렸다. 나폴리를 발판으로 이탈리아를 노리고 있는 에스파냐 왕 페르난도가 체사레에게 자기 군대를 맡길 작정이라느니, 베네치아 때문에 고심하고 있는 교황 율리우스 2세가 그를 교회군 사령관으로 맞아들일 생각이라느니……. 하지만 교황도 에스파냐 왕도 프랑스의 루이 12세도 이 사나운 매를 품안에 받아들일 생각은 추호도 없었다. 체사레는 나바라왕국에 머물러 있었다. 루크레치아는 그래도 충분히 기뻤다. 그녀는 당장 기쁨에 넘친 편지를 프란체스코에게 보내고, 수도원에서 신에게 감사하는 미사를 드렸다.

1507년으로 해가 바뀌어, 루크레치아는 평온한 나날을 보내고 있었다. 4월에는 알폰소가 국정을 그녀에게 맡기고 여느 때처럼 여행을 떠났다. 그 무렵의 어느 날 오후, 성의 한 방에서는 사람들이 루크레치아를 둘러싸고 이야기꽃을 피우고 있었다. 그때 먼지를 온몸에 뒤집어쓴 에스파냐 사람이 기진맥진한 상태로 성문 앞에 도착했다. 그는 말에서 내려 근위병에게 짤막하게 말했다.

"체사레 보르자 공작께서 돌아가셨습니다."

이 소식은 당장 루크레치아에게 전해졌다. 그녀는 사람들의 시선을 한몸에 받으며 꼼짝도 하지 않았다. 이윽고 입을 열자마자 그녀의 입에서는 신을 저주하는 말이 쏟아져나왔다.

"신에게 가까이 다가가려 하면 할수록, 신은 나에게 시련만 주시는군! 신에게는 깊이 감사해야 할 거야. 이렇게 계속 시련을 주시니까."

체사레의 하인이었던 그 사내가 불려왔다. 그는 설명했다. 체사레는 비아나 땅에서 처남들과 함께 지방 호족 일당과 전투를 벌였다는 것. 그러다가 어찌된 셈인지 아군과 헤어져 혼자 적에게 포위되고 말았다는 것. 한밤중이 지나도록 혼자 적군과 싸우다가 결국 상처를 입고 죽었다는 것. 적은 그의 갑옷을 벗겨 알몸으로 만든 다음, 새벽의 차가운 땅바닥에 눕혀놓은 채 도망쳤다는 것. 아군이 체사레의 시신을 발견한 것은 아침 햇살이 주위에 하얗게 퍼지기 시작한 무렵이었다는 것.

루크레치아는 고개를 숙인 채 말없이 듣고만 있었다. 사람들은 그런 루크레치아를 보고, 강한 정신력과 분별을 갖고 있다고 감탄했다. 그러나 루크레치아의 고뇌와 절망은 가슴 속에 꽁꽁 갇혀서 더 이상 표면으로 나오지 않았다. 그로부터 며칠 동안 에스테 가문 사람들도 궁정 사람들도 그녀의 눈물을 보지 못했다. 여느 때와 다름없는 생활이 계속되었다. 낮에는 남편 대신 국정을 돌보기도 했다. 하지만 밤이 되면 희미한 등불이 켜진 그녀의 방에서 에스파냐의 발렌시아 사투리로 혼자 중얼거리는 목소리가 옆방에 있는 시녀들에게도 들려왔다.

12년의 세월이 흘렀다. 루크레치아는 39세가 되어 있었다. 에스테 가문으로 시집온 지도 어언 18년이 흘렀다. 아이들도 여럿 낳았다. 세 아들은 일찍 죽었지만, 남은 네 아이는 건강하게 자라고 있었다. 맏아들 에르콜레 2세는 나중에 프랑스 왕녀와 결혼했고, 둘째아들 이폴리토는 추기경이 되어 지금도 로마 교외의 티볼리에 남아 있는 빌라 데스테를 지었다. 이 저택은 아름다운 분수가 많기로 유명하다.

하지만 친정인 보르자 가문 쪽은 쓸쓸했다. 아버지 알렉산데르 6세와 오빠 체사레가 죽은 뒤, 1512년에는 비셀리에 공작과의 사이에 태어난 아들 로드리고 공작도 13세의 나이에 파리에서 죽었다. 루크레치아는 페라라로 시집오던 날 아직 갓난아기인 아들이 곤히 잠든 모습을 보고 떠나온 뒤, 그 아들을 두번 다시 만나지 못했다. 1년마다 치수를 조금씩 크게 잡아 만든 옷을 파리로 보내곤 했지만, 아들이 죽은 뒤로는 그럴 필요도 없어졌다. 그리고 4년 뒤에는 그늘에 가려진 시골 귀족으로 평생을 보낸 막내동생 호프레가 나폴리에서 생애를 마쳤다. 그 이듬해에는 어머니 반노차도 로마에서 세상을 떠났다. 남은 것은 에스파냐에 있는 후안의 유가족과 프랑스에서 보기 싫게 성장한 체사레의 딸, 그리고 루크레치아가 페라라로 데려온 체사레의 서자들 뿐이었다. 그들 가운데 눈부시게 빛나는 아버지나 오빠의 모습을 물려받은 사람은 아무도 없었다.

체사레 보르자. 루크레치아가 겪은 불행의 대부분을 초래했다 해도 좋은 오빠. 하지만 그녀는 그것을 원망하기는커녕 오히려 누구보다도 그런 오빠를 사랑하고 의지했다. 그 오빠가 죽은 뒤에야 비로소 그녀는 평화로운 시간을 가질 수 있었다. 이 시기에 페라라는 로마와 힘든 전쟁을 치렀지만, 영주 부인으로서 그녀는 아무 일도 하지 않았고 할 필요도 없었다. 남편 알폰소라는 큰 나무의 그늘에만 있으면 충분했다. 알폰소는 그녀의 두 전남편과는 현격한 차이가 있는 인간적 품성을 지녔고, 아내인 그녀를 지극히 사랑했기 때문이다. 루크레치아는 더 이상 애인을 만들지 않았다. 지난 12년 동안 그녀는 잇달아 다섯 아이를 낳았다.

하지만 비록 비극적인 삶이었다 해도, 루크레치아가 사는 것처럼 산 것은 아버지가 교황에 즉위했을 때부터 오빠 체사레가 죽을 때까지 15년 동안뿐이었다 해도 좋을 것이다. 그녀는 보르자라는 이름과 함께 살았다. 보르자 가문의 영광과 몰락, 그것과 하나로 얽혀서 살았다. 보르자라는 이름이 무너졌을 때, 그녀의 인생도 따라서 끝났다. 그후 그녀는 더 이상 루크레치아 보르자가 아니었다. 착하고 상냥한 아내 루크레치아 데스테일 뿐이었다.

1519년 초, 루크레치아는 건강이 몹시 나빴다. 그녀는 열번째 아이를 임신하고 있었다. 만토바에서도 오랫동안 '프랑스 병'을 앓고 있던 프란체스코 곤차가가 절망적인 상태에 빠져 있었다. 그리고 3월에는, 루크레치아가 옛날 편지에서 "나는 당신을 좋아합니다. 당신은 비밀의 사람이니까요"라고 쓴 프란체스코도 저 세상 사람이 되었다.

6월 14일, 그녀는 칠삭둥이 계집아이를 낳았다. 이 연약한 미숙아가 오래 살 수 있으리라고는 아무도 생각지 않았다. 당장 세례를 주기로 결정되었다. 그날 밤 갓난아기에게는 이사벨라 마리아라는 이름이 주어졌다.

하지만 어머니 루크레치아는 침대에 누운 채였다. 이튿날에도 두통이 심했고, 고열이 그녀의 몸을 태웠다. 그 아름답게 긴 금발은 방해가 되기 때문에 처음 병석에 누웠을 때 짧게 잘라버렸다. 두 손을 뻣뻣하게 경직시키고 고개를 뒤로 젖힌 채 괴로워하는 그녀의 얼굴에는 이미 핏기가 없었다. 그러는 동안 코에서 피가 쏟아져나왔다. 그녀는 간헐적으로 이런 상태를 되풀이하면서 일주일을 견뎠다. 그녀가 고통속에서도 살려고 애쓰는 것은 누가 보아도 알 수 있었다. 의사의 충고에는 무엇이든 순순히 따랐다. 약도 억지로 삼키려고 했다. 알폰소는 그런 아내 곁을 한시도 떠나지 않았다. 누군가가 정무를 의논하러 오기라도 하면 호통을 쳐서 쫓아내버렸다.

6월 22일, 누가 보아도 그녀의 상태는 절망적으로 보였는데, 그녀는 진한 수프를 한 그릇 마시고는 교황에게 편지를 쓰고 싶다고 말했다. 죽음이 다가온 것을 깨달은 그녀가 지금 걱정하고 있는 것은 교황청과 에스테 가문의 거듭되는 불화였다.

로마에서는 페라라 대사가 교황 레오 10세를 만나고 있었다.

"교황 성하, 공작부인은 건강이 몹시 나빠서 이 편지를 자필로 쓰지 못한 것을 사과하셨습니다."

이 말을 들은 교황의 마음 속에는 옛날 피사 대학을 함께 다닌 동창생 체사레가 떠오르고, 그후 보르자 가문이 겪은 영광과 몰락이 떠올랐을지도 모른다. 그는 루크레치아의 편지를 읽기 시작했다.

"저는 두 달 전부터 몹시 고통스러운 임신 기간을 보내왔지만, 신의 도움으로 14일 새벽에 딸을 얻을 수 있었습니다. 그래서 제 건강도 회복될 거라고 기대했는데, 회복되기는커녕 점점 나빠질 뿐입니다. 우리의 조물주께서는 이미 저에게 딸이라는 선물을 주셨습니다. 저는 제 인생의 종말을 알고 있으며 몇 시간 뒤에는 이미 제 인생 밖에 있을 거라고 느끼고 있습니다.

고해도 영성체도 끝난 지금, 기독교도의 한 사람으로서 비록 죄많은 몸이지만 교황 성하께 애원하고자 합니다. 교황 성하의 자비로움으로 제 가난한 마음에 정신의 보석을 주십시오. 성하의 성스러운 축복과 함께 저를 위해 신에게 대신 기도해주십시오. 그리고 뒤에 남겨두고 가야 할 제 남편과 아이들에게 신의 가호와 함께 성하의 너그러운 자애를 베풀어주시기를……."

편지를 다 읽은 교황은 말없이 십자를 그어 축복하는 몸짓을 했다.

이틀 뒤, 루크레치아는 평온했다. 그러나 의식은 이미 없었다. 그날 밤에 그녀는 조그맣게 한숨을 내쉬고는 숨을 거두었다.

루크레치아가 죽음을 앞둔 상태에서 그렇게까지 간절하게 남편과 아이들을 부탁했는데도, 그로부터 2년도 채 지나기 전에 교황은 페라라에 선전포고를 했다. 그녀가 한 일은 또다시 헛수고로 끝난 셈이다.

3
카테리나 스포르차

"이탈리아의 여걸"*[La virago d' Italia]*

카테리나 스포르차의 가계도

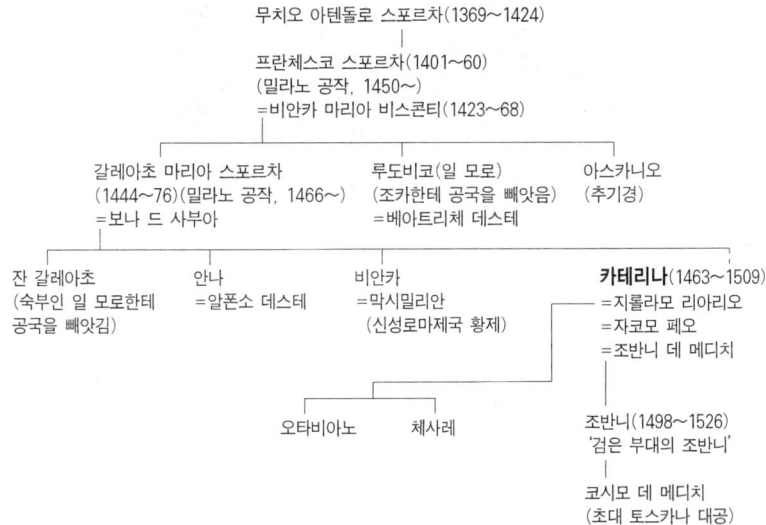

프롤로그

>저 비탄에 잠긴 여인의 이야기를 들어보라
>포를리의 카테리나의 이야기를.

나는 조국을 위해 싸우고 있다
어느 누구의 도움도 없이, 모두에게 버림받은 채.
이런 나를 위해
무장을 갖추고 말을 달려와 용기를 보여준
군주는 한 사람도 없구나.
온 세상이 경악했다.
'프랑스 만세'를 외치는 병사들의 함성에
이탈리아의 힘은 완전히 땅에 떨어지고 말았다.

>저 비탄에 잠긴 여인의 이야기를 들어보라
>포를리의 카테리나의 이야기를.

나는 이 성에 머물렀다
군량과 대포, 금화, 그리고 많은 병사들과 함께.
나말고 또 누가 이 성의 주인일 수 있겠는가.
성유식(聖油式)에서 맹세한다
나말고는 아무도 믿지 않겠다고.
배신당하고 싶지는 않으니까.

>저 비탄에 잠긴 여인의 이야기를 들어보라
>포를리의 카테리나의 이야기를.

저 교황의 아들
발렌티노 공작(체사레 보르자)이

앞으로도 계속 포를리에 머물 생각이라면
미장이로 직업을 바꾸는 편이 좋을 것이다.
도시를 완전히 새롭게 만들기 위해서.
내가 미친 듯이 화가 나면
모든 것을 철저히 파괴해버릴 테니까.
　　저 비탄에 잠긴 여인의 이야기를 들어보라
　　포를리의 카테리나의 이야기를.
　• 16세기 초에 로마냐 지방에서 불린 「카테리나 스포르차의 애가」에서

　바깥 성벽은 이미 파괴되어 있었다. 적병들은 바깥 성벽과 안쪽 성벽 사이의 해자를 가로지른 두 개의 다리와 나뭇단으로 급조한 수많은 다리를 건너, 안쪽 성벽을 마치 개미떼처럼 기어오르기 시작했다.
　성 안에는 아직 2천 명의 수비군이 있을 터였다. 하지만 성벽에 달라붙은 공격군에게 당연히 집중되어야 할 그들의 포화는 어쩌다 한 번씩밖에 터지지 않는다. 그러는 동안에도 공격군 일부가 성채의 네 모퉁이에 세워진 망루 가운데 하나의 지붕까지 기어올라가 마침내 깃발을 빼앗는 데 성공했다. 이것을 보고 공격군은 흥분했다. 기세가 오른 그들은 성벽 안으로 물밀듯이 쏟아져 들어갔다.
　한 달 가까이나 농성을 견뎌낸 수비군이 왜 이렇게 속절없이 무너졌을까. 성채의 주인인 카테리나 스포르차(Caterina Sforza, 1463~1509) 백작부인은 그 원인도 확실히 모른 채, 적의 침입으로 근처에 있는 폭약에 불을 댕기라고 명령했다. 폭약을 터뜨려 적의 침입을 저지하려 한 것이다. 하지만 그녀의 명령은 메아리로 끝났을 뿐이다. 망루 네 곳 가운데 두 곳을 지키고 있던 수비대장들이 배신했기

때문이다. 2천 명의 수비군은 대부분 용병들이었다. 용병은 돈으로 고용된 군인이고, 따라서 용병대장들은 승산이 있는 싸움일 때는 용기를 내지만 대세가 기울면 부하 병사들밖에는 생각지 않는다. 이런 용병대장들과 2명의 수비대장 사이에 여주인을 배신하자는 양해가 성립된 것이다.

자신의 명령에 침묵만 지키는 대장들을 보고, 비로소 카테리나는 사태를 깨달았다. 지금까지 그녀는 쇠갑옷 위에 노란 옷을 덧입은 차림으로 성벽 위에 버티고 서서 병사들을 직접 독려했다. 칼을 빼들고 휘두르면서, 대포알이 몇 번이나 바로 옆에 떨어졌는데도 꿈쩍하지 않고 수비군을 질타하고 격려했다.

하지만 정세는 절망적이었다. 대부분의 병사를 잃은 지금, 그녀 곁에는 얼마 안되는 휘하 병사가 남아 있을 뿐이었다. 성벽 위에 있으면 무방비 상태나 마찬가지였다. 그녀는 네 개의 작은 망루에 둘러싸인 성채 안의 탑에 틀어박혀 최후의 항전을 계속하기로 굳게 결심했다.

노란 옷이 칼을 빼든 채 탑의 나선형 층계를 달려 올라갔다. 몇몇 병사들이 그 뒤를 따랐다. 하지만 검은 쇠갑옷의 무리 속에 있는 노란 옷은 수비군의 묵인 속에 성채 안으로 쏟아져 들어온 적군의 눈길을 모을 수밖에 없었다. 적병들은 성채 한복판에 있는 탑의 입구로 우르르 몰려왔다. 문 닫을 겨를도 없었다. 너비가 50센티미터 정도밖에 안되고 창문도 없는 나선형 층계는 삽시간에 지옥으로 변했다. 좁은 층계를 홍수처럼 밀고 올라오는 적군과 그들을 발로 차서 떨어뜨리며 백작부인을 지키려 애쓰는 아군 사이에 백병전이 벌어졌다. 그 광경은 보기에도 끔찍할 만큼 무시무시했다. 칼싸움은 쓰러져 죽어가는 병사들의 몸뚱이 위에서 벌어졌다. 이제 적군이냐 아군이냐의 구별조차 없었다. 쓰러진 병사 위에 또 다른 시체가 겹겹이 쌓였다. 단말마의 신음과 칼날이 부딪치는 소리가 탑 전체에 메아리쳤다.

그러나 적군은 아무리 쓰러뜨려도 계속 올라왔다. 어느새 아군은 층계 위로 밀리기 시작했다. 이층은 이미 적의 손에 넘어갔다. 아군은 꼭대기층까지 후퇴할 수밖에 없었다. 적과 싸우다 다친 카테리나에게는 이제 도망칠 수단은 물론이고, 이곳을 끝까지 지켜낼 수 있다는 희망조차도 없었다. 그녀는 화약고에 불을 붙이라고 명령했다. 하지만 아직은 탑과 함께 산산조각이 나려고 결심할 만큼 절망해 있었던 것은 아니다. 화약고 주위의 나뭇단에 불길이 일기 시작하면, 적병들은 폭발이 두려워 탑에서 달아날 것이다. 바로 이 점을 그녀는 기대하고 있었다. 그때야말로 적군한테서 도망칠 수 있는 기회이다.

하지만 그녀의 계산은 빗나갔다. 나무 타는 연기가 층계 위로 올라왔다. 층계 위는 매캐한 연기에 휩싸이고 말았다. 그 사이에 적병들은 화약에 불길이 닿기 전에 불을 꺼버린 것이다. 연기에 휩싸인 아군은 전의를 완전히 잃어버렸다.

이때 배신한 용병대장 가운데 하나인 조반니 다 카살레가 카테리나의 명령도 없는데 자기 부대가 지키고 있던 망루 위에 백기를 내걸었다. 창끝에 묶인 깃발이 어스름한 저녁 하늘에 희뿌옇게 떠올랐다.

공격군 사령관인 발렌티노 공작 체사레 보르자는 아군의 성채 침투가 성공하기 시작하자, 성에서 아무도 도망치지 못하도록 병력을 배치한 뒤, 여유를 보이며 진영을 떠나 시내로 돌아가 있었다. 하지만 성채의 한 모퉁이에서 백기가 오른 것을 보고는 옳다꾸나 하고 말을 달려 해자 끝까지 돌아왔다. 시종이 나팔을 불어 백작부인과 대화하

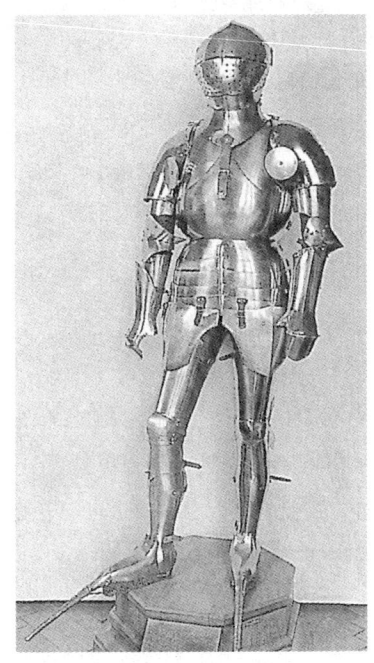
15세기 중엽에 밀라노에서 만들어진 갑옷

고 싶다는 체사레의 뜻을 알렸다. 탑 꼭대기층의 작은 창문에 백작부인이 모습을 나타냈다. 체사레는 말 위에서 그녀를 향해 정중하게 말했다. 더 이상의 유혈사태를 피하기 위해 성채를 넘겨달라고. 성채로 통하는 도개교를 내려달라고. 카테리나는 묵묵부답이었다. 바로 그때 공격군 가운데 프랑스인 부대장 두 명이 그녀의 등뒤로 다가오고 있었다. 이를 알고 그녀는 마침내 저항을 포기했다.

한밤중이 지나서 총사령관 체사레와 프랑스군 사령관 이브 달레그레가 성채 안으로 들어갔다. 횃불빛이 그들의 앞길을 비추었다. 싸움은 끝났다. 하지만 450명—프랑스 쪽의 주장은 700명—의 전사자는 곳곳에 방치된 채였다. 그 사이를 뚫고 체사레 일행은 곧장 탑 안에 있는 한 방으로 들어갔다. 거기에는 카테리나가 몇몇 측근과 시녀들에게 둘러싸여 서 있었다. 그녀에게 다가간 체사레는 승자의 오만도 패자에 대한 경멸도 보이지 않고, 정중한 태도로 그저 간단하게 그녀를 포로로 삼겠다는 뜻을 알렸다. 카테리나는 아무 대꾸도 하지 않았다.

조금 뒤에 카테리나는 성채를 나왔다. 상처를 입고 쇠약해진 그녀의 몸을 체사레와 달레그레가 양쪽에서 부축해주었다. 허물어진 성채 안, 여기저기 널부러져 있는 전사자들 사이를 걸으면서 그녀는 어떤 표정도 보이지 않았다. 1500년 1월 12일 밤의 일이었다. 백작부인 카테리나 스포르차는 이때 37세가 되어 있었다.

발렌티노 공작 체사레 보르자. 그는 당시의 교황 알렉산데르 6세의 아들로서 교회 세력을 등에 업고, 얼마 전에 인척이 된 프랑스 왕 루이 12세의 전폭적인 지원을 받아 세력이 하늘을 찌를 듯한 기세였다. 그런 권세가의 앞길을 감히 막아선 사람은 오직 하나, 포를리 백작부인 카테리나 스포르차뿐이었다. 비록 지금 패했다고는 하나, 이탈리아의 모든 남자들이 체사레 앞에 무력하게 굴복했는데, 여자인 그녀가 보여준 용기는 이탈리아 전체의 칭찬을 받을 만했다. 마키아벨리에 따르면, 당시 그녀를 찬양한 노래가 수없이 만들어져 항간에서 널리 불렸다고 한다. 하지만 오늘날까지 남아 있는 것은 앞에 나온「카테리나 스포르차의 애가」뿐이다. 이 여인에게 박수를 아끼지 않은 것은 비단 이탈리아 사람들만이 아니었다. 특히 자기들이야말로 아름답고 용감한 여자를 존경하는 기사도 정신의 진정한 후계자라고 믿어 의심치 않았던 프랑스 사람들은 이탈리아에서도 가장 아름다운 여자로 꼽힌 카테리나 스포르차가 그들을 향해 보여준 용기에 완전히 반해버렸다. 가장 애를 먹었고 그래서 희생도 컸던 만큼, 칭찬하는 정도를 넘어 홀딱 반해버린 것이다.

 프랑스 사람들은 체사레의 방식을 참을 수가 없었다. 체사레 보르자에 대한 그들의 불만은 두 가지 이유로 폭발했다. 첫째는 체사레가 카테리나를 성에서 곧장 자기 숙소로 데려갔을 뿐만 아니라, 그날 밤부터 이튿날 밤까지 자기 방에 그녀와 단둘이 틀어박혀 있었다는 점이다. 싸움에 진 사람, 게다가 자유를 잃어버린 여자에 대한 이같은 행위는 그들이 신조로 삼는 기사도 정신을 모독하는 것이었다. 이탈리아의 여론도 체사레의 이같은 행위를 비난했다. "가련한 백작부인은 자신의 자존심마저 손상당했다"고 그들은 말했다.

 그러나 체사레는 이런 비난에도 아랑곳하지 않았다. 탐나는 여자가 있으면 유부녀라도 빼앗아 자기 것으로 삼아버리는 그에게 기사도 정신 따위는 한낱 웃음거리에 불과했다. 그는 자기보다 열두 살이나 연상인 여자, 무르익은 아름다움을 뽐내는 여자, 게다가 처음부터 노골적으로 자신을 경멸하는 태도를 보인 이 여자를 어떻게든 자기 것으로 만들고 싶었을 뿐이다. 그리고 그 욕망을 채웠다. "수비군 전체가 그녀와 같은 용기를 갖고 있었다면, 성채는 함락되지 않았을지도 모른다"고 만토바 대사에게 털어놓은 체사레도 사실은 카테리나에게 반한 남자 가운데 하나였다. 하지만 그 매료된 방식이 잘못되어 있었다. 그는 여자한테 반하기는 할망정, 여자를 존중한다는 건 아예 생각지도 않는 남자였다. 카테리나가 여기에 어떤 반응을 보였는지는 전해지지 않는다. 체사레의 행위를 비난하여 기록을 남긴 사람은 모두 남자다. 하지만 여자는 그들이 생각하는 만큼 단순한 존재가 아니다.

 체사레는 그녀를 자기 방에 가두어놓고, 다른 사람은 아무도 방에 들어오지 못하게 했다. 그러자 카테리나에 대한 프랑스 병사들의 동정은 체사레에 대한 불만과 함께 점점 고조되었다. 프랑스군 사령관 달레그레가 그 선봉이었다. 그는 주장하기를, 백작부인을 포로로 잡은 것은 프랑스 병사들이므로 그녀는 당연히 프랑스 왕에게 배속되어야 하고, 전시에는 여자를 포로로 삼을 수 없다는 프랑스 법률에 따라 그녀는 보르자의 포로가 아니라고 말했다.

그러나 체사레의 아버지인 교황 알렉산데르 6세는, 처음에는 그녀를 죽이라고 명령했다가, 곧이어 그녀를 사로잡아 로마로 연행하라고 명령을 바꾸었다. 이런 명령을 받은 체사레가 달레그레의 주장에 동의할 리는 만무했다. 체사레와 달레그레는 논의를 계속했다. 마침내 나온 결론은 이러했다. 카테리나 스포르차 백작부인은 프랑스 왕의 신하로서 교황 알렉산데르 6세에게 맡겨진다.

프랑스 병사들의 두번째 불만은 상금에 관한 것이었다. 공격군이 예기치 못한 강한 반격을 받고 있을 무렵, 체사레는 백작부인을 산 채로 잡은 자에게는 1만 두카토의 상금을 주겠다고 약속했다. 하지만 체사레는 카테리나를 직접 붙잡은 두 명의 프랑스군 부대장에게 원래 약속했던 상금의 10분의 1을 주었을 뿐이다. 대장들은 전액을 달라고 요구했다. 약속한 상금을 전부 주지 않으면 카테리나를 죽이겠다고까지 말했다. 이에 대해 체사레는 성이 함락되는 순간까지 백작부인을 붙잡지 못했기 때문에 4천 두카토 이상은 절대로 줄 수 없다면서 한 걸음도 물러서지 않았다. 하지만 4천 두카토도 큰돈이다. 대장들은 이 액수를 받아들였다. 이것은 프랑스 왕의 신하가 됨으로써 프랑스 법률의 적용을 받아 포로 신세를 면할 수도 있었을지 모르는 카테리나에게는 마지막 희망이 사라진 것을 의미했다. 마키아벨리는 나중에 이런 글을 남겼다.

"백작부인은 4천 두카토에 프랑스에서 발렌티노 공작에게 팔렸다."

체사레는 함락한 포를리와 이몰라의 총독으로 에스파냐 사람인 곤살로 미라펜테스를 임명한 뒤, 1월 23일 1만 5천 명의 병력을 이끌고 로마로 개선하기 위해 포를리를 떠났다.

그날 아침, 아직 자욱한 안개 속을 아침 햇살이 희미하게 감돌 무렵이었다. 포를리 주민들은 일행이 지나갈 광장 주변에 모여 있었다. 자기들의 주인이었고 지금은 포로 신세가 된 카테리나를 보기 위해서였다. 그녀는 검은 공단으로 지은 터키풍 옷을 입고, 검은 베일을 머리에 쓰고, 하얀 말을 타고 천천히 다가왔다. 말을 탄 체사레와 달레그레가 그녀를 사이에 두고 양쪽에서 따라왔다. 늙은 하인 두 명과 시녀 두 명이 각자 말을 타고 그녀 뒤를 따르고 있었다.

전부터 카테리나를 증오했고, 그녀가 체사레와 맞서 포를리 방어전에 나섰을 때에도 그녀를 따르기를 거부했던 포를리 시민들도, 몰라보게 달라진 이 여주인의 모습을 보고는 동정하기보다 오히려 감동하고 말았다. 민중은 언제나 무책임한 법이다. 하지만 카테리나는 그들이 부르는 소리에 눈시울을 적시면서 일일이 답례를 했다.

'포를리의 부인'이라고 불리며, 남편 리아리오가 죽은 뒤 12년 동안 이 나라에 군림해온 그녀는 이제 모든 것을 잃었다. 100년 전 로마냐 지방의 시골 호족에서 출발하여 뛰어난 무인으로서 이름을 빛내고, 마침내 밀라노공국의 영주로서 막강한 권력을 휘두른 스포르차 가문의 정신은 카테리나에 이르러 끝났다. 그리고 몇 달 뒤에는 그녀의 숙부인 밀라노 공작 루도비코 스포르차(일 모로)도 마지막 승부에서 패했다. 밀라노공국은 뱀과 면화가 새겨진 스포르차 가문의 문장(紋章)에서 백합 문양이 새겨진 프랑스 왕가의 문장으로 바뀌었다.

"나에게 두려움을 느끼게 하려면 내 심장이 격렬하게 고동쳐야 합니다."

로렌초 데 메디치(일 마니피코)에게 이런 글을 써서 보낸 카테리나는 이탈리아 르네상스 시대의 여인 가운데 가장 아름답고 잔인한 여자라는 평가를 받고 있다. 나중에 체사레 보르자한테도 그녀는 "나는 두려움을 몰랐던 남자의 딸"이라고 말했다. 그녀한테는 칼로 일어선 스포르차 가문의 피가 강하게 흐르고 있었다.

오늘날에는 남성적 심성을 가진 여자에 대한 평가가 몹시 가혹하다. 대담하고 용감한 여자는 여걸이나 여장부로 불리지만, 그 말투에는 은근한 경멸이 담겨 있다. 하지만 르네상스 시대에는 이런 말조차도 결코 경멸을 내포한 것이 아니라, 오히려 찬탄하는 말이었다. 카테리나는 '이탈리아의 여걸'(라 비라고 디탈리아)로 불렸다. 아름답고 잔인한 여자, 대담하고 드센 여자는 그 당시 남자들의 눈에는 남성의 정복욕을 자극하는 매력적인 여자로 보였을 것이다.

카테리나의 인기는 대단했다. 당시 포를리 시내에는 인기 스타의 브로마이드 사진을 파는 오늘날의 가게처럼 그녀의 초상화를 마구 복제하여 파는 가게가 꽤 많았고, 그녀의 초상화는 날개돋친 듯이 팔렸다고 한다. 피렌체 특사로 포를리에 온 마키아벨리도 친구한테서 백작부인의 초상화를 되도록 빨리 보내달라는 부탁을 받았을 정도다.

하지만 그녀가 이런 인기를 얻은 것은 여자 몸으로 남자도 당해낼 수 없는 적과 맞서서 한 걸음도 물러서지 않은 그 기백 때문이었다. 특히 남편을 죽인 암살자들의 손아귀에서 빠져나와 나라를 되찾았을 때, 그리고 일세의 영웅 체사레 보르자와 대결했을 때의 대담성은 그녀가 역사의 헤로인이 될 자격이 충분했다는 것을 보여준다.

하지만 '이탈리아 제일의 여자'(라 프리마 돈나 디탈리아)라는 평가에는 조금 의문을 느낀다. 물론 그 당시 카테리나 스포르차만큼 정치의 표면에 나섰던 여자는 없었고, 그 어려운 시대에 적어도 남편이 죽은 뒤 12년 동안은 포를리와 이몰라를 굳게 지킨 것도 사실이다. 하지만 군주로서의 정치력은 이사벨라 데스테가 한수 위였다. 이사벨라의 경우, 평범하지만 그렇게 시원찮은 군주는 아니었던 남편이 너무 오래 살았다. 요컨대 정치적 재능을 발휘할 수 있는 기회가 카테리나만큼 없었다는 이야기다.

그러나 이탈리아 르네상스 최고의 여자라고 일컬어지는 이 두 여자의 정치에도 '여성의 한계'가 있었던 것은 인정할 수밖에 없다. 만토바와 페라라의 안전을 지키는 것밖에는 염두에 없었던 이사벨라. 포를리와 이몰라를 지키기 위해 새로운 시대적 흐름을 통찰하지 못하고 무모하게도 체사레와 맞선 카테리나. 당대 최고의 남자들 — 로렌초 데 메디치(일 마니피코), 루도비코 스포르차(일 모로), 알렉산드르 6세, 체사레 보르자, 율리우스 2세 등 — 이 보여준 "선악의 테두리를 넘어선"(마키아벨리) 장대한 스케일의 정치와 비교해보면, 르네상스라는 시대가 얼마나 '남성의 시대'였는가를 알 수 있을 것이다. 역사에는 남성의 시대와 여성의 시대가 있다. 르네상스의 여인들은 남성의 시대를 산 여자들이었다.

그렇다 해도, 피를 흘리지 않는 이사벨라의 정치에서는 "사자와 여우가 결합한"(마키아벨리) 성숙함을 볼 수 있지만, 카테리나에게는 이것이 없다. 그녀는 여우라기보다는 사자였다. 이 점에서도, 그리고 생애의 비극적인 종말에서도 카테리나는 그녀의 가장 큰 적이 된 체사레 보르자와 공통점을 지니고 있다. 그리고 체사레도 그러했듯이, 이런 유형의 인간이 사람들의 마음을 흔들어놓는 법이다. 사람들은 그들한테서 영원한 '청춘'을 발견하기 때문이다. 청춘은 아름답다.

특히 그 청춘이 감상적으로 낭비되지 않고 현실에 발을 디딘 냉정한 정신과 함께 대담하게 발휘되었을 때는 더욱 그렇다.

게다가 카테리나는 아름다웠다. 그리고 더욱 아름다워지려고 애쓰기도 했다. 늘씬한 몸매의 곡선을 유지하기 위해 식사에도 세심한 주의를 기울였다. 동시대 여자들 가운데 그 높은 교양과 더불어 아름답기로도 유명했던 이사벨라 데스테는 포동포동하게 살이 찐 편이었는데, 카테리나는 이를 두고 "만토바 후작부인은 그렇게 뚱뚱한데도 어떻게 그처럼 태연할 수 있을까"라고 말했다고 한다.

카테리나가 죽은 지 6년 뒤인 1515년에 일개 대령인 루칸토니오 쿠파노 백작이 정리한 카테리나 부인의 '아름다워지기 위한 처방전'이 남아 있다. 쿠파노 대령은 카테리나의 막내아들이자 이탈리아 르네상스 최후의 군인이라는 평가를 받은 '검은 부대의 조반니'(조반니 달레 반데 네레)의 부하였다. '로마 약탈' 때 성난 파도처럼 남하해온 독일-에스파냐 연합군과 맞선 유일한 이탈리아 군인인 이 '검은 부대의 조반니'를 시인 타소는 "이탈리아의 칼, 방패, 그리고 수호신"이라고 찬미했다. 그런 장수의 부하인 쿠파노 백작이 정리한 이 처방전에서 몇 가지를 골라내면 다음과 같다.

피부를 하얗고 아름답고 매끄럽게 하려면, 신선한 달걀 흰자를 끓여서 거른 물로 세수한다. 얼굴의 기미를 없애려면, 백로 똥을 잘게 썰어서 포도주를 넣고 끓인 다음 그것을 거른 물로 세수한다. 눈의 피로를 없애려면, 민물고기의 지방을 햇볕에 말린 다음 거기에 꿀을 섞어서 눈 주위에 바른다. 머리카락을 좀더 빨리 자라게 하려면, 클로버 잎과 뿌리를 썩힌 다음 쌀겨와 함께 끓이고, 거기에 물과 식초를 섞어서 거른 물로 머리를 감는다. 손을 아름답게 하려면, 아몬드 열매를 잘 씻어서 잘게 썰어 하룻밤 물에 담가두었다가, 나중에 물을 버리고 흰 겨자 2개와 사라센 겨자 4개를 잘게 자른 다음 생크림을 섞어서 손과 손가락에 바르고 불에 천천히 쬔다. 붉은 수분이 배어나오고 나머지가 하얀 진흙처럼 될 때까지 불을 쬔 뒤, 식으면 물로 씻어낸다.

이같은 처방 덕택인지 어떤지는 모르나, 카테리나의 손은 아름답기로 유명했다. 이런 식으로 미용과 건강은 물론 낙태법까지 자세히 기록되어 있다.

이 처방전은 파리 궁정을 비롯하여 유럽 전역의 사교계에 널리 퍼졌다. 카테리나의 세번째 결혼으로 그녀와 친척이 된 카테리나 데 메디치—나중에 프랑스에서 저 유명한 '성 바르톨로메오 축일의 학살'을 해치운 카트린 드 메디시스—가 이 처방전을 프랑스 궁정으로 가져갔고, 파리에서 다시 유럽 전역의 궁정과 사교계로 퍼졌기 때문이다. 카테리나의 '멋내기'는 오랫동안 유럽 전역의 귀부인들에게 영향을 준 셈이다. 이처럼 당시 귀부인들의 유행을 선도한 정도가 아니라, 유행의 창시자였던 카테리나의 아름다움은 많은 남자들의 눈길을 끌 수밖에 없었다. 로마에 온 포를리의 사절들이 교황을 알현할 때마다, 교황 알렉산데르 6세는 그들에게 우선 카테리나의 안부부터 물었다고 한다. "백작부인은 아직도 여전히 아름다운가?" 하고. 진정한 사나이들이 살아 있는 한, 아름답고 용감하고 대담한 여자에 대한 찬미는 계속될 것이다.

산적들 틈에서

벽걸이 장식도 없이 드러난 벽, 조그맣게 낸 창문밖에 없는 휑뎅그렁한 방. 커다란 나무탁자 위에는 소박한 음식과 포도주가 푸짐하게 차려져 있고, 식사시간에 맞춰 돌아온 사내들은 무기를 내던진 채 제각기 자리를 잡고 저마다 멋대로 접시를 끌어당겨 먹기 시작한다. 2, 30명이 요란스럽게 식사를 마치면, 배가 부른 사내들은 덮개도 씌우지 않은 침상에 옷도 벗지 않고 그대로 쓰러져 정신없이 곯아떨어져 버린다. 큰 방 여기저기에 놓인 침상들 사이에는 그저 간단한 칸막이만 쳐져 있을 뿐이다. 때로는 돼지다리를 물어뜯고 있을 때부터 시중드는 여자들의 움직임을 따라 눈알을 굴리고 있던 사내들이 대충 배를 채우자마자 여자들을 다짜고짜 침상에 쓰러뜨리고 다른 욕심까지 마저 채워버리는 일도 많았다. 아직 식사를 끝내지 않은 다른 사내들의 호쾌한 웃음소리, 통째로 굽는 돼지고기의 기름이 불에 떨어져 지글거리는 소리, 그 불빛을 받아 번들번들 빛나는 잘 손질된 무기의 광택 속에서 그것은 당연한 일처럼 되풀이되었다.

'로 스포르초'(강인한 자). 나중에 얻은 이 별명이 결국에는 성이 되어 스포르차 가문으로 불리게 된 아텐돌로 일족의 일상생활은 이러했다. 카테리나가 체사레에게 패배한 1500년보다 100년쯤 전의 일이다. 당시 아텐돌로 일족은 로마냐 지방의 시골 구석인 코티뇰라의 호족이었다. 중세의 시골이 대부분 그러했듯이 이웃과의 사이에 난폭하고 호쾌한 다툼이 끊이지 않았기 때문에, 그들은 농사일을 하고 있을 때조차도 무기를 몸에서 떼어놓지 않는 생활 속에서 거칠게 자랐다. 이런 환경 속에서는 여자들까지도 억세게 자라는 것이 당연하다. 코티뇰라 지방의 앙숙인 파솔리니 일족과의 싸움은 일상다반사가 되어 있었고, 이 싸움에는 여자들도 무기를 들고 가담했다. 끊임없이 아이를 배고 낳으면서도.

14세기 후반, 이탈리아에서는 용병대장, 산적 두목, 지방 호족들이 그 출신 성분과는 관계없이 힘을 발휘했고, 그에 따라 크고작은 국가를 형성하고 있었다. 처음에는 알프스 북쪽에서 내려온 외국인이 세력을 얻었지만, 곧이어 이탈리아 사람들이 그들을 대신했다. 이 시대에는 어떤 자도 부와 권력을 얻을 수 있는 무한한 가능성이 눈앞에 펼쳐져 있었다.

1382년의 어느 날 저녁이었다. 아텐돌로 집안의 자코모가 여느 때처럼 밭을 갈고 있는데, 멀리서 피리소리와 북소리가 들려왔다. 이어서 "농부들이여, 괭이를 버리고 우리와 함께 가자. 행운을 찾기 위해 괭이를 버려라" 하는 소리가 들렸다. 그것은 이름난 용병대장 보르돌리노 다 파니칼레의 부하들이었다. 벌써 괭이를 버릴 마음이 난 몇몇 농부가 그들 뒤를 따르고 있었다.

'무치오'(궁노루)라는 별명을 가진 자코모는 이 말을 듣고 생각했다. 그러고는 괭이를 옆에 있는 떡갈나무 위로 던져서, 만약에 괭이가 떨어지면 계속 농사를 짓고 나뭇가지에 걸려 내려오지 않으면 괭이를 버리고 그들을 따라가기로 마음먹었다. 괭이는 떡갈나무 위에 걸린 채 내려오지 않았다. 무치오는 몰래 집으로 돌아가 아버지의 말을 한 마리 훔쳐내어 그들 뒤를 따라갔다. 그의 나이 열세 살 때였다.

2년 뒤, 용병대장 스코루치오의 시동 노릇을 하고 있던 무치오는 고향으로 돌아가, 이번에는 당당하게 아버지한테서 말 네 필과 무기를 받은 뒤에 20명이나 되는 형제들을 데리고 다시 고향을 떠났다. 싸움이 있는 곳으로, 즉 행운이 기다리고 있는 곳으로.

10여 년 뒤, 털이 수북하게 돋아난 굵고 울퉁불퉁한 손, 푸른 눈과 매부리코의 우락부락한 얼굴, 계속 투구를 쓰고 있기에 편리하도록 머리카락과 수염을 짧게 자른 무치오, 절반은 농사꾼인 이 사나이는 '로 스포르초'라는 별명을 얻을 정도가 되어 있었다. 용병대장으로서 그의 가치는 밀라노와 피렌체가 서로 끌어가려고 다툴 만큼 높아져 있었다. 그는 교황 네 명과 왕 네 명을 주군으로 섬겼다.

밀라노 성의 탑

그는 군인으로서의 뛰어난 재능과 함께 농사꾼의 교활함도 갖추고 있었다. 숫자는 쓰지 못했지만, 병사들의 급료 지급은 틀린 적이 없었고 늦은 적도 없었다. 그는 견실한 금전 관리로 은행가들의 신용을 얻었다. 그 자신의 재산은 별문제지만, 싸움에 졌을 때에도 돈을 빌려주는 사람은 얼마든지 있었다. 그는 병사들의 이름을 모조리 기억하면서 늘 관심을 기울였고, 엄격하지만 공정한 대우로 인기를 얻고 있었다.

글자는 쓰지 못했지만, 서명만은 한때 포로가 되었을 때 감옥에서 배웠기 때문에 유치한 글씨나마 직접 했다. 그래도 고대 그리스와 로마의 역사는 그가 정열을 쏟은 대상 가운데 하나여서, 이탈리아어로 번역시켜 공부했다. 비서로는 수도사만 고용했다. 수도사는 종교적인 이유로 언제나 어디에든 자유롭게 드나들 수 있었기 때문에 첩자로도 이용할 수 있었다.

그에게 결혼은 싸움에 이기는 것과 마찬가지로 출세하는 길 가운데 하나였다. 그는 아이를 다섯이나 낳은 첩 루치아와 끝내 결혼하지 않고, 50세가 되어서야 나폴리 왕의 미망인인 조반나와 결혼했다.

하지만 그의 생애는 곧 종말을 맞이했다. 5년 뒤, 전쟁터에서 큰 비로 물이 불어난 페스카라 강을 건너다가 급류에 휘말려 떠내려가는 시동을 구하려고 그 쪽으로 손을 뻗었을 때, 무거운 갑옷 때문에 말이 중심을 잃었다. 그는 그대로 강물에 떨어져 물살에 휩쓸렸다. 이 무치오 스포르차가 바로 카테리나의 증조부이다.

25년이 지났다. 시골의 농사꾼 무사도 완력만 있으면 한 나라의 주인으로 출세할 수 있는 시대는 지나가고 있었다. '행운의 여신의 남편'을 자칭한 자코모 피체니노의 죽음과 함께 그런 시대는 서서히 막을 내렸다. 보통은 '행운의 여신의 총아' 정도로 말할 것이다. 행운의 신은 여신이니까 행운을 손에 넣으려면 여자를 손에 넣듯 행운의 여신을 지배해야 한다고 말한 사람은 후세의 마키아벨리였다.

15세기 후반의 이탈리아는 마침내 열강들 사이에 세력 균형이 이루어지기 시작하여, 이제는 새로운 용병대장 국가의 탄생을 그리 간단히 허락하지는 않는 상태가 되어 있었다. 그런 가운데, 무치오의 아들 프란체스코 스포르차는 행운과 그 자신의 능력을 신중하게 사용하여 밀라노공국을 손에 넣었다. 1441년에 그는 40세의 나이로 비안카 마리아와 결혼했다. 비안카는 당시 밀라노공국의 영주인 필리포 마리아 비스콘티가 첩의 몸에서 낳은 딸이었다. 1448년에 비스콘티가 죽은 뒤 그는 베네치아공화국과 맞섰지만 곧 베네치아 편으로 돌아섰다. 베네치아의 후원으로 밀라노공국의 용병대장이 된 스포르차는 비스콘티의 정실인 마리아 드 사부아 및 그 친정인 사부아 공작 가문과

갈레아초 마리아 스포르차

싸웠고, 이 싸움에서 이긴 뒤 마치 해방자처럼 밀라노에 입성했다. 1450년의 일이었다. 밀라노는 그를 공작으로 삼고, 공화국에서 공국으로 바뀌었다. 아버지한테서 물려받은 촌스러운 얼굴은 여전했지만, 프란체스코 스포르차는 이제 자신감과 침착함에서 나오는 군주로서의 위엄마저 갖추고 있었다.

마키아벨리와 부르크하르트도 말했듯이, 프란체스코 스포르차야말로 15세기 이탈리아 르네상스의 심정에 가장 적합하고 그것을 가장 훌륭하게 구사한 전형적인 인물이었다.

16년 동안 계속된 프란체스코 스포르차의 치세로, 밀라노공국은 이탈리아 4대 세력의 하나로서 그 기반을 확고히 굳힌 것처럼 보였다.

22세에 아버지의 뒤를 이은 아들 갈레아초 마리아 공작은 그후 10년 동안 밀라노를 다스렸지만, 그의 통치는 끊임없는 모순의 연속이라고 할 수 있다. 갈레아초 마리아는 비록 탁월했다고는 말할 수 없어도 내정과 외교에서 상당한 수완을 보였지만, 그의 변덕스러운 욕망은 마치 키를 잃어버린 배 같았다. 한 가신은 산 채로 궤 속에 갇혀 매장되었고, 또 다른 가신은 갈레아초 마리아의 애인과 이야기했다는 이유만으로 두 손이 잘렸다. "그는 욕망과 재능을 겸비한 힘센 괴물"이라고 당시의 『페라라 연대기』는 전하고 있다.

그는 1450년부터 비롯한 사부아공국과의 불화를 해결하기 위해 어머니의 반대를 무릅쓰고 사부아 공작의 딸 보나와 결혼했다. 그는 이 결혼에서 다섯 아이를 얻었지만, 그밖에도 첩이 낳은 아이가 다섯 명 있었다. 적자들 중에는 나중에 밀라노공국의 영주가 되었으면서도 섭정인 숙부 일 모로에게 정권을 빼앗긴 잔 갈레아초, 신성로마제국 황제 막시밀리안 1세에게 시집간 비안카, 그리고 페라라 공작 알폰소의 첫 아내인 안나가 있었다.

카테리나는 1463년에 갈레아초의 첩한테서 태어났다.

당시 이탈리아의 귀족 사회에서는 적출과 서출 사이에 차별이 거의 없었다. 다만 집안 상속의 경우에는 적자가 우선이었다. 그래도 실력 있는 서자가 적자를 대신하여 가문을 상속받는 경우도 허다했다. 나폴리 왕 페란테도 서출이었다고 한다.

그러나 그보다 더욱 특징적이었던 것은 아들과 딸이 완전히 평등한 교육 기회를 가졌다는 점이다. 그들은 흔히 같은 곳에서 같은 교사들에게 교육을 받았다. 남녀가 함께 라틴어나 그리스어 공부를 '즐기는' 것을 당시 사람들은 당연한 일로 받아들이고 있었다.

카테리나가 11세 되었을 무렵이다. 갑자기 그녀의 이름이 로마와 밀라노 사이를 오가기 시작했다. 혼담이 있었다. 상대는 당시 교황인 식스투스 4세의 조카로서, 로마 제일의 실력자인 지롤라모 리아리오 백작이었다. 물론 이 혼담 뒤에도 당시 이탈리아 정계 최고의 책략이 소용돌이치고 있었다.

우선 로마 쪽에는 피렌체공화국의 사실상 지배자인 로렌초 데 메디치(일 마니피코)에 대한 적개심이 있었다. 로렌초는 교황과 사이가 나빠서 사사건건 교황과 충돌했다. 교황의 목적은 두 가지였다. 전부터 메디치 가문과 친밀한 관계를 맺고 있는 밀라노의 스포르차 가문을 로마 쪽으로 끌어들이는 것. 그리고 신부인 카테리나가 지참금의 일부로 가져올 이몰라 영지는 전부터 메디치 가문이 노리고 있던 땅인데, 이 땅을 조카 것으로 삼아서 로렌초의 야망을 꺾는 것. 교황은 이 결혼에서 두 가지 목적을 동시에 실현할 수 있는 가능성을 보았다. 한편 스포르차 가문은 밀라노만이 아니라 그 주변의 롬바르디아 일대까지 손에 넣고 싶다는 야심을 품고 있었다. 그러기 위해서는 교황과 좋은 관계를 맺어둘 필요가 있었다. 약혼은 간단히 성립되었다.

하지만 결혼을 앞두고 스포르차 가문과 카테리나에게 훗날까지 영향을 미친 불행이 밀라노에서 일어났다. 그것은 2년 뒤에 피렌체에서 일어난 저 유명한 '파치 가문의 음모'와 함께 15세기 이탈리아의 2대 암살사건이 되었다.

1476년 12월도 거의 끝나갈 무렵의 일이다. 밀라노 공작 갈레아초 마리아는 봄에 시작될 전쟁을 위해 밀라노를 비우고 있다가, 여느 때처럼 크리스마스를 가족과 함께 보내려고 밀라노 성으로 돌아갈 준비를 하고 있었다. 밀라노로 막 떠나려 할 때 전령이 그의 진영에 도착했다. 밀라노 성에 있는 그의 방이 화재로 타버렸다는 소식이었다. 그는 무언가 불길한 예감을 느꼈다. 하지만 공작 일행은 예정대로 출발하게 되었다.

이탈리아 북부의 롬바르디아 지방은 겨울 추위가 혹심하다. 행렬은 안개에 뒤덮인 롬바르디아 평야를 천천히 나아갔다. 얼마쯤 갔을 때, 까마귀 세 마리가 어디선가 나타나 공작의 머리 위를 맴돌기 시작했다. 하인들은 이 불길한 새를 두 번이나 쫓았지만, 까마귀는 공작의 머리 위에서 떠나려 하지 않았다. 여기에는 공작도 불쾌감을 느꼈다. 그는 말을 세우고 안장 위에서 손을 깍지꼈다. 계속 나아갈까 아니면 돌아갈까, 망설이는 것 같았다. 하지만 그때 말이 앞으로 움직이기 시작했다. 공작은 말의 움직임을 굳이 막으려 하지도 않았다. 일행은 다시 움직이기 시작했다.

　우연한 일도 무슨 사건이 일어난 뒤에는 그 사건의 전조였던 것처럼 여겨지는 법이다. 아무 사건도 일어나지 않으면, 그런 우연은 누구의 마음에도 두번 다시 떠오르지 않고 기억에서 잊혀진다. 하지만 밀라노 공작의 예감은 불행히도 적중했다.

　공작 암살 음모는 이미 여섯 달 전부터 추진되고 있었다. 그것은 밀라노에서 웅변술 학원을 열고 있던 코라 몬타노가 학생들을 선동한 것에서 시작되었다. 그는 학생들에게 누차 강조했다. 큰 인물은 공화제에서만 태어난다고. 지금의 밀라노 같은 군주제에서는 훌륭한 인재가 능력을 발휘할 수 없다고. 그리고 밀라노 공작 행렬이 학원 앞을 지날 때마다, 저 참주를 하루라도 빨리 타도하지 않으면 밀라노가 구원받을 수 없다고 말했다. 그는 고대 로마의 예를 들면서, 카이사르를 암살한 브루투스와 카시우스를 찬양했다. 그의 선동에 넘어간 사람이 람푸냐니와 비스콘티와 오르시아티였다. 공작 암살 음모는 이 네 사람 사이에서 날이 갈수록 열기를 띠었다. 하지만 밀라노를 해방시키자는 취지를 진심으로 믿은 사람은 22세의 오르시아티뿐이었다. 나머지 세 사람이 이 음모에 가담한 것은 주로 공작에 대한 개인적인 원한 때문이었다.

코라 몬타노는 전에 대중 앞에서 채찍으로 얻어맞는 형벌을 받은 뒤 밀라노 공작을 몹시 원망하고 있었다. 안드레아 람푸냐니는 전임 공작인 프란체스코 스포르차한테 사형선고를 받았지만, 현재 공작인 갈레아초 마리아가 그의 죄를 사면해주었다. 그러나 밀라노에 스포르차 가문이 버티고 있는 한 그는 장래에 어떤 희망도 가질 수 없었다. 카를로 비스콘티는 스포르차 가문에 합병된 비스콘티 가문의 현상태에 심한 불만을 품고 있었다. 게다가 밀라노 공작의 눈에 들어 사랑을 받다가 버림받은 누이에 대한 동정이 분노가 되어, 그 불만에 불을 붙였다.

선동만 할 뿐 실제 행동에는 가담하려 하지 않는 몬타노를 제외한 나머지 세 사람은 람푸냐니의 집에서 이 암살 음모를 실천에 옮길 준비를 계속했다. 우선 장소를 선정하는 것이 중요했다. 성 안은 경비가 엄중해서 성공할 가능성이 전혀 없었고, 사냥터도 위험이 뒤따르기 때문에 제외되었다. 그들이 최종적으로 생각해낸 것은 교회 축제일이었다. 교회 축제에는 공작이 확실히 참석할 뿐더러 군중도 많이 모이기 때문에 그 틈에 섞여 교묘하게 일을 해치울 수 있는 기회였다. 결행 날짜는 성 스테파누스의 축일, 장소는 미사가 열리는 성 스테파누스 성당으로 정해졌다. 날짜와 장소를 결정한 날, 그들은 밀라노의 수호성인인 성 암브로시우스를 모신 사원의 식물원에 모여 이 계획을 누설하는 자는 조국에 대한 반역자가 된다는 맹세를 했다.
크리스마스 이튿날이 되었다. 드디어 결행일이다. 정오 무렵, 공작을 수행하여 교회로 가는 행렬이 시내 중심가를 지나갔다. 아침부터 시내를 하얗게 뒤덮고 있던 안개가 걷히고, 희미한 햇살이 금실과 은실을 수놓은 화려한 색깔의 옷을 입은 1400년대의 기사 일행을 비추고 있었다. 특히 밀라노 공작의 수행 기사들은 그 장비가 화려하기로

스포르차 기마상(레오나르도 다 빈치의 데생)

이탈리아에서 유명했다. 멀리서 보면, 행렬이라기보다는 마치 빛나는 뱀이 꿈틀꿈틀 기어가는 것처럼 보였다.

일행은 돌이 깔린 좁은 길을 나아갔다. 길 양쪽에 늘어선 집들은 나지막하다. 대부분의 집들이 단층이나 기껏해야 이층이다. 지붕의 차양이 양쪽에서 튀어나와 있는 길에는 축제 미사에 참석하기 위해 교회로 가는 군중이 북적거리고 있다. 귀족이나 의사, 공증인, 성직자들은 말이나 낙타에 저마다 화려하거나 검소한 마구를 달고 사람들을 헤치며 지나간다. 그 사이를 짙은 색깔의 망토를 걸친 초라한 차림새의 민중이 우왕좌왕하고 있었다. 여자들은 그래도 조금은 색깔이 있는 옷을 차려입었다.

그들도 공작 행렬이 다가오자 길 양쪽으로 갈라졌다. 밀라노 공작은 호위병과 하인들 뒤에서 말을 타고 다가왔다. 후리후리하고 아름다운 몸에 호화로운 옷을 입은 32세의 젊은 공작을 민중은 찬미인지 두려움인지 알 수 없는 기분으로 바라보고 있었다. 아무도 알아차리지 못했지만, 말을 모는 공작의 가슴 속에는 불안이 숨어 있었는지도 모른다. 성을 나올 때 그는 부인의 권유로 일단 옷 속에 갑옷을 입었지만, 뚱뚱해 보이는 게 마음에 걸려서 도로 벗어버렸다. 어쩌면 공작은 속으로 그것을 찜찜하게 생각하지 않았을까. 하지만 사람들이 알아차린 것은 말을 모는 공작의 침울한 표정과 어두운 시선뿐이었다. 민중 사이에서 "정말 엄격한 분이야" 하는 속삭임이 새어나왔다.

성 스테파누스 성당 앞도 공작이 도착하는 것을 보려는 군중으로 가득 차 있었다. 세 명의 암살자들도 이미 대기하고 있었다. 람푸냐니는 머리부터 다리까지 갑옷으로 감싸고, 그 위에 옷을 덧입었다. 그리고 역시 무장한 오르시아티와 함께 교회 입구 오른쪽에서 복작거리는 군중 틈에 몸을 숨기고 있었다. 비스콘티는 고용한 세 명의 청부 살인자와 함께 입구 왼쪽에서 대기하고 있었다. 비스콘티를 보고, 그가 공작의 하인들 틈에 끼여 있을 리가 없는데 하고 의아하게 생각한 사람이 이 사건의 전말을 상세히 기록한 공작의 하인 콜리오였다. 비스콘티는 밀라노 궁정에 드나들었기 때문에 콜리오는 전부터 그를 알고 있었다. 콜리오는 교회에 앞질러 와서 공작을 기다리기로 되어 있었다.

하지만 콜리오가 미처 의심을 확인하기도 전에 공작 행렬이 다가왔다. 말발굽 소리, 호위병들의 칼이 쩔렁이는 소리가 들리고, 스포르차 가문의 기사들이 머리에 단 깃털 장식이 벌써 보이기 시작했다. 행렬은 교회 앞에서 양쪽으로 나뉘어 멈춰섰다.

마침내 공작이 탄 말의 발굽 소리가 암살자들을 도발하듯 높이 들려왔다. 군중은 술렁거렸다. 양쪽으로 나뉘어 기다리는 호위병들 사이를 지나온 공작은 말에서 내려 흑인 하인에게 고삐를 건네주고 조용히 교회 입구로 걸어갔다. 마침 그때 성가대석에서는 '영광은 한순간' 이라는 성가가 들려왔다.

바로 그때였다. 람푸냐니가 길을 열려고 두 팔을 벌리며 "비켜요! 비켜주세요!" 하고 외치면서 공작 앞으로 뛰쳐나왔다. 그러고는 존경의 표시처럼 왼손에 모자를 벗어 들고, 멈춰선 공작 앞에 애원이라도 하듯 무릎을 꿇었다. 하지만 다음 순간, 소매 속에 감추고 있던 단검을 빼들어 공작의 복부를 힘껏 찔렀다. 공작은 순간 비틀거렸다. 하지만 람푸냐니가 곧이어 두번째로 휘두른 칼이 공작의 목에 박혔다. 오르시아티도 가세하여 공작의 목과 왼쪽 가슴과 팔을 잇달아 찔렀다. 비스콘티는 등과 어깨를 닥치는 대로 찔러댔다. 세 사람의 공격이 공작에게 집중되었다. 공작은 땅바닥에 쓰러졌다. 비명 한번 지르지 않았다. 단지 희미한 신음소리를 냈을 뿐이다.

순식간에 일어난 사건이었다. 호위병들은 무슨 일이 일어났는지도 모를 정도였다. 공작의 시체를 둘러싼 암살자들 옆에 있던 군중은 놀라서 "죽었어" "죽었어" 하고 중얼거릴 뿐이었다. 하지만 공작과 가장 가까이에 있던 흑인 하인은 도망치는 암살자들 중에 여자의 치맛자락에 걸려 넘어질듯 비틀거리는 람푸냐니를 발견하고 재빨리 창으로 찔렀다. 바로 뒤에서 정통으로 등을 찔린 람푸냐니는 피를 내뿜으며 그 자리에 쓰러졌다.

암살 현장은 엄청난 혼란에 빠져버렸다. 피를 보고 울부짖는 여자들, 도망치려고 우왕좌왕하는 군중. 겨우 사태를 알아차린 호위병들이 범인들을 뒤쫓는 가운데, 공작과 람푸냐니의 시체만이 피바다 속에 누워 있을 뿐이었다. 아무도 시체를 돌볼 여유를 갖지 못했다. 성직자들은 처음부터 성구실로 도망쳐버렸다. 하지만 교회 안에서 나는 소리도 사라졌을 무렵, 성직자들은 공작의 시체만 성구실로 운반하여 피에 물든 옷을 벗기고 몸을 씻겼다. 공작은 온몸에 15군데의 상처를 입었다. 하지만 람푸냐니가 처음 휘두른 단검에 독이 묻어 있었던 듯, 그후에는 거의 통증을 느끼지 않고 죽은 것으로 여겨졌다.

공작이 암살당했다는 이야기는 당장 밀라노 전체에 퍼졌다. 달아난 두 음모자를 제외하고 고용된 살인자들은 산 채로 사지가 잘려 시가지를 향한 성벽에 매달렸다.
람푸냐니의 시체는 밧줄에 묶인 채 골목골목을 질질 끌려다녔다. 길바닥에 깔린 돌 사이에는 피와 살점이 달라붙었다. 본때를 보이기 위한 이 행위는 사흘 동안 계속되었다. 마침내 그의 시체는 한쪽 다리만 남아서, 인간의 몸인지 고깃덩어리인지 분간할 수 없게 되었다. 남은 한쪽 다리는 성벽에 내걸렸다. 비스콘티는 며칠 뒤에 붙잡혔다. 고문을 당하고 모든 것을 자백한 뒤, 그 역시 산 채로 사지가 찢기는 형벌에 처해졌다. 가장 젊은 오르시아티를 기다리는 운명도 마찬가지였다. 그는 우선 아버지한테 도망쳤지만, 사정을 안 아버지가 집에서 쫓아내자 어느 신부네 집의 침대 밑에 숨어 있었다. 하지만 람푸냐니의 시체가 질질 끌려다니는 것을 보고 민중이 환성을 지른다는 것을 알았을 때, 그는 이제 더 이상 자신의 몸을 지킬 방도가 없다는 것을 깨달았다. 그는 며칠 뒤에 체포되어 뼈가 부서지고 살이 찢기는 가혹한 고문을 받았지만, 오직 그만은 자신의 행위가 범죄라고 생각지 않고, 밀라노의 자유를 위해서 한 일이라는 자부심도 끝내 잃지 않았다. 죽을 때는 아름다웠다. 선동자였던 몬타노는 밀라노에서 추방되었다. 그는 나폴리 왕에게 달아났지만, 그 역시 나중에 나폴리 왕과 싸우던 피렌체의 로렌초 일 마니피코의 명령으로 교수형에 처해졌다.
고대 로마인을 본받을 작정이었던 그들도 브루투스나 카시우스와 같은 운명을 맞았다. 군주에 대한 암살은 결코 정치체제를 바꾸지 못한다는 것을 증명하는 또 하나의 실례가 되었을 뿐이다.

하지만 밀라노 공작 갈레아초 마리아의 암살사건은 세상 인심에 상당한 영향을 주었다. 이탈리아 최강을 자랑하는 나라의 영주가 살해된 것, 그리고 그 사건이 교회 안에서 일어났다는 것은 사람들에게 엄청난 영향을 미쳤다. 미망인 보나는 모든 유럽 사람의 동정을 받았다. 그 덕택에 고작 여덟 살밖에 안된 후계자 잔 갈레아초가 순조롭게 즉위할 수 있었다. 카테리나의 결혼도 그대로 추진되었다. 아버지가 죽은 지 넉 달 뒤, 아버지의 참혹한 죽음이 준 충격에서 회복되지도 않은 14세의 카테리나는 교황의 조카와 결혼하기 위해 아직 상중인 밀라노 궁정을 떠나 로마로 갔다.

로마

스포르차 가문은 칼로써 밀라노를 정복했다. 그러면 카테리나의 시댁인 로마의 리아리오 가문은 무엇으로 로마를 정복했을까.

리아리오 일가의 행운은 1471년 8월에 프란체스코 델라 로베레가 식스투스 4세로 교황에 즉위했을 때 시작되었다. 57년 전에 북이탈리아의 피에몬테에서 가난한 어부의 아들로 태어난 그는 아홉 살 때 프란체스코파 수도원에 들어간 뒤, 파도바·볼로냐·파비아·시에나·피렌체 등 당대 최고의 대학에서 철학과 신학 학위를 받았다. 이어서 그는 프란체스코파의 총장으로 선출되었다.

1467년, 그는 프란체스코파의 총장에서 추기경이 되었다. 추기경에 임명되었을 때 예복을 살 돈이 없어서 친구들이 갹출하여 사준 옷을 입고 겨우 임명식에 나갈 수 있었을 만큼, 수도사 시절의 그는 프란체스코파 계율인 청빈을 성실하게 지키는 성직자였다. 하지만 그로부터 4년 뒤에 교황이 되고 나서는 지금까지의 청빈한 생활태도가 완전히 달라졌다. 동시에 정치가로서의 재능이 꽃을 피우기 시작했다. 그에 대해 마키아벨리는, 교황이라는 지위가 어느 정도의 일을 할 수 있는가 하는 가능성을 보여준 최초의 교황이라고 평했다.

로마 시내는 당시 도로가 비좁고 더러운데다 악취로 가득 차 있어서 페스트의 온상이 되어 있었다. 1475년에 로마를 방문한 나폴리 왕 페란테가 그것을 보고 식스투스 4세에게 한 말이 전해지고 있다.

"교황께서는 절대로 로마의 왕은 될 수 없을 것입니다. 이렇게 비좁은 길에서는 양쪽 집에서 여자들이 돌맹이만 던져도 교황의 병사들을 쫓아낼 수 있을 테니까요."

이 말이 교황에게 영향을 준 모양이다. 페스트의 위험을 없애는 의미도 있어서 당장 로마 시가지가 정비되었다. 도로는 넓어지고, 되도록 직선으로 이어지게 되었다. 현재의 로마 시는 식스투스 4세가 정비한 시가지를 바탕으로 발전한 것이다.

산타 마리아 델 포폴로 성당과 그의 이름을 딴 시스티나 성당 등을 건설한 것도 식스투스 4세였다. 당대의 가장 유명한 화가들──만테냐, 페루지노, 보티첼리, 기를란다요, 필리포 리피, 멜로초 다 포를리(이 화가가 그린 식스투스 4세와 그 조카들의 초상화는 지금도 바티칸 미술관에 남아 있다)──은 로마에 초빙되어 교황을 위해 붓을 들었다.

그러나 식스투스 4세는 '니포티스모'(조카나 손자 등을 통틀어 일컫는 명칭)라고 불린 근친들을 어디까지 후대할 수 있는가를 보여준 최초의 교황이기도 했다. 그에게는 조카가 15명이나 있었다고 전해진다. 하지만 역사에 남아 있는 것은 네 명──교황 율리우스 2세가 된 줄리아노 델라 로베레 추기경, 교황의 기대를 한몸에 모았지만 28

식스투스 4세와 조카들

세의 젊은 나이에 죽은 피에트로 리아리오 추기경, 그의 동생인 지롤라모 백작, 그리고 가장 젊은 추기경인 라파엘로 리아리오—뿐이다.

이들 가운데 교황은 누이동생 비안카의 두 아들인 피에트로와 지롤라모를 가장 총애했다. 마키아벨리 같은 사람은 이 두 형제가 교황의 친아들이라고 믿었을 정도다. 다음번 교황 자리를 노리고 있던 피에트로가 죽은 뒤, 그의 동생 지롤라모가 외삼촌인 교황의 총애를 한몸에 받게 되었다.

지롤라모는 교회군 총사령관(카피타노 제네랄레 델라 키에사)과 교회의 기수(곤팔로니에레 델라 키에사)라는 칭호를 얻어 로마의 군사적 권력과 정치적 권력을 한손에 움켜쥔데다, 산탄젤로 성의 대리 성주이기도 했다. 사법권까지 장악하고 있었던 셈이다. 로마 시민들은 이 지롤라모 리아리오를 '대(大)교황'(Arci Papa)이라고 부르며 두려워했다.

이런 리아리오 백작을 남편으로 맞은 카테리나는 로마에서 생애의 가장 화려한 시기를 보낸다. 교황 식스투스 4세는 우아하면서도 젊음에 넘치는 이 조카며느리를 유난히 사랑했다. 교황보다 남편 지롤라모 백작이 그녀에게 더 냉정하다는 평판이 날 정도였다. 오랫동안 교황 곁에 젊은 공작영애가 없었던 로마 궁정에서, 카테리나는 '퍼스트 레이디'로서 모든 행사와 음악회, 축제, 파티에서 인기를 모으며 즐거운 날들을 보냈다.

카테리나의 남편이 된 지롤라모 리아리오 백작은 외삼촌인 교황의 부름을 받고 로마에 오기 전에는 사보나 시청에서 서기로 일했다고 한다. 그가 하룻밤 사이에 달라진 자신의 처지를 더욱 강하고 확실하게 만들려고 애쓴 것도 당연했다. 하지만 교육을 받지 못하고 성격이 난폭한 그가 자신의 야심을 달성하기 위해 선택한 적은 그의 상대로는 너무 벅찼다. 그가 고른 상대는 바로 메디치 가문의 로렌초 일 마니피코와 페라라의 영주인 에르콜레 공작이었기 때문이다. 이런 면에서도 그는 나중의 체사레 보르자만큼 운이 좋지 못했고, 자질에서도 체사레보다 분명히 뒤떨어져 있었다.

파치 가문의 음모는 그 수단에서는 섬세한 취향과 우아함을 보여주었고, 그 심정에서는 잔혹하기 짝이 없는 흉포함을 대담하게 보여주었다. 이 멋진 대조를 통해 파치 가문의 음모는 15세기 이탈리아 르네상스의 성격을 멋지게 표현하고 있다. 그런 만큼 파치 가문의 음모가 당시의 모든 역사가·철학자·예술가들의 상상력을 자극한 것도 당연했다.

음모를 멋지다고 평가하는 것에 의문을 품는 사람이 있을지도 모른다. 하지만 이 사건이 일어난 지 25년 뒤, 세니갈리아에서 결행된 음모를 교묘하고 대담하게 처리하여 음모자를 모조리 죽여버린 체사레 보르자의 방식을 "가장 멋진 속임수"라고 찬미한 것은 르네상스 시대의 역사가인 파올로 조비오였다. 필요하다면 단순한 선악의 판단을 초월하여 그것을 받아들이고, 또한 그런 방식을 "예술적으로 아름답다 해도 좋을 만큼 훌륭하다"고 평가할 수 있는 여유. 이것이야말로 이탈리아 르네상스의 정신을 이루는 밑바탕이었다고 말할 수 있을 것이다. 여기에서는 목적을 향해 가는 도중의 편협한 윤리성 따위는 전혀 문제가 되지 않는다.

리아리오 백작은 대교황으로 불리며 로마에서 그의 뜻대로 안되는 일은 하나도 없다는 말까지 들었지만, 그에게도 불안이 없는 것은 아니었다. 그는 밀라노 공작의 딸인 카테리나와 결혼하여 이몰라를 자기 영토로 삼았지만, 피렌체의 메디치 가문이 오래 전부터 그 땅을 은근히 노리고 있었다는 것은 충분히 알고 있었다. 게다가 이몰라에서 13킬로밖에 떨어지지 않은 파엔차에는 이미 메디치 가문의 세력이 침투해 있다는 것도 알고 있었다. 무엇보다도 이몰라를 거점으로 삼아 로마냐 지방으로 세력을 확장하려는 그의 야망에 가장 방해가 되는 존재는 피렌체공화국의 사실상 지배자인 로렌초 데 메디치(일 마니피코)였다. 그의 이같은 생각은 전부터 일 마니피코의 정치에 불만을 품고 있던 외삼촌 식스투스 4세의 생각과 일치했다. 메디치 가문의 형제인 로렌초와 줄리아노를 쓰러뜨리면, 피렌체에 친교황파 정권을 세울 수 있다. 이제는 피렌체 사람들 중에서 이 계획을 실행에 옮기기에 적당한 인물을 찾아내는 일만 남았다.

파치 가문은 피렌체의 명문가 중에서도 가장 실력있는 가계를 자랑하고 있었다. 오랫동안 메디치 가문보다 더 중요한 지위를 거의 다 차지했을 정도다. 하지만 15세기 후반이 되자 메디치 가문이 피렌체공화국의 실질적인 지배권을 장악하게 되었다. 파치 가문 사람들은 이것을 몹시 불만스러워했고, 불만은 계속 쌓여갔다.

이 가문의 우두머리는 야코보 데 파치였다. 그는 파치 가문의 이 열세에 대해 속수무책이었지만, 그의 조카인 프란체스코는 메디치 가문에 대해 깊은 원한을 품고 있어서, 피렌체에 있는 것을 더 이상 참지 못하고 로마에 와 있을 만큼 격렬한 성품을 지닌 사나이였다.

그는 로마에 머무는 동안, 은행가라는 직업상 교황청에 드나들 기회가 많았다. 교황 식스투스 4세의 신임을 얻는 것은 그에게는 그리 어려운 일이 아니었다. 교황 쪽에도 속셈이 있었던 것은 물론이다. 바티칸의 한 방에서는 교황과 리아리오 백작, 프란체스코 데 파치가 무릎을 맞대고 이야기에 열중하는 횟수가 점점 많아졌다. 이탈리아 르네상스 시대에 가장 유명한 '파치 가문의 음모'는 이처럼 교황청 안에서 계획이 추진되었다. 1478년의 부활절이 가까워졌을 무렵, 준비는 모두 끝났다.

교황청의 배후 조종으로 치밀한 계획을 세웠는데도, 4월 26일에 피렌체의 산타 마리아 델 피오레 대성당에서 결행된 음모는 완전히 실패했다. 줄리아노를 죽이는 데에는 성공했지만 로렌초한테는 상처만 입혔고, 피렌체의 민심이 완전히 메디치 가문 쪽에 있다는 사실만 확인되었을 뿐이다. 로마 쪽의 의도는 완전히 빗나갔다. 리아리오 백작에게는 이때부터 동생을 잃고 혼자 살아남은 로렌초 일 마니피코의 복수에 겁을 먹는 나날이 시작되었음을 의미했다. 그리고 10년 뒤, 집요한 로렌초의 복수는 마침내 성공을 거두었다.

메디치 가문 타도에 실패한 리아리오 백작은 페라라의 에스테 가문으로 눈길을 돌렸다. 이번에는 전부터 페라라와 사이가 좋지 않았던 베네치아공화국과 공동전선을 폈다. 하지만 선정으로 이름난 페라라

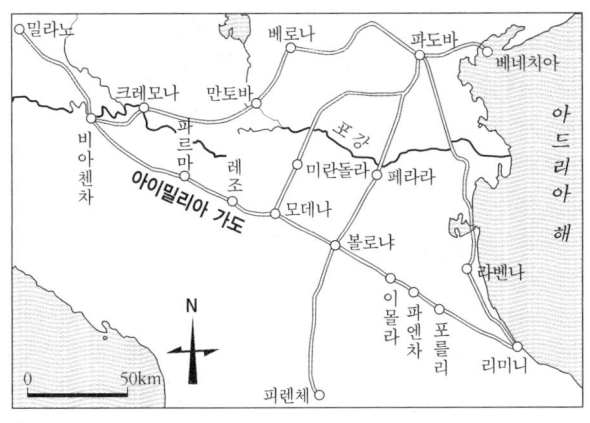
아이밀리아 가도와 그 주변

의 영주 에르콜레 데스테 공작은 교황의 파문 조치에도 눈썹 하나 까딱하지 않았다. "나는 기독교도로서 파문당해도, 페라라 영주인 것에는 전혀 지장이 없다"고 호언할 정도였다. 그러고는 교황 세력이 커지는 것을 못마땅하게 생각하는 다른 이탈리아 국가들의 원조를 받으며 꿈쩍도 하지 않았다. 베네치아와 로마 사이에 맺어진 협약——페라라는 리아리오 백작에게 주고, 모데나와 레조는 베네치아에 준다는 협약——도 결국 햇빛을 보지 못했다. 리아리오의 야심은 어느 쪽으로 돌려져도 좌절할 수밖에 없었다.

그는 이제 자기 것이 된 포를리와 이몰라만으로 만족해야 했고, 이 두 영지 사이에 로렌초의 첩자들의 거점인 파엔차가 자리잡고 있는 악조건까지도 감수할 수밖에 없었다. 탈출구를 찾지 못한 그의 불만은 로마의 콜론나 일당을 짓밟는 것으로 폭발했다. 로마 시가지는 날마다 콜론나 가문 사람들의 피로 물들었다고 전해진다.

하지만 교황의 근친들이 휘두르는 권력은 교황이 재위해 있는 동안에만 통용된다. 1483년 겨울에 교황의 지병인 통풍이 악화되었을 때,

지롤라모 리아리오

리아리오 백작은 어떤 수단도 강구하려 하지 않았다. 적은 너무 많았다. 적이 많은 것은 별로 나쁜 일은 아니다. 그러나 리아리오 백작은 그 적들을 여기저기 쿡쿡 찔러서 조금 아프게 했을 뿐, 철저히 쳐부수지 않았다. 이것만 보아도 지배자로서 그의 능력이 의심받는 것은 당연하다. 그 무렵 지롤라모 리아리오 백작의 행동은 지리멸렬하고 미치광이 같은 잔인함으로 채색되었다.

술에 젖어 나날을 보내는 이 잔인한 남편을 아내 카테리나는 점점 차가운 눈으로 바라보기 시작했다. 이 무렵 그녀는 남편보다 '집안'을 먼저 생각하게 되었다. 카테리나는 남편과 원수지간인 피렌체의 로렌초 일 마니피코와 자기만이라도 좋은 관계를 맺어두려고 애썼다. 자기는 벼락 출세한 남편과는 달리 명문인 스포르차 가문 출신이라는 의식이 그 무렵 그녀의 가슴 속에 싹트기 시작했다.

8월 12일, 교황 식스투스 4세가 세상을 떠났다. 카테리나는 이 소식을 남편과 세 아이와 함께 팔리아노의 진지에서 들었다. 뒤이어 추기경단의 명령이 전달되었다. 리아리오 백작은 새 교황을 선출할 때까지 로마 밖에 머물러 있으라는 명령이었다. 리아리오는 이 명령에 따라 군대와 함께 로마를 떠났다.

하지만 카테리나는 이 명령에 귀를 기울이려 하지 않았다. 산탄젤로 성의 대리 성주는 추기경단의 명령에 따를 필요가 없으며, 새 교황이 선출될 때까지 대리 성주로서 성채를 지킬 의무가 있다는 것이 거부 이유였다. 물론 이것은 명분이다. 그녀의 본심은 산탄젤로 성을 확보함으로써 새 교황 선출에 압력을 넣자는 것이었다. 그녀는 식스투스 4세의 죽음으로 앞날이 암담해진 가족을 걱정했고, 그래서 조금이라도 자기네 쪽에 유리한 교황이 선출되기를 원했다. 그녀가 추기경단에 보낸 회신은 다음과 같았다.

"성은 식스투스 4세한테 전권을 위임받은 대리 성주의 통제 아래 놓여 있고, 추기경단에 종속된 것이 아니오. 따라서 다음 교황 이외의 누구한테도 성을 인도할 수 없소."

카테리나는 이 회신을 보내자마자 당장 행동을 개시했다.

그날 로마 시민들은 계속 깜짝깜짝 놀라면서 하루를 보냈다. 백작 부인이 150명의 병사를 이끌고 산탄젤로 성을 점령했다는 소문이 퍼졌다. 성채 앞을 흐르는 테베레 강가에 잇달아 모여든 군중은, "산탄젤로를 제압하는 자는 로마를 제압한다"고 말할 만큼 난공불락인 성채에 여자가 대리 성주로서 틀어박혀 농성하는 상황에 열광했다. 군중 속에서 밀라노의 스포르차 가문을 찬양하는 외침소리가 터져 나왔다.

눈 아래 흐르는 테베레 강, 그 저편에 있는 로마 시내, 그리고 오른쪽으로 바티칸이 바라다보이는 이 산탄젤로 성의 석조 회랑을 순찰하면서 수비군을 지휘하는 카테리나의 모습은 더한층 잔인한 아름다움에 빛나고 있었다. 게다가 그녀는 임신 8개월의 무거운 몸이었다. 그녀의 명령에 따르지 않는 사내는 하나도 없었다.

그러나 배신자는 가까운 사람들 중에서 나왔다. 우선 추기경단의 좌장격인 줄리아노 델라 로베레가 자신의 야망을 이루기 위해 친척(고종사촌)인 리아리오 가문을 버렸다. 그는 자기 뜻대로 조종할 수 있는 사람을 교황 자리에 앉힐 생각이었다. 이런 그에게 동조한 추기경들 중에는 카테리나의 시동생인 라파엘로 리아리오와 친정 숙부인 아스카니오 스포르차도 끼여 있었다. 추기경단은 산탄젤로 성을 넘겨주지 않으면 콘클라베(교황을 선출하기 위한 추기경단 비밀 회의)를 열지 않겠다고 통보해왔다. 그들은 이 강경 방침을 카테리나에게 통보해놓고, 별도로 그녀의 남편인 리아리오 백작과 교섭을 시작했다. 리아리오 일가는 산탄젤로 성을 추기경단에 넘겨주고 로마를 떠나 자기 영지로 돌아갈 것. 이것이 실행되면 추기경단은 리아리오에게 8천 두카토를 지불하고, 포를리와 이몰라 영지에 대한 권리를 보장한다는 조건이었다. 금화가 리아리오 백작 앞에 수북이 쌓였다.

남편이 모든 조건을 수락했다는 소식을 받았을 때, 카테리나는 혼자 반대해봤자 헛수고라는 것을 깨달았다. 25일 밤, 그녀는 성을 떠났다. 그리고 남편을 따라 포를리로 가는 도중에 조반니 치보가 새 교황으로 선출되어 인노켄티우스 8세로 즉위한 것을 알았다. 치보는 식스투스 4세 시절에 가장 강력한 식스투스 반대파의 한 사람이었다. 게다가 그를 새 교황으로 뽑도록 배후에서 조종한 인물이 로베레였기 때문에, 리아리오 일가의 앞날에는 밝은 전망이라고는 전혀 보이지 않았다.

리아리오 일가를 맞이한 포를리의 정세는 그리 즐거운 것은 아니었다. 이런 정세 속에서도 리아리오 백작은 선정을 베풀려고 애썼다. 하지만 교황의 조카라는 막강한 지위를 잃은 지금은 그 노력도 허사였다. 때가 너무 늦은 것이다. 민심을 잡으려는 회유책도 철저하지 못했고, 강경한 탄압책도 끝까지 밀고 나아갈 수 없었다. 몇 세기 동안이나 무정부 상태에 익숙해진 로마냐 지방의 민중을 다스리는 것은 그에게는 너무 무거운 짐이었다. 게다가 그는 그보다 훨씬 성가신 외부의 적도 생각해야 했다.

1488년 1월, 그의 가장 큰 적인 로렌초 데 메디치의 딸 마달레나가 교황 인노켄티우스 8세의 아들인 프란체스케토와 결혼했다. 이것은 리아리오 백작의 양대 적수인 로마와 피렌체가 서로 손잡은 것을 의미했다. 전임 교황의 근친으로서 세력을 휘두른 자에게 신임 교황이 좋은 감정을 가진 예는 없다. 한편 로렌초 일 마니피코는 로마냐 지방에 야심을 갖고 있는데다, 리아리오에게 동생을 잃은 원한도 잊지 않았다. 그가 아들에게도 영지를 주고 싶어하는 교황과 손잡고 리아리오 백작의 영지에 눈독을 들일 거라고 예상하기는 그리 어렵지 않았다. 지롤라모 리아리오 타도 작전의 바탕은 이렇게 완성되었다. 이제 남은 일은 백작의 영지 안에서 일어나는 움직임에 주의를 기울여 동정을 살피면서, 사소한 약점도 놓치지 않고 거기에 공격을 집중하는 것뿐이다. 포를리 시내에 그물처럼 쳐진 첩보망을 통해 피렌체의 로렌초에게 보내지는 정보량이 갑자기 늘어났다.

리아리오 백작은 민심을 잡기 위해 우선 세금을 줄였다. 모든 생산물에 부과되는 '다치오'라는 소비세를 폐지한 것이다. 그가 재산을 갖고 있는 동안에는 소비세를 면제할 수 있었다. 하지만 아무리 재산을 많이 모았다 해도, 그것이 언제까지나 줄어들지 않을 수는 없다.

이 점을 충분히 고려하지 않은 리아리오의 감세 정책이 당장 궁지에 몰린 것은 당연하다. 난감해진 그가 수습책으로 내놓을 수 있었던 것은 다치오를 부활시키는 것뿐이었다. 하지만 세금을 일단 폐지했다가 부활시키면, 가벼운 세금에 맛들인 백성들은 과거에 무거운 세금에 시달릴 때보다 훨씬 불만스럽게 느끼는 법이다. 이런 실책으로 말미암아 민심은 전보다 더 그에게서 멀어졌을 뿐이다.

이 무렵 세금을 모아 나라에 바치는 역할을 맡고 있던 오르시의 횡령사건이 일어났다. 그렇지 않아도 경제 사정 악화로 기분이 잔뜩 뒤틀려 있던 리아리오 백작은 오르시를 대중이 보는 앞에서 호되게 나무랐다. 오르시는 부들부들 떨면서, 자칫하면 목숨까지도 위험하다고 생각했다. 그 무렵 급료 지불을 요구해온 용병대장 판세키와 론키도 백작의 불쾌감에 부채질을 했다. 백작은 이들에게 호통을 치고 내쫓아버렸다.

이 세 사람에게 주목한 것이 로렌초 데 메디치였다. 포를리에서 벌어진 일들은 완벽한 정보망을 통해 빠짐없이 로렌초의 귀에 들어가고 있었다. 그때까지도 로렌초는 몇 번이나 리아리오 암살 음모를 되풀이했지만, 모두 실패로 끝났다. 그래도 그는 여전히 집요하게 기회를 노리고 있었다. 위의 세 사람에게 파엔차에서 돈과 무기가 은밀히 보내졌다. 그들이 큰 배에 탄 기분으로 기세가 오른 것도 무리는 아니다.

세 음모자는 당장 행동을 개시했다. 오르시 일가도 모두 여기에 가담하기로 결정되었다. 백작을 암살하는 데 성공하면, 그와 동시에 광장에서도 '자유'(리베르타)를 외치면서 봉기한다는 계획도 세워졌다. 이제는 리아리오 백작이 되도록 혼자 있을 때를 찾아야 한다. 하지만 이 문제도 쉽게 해결되었다. 론키의 조카가 리아리오 백작의 시동으로 일하고 있었기 때문이다. 이 소년은 저녁식사 후에 백작이 혼자 있을 때 성의 창문에서 신호를 보내겠다고 약속했다.

1488년 4월 14일 저녁, 옷 속에 무장을 갖춘 음모자 일당은 성 앞 광장에 집결했다. 그날은 광장에 장이 서는 날이어서 광장은 이제 슬슬 가게를 거두려는 상인과 농부들, 그리고 서둘러 장보기를 끝내려는 사람들로 북적거리고 있었다. 음모자들은 민중 사이를 태연히 돌아다니며 이따금 눈길만으로 동지를 확인했다. 그들은 시동의 신호를 기다리고 있었다. 바로 그때 성의 창문에서 시동이 모자를 흔들어 신호하는 것이 보였다. 오르시·판세키·론키는 당장 혼잡한 장터를 떠났다. 세 사람을 맞이한 성문 수비병은 포를리의 유력자인 오르시와 두 명의 용병대장의 모습을 보고 차려 자세를 취했을 뿐이다. 세 사람은 간단히 성 안으로 들어갔다.

리아리오 백작은 자기 방에서 창문에 기댄 채 비서 및 시종들과 담소를 나누며 식후의 휴식을 즐기고 있었다. 방에 들어온 오르시를 보았을 때, 그는 기분좋게 "무슨 일인가?" 하고 물었을 뿐이다.

"제가 횡령했다는 돈을 모두 갚을 수 있는 전망이 섰기 때문에 이렇게 찾아왔습니다."

오르시는 이렇게 말하면서 백작에게 다가가 무릎을 꿇는 척하다가, 소매 속에 감추어둔 단검을 빼들어 백작을 찔렀다. 백작이 상처로 손을 뻗었을 때는 오르시가 두번째로 휘두른 칼이 이미 백작의 가슴을 찌르고 있었다. 리아리오는 "배신자!"라고 외치며 탁자를 방패삼아 달아나려고 했다. 그러나 이제까지 방 밖에 숨어 있던 판세키와 론키가 방금 백작이 외친 소리를 듣고 방으로 뛰어들어왔다. 달아나려던 리아리오는 이 두 사람에게 잡혀 쓰러졌다. 탁자 밑에 쓰러진 그에게 단검이 소나기처럼 쏟아졌다. 이제는 목소리도 나오지 않았다. 그의 나이 42세였다.

지금까지 놀라서 멍하니 서 있던 비서와 시종들은 그제서야 정신을 차리고, "백작님이 살해당했다!"고 외치며 밖으로 뛰쳐나갔다. 그 소리에 네 명의 하인이 달려왔다. 하지만 그 무렵에는 이미 광장에 대기하고 있던 음모자 일당이 우르르 성으로 밀고 들어와, 성은 순식간에 그들의 손에 들어가고 말았다.

백작부인 카테리나가 자기 방에서 나올 틈도 없었을 만큼 눈 깜짝할 사이에 일어난 사건이었다. 당차게도 그녀는 자기 방에 있던 아이들을 가까이 끌어당기고 방문을 의자 따위로 막았지만, 이미 때는 늦었다. 성 안도 광장도 암살자들이 외치는 "자유다, 자유! 백작은 죽었다!"는 소리로 넘쳐흘렀다. 그녀는 죽은 남편에게 마지막 작별을 고하는 것조차 허락받지 못한 채 아이들과 함께 포로가 되었다.

호기심에 차서 광장에 모여든 군중 사이를 오르시와 판세키 사이에 끼여 걸어가는 카테리나의 뒤에 무언가가 쿵 소리를 내며 떨어졌다. 암살자들이 성의 창문에서 광장으로 내던진 리아리오 백작의 시체였다. 누군가가 외쳤다.

"이놈이 우리에게 무거운 세금을 매긴 그놈이다!"

그러자 광장에 모여 있던 군중은 마치 정신이 돌아버린 것처럼 시체를 향해 몰려갔다. 그들은 옷을 벗기고 알몸이 된 백작의 시체를 질질 끌고 다녔다. 뒤에서 벌어지는 이 소란을 들으면서 카테리나는 오르시의 집으로 끌려갔다.

'이탈리아의 여걸'

카테리나는 어떤 순간에도 자기 자신을 잃어버리지 않는 여자였다.

암살 성공에 도취해 있던 음모자들은 미처 깨닫지 못했지만, 그들에게 붙잡히기 조금 전에 그녀는 충실한 가신 한 명을 가까운 라바르디노 성의 대리 성주인 톰마소 페오에게 보냈다. 이 가신은 대리 성주에게 보내는 그녀의 명령서를 갖고 달려갔다. 그녀는 백작이 암살된 것을 알리고 성을 굳게 지키라고 명령하는 동시에, 밀라노의 스포르차 가문과 볼로냐의 벤티볼리오 가문에 백작부인의 이름으로 당장 구원을 요청하라고 일렀다.

오르시의 집에 붙잡혀 있는 카테리나는 그 무렵 수도사들의 방문 공세를 받고 있었다. 음모자들은 음모가 성공했는데도 유일한 후원자로 믿고 있던 로렌초 일 마니피코가 전혀 움직이려 하지 않는 것을 깨닫기 시작했다. 그들은 불안해졌다. 한편 지난 10년 동안의 집념을 이룬 피렌체의 로렌초는 이제 자기가 이 음모의 배후 인물이라는 것을 감추려 하고 있었다. "백작 암살극의 진짜 작가는 로렌초 데 메디치다"라는 베네치아 쪽 정보를 바탕으로 한 소문에 조금이라도 확증을 주는 행동은 하지 않으려고 조심했다. 주모자 세 사람은 암살에 성공한 뒤 로렌초에게 보호를 요청하는 편지를 보냈지만, 로렌초는 거기에 답장 한번 하지 않았을 뿐만 아니라 그들과는 아무 관계도 없는 척 시치미를 떼면서, 이미 볼일이 끝난 세 사람을 모른 체했다.

로렌초의 이 냉혹한 처사에 세 사람은 절망했다. 음모를 기정 사실로 만들려면 아무래도 강력한 후원자가 필요하다. 그들은 교회를 후원자로 삼기로 마음먹었다. 포를리는 교황의 봉토다. 그것을 교회의 직할령으로 만들면 자기들이 얻은 실권을 지킬 수 있으리라고 생각한 것이다. 그러기 위해 그들은 체세나의 총독인 사벨리 신부를 포를리 정부의 수반 자리에 앉혔다. 하지만 무엇보다도 백작의 미망인 카테리나가 자발적으로 포를리를 교회에게 헌납하는 것이 가장 자연스러

로렌초 일 마니피코

운 방법이다. 이것을 설득하기 위해 수도사들이 카테리나를 찾아온 것이다.

그러나 카테리나는 그녀를 "자매여!"라고 부르며 교묘하게 신에 대한 봉사를 설득하는 수도사들의 말에 귀를 기울이려고도 하지 않았다. 오르시를 불러, "이 사람들을 저리 데려가요. 꼴도 보기 싫으니까" 하고 내뱉듯이 말할 뿐이었다. 그래도 그녀는 로마 교황청에서 결정적인 통보가 내려오기 전에 일을 매듭짓지 않으면 이 나라는 영원히 자기 손에 돌아오지 않을 거라고 생각하기 시작했다.

카테리나의 고집에 골치를 앓고 있던 음모자들에게 그보다 훨씬 성가신 일이 일어났다. 우선 밀라노의 스포르차 가문이 밀라노 공작의 이름으로 강경한 항의 서한을 보내온 것이다. 군대가 밀라노를 떠나는 것도 시간 문제였다. 게다가 라바르디노 성의 대리 성주인 톰마소 페오는 리아리오 가문에 충성을 맹세하고 있어서, 그들의 말을 전혀 듣지 않을 뿐만 아니라 성채를 인도할 기색도 보이지 않았다. 이 라바르디노 성을 손에 넣지 않으면 포를리를 손에 넣었다고 말할 수 없다. 불안해진 그들이 생각해낸 것은 백작부인 카테리나를 성채 앞으로 끌고 가서 그녀로 하여금 애원하게 하자는 것이었다. 당장 카테리나는 음모자들에게 둘러싸여 성채 앞으로 끌려갔다. 대리 성주와 이야기하고 싶다는 백작부인의 목소리를 듣고, 톰마소 페오가 성벽 위에 모습을 나타냈다. 카테리나는 성을 넘겨달라고 그에게 부탁했다. 그러나 톰마소는 거부할 뿐이었다.

바로 이때 카테리나가 한바탕 연극을 했다. 오르시를 비롯한 음모자들에게 자기가 성 안으로 들어가서 대리 성주를 설득해보겠노라고 말한 것이다. 물론 그들은 믿지 않았다. 그러자 카테리나가 말을 이었다.

"당신들은 내 아이 여섯을 볼모로 잡고 있잖소. 세 시간만 여유를 주면 반드시 대리 성주를 설득하고 돌아오겠소."

이 광경을 보고 있던 톰마소 페오도 백작부인 한 사람만이라면 들여보내주겠다고 말했다. 맨 먼저 찬성한 사람은 사벨리 신부였다. 오르시 일당도 초조해 있었기 때문에 마지못해 허락했다.

성채의 수비군이 해자 위에 다리를 내렸다. 모두 지켜보는 가운데 카테리나는 그곳으로 다가가 다리를 건넜다. 그녀가 건너가자 다리는 다시 올려졌다. 철책이 닫히는 소리가 들렸다. 그 순간 카테리나는 홱 뒤로 돌아서더니, 두 주먹을 쥐고 엄지손가락을 주먹 한가운데로 삐죽 내밀었다. 이것은 섹스를 의미하는 지극히 천박한 제스처로, 상대를 심하게 모욕할 때 사용한다. 이것을 본 오르시 일당이 화를 낸 것은 말할 나위도 없다. 하지만 그들은 아직도 그녀가 자기들을 완전히 속였다고는 믿을 수가 없었다. 그래서 그들은 카테리나와 약속한 대로 계속 기다렸다.

한편 성 안으로 들어간 카테리나를 대리 성주인 톰마소 페오는 감격의 눈물을 흘리며 맞이했다. 당장 그들은 식탁에 둘러앉았다. 카테리나도 이틀 동안의 포로 생활을 잊어버리고, 열심히 먹고 마셨다. 그러고는 방으로 들어가 잠들어버렸다.

아무리 기다려도 카테리나가 나오지 않자, 그제서야 음모자들은 속은 것을 깨달았다. 그들은 큰 소리로 위협해보기도 했지만, 멀리서 짖어대는 그들의 목소리가 카테리나의 귀에 들어갈 리가 없었다. 오르시 일당은 오늘은 이대로 물러갈 수밖에 없다고 생각하고 시내로 돌아갔다.

이튿날 음모자들은 카테리나의 아이들 가운데 맏아들과 둘째아들을 성채 앞으로 끌고 갔다. 아이를 이용하여 그녀의 마음을 돌리려고 한 것이다.

칼로 위협당한 아이들은 울면서 어머니를 불렀다.

그러자 카테리나가 성벽 위에 모습을 나타냈다. 맨발에 머리도 묶지 않고 풀어헤친 모습이었다. 오르시는 성에서 나오지 않으면 아이들을 죽이겠다고 협박했다. 여기에 대한 그녀의 대답이야말로 마키아벨리를 비롯한 모든 역사가가 후세에 전한 그 유명한 말이다. 카테리나는 유유히 치맛자락을 홱 걷어올리고는 이렇게 외쳤다.

"멍청한 놈들아, 이것만 있으면 아이쯤은 앞으로 얼마든지 만들 수 있단 말이다."

여기에는 한동안 아무도 말을 잇지 못했다.

25세의 아름다운 백작부인이 보여준 이 배짱에 어안이 벙벙해 있던 오르시 일당도 다음 순간에는 정신을 차리지 않을 수 없었다. 성에서 쏜 대포알이 바로 가까이에 떨어졌기 때문이다. 그들은 허둥지둥 시내로 도망쳐 돌아갔다.

카테리나가 아이들을 버린 것은 아니다. 사로잡혀 있을 무렵, 그녀는 공포에 질려 울부짖는 아이들을 이렇게 타일렀다고 한다. 지금까지 죽이지 않았으니까 더 이상 위험은 없다고 생각해라. 너희는 용감하기로 이름난 스포르차 가문의 피를 이어받지 않았느냐. 카테리나는 단지 선수를 쳐서 오히려 적의 의도를 꺾어버리려고 생각했을 뿐이다. 그녀에게 지금 중요한 것은 시간을 버는 것뿐이었다.

포를리 시민들의 지지를 기대할 수도 없는 상황에서 카테리나에게 다행이었던 것은 음모자들의 우유부단과 진정한 적인 로마 교황과 로렌초 데 메디치의 침묵이었다. 교황과 로렌초는 아무 행동도 취하지 않았다. 베네치아의 연대기 작가인 사누도도 기록했듯이, 당시 일반인들은 교황 인노켄티우스 8세와 피렌체의 로렌초 일 마니피코가 아들이자 사위인 프란체스케토 치보에게 포를리를 주기 위해 리아리오 암살을 연출했다고 수군거렸다. 이런 여론 앞에서는 교황도 로렌초도 섣불리 이 문제에 관여할 수가 없었다. 특히 뒤에서 음모를 도운 로렌초는 암살이 성공한 뒤에는 시치미를 떼고 끝까지 모른 체할 작정이었다. 암살자 일당은 고립되어버렸다.

불안해진 그들은 시민들 사이를 돌아다니며, 며칠 뒤에는 교황청에서 돈과 지원군이 도착할 테니까 그때까지 성에 조금이라도 손해를 주어야 한다면서 성채 공격의 필요성을 설득했다.

그러나 민중은 정세를 민감하게 알아차리는 법이다. 그들은 아무도 움직이려 하지 않았다. 그때까지 피렌체의 로렌초를 의식하여 조심하고 있던 볼로냐의 벤티볼리오 공작이 밀라노의 스포르차한테 독촉을 받고 드디어 무거운 엉덩이를 일으킨 것을 알았기 때문이다.

카테리나 스포르차

친정인 스포르차 가문이 구원해주리라 믿고 시간을 벌고 있던 카테리나의 계책이 들어맞았다. 남편이 암살당한 지 보름 뒤인 4월 29일, 드디어 밀라노 군대가 포를리에서 10킬로미터 떨어진 곳까지 진격했다는 정보가 들어왔다. 밀라노 군대만이 아니라 볼로냐와 만토바, 페라라의 군대까지 합세한 지원군은 통틀어 1만 2천 명이라고 전해졌다.

이런 사실을 안 포를리 백성들은 마음을 정했다. 지금까지 해방자라고 불렸던 오르시 일당은 당장 암살자로 추방당하게 되었다. 음모자들에게 더욱 결정적인 타격을 준 것은 로마 교황청이 발표한 교황 인노켄티우스 8세의 교서였다. 이 교서에서 로마 교황청은 암살당한 리아리오 백작의 맏아들 오타비아노를 포를리의 정통 영주로 인정하고, 미망인 카테리나를 그 정식 후견인으로 삼았다.

그날 밤에 오르시와 판세키와 론키를 비롯하여 음모에 가담한 자들은 모두 가족과 함께 포를리에서 도주했다. 처음에는 베네치아공화국의 영지인 체르비아로 달아났지만, 베네치아가 그들의 망명을 인정하지 않았기 때문에 거기서도 떠날 수밖에 없었다. 방랑의 인생이 그들을 기다리고 있는 운명이었다.

한편, 13일 동안 라바르디노 성에서 때가 오기만 기다리고 있던 카테리나는 밀라노 군대가 도착했다는 소식을 듣고, 자기가 이긴 것을 알았다. 하지만 그녀는 승리에 도취하기에는 지나치게 냉정했다. 그녀는 밀라노 군대의 포를리 입성을 거부했다. 밀라노 군대를 시내로 맞아들이면, 1만 2천 명의 병력으로 가득 찬 시내가 안전할 리 없다. 당시 군대는 급료를 제대로 받지 못했기 때문에 정복지에서 약탈하는 것이 당연한 권리로 인정되다시피 했다. 물론 밀라노 군대도 약탈을 계산하고 이곳에 왔을 게 분명했다. 카테리나는 이것을 알고 있었기 때문에 구원군의 포를리 입성을 거부한 것이다. 남편이 죽은 뒤, 이 어려운 시기를 극복하기 위해서는 민심을 자기 쪽에 붙잡아두는 것이 무엇보다도 중요했다.

그러나 대중과는 언제나 명확한 선을 긋고 있던 귀족적인 그녀가 민중에 대한 배려 때문에 이토록 강력하게 밀라노 군대의 포를리 입성을 거부했다고는 생각할 수 없다. 그녀의 마음 속 깊은 곳에는 그보다 훨씬 깊은 배려가 숨어 있었다.

카테리나는 지금까지의 경험으로 친척이 얼마나 믿을 수 없는 존재인가를 알고 있었다. 특히 밀라노공국의 영주는 그녀의 이복동생인 잔 갈레아초로 되어 있지만, 실권은 숙부인 루도비코 일 모로가 장악하고 있었다. 그녀는 친정인 스포르차 가문조차도 믿지 않았다. 밀라노가 원군을 보낸 것을 구실삼아 군대를 포를리에 주둔시키게 되면, 약소국 포를리는 강대국인 밀라노공국의 속국이 되어버린다. 자칫하면 합병될 가능성도 있다. 이것이야말로 카테리나가 가장 두려워한 일이었다. 남자 영주가 없는 나라. 누구나 생각하는 것은 마찬가지다. 친척이라 해도 다를 게 없다. 8일 뒤, 밀라노 군대는 본심을 드러내지 않는 그녀의 멋진 외교로 별다른 불만도 품지 않은 채 다시 북쪽으로 돌아갔다.

1488년 4월 30일, 이날은 카테리나가 집정한 첫날이다. 밀라노군 지휘관들을 거느리고 성을 나온 카테리나는 말을 타고 포를리 시내로 들어갔다. 개선이다. 보름 전만 해도 그녀의 남편 시체를 질질 끌고 다니며 "오르시 만세"를 외쳤던 바로 그 민중이 말을 탄 그녀를 향해 "카테리나, 카테리나, 오타비아노"를 외쳤다.

암살자들에 대한 수색이 시작되었다. 하지만 주모자 세 명은 벌써 도망쳐버린 뒤였다. 미처 달아나지 못한 오르시의 아버지와 몇몇 여자들이 체포되었다. 85세의 이 노인에 대한 처사는 잔혹하기 이를 데 없었다. 노인은 붙잡혀 있던 성에서 밧줄에 목이 묶인 채 시내로 끌려나왔다. 앞자락은 벌어지고, 양말은 한 짝밖에 신지 않았고, 손은 뒤로 묶여 있었다. 병사들은 그런 노인을 쿡쿡 찌르거나 잡아 흔들면서 괴롭혔다. 노인에게 사형이 선고되었다. 광장으로 끌려나온 노인은 산 채로 말에 끌려다니는 형벌에 처해졌다. 노인의 다리가 말에 묶였다. 말은 노인을 끌고 돌이 깔린 광장을 몇 바퀴나 돌았다. 마침내 노인의 숨이 끊어졌다. 암살자들이 리아리오 백작의 시체를 창문에서 던졌듯이, 노인의 시체도 성의 창문에서 광장의 돌바닥으로 던져졌다.

하지만 여자들은 그대로 석방되었다. 카테리나도 더 이상 암살자를 수색하려고 하지 않았다. 훗날 카테리나가 보여준 잔인함을 생각하면, 이때의 복수가 이렇게 간단히 끝난 것은 좀 의아스럽다. 아무래도 카테리나는 살해된 남편을 별로 사랑하지 않았던 모양이다. 17세나 연상인데다 난폭하기만 한 남편, 외삼촌 덕에 벼락출세한 남편, 특히 말년에는 툭하면 병에 걸려 짜증만 부렸던 리아리오와의 생활은 카테리나에게 그다지 즐거운 것은 아니었다.

1년 전에는 이런 일도 있었다. 밀라노 대사가 찾아와 카테리나에게 밀라노 공작의 초대를 전했다. 그녀는 결혼한 뒤 한번도 친정에 가보지 못한 터였다. 그런데도 남편은 그 초대를 거절하고 말았다. 그때 카테리나가 대사에게 털어놓은 말이 공작에게 보낸 대사의 편지에 남아 있다. 밀라노 대사인 비스콘티는 리아리오 백작이 초대를 거절했다는 것을 밀라노 공작에게 전하기 위해 별실에서 편지를 쓰고 있었는데, 카테리나가 몰래 찾아왔다. 그러고는 남편이 억지 소리를 하면서 자기를 괴롭히니까, 앞으로는 밀라노 공작의 이름으로 자기를 초대하지 말라고 울면서 부탁했다. 리아리오 백작은 아내가 밀라노에 가고 싶은 나머지 몰래 밀라노 공작에게 자기를 초대해달라고 부탁했을 거라면서 그녀를 못살게 군다는 것이었다. 그녀의 결혼생활이 어떠했는지는 이것으로도 엿볼 수 있다. 산 프란체스코 성당에 있는 남편의 무덤을 카테리나는 평생 한번도 찾아가지 않았다.

빨간 공단 저고리를 입고 황금색 비단 망토를 어깨에 우아하게 걸치고 창가에 기대어 서 있는 청년. 하얀 공단으로 지은 반소매 저고리를 입고 까만 목도리를 느슨하게 두른 여자는 남자 곁에 의자를 가까이 끌어다놓고 앉아서 청년을 쳐다보고 있다. 포를리 성의 한 방에 들어온 피렌체 대사 푸치는, 희미한 저녁 햇살 속에 떠오른 두 사람의 모습이 그림처럼 아름다워서 잠시 멈춰선 채 움직이지 못했다고, 메디치 공작에게 보낸 편지에서 말하고 있다.

카테리나는 사랑을 하고 있었다. 나긋나긋한 육체, 대담한 정열을 거침없이 발산하는 젊음, 조용한 행동거지 속에서 활활 타오르는 듯한 눈빛. 그녀는 자기보다 여덟 살이나 아래인 이 자코모에게 완전히 반해버렸다.

그러나 이 격렬한 사랑은 처음부터 장애가 너무 많았다. 자코모 페오. 이제 갓 18세가 된 그는 카테리나의 유일무이한 충신인 톰마소 페오의 동생이긴 하지만, 죽은 리아리오 백작의 시동이었던 낮은 신분이다. 포를리 백작부인 카테리나와는 너무나 신분이 달랐다.

이 사랑에 대한 소문은 포를리뿐만 아니라 밀라노와 피렌체까지 퍼졌다. 밀라노의 일 모로는 처신에 신중하라고 강력하게 명령하는 편지까지 보내왔다. 리아리오 백작이 죽은 뒤 가뜩이나 어려운 상태에 빠진 나라를 위험에 노출시키는 원인은 만들지 않도록 주의해야 한다는 것이었다.

카테리나에게도 지금 밀라노의 지지를 잃어버리는 것은 완전한 고립을 의미했다. 하지만 그녀는 계속 시치미를 뗐다. 사랑에 눈먼 그녀는 숙부의 충고를 받아들여 사랑을 체념하기는커녕, 1490년에는 몰래 결혼까지 한 것 같다. 카테리나는 계속 애인 관계로 있기에는 너무나 자신의 감정에 정직했다. 그녀가 결혼했다는 정보를 맨 먼저 입수한 것은 피렌체였다. 여기에는 밀라노만이 아니라 로마 교황청까지도 깜짝 놀랐다. 포를리의 정통 영주는 카테리나의 아들 오타비아노였고, 미망인인 그녀는 섭정일 뿐이다. 게다가 그녀가 외간 남자와 재혼할 경우에는 섭정권을 박탈당하도록 되어 있었다. 그런데도 카테리나는 여전히 포를리의 실질적인 지배자로 남아 있다. 이것은 포를리를 빼앗을 절호의 구실이 된다.

밀라노와 피렌체 및 로마의 집요한 조사와 질문에도 불구하고, 카테리나는 결혼 사실을 끝까지 감추었다. 그 무렵에 그녀가 쓴 편지는 위험한 사랑을 하며 위험 속에서 살고 있는 여자의 기개를 충분히 느끼게 한다. 이처럼 외부에 대해서는 한 발짝도 물러서지 않는 기개를 보인 카테리나도 애인 앞에서는 반동적이라고 할 수 있을 만큼 다소곳한 여자가 되었다. 애인을 위해서라면 어떤 일도 서슴지 않았다. 나라의 주권을 잃을 위험마저 무릅쓰고 비밀 결혼까지 강행했다. 1494년에 프랑스 왕 샤를 8세가 이탈리아에 침입했을 때는 샤를에게 부탁하여 프랑스 남작의 칭호까지 얻어주었다.

그러나 자코모는 카테리나의 지극한 사랑을 소중히 여기기에는 인간적으로 너무 미숙했다. 그는 조금씩 그녀의 사랑을 남용하기 시작했다. 성 밖으로 나갈 때에는 마치 영주라도 되는 것처럼 많은 수행원을 거느렸고, 나라의 재정도 혼자 도맡아 권세를 부리며 자기 권력에 우쭐대는 태도가 눈에 띄게 되었다.

하지만 무엇보다도 사람들 입에 오르내린 것은 카테리나에 대한 심한 질투였다. 그녀가 다른 남자와 단둘이 방에 있는 것은 절대로 허락하지 않았다. 카테리나가 가신을 만날 때도 그가 반드시 동석해야 했다. 공식 석상에서도 자코모는 늘 카테리나 곁에 붙어 있었다. 국정에 대해서도 카테리나가 이야기하면 자코모가 그것을 확인하는 형편이었다. 언젠가 나폴리의 장군 칼라브리아 공작이 포를리를 방문했을 때도 자코모가 카테리나 옆을 한시도 떠나지 않고 찰싹 붙어 앉아 있었다는 이야기는 이탈리아 전체의 웃음거리가 되었을 정도이다.

하지만 카테리나는 공식 지위를 가진 여자였다. 무슨 일인가가 일어날 수밖에 없는 정세가 되어 있었다.

카테리나의 아들 오타비아노는 16세가 되었다. 이제 정통 후계자로서 자신의 지위를 자각하기 시작할 나이다. 그의 마음 속에 어머니를 제멋대로 주무르는 자코모에 대한 증오가 싹트기 시작했다 해도 이상할 게 없다.

어느 날 가신들이 모두 모인 자리에서 자코모가 오타비아노를 가볍게 놀린 일이 있었다. 그러자 오타비아노는 지금까지 마음 속에 쌓인 불만을 자코모에게 터뜨렸다. 화가 난 자코모는 벌떡 일어나 소년의 뺨을 때렸다. 사람들의 눈은 일제히 카테리나에게 쏠렸다. 앉아 있는 그녀의 볼이 벌개지고, 눈에 눈물이 맺혔다. 하지만 입술이 바르르 떨렸을 뿐, 그녀의 입에서는 한마디도 나오지 않았다. 이때부터 오타비아노에 대한 가신들의 동정은 자코모에 대한 증오로 바뀌었다.

2년이 지났다. 그동안에도 자코모에게 권력을 독점당한 가신들 사이에서는 그에 대한 증오가 커져갈 뿐이었다. 특히 리아리오의 가신으로서 오르시의 반란 때는 카테리나에게 충절을 지켰고 지금은 오타비아노의 측근인 게티 형제를 비롯한 중신들은 자코모에게 강한 분노를 느끼고 있었다. 그들을 중심으로 하여 불행한 백작부인과 오타비아노를 구하기 위한 자코모 암살 음모가 꾸며졌다.

  1495년 8월 27일, 아베 마리아의 종이 울릴 시각이었다. 희미한 저녁 햇살이 회색의 낮은 석조 건물들을 황금빛으로 물들이고 있었다. 카테리나는 어스름이 깔리는 포를리의 거리로 돌아가려 하고 있었다. 맏아들과 둘째아들, 그리고 자코모도 동행한 이날의 사냥은 최고의 수확을 거두었고 날씨도 좋았기 때문에 많은 호위병과 시녀들까지도 유쾌한 기분으로 들떠 있었다. 일행은 노래를 부르며 시내로 들어가는 스키파노이아 성문을 지나 모라티니 다리로 다가갔다.
  그러나 그 다리에는 음모자들이 숨어 있었다. 우선 마차를 탄 카테리나가 지나갔다. 바로 뒤이어 두 아들도 말을 타고 다리를 건넜다. 이어서 자코모의 말이 다리에 접어들었다. 바로 그때, 웬 사내가 그 앞을 막아섰다. 안토니오 게티였다. 놀란 말은 앞다리를 번쩍 들어올렸다. 자코모가 고삐를 당기려 했을 때, 게티가 다짜고짜 단검을 빼들고 그에게 돌진했다. 칼은 자코모의 복부를 깊이 찔렀다. 자코모가 저도 모르게 비틀거리며 고삐를 놓자, 기다리고 있던 도메니코 게티가 고삐를 잡더니 다친 자코모를 자기 몸으로 덮치면서 말에 올라탔다. 말은 가까운 산 베르나르도 성당으로 달려 들어갔다. 거기에는 수도사 두 명과 다른 음모자들이 기다리고 있었다. 그들의 칼이 자코모의 몸에 빗발치듯 내리꽂혔다. 단말마의 비명도 잠시뿐. 그의 시체는 그대로 우물 속에 던져졌다. 그의 나이 24세였다.

최초의 소리를 들었을 때, 이미 카테리나는 무슨 일이 벌어졌는가를 알아차렸다. 그녀는 타고 있던 마차에서 뛰어내렸다. 그러고는 호위병의 말을 잡아타고 곧장 성채로 달려갔다.

호위병들과 암살자들의 칼싸움도 오래 지속되지는 않았다. 게티가 이 암살은 백작부인의 명령에 따른 것이라고 외쳤기 때문이다. 그러는 동안에도 암살자들은 "오타비아노! 카테리나!"를 외치기 시작했다. 게티 형제를 앞세우고 성 앞 광장으로 행진하는 암살자들의 이 외침소리는 시내의 골목골목으로 퍼져갔다.

광장에 도착하자, 안토니오 게티는 거기에 모인 군중을 향해 이 살인은 백작부인과 오타비아노 공작의 명령으로 이루어졌다고 말했다. 하지만 그 말을 믿지 않는 사람들도 있었다. 그들은 성으로 가서 게티 형제의 말이 사실인지 아닌지를 백작부인에게 물어보기로 했다. 그들을 맞은 카테리나는 애인을 잃은 슬픔과 분노 때문에 아무 말도 못했다. 눈을 부릅뜬 채 주먹을 불끈 쥐고 있던 그녀의 입에서 마침내 한마디 말이 터져나왔다.

"이건 암살이다. 괘씸한 놈들!"

지금까지 광장에 있던 게티를 비롯한 암살자들은 이번에는 병사와 군중들에게 쫓겨다니게 되었다.

이튿날 밤 자코모의 시체는 산 지롤라모 성당으로 옮겨져 기사의 자격으로 성대한 장례식이 거행되었다. 이 자리에서 카테리나는 깊은 슬픔 속에서 자코모 페오가 자기와 정식으로 결혼했다는 사실을 공표했다.

카테리나의 복수는 무시무시했다. 우선 상처를 입은 안토니오 게티가 붙잡혔다. 그는 나체로 성당 발코니에 목이 매달렸고, 그 시체는 무려 석 달 동안이나 그 자리에 방치되었다. 동생 도메니코는 간신히 도망쳤지만, 다른 동생은 고문에 못 이겨 모든 것을 자백했다. 그의 자백에 따라 수도사 둘을 포함한 7명의 음모자가 붙잡혔다. 이들은 말에 묶인 채 광장에서 자코모가 살해된 다리까지 몇 차례나 질질 끌려다녔다. 그 뒤를 병사들이 저마다 욕설을 퍼부으며 따라다녔지만, 나중에는 그들도 기진맥진했다.

성 앞 광장에서 자코모의 하인이 암살자들의 숨통을 끊었지만, 두 명의 수도사만은 아직도 희미하게 숨이 붙어 있었다. 그들은 다른 피투성이 시체와 함께 목매달린 게티 옆에 똑같이 매달렸다. 요즘 사람들은 이런 잔혹함에 혐오감을 느낄지도 모른다. 그러나 나중에 나폴리왕국의 부르봉 왕조가 백성을 다스리는 3대 원칙으로 삼은 것은 '3F', 즉 Farina(밀가루) · Festa(축제) · Forca(처형대)였다. 당시 백성들에게 세번째 F는 흔히 두번째 F와 똑같이 받아들여졌다. 피투성이 나체의 처형은 당시 민중에게는 훌륭한 구경거리였던 것이다.

하지만 애인을 잃은 카테리나의 분노는 이것으로 끝나기에는 너무나 격렬했다. 유일하게 달아난 도메니코 게티에게는 곧 자객이 보내졌고, 그가 남기고 간 임신한 아내와 세 아이는 성으로 끌려가 살해되었다. 안토니오 게티의 가족도 그들과 똑같은 운명을 밟았다. 다섯 살바기 맏아들은 목이 잘렸고, 그보다 어린 두 아이와 그 어머니는 성 안의 빈 우물에 산 채로 던져 묻어버렸다. 오르촐리나 마르코벨리 같은 명문가도 그녀의 분노를 피할 수 없었다. 음모에 가담한 자들의 가족과 친족은 아녀자들까지도 모두 살해되었다.

"대가 완전히 끊기도록 그 집안의 씨를 말려버려라."

카테리나의 이 명령은 냉혹하게 실행되었다. 카테리나 자신도 "날마다 안색 하나 변하지 않고 잔혹하기 이를 데 없는 갖가지 형벌을 선고했는데, 그 수가 너무 많아서 처형당한 사람들의 이름도 일일이 기억하지 못할"(칼라리) 정도였다. 열흘 남짓한 사이에 40명이 사형당하고 50명이 투옥되었다. 끌려가는 여자와 아이들의 울음소리가 끊이지 않았던 포를리는 말할 것도 없고, 로마냐 지방 전체도 몸서리를 쳤다. 그녀의 잔인함에 아연해진 것은 비단 로마냐 지방만이 아니었다. 교황 알렉산데르 6세는 놀라서 라파엘로 리아리오 추기경의 방임하는 태도를 비난했다. 아스카니오 스포르차 추기경이 밀라노의 일 모로 공작에게 보낸 편지, 그리고 볼로냐의 벤티볼리오 공작이 밀라노에 보낸 편지에서도 카테리나의 지나친 처사를 비난하는 당시의 여론을 엿볼 수 있다.

하지만 지금까지 카테리나를 여자라고 얕보았던 포를리 백성들이 받은 충격은 엄청난 것이었다. 그들은 공포에 질린 나머지 겉으로는 고분고분 따르는 것처럼 보였지만, 마음 속에서는 그녀에 대한 뿌리 깊은 반감이 서서히 싹트기 시작했다. 500년이 지난 오늘날, 포를리는 이탈리아에서도 가장 공산당 세력이 강한 도시인데, 아직도 포를리의 어머니들은 아이가 보채면 "카테리나 백작부인이 온다"고 겁을 주어 달랜다고 한다.

모든 것을 잊어버리고 애인을 잃은 분노에 몸을 내맡긴 어리석음을 카테리나는 곧 깨달아야 했다. 그녀는 광기와도 비슷한 그 복수로 말미암아 자신의 입장이 전보다 더 곤란해진 것을 알았다.

교황 알렉산데르 6세의 뜻에도 주의를 게을리할 수 없었다. 또한 베네치아공화국의 움직임도 무시할 수 없었다. 포를리의 옛 영주인 오르델라피 가문이 라벤나에 망명하는 것을 허락하고, 그들을 이용하여 로마냐 지방에 대한 야심을 달성하려 하고 있던 베네치아는 게릴라 부대를 보내서 포를리 근방을 자주 위협하고 있었다.

이처럼 좋지 않은 주변 상황 속에서는 하다못해 국내만이라도 그녀를 중심으로 똘똘 뭉쳐 있어야 하는데, 카테리나에 대한 가신들의 충성심은 흔들리고 있었다. 지금 간신히 통합을 유지하고 있는 것은 그녀에 대한 공포심 때문이라고 해도 좋았다.

하지만 무엇보다도 어머니로서 카테리나의 마음에 그림자를 던진 것은 맏아들 오타비아노의 이반이었다. 이미 스무 살이 다된 그는 정통 영주이면서도 끝내 그 실권을 행사할 기회를 얻지 못했다. 게다가 혼담도 어머니가 멋대로 거절해버렸다. 밀라노의 일 모로는 만토바의 프란체스코 곤차가 후작과 이사벨라 데스테 사이에 태어난 딸을 오타비아노의 신부감으로 추천했고, 로마에서는 교황의 딸 루크레치아 보르자와의 혼담을 가져왔지만, 그녀는 어떤 혼담에도 귀를 기울이려 하지 않았다. 특히 루크레치아와의 혼담은 숙부인 아스카니오 스포르차 추기경이 가져와서 간절히 부탁했는데도, 카테리나는 자기 친정인 스포르차 가문의 조반니 스포르차와 한번 결혼한 여자와는 아들을 결혼시킬 수 없다고 퇴짜를 놓아 교황의 분노까지 사버렸다. 오타비아노가 박력있는 사내였다면, 어머니를 상대로 중대한 사태가 벌어졌을지도 모른다. 하지만 그는 뒤룩뒤룩 살만 찌고, 여자 꽁무니를 쫓아다니는 것밖에는 아무 재주도 없는 칠칠찮은 사내였다.

보통 어머니라면 아들이 결혼하는 것을 기뻐하는 법이다. 그러나 카테리나는 달랐다. 그녀에게 아들의 결혼은 권력이 자기 손에서 떠나는 것을 의미했다.

포를리는 이탈리아 반도를 남북으로 종단하기 위해서는 반드시 통과해야 하는 지점에 자리잡고 있다. 당시에는 볼로냐와 피렌체 사이의 산맥을 넘기보다는 밀라노에서 모데나와 볼로냐를 거쳐, 이몰라와 파엔차와 포를리를 지나 아드리아 해안의 리미니와 페사로에 이른 다음, 거기서 다시 내륙으로 들어가 우르비노와 피렌체를 거쳐서 로마로 오는 길이 주요 경로였다. 포를리가 작은 나라이면서도 아주 중요했고, 로마냐 지방의 관문이라는 말을 들은 이유도 여기에 있다.

하지만 소국은 소국이다. 카테리나는 이 가난한 소국의 영주였다. 언제나 돈이 모자라서 쩔쩔맸고, 그 때문에 무기를 만들어 팔거나 병사들을 외국에 빌려주어 돈을 버는 일까지도 마다하지 않았다.

1494년 10월, 프랑스 왕 샤를 8세의 군대가 이탈리아에 침입했을 때의 일이다. 그녀의 숙부인 밀라노의 일 모로는 당연한 일처럼 프랑스 군대의 포를리 통과를 승인해달라고 카테리나에게 요구해왔다. 그러나 그녀는 숙부가 그녀의 동생이자 정통 밀라노 공작인 잔 갈레아초한테서 실권만이 아니라 공작의 지위까지 박탈하고, 그 야망을 달성하기 위한 엄호사격으로 프랑스 군대의 침입을 주선했다는 사실을 알고 있었다. 카테리나는 일 모로의 노련한 정치에 경계심을 품었다. 그래서 숙부의 요구에 확답을 하지 않고 말을 이리저리 돌리며 얼버무렸다. 하지만 프랑스 군대가 피렌체로 가려면 그녀의 영토인 포를리를 통과해야 한다. 이것을 프랑스 군대의 당면한 적인 나폴리 왕과 로마 교황의 입장에서 바꿔 말하면, 포를리 백작부인의 동향이 그들에게 중대한 결과를 초래한다는 것을 의미했다. 당장 로마에서 리아리오 추기경이 달려왔고, 나폴리에서는 칼라브리아 공작이 급파되었다.

이 순간, 카테리나는 장사꾼으로 변했다. 어느 쪽에 붙어야 더 많은 이익을 챙길 수 있을 것인가. 그러는 동안에도 밀라노와 프랑스 쪽의 사절, 로마와 나폴리 쪽의 사절이 날마다 교대로 카테리나를 찾아와 대답을 요구했다. 그녀는 그들과 만나는 것을 거절하지는 않았지만, 확답만은 교묘하게 주지 않았다. 그러다가 마침내 로마와 나폴리 쪽에서 1만 6천 두카토를 제공하겠다는 제의가 들어왔다. 카테리나는 마음을 굳혔다. 이 돈을 위해 일단은 로마와 나폴리 쪽에 붙는 척하고, 뒤에서는 몰래 프랑스 군대를 통과시키기로 결심한 것이다. 그녀에게 밀라노는 역시 보호자였고, 일 모로의 뜻도 무시할 수는 없었다.

그로부터 5년 뒤인 1499년 7월, 피렌체공화국의 젊은 외교사절이 포를리에 도착했다. 당시 30세인 니콜로 마키아벨리였다. 그의 임무는, 포를리의 실세인 카테리나 백작부인을 만나 그녀의 맏아들 오타비아노가 피렌체 군대에서 용병대장으로 근무하는 문제를 교섭하는 일이었다. 지난해부터 오타비아노는 군대를 이끌고 피렌체 군대와 함께 피사 공방전에 참가하고 있었는데, 앞으로도 계속 계약을 유지할 것인가에 관해서는 용병료 문제 때문에 포를리와 피렌체 사이에 합의가 이루어지지 않은 상태였다.

카테리나 쪽에서 보면 연간 1만 7천 두카토의 수입은 무시할 수 없는 액수였고, 겉으로는 내색하지 않았지만 그녀는 전부터 피렌체공화국에 호감을 갖고 있었기 때문에 용병 계약을 유지할 뜻은 충분히 갖고 있었다. 한편 피렌체 쪽은 용병료를 연간 1만 두카토로 깎을 작정이었다. 게다가 피사 공방전으로 피렌체와 베네치아공화국의 관계가 나빠진 지금, 카테리나의 나라는 베네치아에 대한 피렌체의 전략상 요지를 차지하고 있다. 마키아벨리가 받은 명령은 용병료를 되도록 낮추되 포를리와의 우호관계는 유지하라는 어려운 것이었다. 이 임무는 또한 30세의 마키아벨리 개인에게는 최초의 중요한 외교 교섭이기도 했다.

더구나 상대는 잔인함과 용기와 배짱으로 유명한 당대의 프리마 돈나다. 젊은 마키아벨리가 각오를 단단히 하고 포를리로 간 것도 무리는 아니었다. 하지만 그의 첫 외교 교섭 무대는 백작부인의 독무대로 끝나버렸다.

7월 16일, 마키아벨리는 포를리에 도착했다. 그는 백작부인에게 접견을 신청하고, 밤 10시에 성의 어두컴컴한 방에서 처음으로 이 유명한 여자와 대면했다. 36세의 나이에도 여전히 아름답고 날씬한 몸에 화려한 옷을 걸치고 서 있는 카테리나의 늠름한 자태는 냉정한 두뇌를 가진 마키아벨리한테도 큰 충격을 준 모양이다.

이튿날 카테리나와 교섭하러 성에 간 그는 우선 성 안에 피렌체 사람이 많은 것에 놀랐다. 게다가 회담장 안에 밀라노 궁정의 가신들이 배석해 있는 것은 더더욱 이해하기 어려웠다. 백작부인의 마음이 피렌체 쪽에 있는지, 아니면 적인 밀라노 쪽인지, 그는 도무지 판단할 수가 없었다.

하지만 이것이 카테리나의 계책이라는 것을 젊은 마키아벨리는 미처 깨닫지 못했다. 그녀는 상냥하고 부드러운 태도로 마키아벨리를 대하여 그를 안심시켰지만, 교섭에 관해서는 승낙할 기색조차 보이지 않았다. 그러는 동안에도 성에서는 무기와 병사와 말이 밀라노를 향해 떠나는 것을 날마다 볼 수 있었다. 마키아벨리는 점점 초조해지기 시작했다. 카테리나의 술수에 넘어간 것이다.

엿새 뒤, 여전히 "피렌체공화국은 백작부인과 우호관계를 유지하기 위해 어떤 일도 할 작정"이라고 역설하는 마키아벨리에게 카테리나는 가볍게 대꾸했다.

"헛된 논의만 계속하는 것보다는 합의점을 찾아내는 편이 좋겠지요."

요컨대 용병료를 타협하자는 것이다. 마키아벨리는 용병료를 1만 두카토로 깎으라는 지령을 받았지만, 거기에 2천 두카토를 더 얹어주는 것으로 타협할 수밖에 없었다.

조반니 데 메디치

24일, 계약이 맺어졌다. 마키아벨리는 외교관으로서의 첫 무대에서 대국에 둘러싸인 소국의 정치적 실체를 생생히 보았다. 그후에도 그는 포를리의 백작부인에 대해 깊은 경애심을 품고, 남자의 마음을 가진 여자라고 그녀를 평했다.

국정에 뛰어난 재능을 발휘한 카테리나도 누군가를 사랑하지 않고는, 그리고 누군가에게 사랑받지 않고는 살아갈 수 없는 여자였다.

마키아벨리가 포를리에 오기 3년 전, 피렌체에서 한 남자가 많은 수행원을 거느리고 포를리의 카테리나 앞에 나타났다. 피렌체 대사로 부임한 메디치 가문의 조반니였다. 로렌초 일 마니피코와는 육촌 형제다. 하지만 샤를 8세가 이탈리아에 침입했을 때 본가의 우두머리인 로렌초 일 마니피코의 아들 피에로가 피렌체에서 도망쳤기 때문에, 그후로는 방계인 조반니와 형 로렌초에게도 햇빛이 비치는 시대가 와 있었다. 이 조반니가 로마냐 지방의 요지인 포를리에 대사로 부임해온 것이다.

29세인 그는 비록 귀족 칭호는 갖지 않았지만, 귀족보다 더 귀족적인 메디치 가문 출신이다. 그때까지 피렌체를 다스리고 있던 메디치 가문 사람들에 비해 자유롭고 민주적인 태도를 갖고 있어서 '일 포폴라노'(서민)라고 불렸지만, 우아하고 귀족적인 행동거지와 그 깊은 교양은 역시 명문 중의 명문 출신임을 숨기지 못했다.

그는 또한 '일 벨로'(미남)라고도 불렸다. 지금도 피렌체에 바사리가 그린 초상화가 남아 있는데, 이 그림을 보아도 그 우아하고 섬세한 외모, 촉촉하게 젖은 듯한 관능적인 입술과 눈매, 아름다운 목에 늘어뜨린 곱슬머리는 본가의 로렌초 일 마니피코나 그 동생인 줄리아노와는 전혀 다른 느낌을 준다. 본가의 로렌초와 줄리아노는 코와 턱이 뾰족하고 광대뼈가 튀어나온 토스카나 출신 특유의 날카로운 풍모를 지니고 있었다. 그런데 조반니는 이 육촌 형제들보다 오히려 보티첼리가 그린 남자들과 비슷했다.

게다가 젊은 이 귀공자는 정열적이었다. 전에 어떤 귀부인 때문에 피에로 데 메디치에게 칼을 들이댄 적도 있었을 정도다. 그보다 네 살 위이고, 아직도 아름답고 정열적인 카테리나. 이 두 사람 사이에 곧 사랑이 싹텄다.

조반니는 카테리나가 성 안에 마련해준 처소에서 살게 되었다. 그녀는 평상시에도 궁전보다는 성채에서 살기를 좋아했다. 하지만 밀라노의 스포르차 가문과 피렌체공화국의 사이가 좋지 않을 때 피렌체 대사와 포를리 백작부인의 사랑이 주위 사람들에게 순순히 축복받을 리는 없다. 밀라노의 일 모로는 볼로냐 주재 밀라노 대사에게 당장 두 사람의 관계가 사실인지를 확인하라고 명령했다. 이어서 카테리나에게도 회답을 독촉했다.

이제 유일한 보호자인 밀라노의 스포르차 가문을 무시하고 행동하는 것은 한 나라의 영주인 카테리나에게는 허용되지 않는 일이었다. 그녀는 숙부의 허락도 없이 결혼할 리는 없다고 말하고, 볼로냐의 벤티볼리오 가문이 퍼뜨리는 소문을 믿는다면 자기는 벌써 열 번도 넘게 결혼한 것이 된다고 교묘하게 발뺌을 했다.

하지만 결혼은 이미 은밀하게 이루어져 있었다. 카테리나는 사랑하는 남자를 그냥 애인 상태로 놓아두지 못했다. 조반니와의 결혼은 시동 출신인 자코모와는 달리, 가문에서 어울리지 않는 점은 전혀 없었다. 하지만 이 때문에 오히려 정치적 배려가 필요했다. 밀라노의 일 모로, 베네치아공화국, 그리고 로마냐 지방의 이름뿐인 주인에서 실질적인 주인이 되려고 하는 로마 교황 알렉산데르 6세. 여기에 둘러싸인 소국의 영주라는 지위는 사랑하는 남자와도 마음대로 결혼할 수 없게 만드는 굴레였다. 르네상스는 그런 시대였다.

카테리나는 이 결혼을 공식적으로는 철저히 숨겼다. 다만 얼마 후에 아이가 태어난 것을 계기로, 숙부인 일 모로한테만은 은밀히 승인을 받은 모양이다. 1498년 7월에 피렌체는 카테리나와 그 자식에게 피렌체 시민권을 주었지만, 그 서류에 조반니라는 이름은 전혀 보이지 않는다.

포를리 성 안에서 은밀히, 하지만 행복하게 살고 있던 이 두 사람 사이에 아들이 태어났다. 1498년 4월의 일이었다. 이 아이는 일 모로의 이름을 따서 루도비코라고 불렸지만, 나중에 아버지가 죽은 뒤에는 아버지와 같은 조반니로 불리게 되었다.

이 아이야말로 카테리나의 수많은 아이들 가운데 유일하게 어머니의 피를 이어받고 있었다. '검은 부대의 조반니'(조반니 달레 반데 네레). 그가 이끄는 군대의 병사들은 모두 검은색 군복을 입고 있었기 때문에, 그후 이것이 이탈리아 르네상스 시대 최후의 무인이라고 일컫는 그의 별명이 되었다.

하지만 카테리나의 이 마지막 사랑도 오래가지는 않았다. 조반니 피에로 프란체스코 데 메디치는 아들이 태어난 지 몇 달 뒤, 피렌체 군대와 함께 피사에서 싸우다가 병에 걸려 전쟁터에서 돌아와야 했다. 메디치 가문 특유의 지병인 위장병이라고 했다. 그는 치료를 위해 포를리 근처의 온천으로 가게 되었다. 증세는 낙관할 수 없었지만, 그래도 카테리나는 국정을 팽개치고 남편을 따라갈 수는 없는 처지였다.

마침 그 무렵 포를리에 도착한 밀라노 대사가 본국에 보낸 편지에 그녀의 괴로운 처지가 잘 나타나 있다.

"포를리에 도착하자마자 백작부인을 찾아뵈었지만, 부인은 어딘가로 떠날 채비를 하고 계셨습니다. 부인 말씀으로는 교외의 성으로 기분을 전환하러 간다는 것이었지만, 몰래 알아본즉 아무래도 산 피에로 온천으로 조반니 데 메디치를 찾아가는 듯합니다. 그의 병세가 썩 좋지 못해서……."

카테리나는 그래도 남편의 임종을 할 수 있었다. 조반니는 급히 달려간 카테리나의 품에 안겨 죽었다. 그의 유해는 피렌체로 옮겨져 산 로렌초 사원의 메디치 가문 묘지에 안장되었다.

조반니가 죽은 뒤, 카테리나는 아들 ― '검은 부대의 조반니' ―을 위해 조반니와 결혼한 사실을 공표했다. 이것은 메디치 가문의 희망이기도 했다. 이때 만든 메달이 남아 있는데, 거기에는 '카테리나 스포르차 데 메디치'라고 새겨져 있다. 이탈리아의 명문 중에서도 명문인 스포르차 가문과 메디치 가문의 이 결합에서 태어난 '검은 부대의 조반니'의 가계는 훌륭하다. 그의 아들 코시모는 피렌체가 공화국에서 공국으로 바뀌었을 때 초대 토스카나 대공이 되었고, 그의 후손들은 유럽 전역의 왕실로 흘러들어갔다.

프랑스에서는 앙리 4세를 통해 루이 13세·14세·15세·16세로 이어지고, 에스파냐에서는 오늘날의 카를로스 왕에 이르기까지, 그리고 영국에서는 제임스 2세까지 그의 혈통이 이어진다(코시모 데 메디치의 딸 마리아는 앙리 4세와 결혼했는데, 앙리 4세는 프랑스에 부르봉 왕조를 개시한 인물이다. 에스파냐에서는 앙리 4세의 현손〔루이 14세의 손자〕이 1701년에 펠리페 5세로서 부르봉 왕조를 열었는데, 이 왕조는 20세기에 들어와 프랑코 총통이 집권했을 때 잠시 끊겼다가 1975년에 복귀했다. 또한 영국에서는 앙리 4세의 손녀〔루이 13세의 딸〕가 찰스 1세와 결혼하여 두 아들을 낳았으니, 찰스 2세와 제임스 2세이다—옮긴이).

체사레 보르자

"나에게 두려움을 느끼게 하려면, 내 심장이 상당히 격렬하게 고동쳐야 한다."

이렇게 말한 카테리나의 심장도 마침내 격렬하게 고동칠 때가 왔다. 1499년 여름, 체사레 보르자가 마침내 움직이기 시작한 것이다. 카테리나가 젊은 마키아벨리를 상대로 멋진 외교를 펼쳤을 때로부터 불과 몇 달 뒤의 일이었다. 여자이면서도 한 나라의 영주로서 지난 12년 동안 나라를 지켜온 카테리나에게 지금까지 상대한 사람들은 역시 잔챙이들이었다. 그녀는 국내에서 벌어진 음모와 반란, 게릴라 등에 대해서는 철저한 탄압책으로 밀고 나아갔다. 강대한 외적—피렌체,

로마 교황청, 베네치아 등——과는 아직 정면으로 부딪치지 않았다. 그런 적들을 지금까지는 교묘한 외교로 처리할 수 있었다. 하지만 이번에 나타난 적은 거물이다. 카테리나는 생애 최초의 난관에 부닥쳤다고 느끼지 않을 수 없었다.

첫머리에 묘사한 전투 장면으로 돌아가기 전에, 거기에 이르는 과정을 기술해야 할 것 같다. 추기경의 빨간 옷을 군복으로 갈아입고 결혼을 통해 발렌티노 공작이 된 체사레 보르자는 아버지인 교황 알렉산데르 6세의 교회 세력을 등에 업고, 처가 쪽 친척인 프랑스 왕 루이 12세의 전폭적인 지원를 받아, 교황령 회복이라는 명분으로 로마냐 지방을 정복하여 그곳을 자기 왕국 창업의 발판으로 삼겠다는 야망을 드디어 실행에 옮기기 시작했다. 이탈리아는 5년 전에 샤를 8세의 프랑스 군대가 침략했을 때와 같은 위기를 맞게 되었다.

하지만 지난번과는 상황이 달라져 있었다. 우선 5년 전에 샤를은 나폴리왕국을 정복하겠다는 야욕을 갖고 있었을 뿐, 이탈리아의 다른 지방에는 어떤 야심도 품지 않았다. 그것이 결과적으로는 밀라노공국의 일 모로를 정통 공작으로 승격시켰다 해도, 샤를의 머리를 차지하고 있었던 것은 오직 나폴리왕국뿐이었다. 이런 샤를에 대해 다른 이탈리아 국가들——로마, 피렌체, 베네치아, 페라라, 만토바 등——은 크든 작든 대항하는 관계에 있었다.

하지만 이번에는 상황이 역전되었다. 나폴리왕국은 이번에도 여전히 표적이 되었지만, 나폴리보다는 우선 밀라노의 일 모로가 자국에 대한 상속권을 주장하는 루이 12세의 공격을 정면으로 받게 되었다. 게다가 교황청의 호소에 따라 영국 왕과 에스파냐 왕 및 신성로마제국 황제가 루이 12세와 동맹을 맺었고, 다른 이탈리아 국가들——밀라노의 스포르차 가문과는 앙숙인 베네치아는 물론, 피렌체와 페라라, 만토바——도 교황과 행동을 같이했다. 이번에 고립된 것은 5년 전에 그 노련한 정치를 자랑한 밀라노 공작 일 모로였다. '스포르차 타도'의 구호는 루이 12세만이 아니라 이탈리아 전체의 목소리가 되었다. 나폴리와 밀라노를 노리는 루이 12세와 로마냐 정복의 야심을 품고 있는 체사레 보르자. 이 두 사람의 배경에 버티고 있는 교황 알렉산데르 6세. 이탈리아 전체는 이 세 사람 앞에서 어찌할 바를 모르는 것 같았다. 일 모로는 방어에 힘썼지만, 정치적으로나 군사적으로도 이미 때가 늦어 있었다. 그는 재기를 기약하고, 깨끗이 밀라노를 떠나 독일로 망명해버렸다.

밀라노를 간단히 함락시킨 프랑스 군대는 교황과 약속한 대로 체사레를 원조하기 위해 드디어 로마냐로 창끝을 돌렸다.

로마냐. 이탈리아 중부에 있는 이 지방에는 11개의 작은 도시국가들이 난립해 있었다. 이곳은 옛날부터 교황령이었지만, 70년 동안이나 계속된 '아비뇽 유수(幽囚)'(1303년에 교황 보니파키우스가 죽은 뒤 추기경단이 분열하여 교황 선거가 어렵게 되자, 프랑스 국왕이 여기에 개입하여 교황청을 자신의 보호 아래 두었다. 그리하여 교황청은 1309년부터 약 70년 동안 7대에 걸쳐 프로방스 백작령 안의 아비뇽에 가설되었고, 이를 계기로 교황권이 쇠퇴하기 시작했다-옮긴이) 시대에 크고작은 호족들이 세력을 확립해버렸다. 이들은 교회로부터 교황 대리(비카리오)라는 명칭을 받긴 했지만, 실제로는 교회에서 완전히 독립한 존재가 되어 있었다. 해마다 교황에게 바쳐야 하는 조공도 걸핏하면 체납할 정도였다. 교황의 명령에 고분고분 따르지 않는 이들의 불손함에 어떻게 대처할 것이냐가 역대 교황에게는 항상 큰 문제이기도 했다.

게다가 선정으로 알려진 페라라와 우르비노를 제외한 나라들은 그

악정과 억압으로 주민의 원성이 끊이지 않는 상태였다.

그러나 이것은 이탈리아 전체의 입장에서 본 상황이다. 정면으로 공격을 받게 된 로마냐 지방의 제후들에게는 그야말로 사활이 걸린 문제였다. 특히 로마냐의 요지로서 그 전략적 가치 때문에 첫번째 공격 목표가 된 포를리의 카테리나에게 이것은 생애 최대의 위기에 직면한 것을 의미했다.

그녀는 우선 외교적으로 이 상황을 타개하려고 했다. 사절이 몇 년 동안 체납한 연공을 가지고 로마로 달려갔다. 하지만 로마에 도착한 포를리의 사절은 교황한테 문전박대만 당했을 뿐이다. 카테리나의 시동생인 리아리오 추기경의 중재도 무시당했다.

카테리나는 프랑스 왕 루이 12세에게도 사절을 보냈고, 죽은 세번째 남편의 인연을 믿고 피렌체에 중재를 부탁하기도 했고, 만토바 후작 프란체스코 곤차가에게 지원을 요청하기도 했지만, 모두 허사로 끝났다. 이제 고립무원의 상태에 빠진 카테리나는 도망치느냐, 아니면 강적과 맞서느냐의 갈림길에 서게 되었다.

많은 사람들이 말을 타고 늦가을의 로마냐 들판을 달리는 카테리나의 모습을 보았다. 영토 안에 흩어진 성채들을 순시하면서 방어시설 정비를 진두 지휘하는 모습이었다. 특히 포를리 시내와 맞닿아 있는 라바르디노 성에는 총이나 대포 같은 무기와 많은 말 이외에 식량도 운반되었다. 거기에 틀어박혀 농성하면서 적과 대치할 수 있도록 하기 위해서였다. 이 성은 카테리나에게는 추억이 많은 곳이다. 첫 남편이 암살된 뒤 이 성에 진입하는 데 성공했기 때문에 나라를 되찾을 수 있었고, 어려운 국정을 돌보는 틈틈이 두번째 남편이나 세번째 남편과 잠시나마 행복한 한때를 보낸 곳도 이 성이었다. 그리고 이제 그녀는 자신의 운명을 결정할 장소로 이 성을 선택한 것이다.

방어전을 준비하기 위해 농업용수 공급을 중단했다. 전망에 방해가 되는 나무는 모조리 베어버렸다. 농부들은 넉 달 동안 시내로 강제 이주당했다. 시민들은 농부를 몇 명씩 자기 집에 기숙시키라는 명령을 받았다. 민중의 불만이 고조되었다. 하지만 카테리나는 그 불만을 무시하고, 그저 성채 방비를 강화하는 일에만 열중했다. 나중에 마키아벨리는 『군주론』의 한 항목인 「군주가 성채를 구축하는 것은 과연 유익한 것일까 유해한 것일까」에서 그녀의 이런 방식을 다루고, 성채 방비를 굳히기보다는 민중의 미움을 사지 않는 편이 그녀에게는 더 안전했다고 말했다. 결코 선정이라고는 말할 수 없는 카테리나의 전제정치 때문에 민심은 그녀한테서 완전히 떠나버렸다.

그러나 카테리나는 이 모든 것을 무시했다. 검정 비단옷을 입고, 느슨하게 묶은 금발을 프랑스풍의 비로드 모자 밑으로 늘어뜨리고, 남자용 허리띠를 두르고, 병사들을 격려하기 위해 뿌리는 금화가 잔뜩 들어 있는 주머니를 허리에 차고, 반월도를 손에 들고, 걷거나 말을 타고 병사들 사이를 누비는 백작부인의 모습은 잔인한 아름다움으로 가득 차 있었다. 사람들은 그 잔인한 아름다움에 압도당하면서도 황홀한 마음으로 그녀의 모습을 바라보곤 했다. 카테리나는 이렇게 체사레를 기다렸다.

11월 9일, 체사레는 1만 5천 명의 대군과 함께 드디어 밀라노를 떠났다. 그는 만토바 후작의 영지를 지나 우선 이몰라로 갔다. 이몰라의 민중은 그때까지의 잿빛 생활에서 해방시켜줄 사람이라면 누구라도 좋다는 기분이 되어 있었다. 카테리나에게 충성을 맹세한 혀끝이 채 마르기도 전에, 그들은 모두 체사레를 환영했다. 11월 25일, 체사레는 한 명의 병사도 잃지 않고 이몰라에 입성했다. 그리고 로마냐 지방에서 가장 난공불락이라는 이몰라의 성채도 보름 뒤에 함락시켰다.

이몰라가 함락되었다는 소식은 카테리나에게 큰 충격이었다. 지금까지 민중의 의지 따위는 완전히 무시했던 그녀도 비로소 자신의 실수를 깨달았다. 하지만 남에게 지기 싫어하고 오기가 많은 그녀는 행정장관에게 이런 질문을 보냈을 뿐이다.

"포를리 시민은 발렌티노 공작에게 대항할 마음이 있는가. 아니면 이몰라 시민을 본받을 작정인가."

성 안에 있는 카테리나에게 회답을 가져온 장로들은 이 여자 영주 앞에 공손히 고개를 숙였다. 그러나 회답 내용은 그녀의 기대를 배신하는 것이었다.

"일찍이 나폴리의 아라곤 왕가를 쓰러뜨리고, 이번에도 밀라노의 스포르차 가문을 무찌른 프랑스 군대에 맞서 싸우는 것은 무익한 행위로밖에 생각되지 않습니다."

이어서 그들은 카테리나가 이번에는 어떻게든 싸움을 피하더라도, 교황이 죽으면 체사레가 또다시 포를리로 쳐들어올 가능성이 있다고 설명했다.

하지만 모든 것은 변명에 불과했다. 그들은 식스투스 4세의 조카들의 통치에 진절머리가 나 있었다. 게다가 체사레가 이몰라를 함락시킨 뒤 이몰라 시민들을 너그럽게 대했다는 이야기도 듣고 있었다. 카테리나는 더 이상 그들의 말에 귀를 기울이려고도 하지 않았다. 그녀는 겉으로만 충성하는 체하는 시민들에게 배신당하기보다는 차라리 그들에게 자유로운 선택권을 주어 그들 스스로 방침을 선택하게 하는 방법을 택했을 뿐이다. 이제 카테리나는 시민들의 도움도 기대할 수 없었다. 여기서 포를리는 사실상 체사레 앞에 성문을 활짝 연 셈이 된다.

그러나 카테리나는 아직 체념하지 않았다. 아들들은 세번째 남편과의 인연을 믿고 피렌체의 메디치 가문에 맡겨놓았다. 중요한 문서와 보석들도 메디치 가문에 맡겼다. 그리고 그녀 혼자 가까스로 끌어모은 2천 명의 병사와 함께 필사적인 방어전을 위해 성채에 틀어박혔다. 그녀는 아직도 숙부인 일 모로의 재기와 형부인 신성로마제국 황제의 원조에 희망을 걸고 있었다. 되도록 시간을 벌고 있으면, 그 사이에 틀림없이 숙부나 형부가 지원군을 보내줄 거라고 믿고 있었다.

1499년 12월 19일, 이날은 아침부터 비가 내리고 있었다. 오후에 체사레는 포를리에 입성했다. 백마를 타고, 갑옷 위에 비단옷을 걸쳐 입고, 하얀 깃털을 단 검은 모자를 쓴 체사레 뒤에는 프랑스군 사령관인 이브 달레그레가 역시 말을 타고 따라왔고, 포를리의 지체 높은 시민들이 그 뒤를 따르고 있었다. 1만 5천 명의 대군 뒤에는 당시 전쟁에 늘 따라다니는 매점 주인과 요리사 및 창녀들이 와글와글 떠들면서 따라오고 있었다. 포를리 민중은 광장에 서 있는 동상에 교황복을 입혀 환영의 뜻을 표했다. 포를리 시민은 체사레를 비롯한 모든 병사들에게 자기네 집을 숙소로 제공했다.

체사레는 이몰라를 쉽게 점령한 뒤, 포를리도 단번에 공략할 생각이었다. 일단 밀라노를 버리고 도망친 일 모로가 스위스에서 신성로마제국 황제 막시밀리안의 은밀한 도움을 받으며 밀라노 탈환을 노리고 있다는 것도 알고 있었다. 만약 일 모로가 밀라노에 있는 루이 12세를 위협하는 행동으로 나오면, 지금 체사레가 거느리고 있는 프랑스 군대에 귀환령이 내릴 것은 충분히 예상할 수 있었다. 그러기 전에 빨리 포를리를 점령하고 싶었다. 체사레에게는 일을 서두를 필요가 있었다. 그는 이번에도 힘으로 공격하기보다는 우선 상대편과 대화를 하기로 했다. 이것은 나중에 그의 상투 수단이 되었다.

이튿날 아침, 도시 변두리에 있는 성채 앞에서 갑자기 나팔소리가 울려퍼졌다. 성채의 망루 위에 몇 명의 병사가 나타났다. 나팔수가 큰 소리로 외쳤다.

"공작께서 백작부인과 이야기를 나누고 싶어하십니다."

이때까지 말을 타고 있던 체사레는 말에서 내려 해자 앞에 성벽을 향해 섰다. 총구가 뚫려 있는 흉벽 위에 카테리나가 모습을 나타냈다. 오늘날에는 교도소가 되어 있는 이 성채의 성벽은 높이가 10미터도 채 안되기 때문에, 성벽 위에 선 사람과 그 아래의 해자 건너편에 있는 사람이 이야기를 나눈다 해도 그렇게 큰 소리를 지를 필요는 없었을 것이다.

해자 너머에 서서 깃털이 달린 검은 모자를 손에 들고 우아하게 고개를 숙인 체사레를 향해 카테리나도 상냥하게 허리를 굽혔다. 이탈리아 르네상스의 최고 영웅과 여걸의 만남이다. 체사레의 나이 24세, 카테리나는 36세 때의 일이다.

체사레가 먼저 입을 열었다.

"부인, 부인께서는 나라의 운명이라는 게 얼마나 바뀌기 쉬운 것인가를 잘 알고 계실 것입니다. 나는 부인께서 로마에 있을 무렵 역사에 대단한 흥미를 갖고 계셨다고 들었습니다. 지금이야말로 그 역사 지식을 사용하실 때입니다. 구태여 이 자리에서 내 목적이나 현재의 정세를 설명하지는 않겠습니다. 부인께서도 잘 알고 계실 테니까요. 다만 부인에 대한 나의 존경심을 보이고 싶고, 부인을 불행하게 만들거나 슬프게 할 생각은 추호도 없다는 점을 알려드리고 싶을 뿐입니다.

내가 교황 성하께 부탁하겠습니다. 부인과 자녀들에게 좋은 환경을 마련해달라고 말입니다. 부인과 자녀들은 어디든 원하시는 곳으로 옮길 수 있습니다. 로마로도 가실 수 있습니다. 내 자신이 이 약속의 보증인이 될 작정입니다. 그러면 부인과 함께 있는 다른 많은 사람들에게 닥쳐올 재난도 피할 수 있습니다. 피를 보지 마십시오. 전에는 이탈리아 전역에서 용맹하고 현명한 여자로 이름 높았던 부인이 지금은 분별없는 정신나간 여자로 여겨지고 있다는 것을 알고 계십니까. 부인, 내 부탁을 받아들여 성채를 순순히 넘겨주시는 게 어떨까요."

카테리나는 성벽 위에 서서 듣고 있다가 안색 하나 변하지 않고 대꾸했다.

"공작님, 행운은 용감한 자를 돕고 겁쟁이를 버리는 법입니다. 나는 두려움을 몰랐던 남자의 딸입니다. 어떤 불행이 닥쳐도, 나는 내 인생이 끝날 때까지 그 불행의 발자국을 단호히 더듬어갈 작정입니다. 나라의 운명이라는 것이 얼마나 바뀌기 쉬운 것인지는 나도 잘 알고 있습니다. 하지만 내 마음의 지주였던 조상의 이름을 더럽히는 것이야말로 수치라고 생각합니다. 공작님은 나한테 자신의 목적을 이야기하고 싶지 않다고 하셨습니다. 하지만 그건 거기에 대한 내 대답을 듣고 싶지 않기 때문일 것입니다. 공작님이 나에 대해 아직도 그런 호의를 갖고 계시는 것은 고맙게 생각합니다. 하지만 당신의 이름, 교황 성하의 이름으로 하신 지금의 약속은 믿을 수가 없습니다. 세간에서 보르자의 말이 얼마나 가치가 없는지, 아들을 위해서라면 어떤 일도 서슴지 않는 교황 성하를 얼마나 불신하고 있는지 아십니까. 지금 우리한테 하고 계신 것처럼, 한 나라의 영주한테서 그 지위를 빼앗는 것을 세상 사람들은 정당한 일로 생각지 않습니다. 나에게는 나 자신을 지킬 힘이 있습니다. 물론 공작님도 거기에 대항할 수 없는 분은 아니겠지요. 공작님의 호의에 대해 스포르차의 이름을 지키겠다는 결심으로 대답할 수밖에 없는 것이 유감입니다."

카테리나는 단숨에 말을 마치고는 체사레를 향해 다시 한번 상냥하게 허리를 굽히고 성벽 위에서 사라졌다.

두 사람은 그후에도 두 번 더 회견을 가졌다. 하지만 결과는 첫번째 회견과 마찬가지였다. 특히 세번째 회견에서는 카테리나에게 열변을 토하는 체사레 근처에 그녀의 명령으로 발사된 위협용 대포알이 떨어졌기 때문에, 체사레도 기사다운 태도를 유지하지 못하고 허둥지둥 시내로 도망쳤을 정도였다.

그럭저럭하는 동안, 금방이라도 눈이 쏟아질 것처럼 잔뜩 찌푸린 날씨가 계속되는 이곳 포를리에도 새해가 찾아왔다. 특히 그해는 1500년. 그래서 새해를 축하하는 축제도 다른 어느 해보다 성대했다. 광장 여기저기에는 모닥불이 피워지고, 그 주위에 놓인 탁자 위에는 시민들이 준비한 요리와 술이 가득 차려졌다. 포위군 병사들은 실컷 먹고 마셨다. 특히 술에 취한 프랑스 병사들은 탁자 위로 올라가 창녀들과 함께 춤을 추기 시작했다.

그러나 아직 프랑스 병사들의 취기도 채 깨지 않은 이튿날 아침, 성채를 향해 포격이 시작되었다. 그 전에도 공격은 몇 번이나 이루어졌지만, 본격적인 공격은 처음이었다. 성채 주위에는 포대가 여기저기에 놓이고, 군마가 뛰어다니고, 두 팔을 활짝 벌린 것만큼 커다란 양궁에서 화살이 핑핑 소리를 내며 성벽 위로 날아갔다.

성채를 포위한 지도 어느덧 보름이 지나고 있었다. 바깥 성벽은 성공적으로 파괴되고 있었다. 하지만 네 개의 망루에 둘러싸인 성채는 끄떡도 하지 않았다. 뿐만 아니라 성채에서 포위군을 향해 날아오는 대포알은 목표물을 정확하게 맞추고 있었다. 나무가 베어져 있었기 때문에 포위군은 성채에서 내려다보는 수비군의 눈을 피하기가 어려웠다. 프랑스 병사들이 초조감을 보이기 시작했다. 밀라노와 이몰라를 간단히 손에 넣었는데, 여자를 상대로 이렇게 애를 먹어야 하다니.

하지만 카테리나에게는 여유가 있었다. 성벽을 멀리서 둘러싸고 와와 소리만 질러대는 포위군을 업신여기듯, 적진 한가운데에 대포알을 박아넣었다. 오늘날의 포탄은 안에 폭약이 차 있어서 어딘가에 맞으면 폭발하지만, 당시의 대포알은 다르다. 단순한 쇳덩어리를 폭약으로 멀리 날려보낼 뿐이다. 하지만 그 쇠도 값이 비싸기 때문에 이탈리아에서는 쇳덩어리와 똑같은 모양의 대리석 덩어리를 흔히 사용했다. 따라서 당시의 대포알은 날아가서 맞을 때의 충격으로 목표물을 파괴할 뿐이다. 지금도 포를리 박물관에는 지름이 30센티미터쯤 되는 것부터 10센티미터 정도의 작은 것에 이르기까지 많은 대포알이 남아 있다. 이것을 성벽에 대량으로 쏘아대면, 대포알이 맞은 부분만은 파괴할 수 있었을 것이다. 카테리나가 적진에 쏘아댄 것도 이런 종류의 대포알이다. 게다가 그녀는 적군을 더욱 업신여기는 행동으로 나왔다.

그날 포위군 병사들은 성벽에서 날아온 대포알을 보고 깜짝 놀랐다. 그 대리석 표면에 검은 글씨로 이런 말이 적혀 있었기 때문이다.

"대포는 천천히 쏘세요. 그러지 않으면 당신네 불알이 산산조각나서 날아가버릴 테니까."

적병들은 아연해서 한동안 아무 말도 못했다고 당시의 연대기에는 적혀 있다.

당시 가장 자세한 '일지'를 남긴 베네치아의 마리노 사누도도 카테리나의 여유작작한 태도를 칭찬하면서 이 문구를 인용했지만, 그도 조금은 쑥스러웠는지 불알을 나타내는 'coglioni' (콜리오니)를 그대로 쓰지 않고 첫글자만 써서 'c······'라고 표기했다. '콜리오니'는 인체의 그 부위를 가리키는 여러 낱말들 중에서도 가장 천박한 속어였기 때문이다. 하지만 카테리나가 특별히 천박한 여자였다고 볼 수는 없다. 그런 낱말을 쓰는 것을 천박하게 여기기보다는 대담하다고 생각하는 것이 당시의 풍조였기 때문이다. 이것은 셰익스피어의 작품을 보아도 알 수 있다. 사누도를 제외한 연대기 작가들은 모두 'c……'라고 쓰지 않고 'coglioni'라고 썼다. 하지만 여자가 그런 말을 쓰는 것은 역시 지나치게 대담하다고 볼 수도 있다.

열흘이 지났다. 성은 여전히 함락될 기미조차 보이지 않았다. 프랑스 병사들의 초조감은 이제 체사레에 대한 불만으로 높아지고 있었다. 프랑스 병사들은 더 이상 공격에 가담하려고도 하지 않고, 시내에서 나오지도 않았다. 그러나 체사레는 그들을 내버려두었다.

1월 12일 아침, 체사레는 모을 수 있는 땔나무를 모두 가져오라고 포를리 시민들에게 명령했다. 눈 깜짝할 사이에 땔나무가 산더미처럼 쌓였다. 그는 성벽을 향해 10대의 대포를 나란히 늘어놓고, 일제히 연속적으로 대포알을 쏘게 했다. 대포가 엄호 포격을 가하는 동안, 병사들은 물이 가득 찬 해자 속에 나뭇단을 던져넣었다. 나뭇단이 수면 가까이까지 쌓였다. 이어서 그날 아침에 라벤나에서 도착한 배 두 척을 그 나뭇단 더미 위에 얹어놓았다. 해자를 건널 수 있는 다리가 완성된 것이다. 이제 남은 일은 계속되는 포화를 받아, 급조된 다리 건너편의 성벽이 파괴되기를 기다리는 것뿐이었다. 수비군은 2천 명인데, 공격군은 1만 5천 명이다. 승부는 이미 결정된 것이나 마찬가지였다.

그날은 일요일이었다. 이런 준비를 끝내놓고 시내로 돌아간 체사레는 점심 식탁에서 부대장들의 공을 치하하고, 이렇게 말했다.

"두고 보시오. 화요일에는 카테리나가 내 손 안에 있을 거요."

"너무 빠르군요."

프랑스군 부대장이 말했다.

"그럼 300두카토를 걸겠소."

"좋습니다. 저도 300두카토를 걸겠습니다."

다른 부대장들도 일제히 말했다.

체사레는 미소만 지을 뿐이었다. 여기서 승부를 내기로 작정한 그의 심리전이 멋지게 성공한 것이다. 그의 예상대로 총사령관의 호언장담은 부대장들의 입을 통해 눈 깜짝할 사이에 군대 전체에 전해졌다. 시내에서 놀고 있던 프랑스 병사들도 차례로 공격군에 가담했다. 고조된 기분이 진영에 가득 찼다.

집중 포화로 성벽에는 커다란 구멍이 두 군데 생겼다. 성채 안의 수비병들이 그 구멍을 보강하려 해도, 무수히 날아오는 대포알과 화살 때문에 접근할 수도 없었다. 모래먼지가 일대를 뒤덮었다. 공격군 병사들은 그 모래먼지 속에 몸을 감추고, 처음에는 한 사람씩, 나중에는 몇 사람씩 떼를 지어 땔나무로 급조한 다리를 건너기 시작했다. 성채 안으로 침투하는 데 성공한 것이다. 포위를 시작한 지 25일째 되는 날이었다.

한 사람의 여자

"아니야! 아니야! 난 아니야!"

4월 어느 날, 바티칸의 한 방에서 이렇게 외치는 카테리나의 목소리가 문 밖에까지 들려왔다. 이 방에서는 세 명의 포를리 사람을 증인으로 소환하여, 체사레도 배석한 가운데 교황 알렉산데르 6세가 직접 카테리나를 심문하고 있었다. 카테리나는 그 세 사람을 시켜서 교황을 독살하려 한 혐의를 받고 있었다.

이야기는 지난해 11월 카테리나가 포를리에서 체사레를 막기 위해 필사적이었던 무렵으로 거슬러 올라간다. 그 무렵 로마의 산탄젤로 성에 있는 감옥에 세 명의 포를리 사람이 죄수로 들어왔다.

그들 가운데 한 명인 바티스타 다 멜돌라가 카테리나 백작부인이 교황에게 쓴 편지를 갖고 있었다는 것이다. 편지 내용은 백작부인이 교황에게 전쟁의 평화적 해결을 간청한 것이었다.

이것만으로는 별로 문제될 게 없다. 하지만 이 편지가 거창하게도 통에 밀봉되어 있을 뿐 아니라, 다시 붉은 모직 헝겊으로 싸여 있었던 것이 수상쩍게 여겨졌다. 체포된 바티스타의 자백에 따르면, 카테리나가 쓴 편지는 페스트로 죽은 사람의 가슴 위에 오랫동안 놓여 있어서 그 독이 배어든 것이기 때문에, 교황이 편지를 집어들고 읽으면 독이 온몸에 퍼져 페스트로 쓰러지게 되고, 잘되면 죽을 수도 있다는 것이 카테리나의 계산이었다고 한다. 바티스타는 이 편지를 반드시 교황의 손에 직접 건네주라는 백작부인의 엄명을 받았다고 말했다. 편지를 통에 밀봉하고 다시 헝겊으로 싼 것은 편지를 가져가는 사람에게 독이 묻지 않도록 하기 위해서였다는 것이다. 이것이 성공하면 교황의 후원을 잃어버린 체사레는 몰락할 것이고, 카테리나도 나라의 안전을 보장받게 된다.

하지만 이 암살계획은 어이없이 발각되고 말았다. 편지를 가지고 로마에 도착한 바티스타는 잘 아는 사이인 크리스토포로 바라트로네를 만났다. 리아리오 가문의 오랜 가신인 바라트로네는 지롤라모가 죽은 뒤 카테리나의 애인인 자코모의 미움을 사서 로마로 도망쳐 왔지만, 다시 한번 포를리로 돌아가고 싶어했다. 무언가 백작부인에게 인정받을 수 있는 일을 해서 다시 신하가 되고 싶다고 생각하고 있던 그에게 바티스타의 일을 돕는 것은 다시없이 좋은 기회로 여겨졌다. 바티스타도 옛날부터 잘 아는 사이였기 때문에 그를 믿고, 그와 함께 바티칸으로 교황을 알현하러 갔다.

그러나 시종이 내일 다시 오라고 말했기 때문에 그날은 그냥 돌아올 수밖에 없었다. 그런데 바라트로네가 이 엄청난 일에 흥분한 나머지, 동생에게 자초지종을 털어놓아버렸다. 이 동생이 하필이면 교황의 근위병이었다. 게다가 소심한 그는 그날 밤 당직을 설 때 침착성을 잃고 허둥거렸다. 대장이 그런 태도를 나무라자, 들켰다고 생각한 그는 제풀에 모든 것을 자백해버렸다. 이 세 명의 포를리 사람은 즉각 체포되어 산탄젤로 성의 감옥에서 모진 고문을 받았다.

교황 독살 음모. 음모로는 그야말로 대담무쌍한 것이다. 카테리나는 교황의 조카와 결혼했기 때문에, 교황이 재위하는 동안 그 근친들이 휘두르는 권세를 직접 보고, 교황이 죽은 뒤에 그들이 겪는 비참한 몰락도 몸소 체험했다. 체사레의 아버지인 알렉산데르 6세가 죽으면, 그녀에게 다가오고 있는 체사레의 위협도 피할 수 있으리라고 카테리나는 예상했을 것이다.

게다가 교황은 현세의 신으로 되어 있지만, 당시에는 오늘날처럼 성스러운 존재로 여겨지지도 않았다. 11월 말에 교황이 피렌체공화국에 보낸 편지에는 카테리나가 "불행을 낳는 여자"나 "스포르차의 뱀, 악마의 앞잡이"로 표현되어 있다.

처음에는 카테리나를 죽이라고 말했던 교황이 그 무렵에는 태도를 바꾸어, 그녀를 체포하여 로마로 압송하라고 체사레에게 명령했다. 당시의 역사가와 연대기 작가들도 "카테리나 백작부인은 교황 독살 음모를 꾸몄다"(마키아벨리, 베네치아 대사의 편지, 부르크하르트)고 기록했다. 만약 이것이 성공했다면, 파올로 조비오는 "가장 멋진 속임수"라고 극찬했을지도 모른다.

하지만 여기에도 의문이 없는 것은 아니다. 우선 독살 수단으로는 너무나 유치하고 불확실한 방법이라는 것. 편지를 가져간 바티스타는 포를리 궁정의 가신으로는 말단에 불과했는데, 카테리나가 그런 자에게 이런 큰일을 맡겼다고는 믿을 수 없다는 점.

둘째, 음모가 발각된 뒤 카테리나가 붙잡혀 로마로 압송될 때까지 약 한 달 반 동안 이 음모가 발각된 사실을 덮어둔 것은 이해할 수 있지만, 그후 다시 석 달 동안이나 표면에 드러내지 않았고, 더구나 그동안 카테리나를 바티칸의 벨베데레 궁에 놓아두고 손님처럼 대우하다가, 4월 하순에야 느닷없이 재판을 시작한 점. 이런 점으로 볼 때, 아무래도 이것은 보르자 쪽의 '날조'가 아닐까 하는 의문이 생긴다. 바티칸의 고문서관에서는 이 독살 음모에 관한 교황청 쪽의 문서가 하나도 발견되지 않는다. 교황 독살 음모라는 엄청난 사건에 관한 문서가 전혀 남아 있지 않다는 것도 불가사의한 일이다.

게다가 교황이 직접 심문에 나섰을 만큼 중대한 재판도 결국에는 흐지부지 끝나버렸다. 강경한 자세로 나온 카테리나가 큰 소리를 지르며 폭로 전술을 펼쳤기 때문에 보르자 쪽이 더 이상의 심문을 그만두었다는 이야기도 있다.

하지만 아무래도 진실은 다른 데 있는 것 같다. 사누도가 빈정거리는 투로 썼듯이, 보르자에게 카테리나는 아무리 여자라 해도 지극히 위험한 존재였다는 점이다. 그녀는 신성로마제국 황제의 처제인데다, 유력한 추기경들 가운데 그녀의 친족이 스포르차와 로베레 및 리아리오 등 세 명이나 되고, 세번째 남편을 통해 피렌체의 메디치 가문과도 인연을 맺고 있었다. 카테리나를 자유롭게 해주면 그들과 호응하여 무슨 일을 벌이지나 않을까 하고 보르자는 걱정한 모양이다.

특히 카테리나는 프랑스 왕의 신하로서, 전쟁터에서는 여자를 포로로 삼아서는 안된다는 프랑스 법률의 적용을 받는 몸이지만, 교황 알렉산데르 6세가 그녀를 맡는 형식을 취해 로마로 연행한 것이다. 따라서 그녀는 형식적으로는 교황과 체사레의 포로가 아닌 것으로 되어 있었다.

이런 카테리나를 파엔차의 만프레디처럼 깨끗이 죽여서 테베레 강에 던져버릴 수도 없는 노릇이다. 그렇다고 해서 언제까지나 벨베데레 궁에 놓아둘 수도 없다. 어쨌든 만토바 대사의 서한에 따르면 카테리나는 포로치고는 씀씀이가 너무 헤픈데다, 보르자 쪽의 주장에 따르면 탈출을 시도한 적도 있다고 한다. 이런 골치아픈 포로를 되도록 값싸게 오랫동안 놓아둘 수 있는 곳은 로마에는 산탄젤로 성의 감옥밖에 없다. 하지만 여기에 집어넣으려면 납득할 만한 이유가 필요하다. 그 이유를 만들기 위해 교황 독살 음모 재판이 연출된 것은 아닐까 하는 것이 당시에 제기된 또 하나의 견해였다. 이런 견해를 가진 사람들은 여자 하나를 그토록 두려워하는 보르자를 비웃고 있다.

어쨌든 보르자는 몰락한 카테리나를 죽이지도 못하고, 그렇다고 자유롭게 놓아두기에는 너무 위험해서 감옥에 넣어두려고 했지만 그것마저 실패했다. 이것은 카테리나가 얼마나 거물이었는가를 보여주는 좋은 증거다. 카테리나의 남편이자 식스투스 4세의 조카인 리아리오 백작도, 인노켄티우스 8세의 아들 프란체스케토도 몰락한 뒤에는 완전히 잊혀졌다. 아무도 그들을 상대해주지 않았다. 그들과 반대되는 대우를 받은 사람은 카테리나와 나중의 체사레 보르자뿐이었다.

5월 25일 밤, 백작부인을 찾아왔던 체사레가 돌아간 뒤, 하인들은 의자 위에 쓰러져 울고 있는 백작부인을 보았다. 그리고 그 이튿날 밤, 카테리나는 은밀히 벨베데레 궁에서 산탄젤로 성으로 옮겨졌다. 그녀는 포를리에서 따라온 시녀 두 명만 데려갈 수 있었다.

이때부터 약 1년 동안 그녀가 산탄젤로 성에서 어떻게 지냈는지는 잘 알려져 있지 않다. 로마 주재 만토바 대사가 본국에 보낸 편지 가운데 그녀를 언급한 부분과 피렌체에 있는 카테리나의 맏아들과 둘째아들이 어머니에게 보낸 편지를 통해 그녀의 생활을 미루어 짐작할 수 있을 뿐이다.

산탄젤로 성에 들어갔다가 살아서 나온 사람은 없다고 한다. 이런 곳에 감금된 카테리나가 얼마나 심한 절망을 맛보았을지는 상상하기 어렵지 않다. 처음 얼마 동안은 "부인의 강한 정신력은 그야말로 악마적"이라고 편지에 썼던 만토바 대사도 얼마 후에는 "부인은 깊은 고뇌에 빠진 나머지 병에 걸린 것처럼 보인다"고 말하게 되었다. 긍지 높은 정신을 가진 사람은 굴욕을 당하게 되면, 그 자존심 때문에 남보다 훨씬 깊은 고뇌에 빠지는 법이다. 카테리나도 예외는 아니었다.

카테리나를 괴롭힌 것은 그 굴욕적인 처지였지만, 그녀를 슬프게 한 것은 맏아들 오타비아노와 둘째아들의 무정함이었다. 둘째아들은 전에 피사의 주교 자리를 얻을 수 있었지만, 이제는 맏아들 오타비아노까지 영주로서의 책임이나 기개도 없이 추기경의 빨간 모자를 얻을 수 있도록 힘써달라고 포로 신세가 된 어머니에게 부탁하는 형편이었다.

게다가 두 아들은 이제 더 이상 어머니의 석방운동 자금을 보낼 수 없다고 말했다. 자기네 재산을 탕진하면서까지 협력할 수는 없다는 거였다. 두 아들의 이런 무정함에 대해 "나는 악마가 그들의 감정과 추억을 빼앗아갔다고 생각할 수밖에 없다"고 분개한 것은 카테리나에게 소속되어 있는 포르투나티 신부였다. 포르투나티 신부는 그후 카테리나에게 가장 충실하게 정성을 바친 사람이 된다.

카테리나에게 가장 자랑스럽고 비극적이었던 1500년은 이렇게 지나갔다.

1501년 6월 20일, 프랑스 기사 한 사람이 말을 타고 바티칸 궁전에 도착했다. 그는 수위에게 이브 달레그레라는 이름을 대고, 당장 교황을 만나게 해달라고 요구했다.

접견실에서 그의 태도는 강경했다. 프랑스 왕의 신하로서, 전쟁터에서는 여자를 포로로 삼을 수 없다는 프랑스 법률의 적용을 받아야 할 백작부인이 산탄젤로 성에 아직도 감금되어 있다는 것은 바로 프랑스 왕을 모독한 것이나 마찬가지다. 백작부인은 즉각 석방되어야 하며, 이것이 이루어지지 않으면 지금 비테르보까지 와 있는 프랑스 군대에도 생각이 있다고 그는 말했다.

이브 달레그레는 포를리 공방전 당시부터 씩씩하고 아름다운 카테리나를 잊지 않고 있었다. 그때는 카테리나를 로마로 연행하겠다는 체사레의 강력한 의지에 어쩔 수 없이 타협했지만, 이번에 나폴리를 정복하러 가는 길에 카테리나의 비참한 처지를 전해 듣고는 안절부절 못하다가 담판을 하러 온 것이다.

그의 강경한 태도에 우선 교황이 타협했다. 체사레는 마지막까지 카테리나를 석방하는 데 반대했지만, 로마냐의 대부분을 정복하여 야망을 실현할 날이 눈앞에 다가와 있는 지금, 최고의 후원자인 프랑스 왕과의 우호관계에 금이 가게 할 수는 없었다. 그는 결국 카테리나의 석방을 묵인했다.

그러나 보르자 쪽은 조건을 내놓았다. 우선 추기경 회의에서 이미 의결된 교황 교서를 백작부인이 직접 인정하고 서명할 것. 이 교서는 카테리나가 포를리와 이몰라의 주권을 포기하고 체사레 보르자에게 양도한다는 것이었다. 둘째, 2만 5천 두카토의 몸값을 지불할 것. 이 가운데 우선 2천 두카토가 지불되어야만 백작부인을 석방하겠다고 보르자는 말했다.

이브 달레그레는 이 타협안을 가지고 당장 산탄젤로 성으로 달려갔다. 방에서 기다리고 있던 그는 눈앞에 나타난 백작부인의 모습을 보고 그녀가 별로 변하지 않은 것에 안심했지만, 그녀가 이야기를 시작하자 옛날과는 너무나 달라진 태도에 가슴아파하지 않을 수 없었다.

이 노장이 알고 있던 1년 반 전의 카테리나는 이탈리아 최고의 여걸이었다. 그런데 그 여걸의 모습을 지금의 카테리나한테서는 찾아볼 수 없었다. 늠름한 귀부인의 기개는 남아 있었지만, "남자의 마음을 가진 여자"라는 말을 들을 만큼 대담했던 그때의 여걸은 사라지고, 눈물을 뚝뚝 흘리며 그의 호의에 고마워하는 아름다운 여자가 있을 뿐이었다.

카테리나는 몸값을 지불하는 것은 승낙했지만, 포를리의 주권 포기 각서에 서명하는 데에는 좀처럼 고개를 끄덕이지 않았다. 굴욕의 날들을 보내는 동안, 그녀에게는 오직 포를리로 돌아가는 것만이 사는 보람이었다.

산 피에트로 성당의 만종이 가까이에서 들리는 그 방에서는 높은 창문으로 비쳐 들어오는 햇살도 이미 광채를 잃고 있었다. 의자에 앉은 백작부인과 그 옆에 무릎을 꿇은 채 설득을 계속하는 노장을 저녁 어스름이 감쌌다. 위병이 등불을 들고 들어왔다.

그로부터 열흘이 지난 밤이었다. 몇몇 기마병이 은밀히 산탄젤로 성문을 빠져나왔다. 그 속에 병사들에게 둘러싸여 있는 말탄 여자의 모습이 보였다. 1년 만에 자유의 몸이 된 카테리나였다. 일행은 산타 아그네세 다리를 건너기 시작했다. 그러자 지금까지 말을 세우고 일행을 지켜보고 있던 한 기사가 비로소 말머리를 돌려 어둠 속으로 사라졌다. 그로부터 11년 뒤인 1512년 4월, 이브 달레그레는 명장 가스통 드 푸아가 이끄는 프랑스 군대와 함께 라벤나에서 전사했다.

석방된 뒤, 카테리나는 신병 인수인이 된 라파엘로 리아리오 추기경의 저택에 몸을 의탁하게 되었다. 그녀가 석방되었다는 소식은 로마 전체를 흥분시켰다. 리아리오 추기경의 저택 앞에서는 화려한 복장을 갖춘 하인이나 마부가 언제나 몇 명은 눈에 띄었다. 카테리나를 찾아온 주인을 기다리고 있는 사람들이었다. 로마 전역의 귀족들이 카테리나를 찾아왔다. 그녀의 석방을 축하하러 오는 사람들 중에는 전에 식스투스 4세한테 우대를 받은 사람들과 오르시니 일당이 대다수를 차지하고 있었지만, 단지 이 유명한 여자를 한번 보고 싶어서 찾아오는 사람도 있었다.

7월 중순, 마침내 교황은 카테리나가 로마를 떠나도 좋다고 허락했다. 그녀는 1498년부터 피렌체공화국 시민권을 갖고 있었기 때문에 앞으로는 피렌체공화국에 그녀의 신병을 맡긴다는 것이었다. 그녀는 한밤중에 변복을 하고 남몰래 로마를 떠났다. 배를 타고 테베레 강을 따라 내려가 피렌체로 가기 위해서였다.

전에 남편 조반니 데 메디치가 살아 있을 무렵 "내 제2의 고향은 피렌체 성벽 안에 있다"고 말한 카테리나는, 그 당시에는 예상조차 못했던 신세가 되어 피렌체 성벽을 보게 되었다. 그녀는 피렌체에 도착한 뒤 한동안은 피렌체 시민들의 열광적인 환영을 받았지만, 이곳에서는 포로 시절과는 또 다른 고통이 그녀를 기다리고 있었다.

시동생인 로렌초 피에로 프란체스코 데 메디치가 카테리나의 남편이 남긴 유산을 탕진하고 있었던 것이다. 그 유산은 조반니와 카테리나 사이에 태어난 그녀의 막내아들 조반니를 위해 남겨두어야 했다. 돈을 둘러싼 친족 사이의 추한 싸움은 갈수록 그녀를 피곤하게 했다.

또한 심각한 궁핍이 그녀를 덮쳤다. 1502년 7월, 그녀는 걸핏하면 어머니한테 돈을 뜯으러 달려오는 맏아들과 둘째아들에게 "내 어깨에는 스물네 명의 입과 다섯 마리의 말과 세 마리의 노새가 걸려 있다. 이 많은 입을 먹여 살려야 하기 때문에 나는 보석까지 팔려고 내놓았다"는 편지를 써서 보냈다.

그러나 이듬해 카테리나의 희망을 철저히 때려부수는 커다란 타격이 그녀를 덮쳤다.

1503년 8월, 교황 알렉산데르 6세가 죽었다. 체사레에게 쫓겨났던 로마냐 지방의 제후들은 모두 각자의 영지로 복귀했다. 카테리나도 재빨리 맏아들 오타비아노에게 가신들을 딸려서 포를리로 달려가게 했다. 하지만 오타비아노는 볼로냐까지 갔다가 되돌아와버렸다. 포를리와 이몰라는 아직 체사레에게 충성을 바치고 있고, 카테리나의 압제를 미워하고 있기 때문에, 리아리오 가문을 다시 영주로 맞아들일 마음은 추호도 없다는 것이 가신들이 갖고 돌아온 정보였다.

그래도 카테리나는 포기하지 않았다. 그녀는 오타비아노를 베네치아 귀족 가문의 여자와 결혼시키는 조건으로, 베네치아에 무력 지원을 요청했다. 하지만 대답만은 잘해도 실행에는 신중한 것이 베네치아식 정치였다. 카테리나가 베네치아의 지원을 기다리는 동안, 로마에서는 최종 결정이 내려지고 말았다.

새 교황 율리우스 2세가 로마냐를 교황령으로 만들고, 로마냐 지방의 여러 영지 가운데 아직 귀속이 불확실한 포를리와 이몰라만이라도 교황청 직할령으로 만들겠다는 의지를 굳힌 것이다.

카테리나는 친척인 율리우스 2세가 이토록 가혹한 처사를 하리라고는 꿈에도 생각지 못했다. 하지만 추기경단 회의에서 승인된 교황 교서가 일단 나와버리면 더 이상 어쩔 도리가 없었다. 그녀는 새 교황의 즉위에 남보다 훨씬 큰 기대를 걸었지만, 이제 그 기대는 완전히 산산조각나고 말았다.

세월은 지나갔다. 보르자 가문의 몰락이 불러일으킨 이탈리아 전역의 흥분도 서서히 가라앉았다. 그 뒤에는 기정 사실만 남았다. 포를리에 주권자로서 돌아가고 싶다는 카테리나의 소망도 이제는 더 이상 사람들 입에 오르내리지 않게 되었다.

에필로그

"경애하는 백작부인, 부인의 수많은 편지에도 나타나 있듯이, 부인께서 우리와 함께 극복하고 있는 이 어려움과 위험으로 가득 찬 시대에 신의 도움을 받기를 바라는 것은 누구에게나 당연한 일이라고 생각합니다. 저는 부인이 좋은 조언을 유용하게 활용하시고, 좋은 영감을 주시는 신의 인도를 받고 계시는 분이라고 생각합니다…… 저는 부인께서 그 후덕한 마음을 늘 간직하시기를 빌고 있습니다. 부인께서 제 소견을 물어보신 것에 감사드립니다. 저도 부인의 요청에 따라, 신도나 수도사 가운데 한 사람을 부인께 보내 부인을 돕고 싶습니다. 저에게 그런 부탁을 하신 부인을 위해 앞으로도 신에게 기도하겠습니다."
(1497년 6월 18일, 수도사 사보나롤라가 카테리나에게 보낸 편지)

카테리나는 생애의 마지막에 이르러 나라와 가족을 모두 잃어버렸을 때에야 비로소 이 격정적인 예언자 사보나롤라의 충고에 귀를 기울이기 시작한 것 같다. 피렌체 교외의 별장에서 리카르디 궁전으로 거처를 옮겼을 무렵부터, 적막한 그녀의 생활에 갑자기 종교의 향기가 자욱해진다. 명상을 하고, 종교 서적을 읽고, 수도사나 수녀들과 대화에 열중하는 나날이 계속되었다. 그것이 만년의 카테리나의 주요 관심사가 된 것 같았다. 유럽의 후세 역사가들은 마침내 신의 은총이 승리했다는 말로 만년의 카테리나를 평하고, 이교적인 르네상스인도 역시 마지막에는 상냥한 신의 자비 속으로 돌아오는 법이라는 말로 카테리나의 일생을 마무리했다.

하지만 이것은 과장이다. 카테리나에게 상냥한 것은 신의 은총 따위가 아니라 돈과 권력과 사랑이었다. 이 세 가지를 모두 잃고, 그것들을 다시 자기 것으로 만들 가능성마저 모두 사라져버렸을 때, 그녀는 비로소 신에게 다가가기 시작한 것이다.

행운을 타고난 아름다운 여자들이 대개 젊은 시절에는 그 육체를 악마에게 내주고, 그 젊음과 미모와 행운도 모두 시들어버린 만년에 이르러서야 남은 뼈를 신에게 바치듯.

1509년 5월 29일 저녁, 피렌체 사람들은 산 로렌초 사원에서 들려오는 때아닌 종소리에 깜짝 놀랐다. 광장과 거리에 멈춰선 사람들은 9년 전 유일하게 체사레와 맞서서 이탈리아 전역을 열광시킨 '이탈리아 제일의 여자'(프리마 돈나 디탈리아)가 죽은 것을 알았다. 향년 46세였다.

카테리나는 메디치 가문 묘지인 산 로렌초 사원에 남편과 나란히 묻히는 것도 허락받지 못했다. 이런 카테리나를 위해 1천 번의 미사를 올리려고 동분서주한 것은 만년에 그녀의 유일한 친구이기도 했던 포르투나티 신부였다.

4
카테리나 코르나로

"베네치아 사람이 먼저, 기독교인은 그 다음"
[Prima veneziani, poi cristiani]

카테리나 코르나로의 가계도

코르나로 가문

마르코 코르나로(~1336, 베네치아 공화국 통령)
│
안드레아 코르나로(~1380, 기사)
│
조르조 코르나로(~1410, 베네치아 해군 제독)

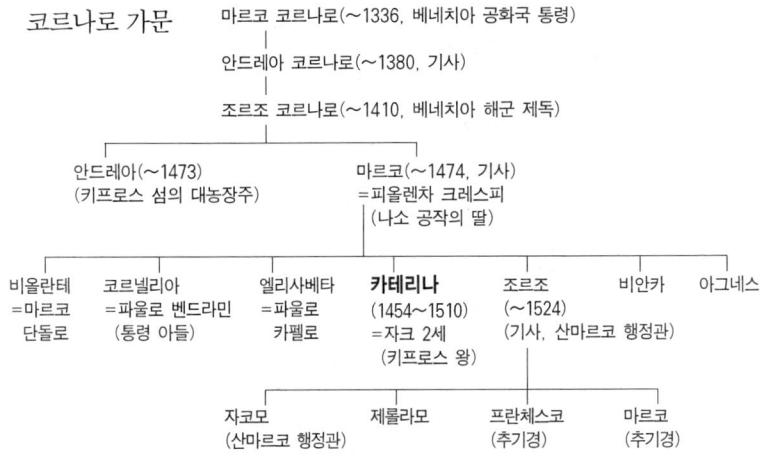

- 안드레아(~1473) (키프로스 섬의 대농장주)
- 마르코(~1474, 기사) = 피올렌차 크레스피 (나소 공작의 딸)
  - 비올란테 = 마르코 단돌로
  - 코르넬리아 = 파울로 벤드라민 (통령 아들)
  - 엘리사베타 = 파울로 카펠로
  - **카테리나** (1454~1510) = 자크 2세 (키프로스 왕)
  - 조르조(~1524) (기사, 산마르코 행정관)
    - 자코모 (산마르코 행정관)
    - 제롤라모
    - 프란체스코 (추기경)
    - 마르코 (추기경)
  - 비안카
  - 아그네스

뤼시냥 가문

기 드 뤼시냥(1191년에 키프로스 왕이 됨)

아모리(아말리크 2세) = 시빌(예루살렘 여왕)

장(~1458) = 헬레나 팔라이올로구스

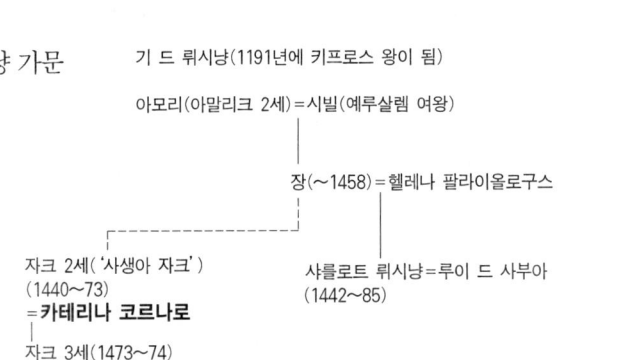

- 자크 2세('사생아 자크') (1440~73) = **카테리나 코르나로**
  │
  자크 3세(1473~74)
- 샤를로트 뤼시냥 = 루이 드 사부아 (1442~85)

물 위의 도시

1468년 7월 30일. 이날 아침에, 카테리나 코르나로(Caterina Cornaro, 1454~1510)는 평소와는 달리 다급한 유모의 목소리에 눈을 떴다. 혼례를 준비하기 위해 파도바의 수녀원에서 이곳 베네치아의 아버지 집으로 돌아온 것이 한 달 전. 그후 이렇게 아침 일찍 일어난 적은 한번도 없었다. 다른 사람들은 벌써 다 일어나 있는 것 같았다. 저택 안의 어수선한 움직임이 운하에 면해 있는 그녀의 방에까지 전해져오고 있었다.

카테리나는 그제서야 오늘이 자신의 결혼식 날이라는 것을 깨달았다.

어머니 피올렌차가 방으로 들어왔다. 어머니도 유모처럼 허둥대고 있는 것 같았다. 웨딩드레스와 머리 장식을 가져온 하녀들에게 몇 번이나 똑같은 지시를 내리며 방을 들락날락하는 어머니를 보고, 이제 갓 열네 살이 된 카테리나는 웃음을 참지 못했다. 그래도 그녀는 화장을 해주는 하녀들에게 순순히 얼굴을 내맡기고, 하녀들이 옷을 입히는 동안은 두 팔을 벌린 채 가만히 서 있었다. 하녀들이 속옷 위로 철제 코르셋을 입히고 힘껏 조였을 때도 카테리나는 얌전히 있었지만, 유모까지 합세하여 하얀색의 두꺼운 다마스크천으로 만든 어마어마한 웨딩드레스를 머리부터 푹 뒤집어 씌웠을 때는 더 이상 웃음을 참지 못하고 깔깔거렸다. 머리에 웨딩드레스가 씌워졌을 때, 눈앞을 지나가는 두꺼운 옷감을 통해 들어오는 부드러운 햇살 속에서 고급 비단 특유의 달콤한 향기를 맡고, 카테리나는 이 소동이 모두 자기 한 사람 때문이라는 자랑스러움을 느꼈다. 그 뿌듯한 기분이 여느 때의 소녀다운 발랄함과 맞물려 끊임없이 웃음을 불러일으켰다. 그녀의 머리를 빗질하고 있던 유모가 흥분해서 허둥대다가 그만 빗이 머리카락에 걸려버렸다. 그 허둥대는 꼴이 우습다고, 카테리나는 또 깔깔거렸다.

진주로 머리를 장식하고, 드디어 준비가 다 끝났을 무렵, 이미 시집간 세 언니가 방으로 들어왔다. 준비를 마치고 일어선 카테리나를 둘러싸고 어머니와 언니들, 유모와 하녀들은 신부의 아름다움을 칭찬하며 일제히 탄성을 터뜨렸다.

"왕비 마마가 되시는걸요."

유모가 자랑스러운 듯이 말하자, 단돌로 가문과 벤드라민 가문과 카펠로 가문 등 베네치아 최고의 귀족 집안으로 시집간 언니들도 저마다 부러움이 담긴 목소리로 대답했다. 키프로스 왕에게 시집가는 동생의 행운을 축하하면서.

카테리나는 하녀와 언니들에게 둘러싸인 채, 어머니의 손을 잡고 아래층의 큰 홀로 내려갔다. 홀에서는 새하얀 담비 털가죽으로 가장자리를 댄 베네치아 귀족의 예복을 입은 아버지가 기다리고 있었다. 이 집안의 상속자인 남동생 조르조도 소년답게 짧은 망토를 입고 아버지 옆에 서 있었다.

이 집안의 가장인 마르코 코르나로는 베네치아 귀족의 전통에 따라 지중해를 두루 돌아다니는 거상(巨商)이었다. 그는 오랜 세월 바다에서 단련된 그 늠름한 체격을 기쁨으로 가득 채우고, 딸 카테리나를 맞이했다. 난바다를 항해하는 배에서 의사를 전달하기에 편리하도록 되어 있는 베네치아 사람 특유의 목소리, 날카롭지만 길게 꼬리를 끄는 듯한 여유있는 목소리가 그녀를 감쌌다.

"우리 코르나로 가문은 통령(統領 : 베네치아공화국의 국가원수)도 배출한 명문이고, 네 외가인 나소 공작 가문은 비잔틴제국과 관계가 있는 집안이기도 하다. 키프로스 왕가로 시집가는 너는 베네치아공화국 사상 처음으로 공화국의 딸이라는 명예도 얻었다. 왕비로서 부끄럽지 않은 신분이다. 걱정 말고 가거라."

아버지의 이 말은 카테리나의 마음 속에 28세의 젊고 잘생긴 키프로스 왕, 그리고 그 남편이 기다리고 있는 먼 오리엔트의 나라 키프로스에 대한 아련한 동경을 불러일으켰다.

곧이어 그녀의 동경은 환희로 고조되었다. 바로 그때 홀로 뛰어들어온 하인이 베네치아 시내 전체가 마치 센사(바다의 여신과 베네치아 통령의 상징적 결혼을 축하하는 베네치아 최대의 축제—옮긴이) 때처럼 들떠 있다고 흥분한 목소리로 보고했기 때문이다. 뒤이어 집사가 공손하게 말했다.

"통령 각하의 전용선이 방금 도착했습니다."

떠날 시간이었다. 베네치아 귀족 자녀들 가운데 가장 가문이 좋고 아름다운 40명의 귀부인을 태운 '부친토르'(통령 전용선)가 코르나로 저택의 현관 돌층계에 옆구리를 들이댔다. 카테리나를 결혼식이 열리는 두칼레 궁(통령 관저와 정부 청사를 겸한 건물)까지 데려가기 위해서였다. 아침 썰물 때라 운하의 물이 얕아져서, 대리석 돌층계 아래의 초록빛 이끼가 물 위로 얼굴을 드러내고 있었다. 카테리나는 유모의 손을 잡고 배에 올라탔다. 멋진 조각이 새겨진 선체는 황금색으로 칠해지고, 배 안과 지붕은 붉은 양탄자로 장식되고, 뱃머리에는 성 마르코의 전설에 나오는 사자가 붉은색 바탕에 금실로 수놓아진 베네치아공화국 깃발이 나부끼고 있었다. 카테리나는 그 작은 몸에 하얀 웨딩드레스를 입고 '부친토르' 갑판 중앙에 서 있었다. 이윽고 배 좌우에 줄지어 앉아 있던 노잡이들이 일제히 노를 물 속에 집어넣었다. 황금빛 노가 짙은 초록빛 물을 규칙적으로 가르기 시작했다.

그것을 신호로 하여, 부친토르 주위에 모여 있던 곤돌라들도 천천히 물 위를 미끄러지기 시작했다. 곤돌라들은 각양각색으로 아름답게 치장되어 있었다. 신부 행렬은 금세 대운하(카날레 그란데)로 나왔다. 여기서 리알토 다리를 왼쪽으로 보면서 오른쪽으로 구부러진다. 대운하를 내려가 그 어귀에 있는 산 마르코 선착장으로 가기 위해서다.

공화국의 딸 카테리나와 키프로스 왕의 결혼을 축하하기 위해 대운하 양쪽에 늘어선 대저택들은 창문에 호화로운 태피스트리를 내걸어, 비잔틴풍의 베네치아 양식으로 지어진 아름다운 건물을 더욱 아름답게 치장하고 있었다. 그리고 운하 양쪽의 저택에 사는 사람들은 대운하를 따라 내려가는 호화로운 선단과 그 한가운데에 서 있는 신부의 모습을 보려고 저마다 창으로 고개를 내밀어, 모든 창문에는 사람들이 포도송이처럼 주렁주렁 매달려 있었다. 짙은 초록빛 수면, 그 위를 조용히 흘러가는 황금색과 붉은색의 부친토르, 아름답게 차려입은 귀부인들을 태우고 부친토르를 보호하듯 에워싼 곤돌라들. 그것은 마치 호화찬란한 양탄자 한 장이 대운하의 수면을 가득 뒤덮고 떠내려가는 것 같았다.

르네상스 시대는 베네치아공화국이 일개 도시국가이면서도 강대국 에스파냐나 프랑스보다 훨씬 많은 부와 권세를 자랑한 시대였다. 물론 다른 이탈리아 국가들——나폴리왕국, 로마 교황청, 밀라노공국——은 베네치아와는 비교도 되지 않았다. 베네치아공화국은 동지중해를 지배하게 된 10세기경부터 부지런히 부를 쌓아올렸다. 1453년에 비잔틴제국의 수도인 콘스탄티노플이 터키의 손에 넘어갔을 때부터 그 영광에 조금씩 그림자가 드리워지긴 했지만, 그동안 쌓아올린 부는 당시의 베네치아를 세계의 보석상자처럼 아름답게 만들기에 충분했다. 아니, 15세기는 베네치아가 오랫동안 모아놓은 부를 밖으로 토해낸 시기라고 할 수 있다. 이 물 위의 도시에는 베네치아공화국 문장(紋章)인 성 마르코 전설의 사자를 빨간색 바탕에 금실로 수놓은 깃발을 단 갤리선과 범선들이 부와 힘을 가득 싣고 잇달아 도착하고 떠나갔다. 태양이 떠오르는 곳, 즉 동방이라는 의미에서 '레반트'라고 불린 동지중해를 향해.

그 당시 리알토 다리는 오늘날처럼 석조가 아니라 목조였고, 오늘날에는 검은색 일색인 곤돌라도 당시에는 금이나 은, 상아색 비단이나 공단으로 치장하여 그 화려함을 다투었다. 곤돌라가 오늘날처럼 검은색으로 통일된 것은 오스만터키제국의 진출로 지중해에서 후퇴할 수밖에 없었던 베네치아공화국이 재정 긴축 정책의 일환으로 내놓은 1584년의 포고령 때문이다. 검은색 곤돌라는 르네상스 시대의 화려한 베네치아가 종말을 향해 천천히 다가가고 있음을 알려주는 전주곡이었는지도 모른다.

갑자기 산 마르코 사원의 종루에서 맑은 종소리가 광장 가득 울려 퍼지기 시작했다. 혼례 행렬이 지금 대운하 어귀를 나와 선착장으로 다가오고 있다는 것을 알리기 위해서였다. 군중은 선착장으로 가려고 두칼레 궁의 장밋빛 벽 앞을 달리기 시작했다. 대운하 어귀를 빠져나와 그 호화로운 융단 같은 선단을 바다 가득 펼친 혼례 행렬은 선착장을 향해 천천히 왼쪽으로 선회하기 시작했다. 두칼레 궁의 주랑에 늘어서 있던 주악대가 일제히 나팔을 불었다. 선착장 좌우에는 베네치아공화국 정부의 고관들이 제각기 직책을 나타내는 예복을 입고 늘어서 있었다. 끝자락이 넓게 퍼진 진홍빛 가운 차림의 원로원 의원들(세나토레), 보랏빛 가운 차림의 정부 최고위원회 위원들(사비). 엄숙한 표정으로 늘어서 있는 이 고관들 앞에, 당시 풍습에 따라 치렁한 금발을 어깨 너머로 늘어뜨린 14세의 카테리나가 하얀 웨딩드레스 차림으로 배에서 내려섰다. 축하의 종소리가 울려퍼지는 가운데, 그녀를 중심으로 한 행렬은 두칼레 궁의 문으로 다가갔다. 일행이 금빛으로 칠한 카르타 문 앞까지 오자, 흰 옷을 입은 한 무리의 소녀들이 노래를 부르며 신부를 맞이했다. 신부 일행은 그 사이를 지나 문으로 들어가서 계단을 올라갔다.

신부가 대회의실(살라 데이 마조레 콘실리오)로 들어갔을 때, 거기서 기다리고 있던 사람들 사이에서 술렁거림이 일어났다. 당시의 대회의실은 오늘날처럼 틴토레토나 베로네세의 벽화와 천장화로 장식되어 있지는 않았지만, 화려하게 차려입은 사람들로 가득 차 있었다. 연대기에 따르면, 사람이 발 디딜 틈도 없이 들어차서 문이 부서질 지경이었다고 한다.

신부는 사람들이 열어준 길을 지나 정면의 높은 단 위에 앉아 있는 통령 앞까지 나아갔다. 그러고는 통령 오른쪽 의자에 앉았다. 카테리나의 남편이 될 키프로스 왕의 대리인으로 오늘의 혼례를 위해 키프로스에서 베네치아에 파견된 특사 미스타헬은 이미 그녀와 마주보는 자리인 통령 왼쪽에 앉아 있었다. 통령 크리스토포로 모로는 금실로 수놓은 망토를 입고, 코르노(뿔)라고 불리는 통령의 의전용 모자를 쓴 정장 차림이었다. 정부 고관들은 그 통령 뒤에 늘어서 있었다.

현관이 겨우 조용해졌다. 모로 통령이 금반지를 특사에게 내밀었다. 특사는 신랑의 대리인으로서 공손히 그 반지를 카테리나의 손가락에 끼워주었다. 이것으로 결혼식은 끝났다.

그러나 카테리나가 그 길로 곧장 키프로스 섬의 남편한테로 떠날 수 있었던 것은 아니다. 키프로스 왕 자크가 이제 곧 데리러 갈 테니까 베네치아에서 기다리라고 했기 때문이다. 그녀는 일단 아버지 집으로 돌아갔다가, 왕이 언제 데리러 와도 좋도록 베네치아의 리도에 있는 산 니콜로 수녀원으로 들어가 그날을 기다리게 되었다.

하지만 그날은 좀처럼 오지 않았다. 이 정략결혼의 이면에 작용한 정치, 지중해에서 베네치아와 키프로스 사이에 벌어진 정치적 흥정 때문이었다. 리도의 고지대에 있는 수녀원 창문에서는 지중해 항해를 마치고 베네치아로 입항하는 배를 가장 먼저 볼 수 있다. 수녀원은 베네치아 시가지를 등지고 아드리아 해에 면해 있기 때문이다. 카테리나는 여기서 옥색과 은색이 어우러진 키프로스 왕가의 깃발을 달고 아드리아 해를 북상해올 배를 애타게 기다렸다. 수녀들한테 '왕비 마마'라고 불리면서도 왕의 얼굴조차 모르는 날들이 헛되이 지나갔다. 불안하고 초조한 기다림만이 있는 이 세월은 무려 4년 동안 계속되었다. 카테리나가 전처럼 잘 웃지 않게 된 것을 유모가 깨달았을 때, 카테리나는 어느새 18세가 되어 있었다. 당시의 양반집 규수 가운데 18세가 되도록 시집가지 않은 처녀는 하나도 없었다.

키프로스의 역사

지중해 동쪽에 있는 키프로스 섬은 중근동 나라들과 거의 맞닿아 있다. 지중해에서는 시칠리아와 사르데냐에 이어 세번째로 큰 섬이다. 희뿌연 땅에 찰싹 달라붙듯 자라난 올리브 숲. 깊이 팬 초록빛 골짜기. 대기 속에 넘쳐 흐르는 풍부한 햇빛. 섬 주위를 둘러싸고 있는 짙푸른 바다와 절벽에 부딪쳐 부서지는 하얀 파도. 고대 그리스 사람들은 이 아름다운 섬이 사랑의 여신 아프로디테가 태어난 곳이라고 믿었다.

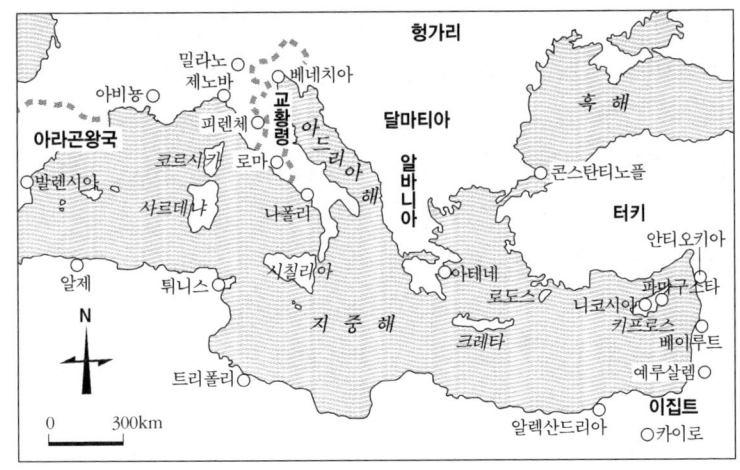

1500년 무렵의 지중해 주변

비교적 최근에 저술된 책을 통해 키프로스의 역사를 정확히 알고자 하는 독자는 영국의 조지 힐이 쓴 『키프로스 역사』만 읽어도 충분할 것이다. 3권으로 된 이 책에는 키프로스의 역사가 시작되었을 때부터 1571년까지, 즉 키프로스가 베네치아의 지배에서 벗어나 터키의 지배를 받게 된 해까지의 역사가 자세히 서술되어 있다.

하지만 나는 여기서 힐처럼 정확하고 학술적인 역사를 서술할 생각은 없다. 그보다는 역사적 사실의 기술에 조금 잘못이 있더라도, 베네치아 역사가인 말리피에로의 연대기를 선택하고 싶다. 그 이유는 첫째, 베네치아 방언으로 쓰인 이 연대기의 작가 도메니코 말리피에로는 무엇보다도 이 글의 주인공인 카테리나 코르나로와 동시대인이라는 점. 둘째, 그는 원로원 의원으로서, 또한 해군의 요직에 있던 사람으로서 베네치아공화국의 정치에 정통했으리라는 점. 셋째, 오늘날까지 그 역사적 가치를 인정받고 있는 그의 저서 『연대기』에 나타나 있는 냉정하고 엄격한 관점으로 미루어보아, 그를 당시 교양있는 베네치아 사람의 전형으로 생각해도 좋으리라는 점. 따라서 이 연대기는 르네상스 시대의 주역 가운데 하나인 베네치아 사람들이 그들의 오리엔트를 어떻게 보고 있었는가를 우리에게 알려주리라 생각하기 때문이다(저자인 시오노 나나미는 『연대기』 속에 나오는 인물들의 이름을 모두 이탈리아식으로 쓰고 있으나, 뤼시냥 가문이 키프로스를 지배한 이후의 인물들에 대해서는, 그들이 프랑스계인 점을 고려하여 프랑스식 이름으로 바꾸었다—옮긴이).

『연대기』 제3부 '키프로스에 관하여'
——도메니코 말리피에로

옛날 사람이 쓴 그리스도 탄생 이전의 키프로스 왕국 역사에 관하여 여기서 다시 기술하는 것은 불필요한 일로 생각한다……(중략)……그래서 나는 옛날 사람이 쓴 역사에 나타나 있지 않은 것 가운데 아직도 사람들의 기억에 남아 있는 일들에 대해서만 쓰기로 했다.

옛 기록에 따르면, 키프로스 섬이 기독교로 개종한 것은 성 바나바(예수의 12사도 가운데 한 사람)가 「마태복음」을 가져와 포교한 데 따른 것이라고 한다. 그로부터 오랜 세월이 흐른 뒤, 키프로스 섬은 17년 동안이나 계속된 가뭄에 시달렸다. 아마 이 때문에 그후 36년 동안 이 섬은 무인도가 되었을 것이다.

콘스탄티누스 황제 시대에 황제의 모후인 헬레나가 예루살렘에서 '우리의 성스러운 수호자'(그리스도)의 거룩한 십자가를 발견하고 돌아오는 길에 키프로스 섬의 마조토스 지방에 있는 바실로포타모에 들러, 그곳의 올림포스 산에 사원을 세웠다. 지금도 이 산은

'십자가 산'이라고 불린다. 헬레나는 이 사원에 성스러운 십자가의 나무토막 하나를 모셨다. 그때부터 비가 내리기 시작했다. 그래서 섬을 떠났던 사람들이 다시 섬으로 돌아왔다. 이어서 다른 사람들도 섬으로 들어왔다. 하지만 해적들이 재앙을 가져왔기 때문에, 사람들은 콘스탄티노플의 황제에게 가서 섬을 지키기 위한 지배자를 보내달라고 부탁했다. 그래서 황제는 한 귀족에게 공작의 작위를 주고, 많은 스트라디오티(그리스인 기사)와 함께 섬으로 파견했다. 그들의 가족도 함께 왔다. 이들은 생활을 유지하기 위해 섬 주민에게 세금을 부과했다……(중략)……이때부터 880년 동안 키프로스 섬은 비잔틴 황제 밑에서 공작과 그 자손의 통치를 받았다. 이 지배는 1190년에 영국의 사자왕 리처드가 십자군 원정 중에 섬에 올 때까지 계속되었다. 리처드는 예루살렘 왕인 기 드 뤼시냥을 지원하러 가는 길이었지만, 예루살렘이 이미 함락되어버렸기 때문에 키프로스의 지배자 이사크를 공격하기로 했다. 이사크가 리처드의 어머니와 프랑스 왕 필리프의 아내를 붙잡아 능욕하려고 했기 때문이다. 리처드는 리마솔에 상륙하여 이사크를 무찔렀다. 이로써 사자왕 리처드는 키프로스의 지배자가 되었다. 하지만 리처드 왕은 얼마 후 키프로스 섬을 '성당 기사단'에 팔았다. 이 기사단은 처음에는 좋았지만, 마지막에는 비참한 결과로 끝났다. 기사단은 약 1년 동안 섬을 다스리느라 애썼지만, 결국 키프로스 주민과 싸워서 대부분 살해되었다. 섬 주민들도 많은 피를 흘렸다. 기사단은 섬을 포기하고 떠나기로 했다. 그들은 뤼시냥 가문의 기 드 뤼시냥에게 10만 두카토를 받고 섬을 팔았다. 기 드 뤼시냥은 얼마 전에 예루살렘 영지를 잃어버린 상태였다. 이로써 키프로스왕국 최초의 라틴인 지배자가 탄생했다. 그는 자신의 궁정을 이리로 옮겼다. 예루살렘에 있던 많은 라틴인 귀족들도 함께 왔다. 그는 그후 3년을 더 살았다. 그가 죽은 뒤, 1194년에 그의 동생인 아모리가 왕위를 물려받아 아말리크 2세가 되었다. 아말리크 2세는 대단히 위엄있는 왕으로서, 그 덕택에 섬은 좋아졌다……(중략)……그는 교황청에 특사를 보내, 앞으로 키프로스를 왕국으로 인정해줄 것과 그 지배자 또한 왕으로 인정해줄 것을 요구했다. 이 요구가 받아들여져 그는 왕관을 썼다. 얼마 후에는 예루살렘 여왕인 시빌을 아내로 맞아들였고, 이로써 그는 예루살렘 왕위도 갖게 되었다. 그는 두번째 라틴인 지배자이자 첫번째 라틴인 왕으로서 15년 동안 살았다. 그가 죽은 뒤, 아들 위그가 키프로스 왕위와 예루살렘 왕위를 물려받아 13년 동안 살았다. 그후에는 그의 아들 앙리가 왕이 되었다……(중략)……그후 앙리의 아들 위그가 왕위를 물려받았지만, 14세의 어린 나이에 죽어서 후계자를 남기지 못했기 때문에 외사촌인 안티오키아의 위그가 키프로스에 와서 왕이 되었다……(중략)……(1285년부터 1361년까지 세 명의 왕이 키프로스왕국을 다스렸다).

이어서 '용사'라는 별명을 가진 그의 아들 피에르가 왕이 되었다. 그가 나라를 다스리는 동안 키프로스는 번영을 누렸다. 파마구스타 항구에는 많은 사람이 살았고, 도시는 훌륭하게 정비되었다. 키프로스는 대규모로 장사를 했고, 시리아와도 교역하기 시작했다. 파마구스타에 살고 있던 시리아 사람이 베이루트 교역에서 큰돈을 벌어, 그 이익의 일부로 파마구스타에 성 베드로-바울 사원을 지었다. 이 사원은 어디에 있는 사원보다도 아름답다는 평가를 받았다. 지금은 귀리 창고로 쓰이고 있다. 어떤 양심으로 그런 짓을 할 수 있었는지 모르겠다. 피에르 왕은 이교도와 싸우기 위해 군대를 조직하여 눈 깜짝할 사이에 용맹한 기사들을 많이 모았다. 갤리선과 상선 등의 배도 100척쯤 모였다. 왕은 이 병력을 이끌고 알렉산드리아를 정복하고 약탈한 뒤, 시리아 일대의 해안과 터키 영토도 정복하고 약탈했다. 이런 위대한 일을 많이 한 뒤 왕은 로마로 갔다. 왕이 로마에 머물고 있는 동안, 왕의 대리인으로서 키프로스를 다스리던 로카스 백작이 엘레오노라 왕비와 통정하는 짓을 저질렀다. 이 사실을 안 왕은 키프로스로 돌아온 뒤, 귀족 재판소를 소집하여 왕에게 충성을 서약한 로카스 백작이 군주의 존엄성을 손상시킨 것을 국법에 따라 어떻게 조치했으면 좋으냐고 물었다. 왕비는 왕명으로 이미 중노동형을 선고받은 처지였다. 그런데 귀족 재판소는 백작을 무죄 석방하고, 오히려 왕에게 이 사실을 고자질한 궁정 집사에게 유죄 판결을 내렸다. 왕은 현명하게도 이 판결에 승복하는 태도를 보이고, 종신형을 선고받은 집사를 감옥으로 보냈다. 하지만 속으로는 몹시 언짢았다. 그래서 왕은 백성에게 잔혹해졌다. 왕은 잔혹하기 짝이 없는 감옥을 만들고, 그것을 키프로스 사람들에게 복수하는 수단으로 이용했다. 이런 폭군을 그대로 둘 수 없어서, 주민들은 음모를 꾸며 왕을 죽였다……(중략)……하지만 이 무렵부터 키프로스의 세력은 쇠퇴하기 시작했다. 내 생각에는 귀족 재판소가 내린 부당한 판결 때문에 신이 키프로스의 쇠퇴를 바라신 탓이 아닌가 싶다.

피에르 왕의 아들 페린이 왕위를 물려받아 11년 동안 나라를 다스렸다. 모후인 엘레오노라는 파마구스타 항구를 제노바 사람들에게 내주었고, 그들은 그곳에서 키프로스의 부를 엄청나게 빼앗았다. 그들은 6척의 갤리선에 키프로스의 금은보화를 가득 실어 제노바로 보냈다. 하지만 신의 섭리에 따라 이 배들은 항해하는 도중에 침몰해버렸다……(중략)……제노바 사람들은 이렇게 약 90년 동

갤리선(라파엘로의 데생)

안 파마구스타를 지배했다. 피에르 왕의 동생 자크 뤼시냥은 그들과 싸우다가 포로가 되었다. 그가 제노바에 붙잡혀 있는 동안 페린 왕이 죽었다. 그래서 키프로스 궁정의 신하들은 새 왕을 선출하려 했지만, 곰곰 생각한 끝에 정통 왕위 계승자인 자크를 제노바에서 불러오기로 했다. 자크를 키프로스로 돌려보내주면 파마구스타와 그 주변 2레가(약 10킬로미터)에 이르는 땅을 제노바에 준다는 조건이었다.

자크 1세는 약 20년 동안 키프로스를 다스렸다. 그는 제노바와의 싸움으로 황폐해진 섬을 재건했다. 1년을 들여 니코시아 성채도 세웠다. 이 성 안에 궁전도 지었다. 그리고 1397년에 죽었다. 왕위는 그의 아들 야노스가 물려받았다. 야노스가 즉위한 뒤 처음 얼마 동안은 좋았다. 하지만 나중에는 가뭄과 메뚜기떼와 페스트가 키프로스 섬을 괴롭혔다. 모든 것이 계속 나빠져갔다. 마지막에는 터키의 술탄이 싸움을 걸어왔다. 술탄은 수많은 맘루크인(노예 용병)을 대함대와 함께 키프로스로 보냈다. 그들은 섬에 상륙하여 바실로포타모에서 왕의 군대와 싸웠다. 왕은 싸움에 져서 포로가 되었다. 1426년에 왕은 카이로로 보내졌다. 그후 맘루크 사람들은 키프로스 섬을 돌아다니며 온갖 것을 불태우고 나서야 섬을 떠났다. 왕이 석방되려면 몸값을 지불해야 했다. 수십만 두카토를 일시불로 내고, 앞으로 해마다 조공을 바치게 되었다. 이것은 지금도 계속되고 있다. 어쨌든 몸값을 내고 조공을 바친다는 조건으로 왕은 섬에 돌아올 수 있었다. 그리고 1432년에 죽었다. 왕위는 그의 아들 장이 물려받았다. 장은 그리스의 헬레나를 아내로 맞아들였다. 전제군주의 딸 헬레나는 딸을 하나 낳았다. 이 왕녀는 사촌인 사부아 공작의 아들 루이와 결혼했다. 장이 죽은 뒤 루이 공작이 키프로스 왕이 되었다. 1460년의 일이었다. 그러나 장에게는 서출 왕자가 하나 있었다. 이 왕자는 루이 공작한테서 왕위를 빼앗은 뒤 12년 동안 섬을 다스렸다. 그는 잘생긴 용모와 건장한 체격에 큰 키를 갖고 있었다. 초기에는 역량과 지모에서 그리 대단한 인물이 아니었지만, 행운을 타고났기 때문에 눈 깜짝할 사이에 왕관을 손에 넣을 수 있었다⋯⋯(이하 생략).

말리피에로의 『연대기』 제3부 '키프로스에 관하여'는 여기서 비로소 이 글의 주제에 이른 셈이다. 누이와 그 남편한테서 왕위를 빼앗은 이 잘생긴 남자가 바로 카테리나 코르나로와 결혼한 자크 2세였다. 『연대기』는 그후 젊고 대담한 왕 자크가 지중해에서 기존의 제해권을 유지하기 위해 어떤 수단도 마다하지 않는 강대국 베네치아공화국과 그 세력에 대항하여 지중해에서 불길한 움직임을 보이기 시작한 오스만제국 사이에서 약소국 키프로스의 독립을 어떻게 지켜가려고 했는지, 그가 죽은 뒤 15년 동안 계속된 카테리나 왕비의 불안한 통치, 그리고 마침내 베네치아의 교묘한 정치로 키프로스가 베네치아에 합병되는 과정, 강제로 섬을 떠나야 했던 왕비의 말년 등을 기술한 뒤, 1495년으로 기술을 끝냈다.

사생아 자크

'사생아 자크'(자크 르 바타르, 이탈리아식으로는 자코모 일 바스타르도). 키프로스 주민들은 그들의 군주인 자크 2세를 이런 별명으로 친밀하게 불렀다. 그는 십자군 기사로서 프랑스 푸아투의 명문인 뤼시냥 왕가의 마지막 임금이 되었다.

1458년, 키프로스 왕 장은 딸 샤를로트를 왕위 계승자로 지명하고 세상을 떠났다. 샤를로트는 당시 열여섯 살이었지만, 이미 포르투갈 왕자와 결혼했다가 사별한 상태였다. 장에게는 서출이지만 아들도 있었다. 당시 열여덟 살이었던 이 아들은 젊은이답게 대담하고 영리했다. 장은 이런 아들의 성격을 사랑했지만, 그의 유별난 야심도 간파하고 있었기 때문에, 적출 왕녀인 샤를로트가 왕위를 계승할 때 복잡한 문제가 일어나지 않도록 생전에 이 서출 왕자 자크가 니코시아 대주교 자리에 앉도록 손을 써두었다. 종교계에서 출세가 보장되면 왕관에 야심을 품지 않을 거라고 생각했기 때문이다.

아버지가 죽은 뒤 왕위를 물려받은 샤를로트도, 비록 서출이긴 하지만 두 살 위인데다 야심만만한 오빠가 가까이에 있는 것이 불안했다. 그 무렵 그녀는 사촌인 사부아 왕가의 루이와 결혼하게 되어 있었다. 이런 시기에 복잡한 문제가 일어나는 것은 피하고 싶었다. 그래서 샤를로트는 왕위를 물려받자마자 이복오빠를 체포하라고 명령했다. 하지만 열여덟 살의 대담한 젊은이가 그런 수법에 호락호락 넘어갈 리는 없다. 자크는 비슷한 나이 또래로 친하게 지내는 여섯 명의 가신을 데리고 한밤중에 니코시아 성벽을 넘었다. 자크 혼자만 말을 타고, 나머지 여섯 명은 걸어서 해안까지 달아났다. 동이 틀 무렵, 두려움을 모르는 이 일곱 명의 젊은이들을 태운 배는 이미 섬을 떠난 뒤였다. 오빠를 놓쳐버린 샤를로트는 며칠 뒤 카이로에서 온 상인한테서 자크가 가신들과 함께 알렉산드리아에서 카이로로 술탄을 만나러 갔다는 소식을 들었다.

그 무렵 자크는 술탄 앞에서 열변을 토하고 있었다.

"키프로스 왕가의 역사를 보면, 여자가 왕위를 물려받기보다는 서출이라 해도 나이가 많고 남자인 제가 왕이 되는 것이 자연스럽습니다. 그리고 이집트와 가까운 키프로스에서 프랑스 사람(루이)이 왕위에 앉도록 허용하는 것이 이집트의 술탄에게 현명한 방식이라고는 결코 생각되지 않습니다. 제가 왕위에 앉으면 이집트와는 늘 우호관계를 유지할 것을 약속합니다. 제가 이 약속을 어길 때는 교회의 제단 위에서 유대인 여자를 욕보이는 짓도 마다하지 않겠습니다."

이 열변은 대성공을 거두었다. 당장 술탄의 공감과 동정을 얻었기 때문이다. 당시 이집트는 맘루크 왕조 시대였다. 십자군 기사의 후예인데다 카톨릭 교회의 대주교인 이 키프로스 왕의 사생아가 이교도적으로 말하고 행동하는 것이 이슬람 교도인 술탄의 마음에 쏙 들었던 모양이다. 특히 마지막 대목에서 기독교도가 더럽다고 손대는 것조차 꺼리는 유대인 여자를 더구나 성스러운 교회의 제단 위에서 욕보여도 좋다고 말했을 때, 술탄은 껄껄 웃으면서 의자에서 일어나 자크가 있는 곳까지 내려왔다고 당시 기록은 전하고 있다. 술탄은 이 젊은이를 아들이라고 부르고 카이로에서 대관식까지 올려줄 만큼 파격적으로 대우했다. 뿐만 아니라 키프로스에 상륙하여 누이한테서 왕위를 빼앗 겠다는 자크의 야심을 지원하겠노라고 약속하기까지 했다.

그렇다면 자크는 기독교 왕국의 왕위 계승권을 주장하고 그것을 인정받기 위해 왜 술탄을 찾아갔는지, 그 이유를 잠깐 설명할 필요가 있겠다. 이집트가 비록 지리적으로 가깝다고는 하지만, 술탄은 이교도인 이슬람 교도이다. 그런데 왜 하필이면 술탄에게 갔을까. 물론 키프로스 사람인 그는 키프로스가 놓여 있는 역사적·지리적 상황을 고려할 필요가 있었다. 키프로스가 이집트의 술탄에게 해마다 지불하고 있는 조공 때문에 어느덧 키프로스 안에서는 술탄의 권위가 높아졌고, 이제 키프로스는 이집트의 뜻을 무시할 수 없는 처지에 있었다. 둘째, 이집트는 페르시아를 빼고는 키프로스와 지리적으로 가장 가까운 강대국이었기 때문이다. 하지만 자크를 이런 비기독교적인 행동으로 몰아넣은 원인은 다른 데 있었다. 카톨릭의 교리. 이것이야말로 그가 진정한 적으로 삼아야 했던 대상이다. 앞에서 인용한 자크의 말 속에서 그것을 엿볼 수 있다.

우선 자크는 술탄 앞에서 자기는 남자라고 말했다. 이 말은 어떤 기록이나 연대기에도 적혀 있다. 그는 자기가 비록 서출이긴 하지만 남자라고 말했다. 남자가 왕위를 물려받는 것이 자연스럽다고 말했다. 하지만 이런 주장은 자연에는 들어맞을지 모르나 카톨릭 교리에는 들어맞지 않는다. 카톨릭 교리는 서자를 인정하지 않기 때문이다. 카톨릭 교리는 신에게 서약하고 신이 인정한 정식 결혼에서 태어난 적자만 인정한다. 이런 관점에서 보면, 서자는 부정한 결합의 산물에 불과하다. 하느님의 종인 기사 작위를 받을 때도 정식 결혼에서 태어난 적자여야 한다는 것이 가장 중요한 자격 조건이었다. 기사가 될 자격조차 없는 서자가 하물며 기사보다 높은 왕위를 물려받는다는 것은 카톨릭 교리에서 보면 당치도 않은 일이다. 서자보다 나이가 어리거나 여자라 해도, 신에게 인정받은 정식 결합에서 태어난 적자가 왕위를 물려받는 게 당연하다. 하지만 이슬람 세계에서는 그렇게 생각지 않았다. 여자의 사회적 지위가 낮았던 탓도 있다. 아니, 이슬람 세계의 여자에게는 사회적 지위 따위는 아예 존재하지도 않았다. 따라서 적출 아들이 없을 때는 서출 아들이 계승권을 가졌다. 실제로는 왕의 아들로 태어났으면서도 정식으로 입적되지 않았기 때문에 사생아로 불린 자크가 이교도인 술탄 앞에서 자기 주장의 정당성을 이해해달라고 호소한 첫번째 이유는 바로 이것이다.

두번째 이유는 카톨릭 교리, 즉 로마 교회가 그의 권리를 인정하지 않으면, 다른 기독교 국가의 군주들한테서도 인정받을 수 없다는 점이다. 카톨릭 교리에 따르면, 교황은 신으로부터 이 지상의 모든 일을 위임받은 것으로 되어 있다. 그리고 황제나 왕들은 신의 인정을 받아 국내의 신앙을 지켜야 할 의무를 갖는다. 따라서 황제나 왕은 우선 신의 지상 대리인인 교황한테 인정을 받아야 한다. 신성로마제국 황제의 대관식이 교황의 집전으로 이루어지는 것도 그 때문이다. 만약 교황이 황제나 왕이나 귀족 같은 한 나라의 지배자를 파문하면, 그 나라 국민은 더 이상 그 지배자에게 복종할 의무가 없다. 기독교도인 국민은 신에게 인정받은 교황과 그 교황한테 인정받은 지배자에게만 복종할 의무를 갖기 때문이다. 파문은 당시 지배자들 위에 군림한 카톨릭 교회의 무기였고, 그 무기의 위력은 바로 여기에 있었다. 이에 따른 양자의 역학관계, 즉 황제를 비롯한 군주들이 황제파(기벨린)와 교황파(구엘프)로 나뉘어 갈등한 관계야말로 중세 후기에 유럽을 뒤흔든 오랜 투쟁의 역사가 되었다.

이런 카톨릭 세계는 젊은 자크의 야망이 파고들어갈 여지가 전혀 없는 것이었다. 그는 신의 인정을 받지 못한 불륜의 결합에서 태어난 서자였기 때문에, 교회는 그를 정통으로 인정하지 않았고, 교회로부터 권위를 인정받은 기독교 국가의 군주들도 그를 부정했다. 이 때문에 십자군 기사의 후예인 자크가 조상의 적이었던 이슬람 교도들 중에서 자기 주장을 이해해줄 상대를 찾게 된 것이다. 하지만 서자라도 대주교 자리에는 앉을 수 있도록 한 것은 카톨릭 교회다운 현실주의적 유연성을 보여주는 것이어서 재미있다.

기독교 국가들 가운데 이탈리아의 여러 나라들은 자크의 야망을 묵인했다. 그들은 카톨릭 교리보다 자신의 권리를 현실적으로 누리는 것을 당연하게 생각했다. 그리고 자크는 왕이 된 뒤, 이슬람 국가와 손을 끊고 기독교 국가에 의지하려 했을 때 이탈리아를 선택했다. 자기 조상인 뤼시냥 가문이 프랑스계인데도 이탈리아를 선택했고, 그 중에서도 가장 현실적인 생활방식을 가진 베네치아공화국을 선택한 것이다. 자크의 이런 방식과는 반대로, 적출인 누이동생 샤를로트는 나중에 키프로스 섬에서 쫓겨났을 때 우선 로도스 섬에 있는 로도스 기사단과 로마 교황청에 도움을 청했다.

1459년. 키프로스 여왕 샤를로트는 사부아 공작의 둘째아들 루이와 결혼했다.

1460년. 자크는 카이로의 술탄 궁정에서 달콤한 나날을 충분히 즐기고 있었지만, 그 즐거움에 완전히 빠져 있었던 것은 아니다. 그는 좋은 기회가 찾아오기를 끈기있게 기다리고 있었다. 샤를로트의 새 남편 루이가 키프로스에서 별로 인기가 없다는 것에도 그는 주의를 게을리하지 않았을 것이다. 그리고 9월, 그는 마침내 움직이기 시작했다. 크고작은 80척의 배가 맘루크 병사들을 가득 싣고 알렉산드리아를 떠나 키프로스로 향했다. 술탄의 원조를 받은 자크의 지휘로 4년에 걸친 내전이 시작된 것이다. 자크는 스무 살이 되어 있었다. 그는 키프로스에 상륙하자마자, 2년 전에 키프로스에서 탈출할 때부터 그를 따른 여섯 명의 가신을 당장 요직에 앉혔다. 그 가운데 줄리아노 신부에게는 자기가 내던진 니코시아 대주교 자리를 주었다.

1461년. 형세가 불리하다고 판단한 샤를로트는 키프로스 섬에서 도망쳐 로도스 섬으로 갔다가, 교황에게 도움을 청하기 위해 로마로 떠났다. 남편 루이도 섬을 떠났지만, 그는 아내한테 가지 않고 모국인 사부아로 돌아가버렸다. 그리고 평생 동안 아내를 만나지 않은 채 그곳에서 일생을 마쳤다. 이리하여 키프로스 섬은 거의 다 자크의 지배 아래 들어왔지만, 시리아 쪽에 있는 키프로스 최대의 항구인 파마구스타에 틀어박힌 제노바 사람들만은 저항을 계속했다. 파마구스타도 함락된 1464년 8월, 내전은 마침내 끝났다. 섬 주민들이 '사생아 자크'라고 친근하게 부른 젊은이가 왕위를 차지하는 데 성공한 것이다.

키프로스 왕이 된 24세의 자크는 왕관의 무게를 즐길 사이도 없이 숱한 어려움에 직면해야 했다. 우선 할아버지 때부터 이집트의 술탄에게 해마다 5천 두카토씩 바치는 조공 문제가 있었다. 술탄은 자크가 야망을 이룰 수 있도록 지원을 아끼지 않았지만, 이제는 조공을 바치지 않아도 된다고는 말하지 않았기 때문이다. 그밖에도 할아버지가 포로로 잡혔을 때 몸값을 지불하기 위해 당시 키프로스 섬에서 상업에 종사하고 있던 베네치아 사람들에게 돈을 빌렸는데, 이 빚도 아직 갚지 못한 상태였다. 원금을 갚기는커녕, 이자도 걸핏하면 밀리는 형편이었다. 따라서 키프로스의 경제를 좌우하고 있는 것은 당연히 왕의 채권자인 베네치아 상인들이었다.

전에는 베네치아 상인의 경쟁자인 제노바 상인도 상당한 세력을 갖고 있었다. 파마구스타 항구를 마음대로 지배할 정도였다. 하지만 왕은 내전 때 저항한 제노바 사람들을 파마구스타에서 쫓아내는 데 성공했고, 그들의 모국인 제노바공화국은 베네치아공화국에 비해 내정이 불안정해서 식민지에 있는 동포를 원조할 수 없는 상태였기 때문에 이제 제노바 사람들은 별로 문제될 게 없었다.

문제는 베네치아 상인, 그 중에서도 가장 세력이 강한 코르나로 가문에 대한 대책이었다. 키프로스 왕가의 최대 채권자로서 키프로스 섬에서 가장 큰 사탕수수 농장을 경영하고 있는 코르나로는 바로 카테리나의 큰아버지인 안드레아였다. 이 안드레아 코르나로는 모국인 베네치아공화국의 적극적인 지원을 받고 있었다. 당시 레반트 해역에서 최강의 세력을 자랑하고 있던 베네치아공화국, 이 레반트의 왕자 베네치아를 위협하기 시작한 오스만제국, 약소국 키프로스와 이 나라의 젊은 왕 자크에게는 앞으로 키프로스의 역사를 결정할 격동의 한 세기가 열리고 있었다.

레반트 해역

'사생아 자크'가 1460년부터 1464년까지 왕권 탈취를 강행하는 동안, 베네치아공화국은 표면상으로는 줄곧 중립적인 입장을 취하고 있었다. 형세를 지켜보고 있었던 것이다. 따라서 키프로스에서 쫓겨난 샤를로트 여왕을 원조하지도 않았다. 샤를로트의 배가 로도스 섬에서 로마로 가는 길에 베네치아 해적의 습격을 받아 가진 것을 몽땅 털렸을 때, 샤를로트의 항의를 받은 베네치아공화국은 공식적으로 유감의 뜻을 표했을 뿐이었다. 그렇다고 해서 자크를 도운 것도 아니다. 하지만 이 젊은이의 대담한 기질에는 적잖은 호감을 품고 있었던 모양이다. 그 시대 사람들은 자신의 역량으로 목적을 달성한 사람에게는 너그러웠다. 애당초 샤를로트 편이었던 키프로스의 베네치아 사람들이 나중에 자크한테로 달려간 것을 공화국 정부는 묵인했다. 베네치아는 해외에 있는 동포 상인들의 행동을 엄중히 감독하고 있었다. 묵인은 곧 승인을 의미했다. 하지만 현실주의적인 정치로 널리 알려진 당시의 베네치아가 단순한 호감만으로 이 사생아 왕을 인정한 것은 아니다. 베네치아공화국의 이런 행동에는 냉정한 계산이 깔려 있었다.

우선 샤를로트가 재혼한 루이는 사부아 공작 가문 출신이고, 사부아 가문은 딸 보나를 밀라노 공작 갈레아초 스포르차(카테리나 스포르차의 아버지)와 결혼시켜 밀라노공국과 인척관계를 맺고 있었다. 그리고 지중해에서 베네치아의 경쟁자인 제노바는 그 무렵 밀라노공국령이 되어 있었다. 키프로스에 사는 제노바 상인들은 파마구스타 항구에서 쫓겨난 지금도 상당한 세력을 갖고 있었고, 사부아 공작 가문과 밀라노의 스포르차 가문은 이들을 통해 키프로스를 손에 넣어 지중해 무역의 발판을 얻으려 하고 있었다. 그런데 샤를로트의 실각으로 말미암아, 이 두 가문은 야심을 이루기 위해 키프로스를 침공할 구실을 잃어버렸다. 따라서 샤를로트의 실각은 베네치아에는 다행한 일이었다. 게다가 자크의 후원자는 카이로의 술탄이었다. 베네치아는 이집트와 좋은 경제 관계를 맺고 있었다. 반면에 샤를로트가 도움을 청하고 있고, 그런 그녀의 권리를 인정하고 있는 로마 교황청이나 밀라노공국은 베네치아와 경제 관계가 거의 없었다. 따라서 베네치아로서는 로마 교황청이나 밀라노공국의 의향보다는 지중해 무역의 교역

상대인 이집트와의 관계를 좋게 해두는 것이 중요했다. 이리하여 베네치아는 사생아 자크의 왕권을 인정했던 것이다.

하지만 자크도 키프로스 섬의 내정에만 전념할 수는 없었다. 섬 밖은 그 무렵에 갑자기 시끄러워지고 있었다. 오스만터키제국이 수도를 콘스탄티노플로 옮긴 뒤, 그리스의 여러 섬들에 대한 야욕을 서서히 드러내기 시작한 것이다. 자크는 키프로스의 장래에 불안을 느끼지 않을 수 없었다. 1466년 가을, 그는 베네치아에 특사를 보내 이런 뜻을 전했다.

(1) 터키에 대항해 동맹을 맺자.
(2) 키프로스에 거주하는 베네치아 상인들의 특권을 보장하겠다.
(3) 내 결혼 문제에 대해 조언해달라.

11월 11일, 베네치아공화국 원로원은 키프로스 특사에게 이렇게 대답했다.

키프로스 왕의 제안을 받아들여 터키에 대한 동맹을 맺기 위해 6척의 갤리선과 말 500마리를 제공하겠다. 키프로스 섬에 거주하는 베네치아 사람들의 경제적·사법적 특권은 법을 제정하여 보장해달라. 결혼 상대는 비잔틴제국의 후예인 토마소 팔라이올로구스의 딸이 어떠냐. 이 무렵만 해도 베네치아는 아직 키프로스 왕과 베네치아 규수의 결혼까지는 생각지 않았던 모양이다.

(1)과 (2)는 이듬해에 실현되었다. 세번째 항목인 결혼에 관해서는 아직 왕의 마음이 결정되지 않았다. 하지만 왕의 결혼 문제는 뜻밖의 방향에서 이야기가 진전되고 있었다. 당시 키프로스에 거주하는 베네치아 사람들 가운데 왕과 가장 가깝고 경제적으로도 막강한 안드레아 코르나로가 자신의 조카딸 카테리나를 신부로 추천한 것이다. 조건은 코르나로 가문이 키프로스 왕가에 빌려준 돈을 카테리나의 지참금인

베네치아공화국 통령의 정장

10만 두카토에 포함시킨다는 것이었다. 1두카토는 요즘 환율로 계산하면 약 5만 원의 가치가 있다고 보아도 좋다. 귀족 자녀의 지참금으로는 파격적인 액수였다.

하지만 왕의 관심을 끈 것은 지참금보다 베네치아 정부의 태도였다. 안드레아 코르나로의 의향을 통고받은 본국 정부는 이 결혼이 키프로스 대책을 진전시킬 수 있는 좋은 기회라고 인정했다. 그리고 신부가 될 카테리나를 공화국 최초의 양녀로 삼았다. 이에 따라 베네치아공화국은 앞으로 키프로스왕국을 외적으로부터 지킬 의무를 갖는다고 원로원은 결의했다. 이렇게 되면 자크도 결단을 내려야 한다. 다가오는 터키의 위협 앞에서 약소국인 키프로스왕국으로서는 강대국에 자신의 안전을 맡길 수밖에 없었다. 1468년 봄, 왕은 미스타헬을 베네치아에 특사로 보냈다. 미스타헬은 왕의 대리인으로 카테리나 코르나로와 혼례를 치르게 되었다. 7월 30일, 베네치아 통령이 참석한 가운데 결혼식이 거행되었다.

여기서 첫머리에 소개한 결혼식 장면으로 이야기가 되돌아간다. 공화국 최초의 양녀로서 키프로스 왕에게 시집간 카테리나는 아무것도 모른 채 그저 자랑스러운 기쁨으로 가득 차 있었지만, 그 화려한 혼례 뒤에는 이런 복잡한 사정이 숨어 있었던 것이다.

1년이 지났다. 카테리나는 리도의 산 니콜로 수녀원에서 남편을 기다렸지만, 키프로스에서는 아무 소식도 없었다. 한편 키프로스에서는 이 결혼에 대한 왕의 관심이 줄어들고 있었다. 갑자기 기세가 등등해진 키프로스 거주 베네치아 사람들을 보고, 왕은 키프로스의 독립성이 침해당할 위험을 느끼기 시작한 것이다. 자크는 경제적으로 키프로스를 지배하고 있는 베네치아 사람들에게 자칫하면 정치적 권력마저 빼앗길 것 같은 위기의식을 느꼈다. 게다가 지금 키프로스 궁정을 좌지우지하고 있는 왕의 측근들, 즉 자크가 키프로스에서 탈출할 때부터 그를 따른 여섯 명의 가신들은 나폴리와 시칠리아와 카탈루냐 출신이었다. 키프로스 섬에서 베네치아 사람들의 세력이 커져가는 것을 그들이 기뻐할 리가 없었다.

베네치아에 대한 키프로스 왕의 불안과 중신들의 적개심에 주목한 것이 나폴리의 아라곤왕국이었다. 나폴리도 레반트 무역의 거점인 키프로스의 중요성을 알고 있었다. 제노바가 내리막길로 접어든 지금, 레반트 무역을 독점하고 있는 베네치아 세력을 몰아내고 그 자리를 대신 차지하려는 것이 나폴리의 속셈이었다. 나폴리 왕은 에게 해에서 베네치아 군대를 무찌른 터키의 술탄에게 축하 편지를 보냈을 뿐만 아니라, 나폴리가 육지에서 베네치아를 공격해도 좋다고 덧붙이기까지 했다. 나폴리 왕 페란테는 키프로스 왕의 측근 여섯 명 가운데 나폴리 사람인 리초 데 마린을 통해 은밀히 자크 2세에게 아라곤 왕녀와의 결혼을 제의했다.

당시 최고를 자랑했던 베네치아의 정보망이 이같은 나폴리 쪽의 움직임을 놓칠 리가 없다. 정보를 입수한 1469년 5월 18일, 베네치아는 결혼 불이행에 강력히 항의하는 서한을 키프로스 왕에게 보냈다. 공화국의 양녀에 대한 왕의 처사는 곧 공화국 자체에 대한 처사로 해석될 수 있다는 내용이었다.

이 항의에 대한 왕의 답장은 아직까지는 발견되지 않았다. 키프로스의 연대기 작가인 조르조 부스트론과 플로리오 부스트론도 여기에 대해서는 한마디도 하지 않았다. 아무래도 왕은 나폴리의 제의에 상당히 구미가 당겼기 때문에 베네치아의 항의를 무시한 것으로 여겨진다. 결혼이 실제로 실행되지 않은 경우, 이에 대한 카톨릭 교리를 해석하기에 따라서 그 결혼을 무효로 할 수도 있었다.

하지만 레반트 해역의 정세는 점점 긴박해지고 있었다. 1453년의 콘스탄티노플 함락에 따른 비잔틴제국(동로마제국)의 붕괴가 유럽인에게 준 충격과 불안이 아직 채 가시지도 않은 1470년, 아테네와 가까운 네그로폰테 섬(오늘날의 에보이아 섬)이 마침내 터키의 손아귀에 들어갔다. 베네치아의 이 패배는 육군이 주축이었던 터키가 본격적인 해군도 갖추게 된 것을 보여주었다. 이것은 그때까지 레반트의 제해권을 장악하고 있던 베네치아공화국에 큰 충격을 준 일대 사건이었다. 바다를 삶의 터전으로 삼고 있는 나라 베네치아는 1470년부터 서서히 쇠퇴하기 시작하고, 레반트 해역에서 베네치아의 정치도 그

양상이 달라지게 되었다.

이 네그로폰테 함락으로 타격을 받은 것은 이곳에 해군기지를 갖고 있던 베네치아만이 아니었다. 이탈리아 국가들은 이교도의 새로운 내습이라고 떠들면서 단결할 기미를 보였다. 나폴리는 갤리선 10척을 보내 베네치아 해군을 지원했다. 하지만 여느 때처럼 이탈리아 국가들의 단결은 맛보기만으로 끝나고 말았다. 1470년 12월에 나폴리 · 피렌체 · 밀라노 · 베네치아 · 로마 교황청이 결성할 예정이었던 대(對)터키 동맹도 어느새 흐지부지되어버렸다. 이탈리아 국가들 사이의 유난스러운 경쟁의식이 이번에도 단결을 방해한 것이다. 때문에 베네치아만 여전히 최전선에 나서서 터키의 공격을 정면으로 받게 되었다.

콘스탄티노플 점령, 그리스 섬들의 제패, 그리고 이번의 네그로폰테 함락으로 터키는 궁극적인 승리를 향해 확실한 걸음을 내딛고 있었다. 이것은 지리적으로 기독교 국가들의 최전선에 해당하는 키프로스에 큰 위협을 주기에 충분했다. 키프로스 왕 자크는 베네치아와 나폴리 두 나라를 저울질하는 지금까지의 정책을 바꿀 수밖에 없었다. 갈림길에 선 그는 결국 레반트 해역의 기존 세력인 베네치아를 택했다. 1471년 봄, 자크는 키프로스 특산물인 설탕을 베네치아에 선물하면서, 새삼스럽게 대터키 동맹을 결성하자고 제의했다. 그리고 이듬해인 1472년 여름에 자크는 베네치아에 특사를 보냈다. 아내를 키프로스로 데려오기 위해서였다.

카테리나를 데려가기 위한 키프로스 특사가 베네치아에 도착할 무렵인 9월 19일, 베네치아 정부는 자크의 제안을 받아들인다는 공식 회답을 그에게 보냈다. 거기에는 이런 내용이 적혀 있었다. 터키가 다르다넬스 해협에서 대규모 해전을 준비하고 있다는 정보를 입수했으니까, 키프로스의 모든 갤리선은 겨울 동안 그에 대비한 준비를 끝내고, 봄에는 베네치아 함대와 합류할 수 있도록 해둘 것. 나폴리와 로마에서도 함대를 보내올 예정이라는 것. 또한 카테리나 왕비를 키프로스까지 수행할 특사로 안드레아 브라가딘을 임명했다는 것. 브라가딘은 왕비를 키프로스까지 바래다주는 임무 외에, 항로 중간에 있는 로도스 섬에 들러 로도스 기사단장에게도 터키에 대해 철저한 대책을 세우게 하라는 지령을 내렸다는 것. 터키의 위협을 가까이에 느끼기 시작한 베네치아공화국의 진지한 염려를 여기서도 엿볼 수 있다.

1472년 9월 26일, 드디어 카테리나가 키프로스로 떠나는 날이 왔다. 혼례를 치른 날로부터 4년 세월이 흐른 셈이다. 리도의 산 니콜로 수녀원에서 오직 남편이 불러주기만을 기다린 나날이 어느덧 4년이라는 긴 세월이 되어 있었다. 왕비라 불리며 정중한 대우를 받았지만, 어느 누구보다도 그녀 자신이 그런 호칭의 공허함을 뼈저리게 느끼고 있었을 것이다. 남편에게 잊혀진 아내의 불안과 초조를 사무치게 느꼈을 것이다. 모든 일은 당사자인 그녀가 모르는 곳에서 진행되고 있었다. 이 4년 동안의 그녀에 대해 베네치아와 키프로스의 연대기 작가들은 한마디도 언급하지 않았다. 카테리나는 남편만이 아니라 모든 사람한테 잊혀져 있었던 꼴이다. 배가 떠나는 날, 4년 전의 혼례를 화려하게 기술한 연대기 작가들은 다시 한번 카테리나를 무대에 올려놓았다.

이날, 키프로스로 떠나는 카테리나를 전송하기 위해 베네치아 통령은 고관과 귀족들을 거느리고 산 마르코 선착장에서 리도까지 와 있었다. 리도 항구에서는 키프로스에서 온 갤리선 3척과 베네치아의 갤리선 4척으로 이루어진 7척의 선단이 출범 준비를 하느라 바빴다. 카테리나 왕비를 키프로스까지 수행할 함대다. 주돛대에 올릴 돛은 이미 준비되어 있었다. 언제라도 돛을 올리고 출범할 수 있는 상태였다. 선장을 비롯한 승무원들은 모두 자기 위치에서 대기했다. 궁수들은 난간에 도열해 있고, 수로 안내인은 뱃머리에, 조타수는 키가 있는 곳에, 노잡이들은 각자의 노를 잡고 세 명씩 줄지어 앉아 있었다. 이 노잡이들의 줄은 모두 23열이나 되었다.

통령을 비롯한 정부 고관과 귀족들이 항구에 서서 배웅하는 가운데, 카테리나는 브라가딘의 부축을 받아 배에 올랐다. 노잡이들이 노를 수평으로 들어올렸다. 7미터나 되는 노의 행렬이 배의 양쪽에서 일제히 뻗어나온 모양은 마치 하늘로 날아오르는 순간의 커다란 새 같았다. 다음 순간, 노는 일제히 수면으로 내려갔다. 그리고 당장 율동적으로 수면을 가르기 시작했다. 7척의 갤리선은 이렇게 차례로 항구를 떠나갔다. 항구 밖으로 나오자 노잡이들은 속도를 늦추었고, 바람을 가득 머금은 돛이 높이 올려졌다. 선단은 순식간에 속도를 높여, 이윽고 아드리아 해로 나갔다.

15세기에 레반트 바다로 나간 수많은 갤리선단들이 그러했듯이, 카테리나를 태운 이 선단도 베네치아 선단의 항로 가운데 하나를 택했다. 베네치아를 떠난 선단은 우선 당시 베네치아 영토였던 이스트리아 반도의 폴라(오늘날 크로아티아 공화국 이스트라 반도의 풀라)에 기항한다. 물과 식량을 싣기 위해서다. 그후 크로아티아의 아드리아 해 연안을 따라 내려가다가 스팔라토(오늘날의 스플리트)에서 다시 물과 식량을 보급한다. 그 다음 기항지는 베네치아 영토인 코르푸 섬이다. 여기서 다른 베네치아 상선단과 만나 대선단을 편성한 뒤, 아드리아 해를 나와 드디어 지중해로 들어간다. 이렇게 대선단을 편성하는 것은 해적을 막기 위해서이기도 하다. 다음 기항지인 그리스의 펠로폰네소스 반도 남쪽 끝에 있는 모도네에서 대선단은 각자의 행선지에 따라 여러 갈래로 나뉜다. 군선단은 해군기지가 있는 크레타 섬으로. 상선단 가운데 일부는 에게 해를 거슬러 올라가 콘스탄티노플이나 흑해 연안의 여러 도시로. 다른 상선단은 크레타 섬을 지나 시리아나 이집트로.

카테리나의 선단은 모도네에서 다른 선단들과 헤어진 뒤 동쪽으로 항로를 잡았다. 로도스 섬에 들르기 위해서였다. 로도스 섬에 잠시 머무는 동안, 베네치아와 키프로스 대사들은 섬의 주권자인 로도스 기사단장과 만나 터키 대책을 협의했다. 그 일이 끝나자 선단은 베이루트로 향했다. 베이루트에서 키프로스 제일의 항구 파마구스타까지는 불과 며칠 거리였다.

두 달이나 걸린 긴 항해 끝에 선단이 마침내 키프로스 섬에 도착했을 때, 본국 베네치아는 벌써 바다에서 불어오는 바람이 차가워지는 계절에 접어들고 있었다. 외지에 나가 있던 상선단이 본국에서 겨울을 보내기 위해 진귀하고 값진 오리엔트 상품을 가득 싣고 잇달아 베네치아로 돌아올 무렵이다. 이 상선들이 도착할 무렵이면, 유럽 각지의 상인들이 그 물건을 사기 위한 돈자루와 팔기 위한 자기 나라 특산품을 가지고 베네치아로 모여든다. 베네치아 거리에서는 갑자기 외국인들의 모습이 눈에 띄기 시작하고, 특히 상업의 중심지인 리알토 다리 언저리는 이국적인 모습의 외국인들로 북적거린다. 하지만 지중해의 섬 키프로스에서는 아직 풍부한 햇살이 대기를 따뜻하게 덥혀주고 있었다.

거국적인 환영 속에서 파마구스타 항구에 도착한 카테리나는 왕의 마중을 받고, 잔교에 깔린 황금빛 양탄자 위를 지나 드디어 키프로스에 첫발을 내디뎠다. 항구에 모인 키프로스 주민들이 "아프로디테가 섬으로 돌아왔다"고 탄성을 질렀을 만큼, 그날의 카테리나는 아름다웠다. 중키보다 조금 작은 키, 우윳빛 살결, 터질 듯이 풍만한 몸매, 당시 베네치아풍 금발이라고 불린 아마빛의 치렁한 머리카락, 반짝이는 검은 눈동자, 그리스 사람을 연상시키는 오똑한 콧날, 그리고 그 부드러운 몸가짐. 카테리나는 당시 사내들의 눈길을 사로잡은 베네치아 미인의 전형적인 아름다움을 모두 갖추고 있었다.

그녀는 파마구스타 항구에서 섬 내륙에 있는 키프로스의 수도 니코시아로 가서, 정식으로 왕비관을 썼다. 32세의 늠름한 남편의 보호 속에서 기다림에 지친 4년간의 고통을 깨끗이 잊어버린 카테리나는, 이곳에 큰아버지 안드레아 코르나로와 사촌오빠 마르코 벰보도 있는 것을 알고 마음이 든든했다. 하지만 행복의 절정에 있었던 카테리나의 마음에 그늘을 드리운 것은 남편에게 이미 첩 소생인 두 아들과 딸 하나가 있었다는 점이다.

하지만 그것은 작은 그림자에 불과했다. 당시의 대도시 베네치아에서 소국 키프로스로 옮겨오긴 했지만, 오리엔트는 또 다른 문화권이다. 기독교 국가인 키프로스는 프랑스어와 이탈리아어, 에스파냐어, 아랍어가 어지럽게 뒤섞이는 섬, 오랜 역사와 달콤한 관능을 지닌, 지중해에 떠 있는 섬이었다.

'파마구스타의 난'

겨울이 지나고, 봄도 지나고, 이듬해 여름이 찾아왔다. 이제 몇 달 뒤면 카테리나가 지중해에 온 지도 어언 1년이 된다. 하지만 섬 밖의 레반트 해역에서 일어나고 있는 풍파는 잠잠해질 기미조차 보이지 않았다. 터키, 페르시아, 이집트, 베네치아, 나폴리뿐만 아니라 그밖의 나라들도 뒤섞여, 도처에서 전쟁과 평화가 상대를 바꾸어가며 계속 벌어지고 있었다. 적대 관계로 굳어진 나라는 베네치아와 터키 정도였고, 나머지 나라들은 적과 우방을 멋대로 바꾸어가며 싸움과 화해를 거듭하는 상태였다.

이런 상태에서 키프로스는 섣불리 움직일 수 없는 진퇴양난의 형세를 느끼고 있었다. 자크를 키프로스 왕으로 일단 인정하고 있는 것은, 베네치아를 제외하면, 기독교 국가인 키프로스의 적이어야 할 터키와 페르시아 및 이집트 정도였다. 자크에게 쫓겨난 샤를로트의 남편 루이의 모국인 사부아공국과 그 친족인 밀라노공국은 당연히 자크에 대한 반대에 앞장섰고, 피렌체와 나폴리는 어정쩡한 태도를 취하고 있었다. 터키에 대한 십자군을 조직할 작정인 피우스 10세의 로마 교황청은 자크를 왕으로 인정하려 하지 않았다. 그러기는커녕, 로마에 도움을 청하러 간 샤를로트를 후대하고, 어떻게든 그녀의 왕위 복귀를 도와주려 하고 있었다. 이런 로마의 태도에 유럽의 다른 기독교 국가들도 동조했다. 키프로스의 왕관은 흔들리고 있었다. 키프로스를 지탱하고 있는 것은 자크의 재능과 힘뿐이었다. 섬 밖에서도, 섬 안에서도.

하지만 이 아슬아슬한 균형도 순식간에 허물어질 날이 왔다. 7월 7일, 자크가 이름도 알 수 없는 병에 걸려 갑자기 세상을 떠난 것이다. 33세의 젊은 나이였다. 왕의 병명에 관해서는 키프로스 사람이 쓴 연대기에도 베네치아의 기록에도 전혀 언급되어 있지 않다. 나바젤로만이 'Flusso di ventre' (복부 염증)라는 기록을 남겼을 뿐인데, 이것이 오늘날의 어떤 질병에 해당하는지는 알 수 없다. 샤를로트 일파가 독살했다는 설도 있었지만, 이것도 단순한 소문일 뿐 증명되지는 않았다. 어쨌든 이런 불안정한 정세 속에서 왕이 죽은 것은 키프로스에 대한 음모와 선동을 촉발시키는 도화선이 되었다. 그리고 베네치아공화국에는, 세력이 날로 커지고 있는 터키제국에 대항하기 위해 군사적·상업적으로 더욱 중요해진 키프로스를 드디어 손에 넣을 수 있는 절호의 기회가 다가오고 있음을 의미했다.

실제로 결혼한 지 1년도 지나기 전에 남편을 잃게 된 카테리나는 그때 임신 7개월의 무거운 몸이었다. 왕은 이런 유언장을 남겼다.

"카테리나 왕비가 낳을 아이가 아들인 경우에는 그 아들이 왕위를 계승한다. 그 아이가 딸이거나 사망한 경우에는 서출인 두 아들 가운데 연장자부터 왕위 계승권을 갖게 된다. 그들이 모두 사망했을 때는 뤼시냥 왕가에서 자크와 가까운 관계가 있는 자가 왕위를 계승한다. 이상의 어떠한 경우에도 카테리나 왕비는 죽을 때까지 키프로스의 퍼스트 레이디로 남을 권리를 보유한다."

왕은 이어서 왕비의 큰아버지인 안드레아 코르나로를 섭정으로 임명하고, 가신들은 그와 협력하여 왕비의 집정을 도우라고 유언했다.

자크가 죽었을 때 키프로스왕국의 신하들은 왕비 앞에서 충성을 서약했지만, 날이 갈수록 불만을 드러내기 시작했다. 그것은 카테리나 왕비를 돕는다는 명분으로 날이 갈수록 세력을 확대해가고 있는 키프로스의 베네치아 사람들에 대한 불만이었다.

섬 안의 이런 움직임과 대응하듯, 섬 밖에서는 우선 샤를로트가 움직이기 시작했다.

그녀는 망명지인 로도스 섬에서 이집트의 술탄에게 사절을 보내, 자크가 죽은 지금은 당연히 자기가 왕위를 차지해야 한다면서 자신의 권리를 승인해달라고 요청했다. 하지만 이집트와 베네치아의 관계는 수출국과 수입국의 관계였고, 레반트 해역에서 베네치아가 가지고 있는 해군력도 아직은 막강했기 때문에, 베네치아와 맞서기를 꺼리고 있는 이집트는 그녀의 요청을 거부했다. 그리고 거의 같은 무렵 카이로에 도착한 카테리나 왕비의 사절을 환대했다. 이것은 키프로스의 전여왕 샤를로트보다 베네치아 여자인 카테리나 왕비를 인정한 셈이 된다.

그러나 샤를로트는 첫단계에서 실패했는데도 기가 꺾이지 않았다. 그녀는 이 무렵 로도스 섬 근해에 있던 베네치아 제독 모체니고한테도 자기가 왕위의 정통 후계자라고 주장하는 편지를 보냈다. 그로부터 1년 뒤에 베네치아 통령이 되는 모체니고 제독의 답장은 르네상스 시대를 지배한 사상을 구체적으로 보여준다고 할 수 있을 것이다.

"나라는 법으로 획득하는 것이 아니라 칼과 역량으로 획득하는 것이라는 사실을 당신처럼 현명하신 분이 모르고 계시다니 참으로 의아한 일이군요. 자크 왕은 키프로스를 칼과 역량으로 빼앗았습니다. 그런 자크 왕이 왕위를 카테리나 왕비가 앞으로 낳을 아이에게 남겼으니, 당신과 왕비 가운데 누가 키프로스에 대한 권리를 갖는 것이 옳은지는 자명한 일일 것입니다."

샤를로트의 의도는 여기서도 좌절되었다.

하지만 키프로스 궁정의 정세는 낙관할 수 없는 것이었다. 섬 안의 베네치아 사람들이 눈부시게 세력을 확장하고 있는 데 불만을 품은 궁정 신하들은 불온한 움직임을 멈추지 않았다. 왕이 죽은 지 두 달도 채 지나지 않은 8월 24일, 헬레스폰토스 앞바다에서 터키 군대와 해전을 준비하고 있던 모체니고 제독은 본국 정부로부터 다음과 같은 훈령을 받았다.

"터키 군대를 감시하기 위한 갤리선을 4척 내지 6척만 남겨두고, 나머지 함대를 이끌고 키프로스로 직행하라."

제독이 이 지령을 받은 날로부터 나흘 뒤 키프로스에서는 카테리나 왕비가 사내아이를 낳았다. 그리고 9월 16일, 파마구스타 항구 안팎을 베네치아의 대함대가 가득 메우고 베네치아 대사 바르바로와 모체니고 제독이 참석한 가운데 갓 태어난 왕자의 대관식이 거행되었다. 선왕 자크 2세의 아들 자크 3세가 왕위에 오르자 키프로스 섬 안에는 일단 평온한 공기가 흐르기 시작한 것 같았다. 10월 6일, 베네치아 정부는 키프로스에 머물고 있는 모체니고 제독에게 5척의 갤리선만 키프로스에 남겨두고 나머지 함대와 함께 모도네로 돌아가라고 명령했다. 펠로폰네소스 반도에 있는 베네치아 해군기지 모도네에서 피에트로 모체니고 제독은 오랜 해군 생활에서 은퇴하고 후임자에게 임무를 인계하도록 되어 있었다. 본국의 훈령에 따라, 모체니고는 베네치아 함대와 함께 키프로스를 떠났다. 음모자들에게는 그야말로 절호의 기회가 찾아온 셈이다.

이보다 약 열흘 전에 무장한 갤리선 2척이 나폴리 항구를 몰래 떠난 것을 베네치아는 까맣게 모르고 있었다. 이 갤리선을 지휘하고 있는 사람은 키프로스의 최고위 성직자인 니코시아 대주교였다. 극비리에 추진된 나폴리 왕과 대주교의 계략이 드디어 실현을 향해 나아가기 시작한 것이다. 11월 10일, 키프로스의 산조르조 항구에 도착한 갤리선은 대주교 일행을 내려놓은 뒤, 파마구스타 항구로 돌아가 남몰래 항구 밖에 정박했다. 대주교 일행도 육로를 따라 파마구스타로 갔다. 파마구스타에 도착한 대주교는 이틀 뒤에 키프로스 궁정 신하들과 개별적으로 만난 모양이다. 이 대주교의 행동을 의심스럽게 생각한 키프로스 주재 베네치아 대사인 바르바로는 무슨 일인가가 일어날 것 같다고 본국 정부에 보고했다.

대사의 예감은 적중했다. 1473년 11월 13일에서 14일에 걸친 밤중에 역사상 '파마구스타의 난'으로 알려진 반란이 일어난 것이다.

피에트로 모체니고 제독

대주교는 나폴리에 머무는 동안 나폴리 왕 페란테와 음모를 꾸몄다. 이 음모의 목적은 다음과 같았다.
(1) 섭정위원회에 들어가 있는 베네치아 사람들을 처단한다.
(2) 키프로스에 주둔하고 있는 베네치아 해군의 무장을 해제시킨다.
(3) 키프로스에 주재하고 있는 베네치아 행정관들을 추방한다.
(4) 카테리나 왕비의 권한을 박탈하고, 왕비에게 다음 사항을 승인시킨다. 선왕 자크의 서출 왕녀와 나폴리 왕의 아들 알폰소를 결혼시키고, 알폰소에게는 '프린치페 디 갈릴레아'(영국의 '프린스 오브 웨일스'처럼, 왕위 계승자에게 주는 칭호), 즉 왕세자의 지위를 줄 것.
이것이 이 음모의 목적이었다.

음모자들은 두 파벌로 구성되어 있었다. 하나는 나폴리 왕의 후원을 받은 니코시아 대주교와 선왕 자크를 처음부터 추종한 6명의 가신들. 리초 데 마린을 비롯한 이 여섯 명의 가신들은 키프로스 궁정에서는 신참에 속했다. 또 하나는 원래 샤를로트파(派)였다가 나중에 자크에게 굴복한 키프로스왕국의 토박이 중신들. 이들은 자크가 죽은 뒤, 전여왕 샤를로트와 다시 연락을 취하고 있었다. 이 두 파벌이 나폴리 왕의 후원을 얻어 베네치아에 대한 반란을 일으킨 것이다.

키프로스의 연대기 작가인 플로리오 부스트론과 베네치아 사람이 남긴 기록에 따르면, 13일에서 14일에 걸친 밤에 일어난 반란은 다음과 같이 진행되었다.

대주교와 리초 데 마린은 그날 한밤중에 카테리나 왕비의 방으로 들어갔다. 잠자리에 누워 있던 왕비는 두 사람이 억지로 들어오자, 놀라고 두려워서 비명조차 지르지 못했다. 저항을 시도한 왕비의 주치의는 그녀가 보는 앞에서, 아니 카테리나의 품안에서 리초에게 살해되었다. 바로 그때 섭정이자 왕비의 큰아버지인 안드레아 코르나로와 그 조카인 마르코 뱀보도 왕궁의 불온한 공기를 알아차리고 왕비에게 달려왔지만, 왕궁으로 들어오자마자 역시 리초에게 살해되었고, 그들의 시체는 왕비의 방 창문에서 빤히 바라다보이는 정원에 방치되었다. 음모자들은 왕비를 왕궁 밖으로 끌어냈고, 태어난 지 100일도 안 된 어린 왕을 어머니 카테리나의 품에서 떼어놓았다.

모든 일은 몇 시간 사이에 일어났다. 항구에 정박해 있던 베네치아 선단이 눈치챌 틈도 없을 정도였다. 그들이 이 변고를 알아차렸을 때는 이미 왕비와 어린 왕은 볼모로 잡혀 있었고, 어떻게 손을 쓸 수도 없는 상태였다. 섬 안에 있던 베네치아 정부 관계자들도 꼼짝할 수 없는 상태에 놓여 있었던 것은 마찬가지였다.

이런 상태에서 카테리나 왕비는 파마구스타 항구 밖에 정박해 있던 나폴리의 갤리선으로 끌려가, 배 위에서 나폴리 왕의 특사를 만났다.

음모자들은 카테리나 왕비에게 다음과 같은 요구사항을 제시했다.

(1) 나폴리 왕자와 키프로스 왕녀의 결혼을 승인하고, 나폴리 왕자인 알폰소에게 왕세자의 지위를 부여할 것.

(2) 안드레아 코르나로 등이 살해된 것은 평소에 그들이 부린 탐욕에 대한 개인적인 복수일 뿐 정치적 암살은 아니라는 점을 베네치아 본국에 친서를 보내 설명할 것.

그녀는 큰아버지의 암살에 대해서는 음모자들의 요구대로 편지를 썼지만, 서자들의 결혼과 그 왕위 계승권에 대해서는 계속 고개를 저을 뿐이었다. 그녀가 그 정도라도 타협한 것은 키프로스 왕가의 옥쇄와 함께 끌려간 어린 왕자에 대한 염려 때문이었다.

만약에 카테리나 스포르차였다면, 이런 상황에서 무언가 깜짝 놀랄 만한 일을 저질렀을 게 분명하다. 하지만 카테리나 코르나로는 달랐다. 그녀는 전형적인 베네치아 여자, 보호받는 것에서 달콤한 관능적 기쁨을 느끼는 여자다운 여자, 정치적 흥정에는 전혀 어울리지 않는 베네치아 여인의 전형이었다.

이런 그녀의 후견인인 베네치아의 행동은 여느 때처럼 신중하면서도 신속했다.

모도네에서 후임자에게 임무를 인계할 예정이었던 모체니고 제독은 나폴리의 갤리선 2척이 키프로스에 접근하고 있다는 보고를 받자마자 당장 갤리선 2척을 키프로스로 파견했다. 나폴리측의 동정을 살피기 위해서였다. 또한 바르바로 대사가 키프로스에서 보낸 보고서가 베네치아 본국에 도착했을 무렵, 크레타 섬의 총독도 키프로스에서 무언가 변고가 일어난 것 같다고 본국에 보고했다. 이런 보고를 받은 본국 정부의 지령에 따라, 모체니고 제독은 후임자에 대한 인수인계를 연기하고 함대 중에서 8척의 갤리선을 키프로스로 급파했다. 지휘관은 참모장인 소란초였다. 반란이 일어난 날로부터 9일째인 11월 23일, 베네치아 선단은 파마구스타 항구 밖에 도착했다. 항구 안에 정박해 있던 5척의 갤리선과 함께 총 15척의 함대가 구성된 셈이다. 이 베네치아 함대와 나폴리 선단이 서로 노려보며 대치하는 상태가 계속되었다.

하지만 왕비와 어린 왕이 인질로 잡혀 있기 때문에 베네치아측은 어떻게 해볼 도리가 없었다. 음모자들에게 추방된 바르바로 대사를 비롯하여 섬 안에 있던 베네치아 사람들을 배에 태우는 게 고작이었다. 그러는 동안 음모자들은 키프로스 주민들의 인망을 사고 있는 왕비가 자유롭다는 것을 보여주기 위해, 12월 5일에 그녀를 말에 태우고 광장을 돌아 교회까지 가기도 했다. 베네치아측은 여전히 손을 쓰지 못하고 있었다. 그들은 기회가 오기를 끈기있게 기다렸다.

그 기회는 곧 찾아왔다.

반란이 일어난 지 겨우 한 달 뒤인 12월 15일, 음모자들의 내부 갈등이 표면으로 드러난 것이다. 전부터 키프로스 왕가의 중신이었고, 아직도 전여왕 샤를로트의 왕위 복귀를 노리는 로카스 백작과 트리폴리 백작. '사생아 자크'가 카이로로 탈출했을 때부터 그를 추종했고, 자크가 죽은 뒤에는 나폴리 왕과 제휴하여 베네치아 세력을 배제하려고 애쓰는 리초를 비롯한 신참 가신들. 이 두 파벌의 대립이 격화된 것이다. 기회가 오기를 신중하게 기다리고 있던 베네치아가 이들의 내분을 놓칠 리 없었다. 본국 정부와 모도네에 있는 모체니고 제독과 연락을 취하면서, 드디어 베네치아 함대는 결정적인 행동을 취하기 시작했다. 12월 31일, 700명의 병사가 파마구스타 항구에 상륙했다. 그들은 우선 인질로 붙잡혀 있는 왕비와 어린 왕을 구출하는 데 성공했다. 내분 때문에 통일된 행동을 취할 수 없는 음모자들은 이를 알자마자 두 파로 나뉘어 각각 도망쳐버렸다. 리초 일파는 나폴리의 갤리선을 타고 재빨리 해외로 탈출했다. 트리폴리 백작 일파는 육로를 따라 섬 밖으로 달아난 다음, 샤를로트가 기다리는 로도스 섬으로 갔다. 키프로스 상륙작전을 지휘한 소란초는 도망친 음모자들을 멀리까지 추격하지 않고, 키프로스의 모든 요새를 장악해버렸다.

이듬해 2월 3일, 50척의 갤리선으로 구성된 대함대를 거느리고 키프로스에 도착한 모체니고 제독은 베네치아의 지배 아래 평온한 상태로 돌아간 키프로스를 확인할 수 있었다. 미처 탈출하지 못한 음모자들은 별로 중요하지 않은 자들이었지만 모두 처형되었고, 성직자여서 극형에 처할 수 없는 니코시아 대주교는 구실을 붙여 베네치아로 압송해버렸다. 3월 28일, 베네치아 정부는 카테리나 왕비에게 반란 진압 성공을 축하하는 서한을 보내는 동시에, 사건 처리를 위해 은퇴를 연기한 모체니고 제독에게는 키프로스를 떠나라는 훈령을 내렸다. 모체니고는 본국 정부의 훈령에 따라 참모장 소란초에게 키프로스 통치권과 10척의 갤리선을 남겨놓고 모도네로 떠났다.

'파마구스타의 난'으로 알려진 음모는 이렇게 막을 내렸다. 이 반란은 그후 베네치아가 키프로스 내정에 간섭하는 데 좋은 구실만 주었을 뿐이다. 레반트 해역을 지배하는 데 중요한 거점인 키프로스를 합병하고자 하는 베네치아공화국의 야망은 여기서 교묘한 첫걸음을 내딛게 되었다.

강대국의 정치

1474년. 이해야말로 그후 15년에 걸친 카테리나의 불행한 통치가 시작된 첫해였다. '파마구스타의 난'을 진압한 베네치아공화국이 드디어 키프로스 합병이라는 야심을 이루기 위해 현실적인 걸음을 내딛기 시작했다. 그것은 키프로스왕국을 정치적으로나 경제적으로나 군사적으로나 완전히 식민지로 만드는 것이었다. 카테리나 왕비를 표면에 내세워 독립 왕국의 겉모양을 유지하면서, 아니 오히려 그것을 이용하면서. 후세의 역사가들은 이 15년을 키프로스에 대한 베네치아 지배의 제1기로 기술하기까지 한다.

베네치아공화국은 자국의 양녀인 카테리나 왕비의 통치를 돕는다는 명분으로 키프로스왕국의 내정에 간섭했지만, 그 냉혹함과 현실주의적 치밀함은 르네상스 시대의 최강국인 베네치아의 정치와 외교의 본질을 보여주는 좋은 예라고 할 수 있을 것이다. 정치와 무력의 절묘한 균형. 정치와 무력을 효율적으로 구분하여 사용하는 방식. 무언가 변고가 일어날 기미를 눈치채자마자 대함대를 보내, 그 위력으로 난관을 헤쳐나가는 베네치아. 그리고 그 위력을 배경으로 전개되는 베네치아의 정치와 외교는 약소국에 대한 강대국의 정치를 보여주는 예로 손색이 없다. 역사상 지칠 줄 모르고 되풀이되는 예술(아르테), 강대국이 무력을 이용하여 약소국의 내정에 간섭하는 예술의 실례가 여기에 있다. 여기서는 법적인 정당성도, 인간성에 대한 배려도 전혀 문제되지 않는다. 오직 신속하고 과감한 군사행동과 정치의 노련한 조화가 있을 뿐이다. 모든 시대를 통하여 사람들이 '지혜'라고 불러온 것, 모든 시대를 통하여 역사의 현실을 움직여온 것은 바로 그것이다.

'파마구스타의 난'에 대한 베네치아의 무력 개입은 카테리나 왕비의 요청에 따른 것이 아니었다. 키프로스왕국의 가신들 중에도 베네치아 군대에 도움을 청한 사람은 아무도 없었다. 카테리나가 자크 2세와 결혼할 때 약속한 것 가운데 키프로스왕국을 외적으로부터 지켜주겠다는 약속을 구실로 삼은 베네치아의 독단적인 개입일 뿐이었다.

'파마구스타의 난'이 진압된 뒤부터 15년 동안, 키프로스에 대한 베네치아의 내정 간섭은 법적으로 아무런 타당성도 찾을 수 없는 것이었고, 당시의 여론도 이에 대해 철저히 반대하는 입장에 있었다. 베네치아는 로마 교황청을 비롯한 각국의 비난과 공격을 받았다. 그런데도 베네치아는 키프로스를 식민지로 만들었다. 베네치아의 이런 방식을 뒷받침해준 가장 큰 명분은 키프로스를 이교도 국가인 터키의 위협으로부터 지킨다는 것이었다. 확실히 지중해에서 최대의 적은 터키였다. 하지만 이때만 해도 터키는 아직 키프로스에 대해 본격적인 관심을 보이지 않고 있었다. 터키가 본격적으로 관심을 보이기 시작했을 때, 즉 이 무렵부터 약 100년 뒤에 키프로스는 극적인 파마구스타 공방전을 끝으로 터키의 지배 아래 들어가버렸다. 따라서 터키의 위협에서 키프로스를 지킨다는 명분은 15세기 후반의 이 시점에서는 어디까지나 베네치아가 표면에 내세운 구실에 불과했다.

당시 베네치아의 연대기 작가들──냉정하고 정확한 기술로 오늘날까지 높은 평가를 받고 있는 사누도와 말리피에로 및 나바젤로 등──과 베네치아 정부의 공문서는 베네치아의 키프로스 합병을 찬양하고 있다. 베네치아가 키프로스를 합병한 것은 공화국이 타국에 베푼 은혜이며 사려깊은 정치의 한 본보기로서 키프로스에는 오히려 다행한 일이었다고 확신에 차서 단언하고 있는 것이다. 이들 연대기 작가들은 다른 문제에 관해서는 공공연히 베네치아의 방식을 비난한 사람들이다. 따라서 키프로스 합병에 관한 기술도 그들 자신이 진심으로 그렇게 믿었기 때문이라고 판단해도 좋을 것이다. 강대국 국민이 갖고 있는 사상의 한계는 어느 시대에나 마찬가지인 모양이다. 여기서는 카테리나 왕비의 인간성 따위는 깨끗이 무시된다. 하지만 역사를 움직여 나가기 위해서는 그게 당연하다고 말할 수밖에 없다. 감상적인 휴머니즘. 이런 값싼 사고방식이야말로 가장 배척해야 할 대상일 것이다.

무장한 함대를 항구 안에 정박시켜둔 상태에서 이루어진 베네치아의 내정 간섭은 철저한 것이었다. 3월 28일, 베네치아 정부는 키프로스왕국에 대해 다음과 같은 포고령을 발표했다.

앞으로 키프로스왕국은 왕실을 제외하고는 베네치아의 다른 식민지와 똑같은 정치조직을 받아들인다. 즉 어린 왕과 왕비 밑에는 왕비의 집정을 보좌하는 두 명의 고문(콘실리에레)을 둔다. 고문은 한 명씩 직무를 수행하되, 2년마다 교대한다. 그밖에 행정 실무를 담당하는 2년 임기의 행정관(바이코)과 영사(콘술)를 한 명씩 둔다. 두 명의 재무관(테소리에레)이 재정을 담당하고, 군사를 비롯한 키프로스 국내 문제에 대해서는 한 명의 참모장(프로베디토레)이 최고 결정권을 갖는다. 또한 키프로스 제일의 항구인 파마구스타의 경비 책임자로 한 명의 경비대장(카피타노)을 둔다.

베네치아에서 파견되는 이 8명의 베네치아 사람을 통해 키프로스의 정치·경제·군사는 완전히 베네치아공화국의 지배를 받게 되었다. 이 제도는 크레타 섬을 비롯한 베네치아 식민지의 행정조직과 거의 같은 것이다. 베네치아 정부는 키프로스 주민들에게 포고령을 발표할 때는 반드시 왕비의 이름을 내세우라고 키프로스에 파견되는 8명에게 엄명을 내렸다.

또한 베네치아 정부는 모체니고의 후임으로 제독이 된 그리티에게 다음과 같은 훈령을 내렸다. 모도네와 크레타의 해군기지에서 항상 키프로스 정세에 주의를 기울일 것. 무슨 일이 일어났을 때는 당장 키프로스로 달려갈 수 있도록 만반의 태세를 갖추어둘 것. 제독은 변고를 알아차렸을 때 본국 정부에 보고하지 않고 독자적인 판단으로 행동을 개시할 수 있는 전권을 갖는다는 것.

그리티가 이 훈령을 받았을 무렵, 나폴리 주재 베네치아 대사도 본국 정부가 보낸 문서를 받았다.

"베네치아 정부는 파마구스타의 음모가 니코시아 대주교의 개인적 판단에 따라 이루어진 것으로 해석하고 있는바, 나폴리왕국과 우리 공화국의 우호관계로 보아 나폴리왕국이 이런 일에 개입할 리가 없다는 것을 잘 알고 있다고 나폴리 왕에게 전하라."

베네치아가 이렇게 나오면, 나폴리 왕도 자기가 음모에 가담했다고 말할 수는 없는 노릇이다. 더구나 두 나라는 표면상으로는 교전중에 있는 것도 아니다. 나폴리 왕 페란테는 이렇게 대답했다.

"나폴리왕국은 키프로스왕국의 평화에 이바지하고자 한다."

공화국 정부는 때를 놓치지 않고, "그토록 키프로스를 걱정해준다면, 앞으로는 나폴리 왕의 것이 아닌 배는 한 척도 키프로스로 출범시키지 말기 바란다"고 못을 박았다. 이리하여 키프로스에 대한 나폴리 왕의 야심은 발목이 잡혀버렸다. 밀라노공국과도 같은 일이 벌어졌다. 이런 식으로 베네치아는 키프로스에 가장 강한 야심을 품고 있는 이탈리아의 두 강대국이 행동을 일으키지 못하도록 미리 손발을 묶어버렸다. 두 나라 모두 해군력에서는 베네치아의 적수가 아니다. '파마구스타의 난'이 일어났을 때, 베네치아는 배후에 있는 두 나라가 미처 행동을 개시하기도 전에 신속한 개입으로 기선을 제압하는 데 성공했다. 로마 교황청이 식스투스 4세의 이름으로 베네치아의 이런 방식에 불만의 뜻을 표했지만, 현명하게도 평소에 교회와 일정한 선을 긋고 있던 베네치아는 그것을 크게 문제삼을 필요도 없었다.

　베네치아가 이렇게 모든 방향에서 발판을 굳혀버리면, 카테리나 왕비가 할 수 있는 일은 뻔하다. 게다가 베네치아는 '파마구스타의 난'이 일어났을 때 그녀를 구해준 사실이 있다. 뿐만 아니라 그녀도 역시 베네치아 사람이다. 당시의 베네치아 사람을 지배하고 있던 사상이 어떤 것인지는 '10인 위원회'(베네치아공화국의 최고결정기관. 명칭은 '10인 위원회'이나 실제로는 10명의 원로원 대표와 통령 및 6명의 통령 보좌관 등 17명으로 구성되었다—옮긴이)의 어느 이름모를 위원이 말했다는 "Prima Veneziani, poi Cristiani"(베네치아 사람이 먼저, 기독교인은 그 다음)라는 한마디가 여실히 보여주고 있다. 적어도 베네치아 정부는 그렇게 생각하고 있었다. 하지만 15년이 지난 뒤, 그녀는 그렇게 생각하지 않게 되었다.

　갓난아이에 불과한 자크 3세와 카테리나 왕비를 표면에 내세워 강행한 베네치아의 키프로스 지배는 1년도 지나기 전에 커다란 장애물에 부닥치게 되었다. 1474년 8월 26일, 카테리나의 어린 아들이 첫돌을 불과 이틀 앞두고 덜컥 죽어버린 것이다. 선왕 자크 2세의 유언장에 따르면, 다음번 왕위 계승자는 선왕이 남긴 서자들 가운데 올해 일곱 살이 된 맏아들이다. 이 아이도 일찍 죽으면 둘째아들이 왕위를 물려받고, 이 아이도 죽으면 뤼시냥 왕가에서 가장 가까운 친족에게 왕위가 넘어간다. 어쨌든 왕위는 뤼시냥 가문 사람이 물려받도록 되어 있었다. 선왕은 카테리나 왕비가 생존해 있는 동안은 키프로스의 '퍼스트 레이디' 지위를 유지한다고 유언했지만, 카테리나의 왕위 계승에 관해서는 한마디도 남기지 않았다. 이제 베네치아는 키프로스를 지배할 명분을 잃어버리게 되었다. 하지만 점점 강대해지는 터키제국

카테리나 코르나로 313

에 그리스 식민지를 거의 다 잃어버리고 레반트 해역의 무역으로 살아가는 베네치아가 이 해역의 최전선으로서 군사적으로나 상업적으로 더욱 중요해진 키프로스를 순순히 놓아줄 리는 없었다.

한편, 어린 왕이 죽었다는 소식이 전해지자마자 키프로스 섬 여기저기에서 소요가 일어났다. 섬 주민들 대다수는 아름답고 불행한 왕비에 대한 동정심 때문에 외아들을 잃은 그녀에게 충성을 맹세했지만, 키프로스의 독립을 침해당할지 모른다는 불안 때문에 베네치아에 대해서는 뿌리깊은 반감을 품고 있었다. 게다가 문제는 비록 소수파이긴 하지만 카테리나에게 반대하는 주민이었다. 키프로스 궁정의 중신들은 대부분 카테리나 반대파에 속했다. 그들은 베네치아 사람인 왕비 밑에서 베네치아 세력이 점점 강해지는 사태를 두려워했고, 사실상 베네치아의 식민지가 되어가는 조국의 장래를 걱정했다. 하지만 그들의 힘은 분산되어 있었다. 그 원인은 1년 전에 '파마구스타의 난'이 실패한 것과 똑같은 것이었다. 키프로스 왕가를 대대로 모신 중신들은 이 기회에 전여왕 샤를로트를 왕위에 복귀시키려 했고, 선왕 자크의 측근이었던 신참 가신들은 선왕이 남긴 서자들을 추대하려고 했다.

이처럼 카테리나와 베네치아에 반대하는 세력이 분열되어 있는 상태에서는 통일된 행동을 취하지 못하는 것이 당연하다. 섬 안에서는 여기저기서 작은 충돌이 일어났을 뿐이다.

키프로스에 주재하는 베네치아 행정관들은 섬 안의 이런 움직임을 빠짐없이 본국 정부에 보고하고 있었다. 9월, 본국 정부는 그들에게 이런 지령을 내렸다.

"베네치아 반대파, 그리고 키프로스 독립을 주장하는 키프로스 사람들의 명단을 극비리에 작성하여 조속히 본국 정부로 보낼 것."

얼마 후, 키프로스 궁정의 중신 가운데 한 사람은 왕비의 이름으로 베네치아에 끌려갔고, 또 다른 한 사람은 국외로 추방되었다.

이 사건에 따른 키프로스 궁정의 동요가 채 가라앉지 않은 10월 말, 베네치아공화국 정부는 나폴리와 밀라노 및 로마에 특사를 보내, 자크 3세의 죽음을 공식적으로 알리는 동시에 다음과 같은 사항을 통고했다.

"자크 3세가 죽은 뒤에도 베네치아공화국은 터키와 이집트 등 이교도의 위협으로부터, 또한 그밖의 모든 반역 행위로부터 키프로스 왕국을 보호할 각오이다."

이것은 양해를 구하는 것이 아니라 일방적인 통고였다. 키프로스에 대해 직접적인 야심이 없는 로마 교황청은 겉으로는 동의했지만, 속으로는 키프로스가 교회 뜻대로 할 수 없는 베네치아의 손에 넘어가기보다는 교회와 우호관계를 유지하고 있는 개인이나 국가의 지배를 받기를 더 바라고 있었다. 나폴리와 로마는 베네치아 대사에게 동의하는 답장을 주면서도, 서로 은밀히 연락을 취하면서 베네치아에 반대하는 쪽으로 방침을 굳히려 하고 있었다.

이런 움직임을 재빨리 알아차린 베네치아는 키프로스 주재 참모장 소란초에게 다음과 같은 훈령을 내렸다.

"베네치아 선단으로 키프로스 섬 주변 해역을 봉쇄할 것. 앞으로는 키프로스 주재 참모장을 2명으로 늘려, 한시도 왕비 곁을 떠나지 말고 키프로스의 모든 행정을 총괄할 것. 또한 키프로스의 모든 성채는 베네치아에 완전히 충성스러운 사람한테만 맡길 것."

이 훈령에 따라 키프로스 근해를 경비하기 위해 4척의 갤리선이 새로 추가되었다. 합계 15척의 베네치아 선단이 항상 키프로스 주변을 감시하게 된 셈이다. 그뒤로는 베네치아의 군선이나 상선이 아닌 배는 키프로스 항구로 거의 들어오지 못하게 되었다.

그러나 키프로스를 식민지로 만드는 데 조금도 허술한 구석이 없는 베네치아공화국은 지칠 줄도 모르고 다음 행동을 개시했다. 같은해 11월, 베네치아는 카테리나 왕비의 아버지인 마르코 코르나로를 키프로스에 파견하기로 결정했다. 명목은 어디까지나 개인적인 방문이었다. 하지만 키프로스 주재 베네치아 행정관들에게는 왕비의 아버지와 협력하여 앞으로도 계속 본국 정부의 방침에 따라 키프로스를 통치하라는 지령이 떨어진 것은 두말할 나위도 없다.

이듬해 2월, 마르코 코르나로가 키프로스에 도착했다. 본국 정부에서 파견된 신분으로, 키프로스에서 베네치아의 세력 확립을 돕는 것이 그의 임무였다. 마르코는 이런 자신의 신분을 충분히 알고 있었지만, 그래도 역시 아버지였기 때문에 딸 카테리나의 괴로운 처지를 우선 타개해주려고 애썼다. 카테리나도 아버지의 도착으로 용기를 얻었다. 그녀는 처음으로 베네치아공화국에 맞서서 자신의 생각을 분명히 밝히기로 마음먹었다. 그녀의 양아버지인 베네치아공화국은 그녀에게 일단 왕관을 씌워주었다가 다시 그 왕관을 빼앗으려 하고 있었다. 그리고 그녀는 그런 양아버지의 꼭두각시에 불과한 존재였다. 같은 날 작성된 세 통의 편지는 카테리나 왕비가 꼭두각시 같은 자신의 처지를 얼마나 괴로워했는가를 보여주고 있다.

1475년 4월 14일에 쓴 첫번째 편지는 카테리나가 베네치아 통령에게 보낸 것이다. 서기가 받아쓴 것으로 여겨지는 이 장문의 라틴어 편지를 요약하면 다음과 같다.

"아버지의 도착으로 왕비의 지위에 있는 저에 대한 처우가 개선되기를 기대했는데, 여전히 전과 달라진 바가 없을 뿐더러, 베네치아 행정관들은 지금까지의 방침을 바꾸는 것조차 거부했습니다. 키프로스 주민에 대한 포고령은 모두 그들이 작성하여 저한테 보내고, 저는 그저 거기에 서명만 하는 것이 이제까지의 상태입니다. 제 앞으로 보내져오는 공문서도 우선 그들을 거치도록 되어 있고, 그뒤에라도 저한테 돌려보내야 마땅한데 아직까지 한 통의 문서도 그런 사례가 없는 형편입니다. 키프로스 주민에 대한 상벌도 저를 완전히 무시한 채 이루어지고 있습니다. 이래서는 왕비인 저의 조언자로서 파견되었을 터인 그들이 조언자는커녕 왕비인 저보다 지위가 높은 집정자이고, 키프로스는 그들에 의해 통치되고 있는 것이 현재의 실정이라고 말할 수 있을 것입니다.

사생활에서도 저는 방에서 두 하인의 시중을 받으며 식사할 뿐, 왕비로서 공식 연회도 열 수 없고, 미사에 갈 때도 행렬조차 갖출 수 없습니다. 연회를 열거나 미사 행렬을 갖추려 해도, 지금의 재정 상태가 그것을 허락하지 않습니다. 저는 1만 두카토의 연금을 쓸 수 있도록 되어 있을 터인데, 그들은 그것조차 허용해주지 않습니다. 통령 각하께서 그들이 왕비의 조언자라는 입장으로 돌아가도록 조처해주시기 바랍니다."

두번째 편지도 역시 카테리나가 베네치아 통령에게 보낸 것이다. 베네치아 방언으로 쓰인 이 자필 편지에서 카테리나는 우선 서기도 베네치아 행정관들과 한통속인 것 같다고 말한 다음, 그들이 첫번째 편지를 통령에게 보내지 않고 깔아뭉갤 경우를 생각하여 자필 편지를 따로 쓰는 것이라고 설명했다. 이어서 그녀는 첫번째 편지와 같은 내용을 호소한 뒤, 마지막으로 베네치아 행정관들이 부정을 일삼고 있다고 고발했다. 그 예로 베네치아 행정관들이 키프로스의 자유민들을 붙잡아 노예 상인에게 팔아넘기겠다고 위협한 다음, 그들을 풀어주는 대가로 많은 돈을 착복한 사례를 들었다. 이것은 섬 주민들에게 공포심을 줄 뿐만 아니라 키프로스왕국의 경제를 파멸로 몰아넣는 짓이라고 강조했다. 또한 왕비 자신도 키프로스 섬 안을 돌아다닐 자유조차 부여받지 못하여, 왕비의 위엄을 손상당하고 있을 뿐만 아니라 노예나 다름없는 신세라고 호소했다.

이 두 통의 편지 말미에는 'Regina Caterina, figlia vostra'(당신들의 딸, 왕비 카테리나)라고 서명되어 있다. 카테리나는 자신을 양녀로 삼은 공화국의 참뜻을 이해하지 못했다. 당신들의 딸이라고 서명하면 공화국이 그녀의 호소를 들어줄 거라고 순진하게 믿어 의심치 않았던 것이다.

하지만 그녀의 아버지 마르코 코르나로는 베네치아 귀족으로서 공화국 정치에 참여한 경험도 있고 대상인으로서 현실적 안목도 갖고 있었기 때문에, 딸의 처지를 개선해달라고 호소할 때 다른 방식을 택했다.

세번째 편지는 마르코 코르나로가 통령에게 보낸 것이다.

"이 편지와 동시에 도착할 왕비의 편지 두 통은 결코 제 충고에 따라 작성된 것이 아닙니다. 그 편지에 적힌 내용이 진실이라는 것은 베네치아 국민이고 베네치아공화국에 가장 충성스러운 제 자신이 증명하겠습니다. 이곳에서 왕비는 너무나 비참한 처지에 놓여 있습니다. 왕비를 시중드는 사람은 네 명의 하인과 시녀 둘뿐이고, 식사도 자기 방에 놓인 팔길이만한 탁자 위에서 들고 있습니다. 날마다 그날 필요한 비용이 주어지고, 단 10두카토도 자기 마음대로 쓸 수 없는 궁핍한 처지에 놓여 있습니다. 저의 다른 딸들, 왕가가 아닌 베네치아 귀족에게 시집간 딸들조차도 왕비보다는 나은 생활을 하고 있습니다. 저는 이곳에 도착한 뒤 베네치아 행정관들에게 왕비의 처우를 개선해 달라고 요청했지만, 그들은 전임자가 하지 않은 일은 자기들도 할 수 없다고 발뺌만 할 뿐입니다. 왕비의 궁핍한 처지를 보다 못해 제가 가져온 300두카토를 드렸을 정도입니다. 왕비를 이런 지경에 놓아두는 것은 왕비를 경애하는 이곳 주민들의 베네치아에 대한 반감을 부추겨, 베네치아공화국이 키프로스왕국에 대한 정책을 추진하는 데 중대한 지장을 초래할 우려가 있습니다. 이 때문에 저는 감히 펜을 들기로 결심한 것입니다."

서명은 '베네치아 사람 마르코 코르나로'로 되어 있다.

아버지와 딸의 이같은 호소에 대해, 베네치아공화국 정부는 왕비에게 연금 8천 두카토를 보장하라는 훈령을 키프로스의 베네치아 행정관들에게 내렸을 뿐, 그밖의 사항에 관해서는 묵살해버렸다. 뿐만 아니라 다음번 훈령에서는 젊은 나이에 과부가 된 왕비가 잘못을 저지르지 않도록, 키프로스 주재 베네치아 사람들을 비롯한 어떤 남자도 왕비와 특별한 사이가 되지 않게 왕비의 신변에 각별한 주의를 기울이라고 말하기까지 했다. 이만큼 키프로스 전체를 엄중히 감시하면서도 베네치아는 안심하지 못했다. 인간 자체에 대한 근본적인 불신 위에 쌓아올려진 베네치아공화국의 정치. 그리고 정치체제. 바로 그렇기 때문에 다른 이탈리아 국가들이 차례로 몰락해간 시대에 베네치아는 또 하나의 현실주의적 정치체제인 로마 교황청과 더불어 확고부동한 세력을 자랑할 수 있었던 것이다.

1476년 10월 30일, 베네치아의 두칼레 궁(통령 관저)에서는 중요한 회의가 열리고 있었다. '10인 위원회'(콘실리오 데이 데치나)가 다른 중대사를 결정할 때와 마찬가지로 23명의 장로(준타)까지 참석시킨 가운데 비밀회의를 연 것이다. 의제는 죽은 자크 2세의 생모와 서자 3명, 그리고 '파마구스타의 난'이 실패한 뒤 망명한 트리폴리 백작과 리초 데 마린을 비롯한 키프로스 중신 8명의 가족을 베네치아로 데려오는 문제였다. 불순한 움직임을 보이고 있는 중신들의 가족으로 명단에 오른 것은 처음에는 스물다섯 가족이었지만, 마지막에 여덟 가족으로 좁혀졌다. 이것은 인질이다. 적어도 표면상으로는 독립국 백성인 키프로스 사람을 베네치아에 인질로 데려오기로 결정하려면 중요 비밀회의를 열 필요가 있었던 것은 당연하다. 한동안 격론이 벌어진 끝에, 투표 결과는 찬성 15표, 반대 14표, 기권 11표였다. 찬반 차이가 너무 적어서 투표를 두 번 더 되풀이했지만, 결과는 첫번째와 마찬가지였다.

이런 이유도 있어서, 이 중대 결정을 실천에 옮기는 것은 한 달 뒤로 연기되었다. 그리고 한 달 뒤에 로레단 제독은 '10인 위원회'의 이름으로 보내진 극비 지령을 받았다. 그것은 다음과 같은 내용이었다.

"죽은 자크 2세의 생모인 마리에타 파트라츠, 자크 2세의 두 아들과 딸 하나, 그리고 트리폴리 백작과 리초 데 마린을 비롯한 8명의 중신의 가족을 베네치아 갤리선에 태워 본국으로 송환할 것. 배에서는 손님으로 잘 대우할 것. 하지만 도망치지 못하도록, 그리고 죽지 않도록 감시를 게을리하지 말 것."

이것은 키프로스 전체를 공포의 도가니로 몰아넣었다. 본국 정부의 훈령을 받고 키프로스에 도착한 로레단 제독은 깜짝 놀란 카테리나 왕비의 애원에도 불구하고, 자기는 임무를 수행할 의무가 있다고 대답할 뿐이었다.

이듬해 1월, 키프로스 사람들은 불행한 신세를 한탄하며 베네치아에 도착했다. 죽은 자크 2세의 생모와 세 아이는 키프로스가 베네치아에 파는 설탕값의 일부를 생활비로 하여 베네치아 시내의 수도원에서 살게 되었다. 중신 가족들은 각자 부담으로 역시 베네치아 시내에 살게 되었고, 몰래 베네치아 밖으로 나가는 것은 금지되었다. 이들 가운데 베네치아 정부의 엄중한 감시에서 벗어날 수 있었던 사람은 아무도 없었다. 특히 정통 왕위 계승자로서 섬 주민들의 사랑을 받은 자크 2세의 두 아들과 외동딸을 기다리고 있던 운명은 가혹했다. 두 왕자는 나중에 하녀와 결혼하여 베네치아 하층민들 틈에서 목숨만은 그럭저럭 부지할 수 있었지만, 나폴리 왕자 알폰소와 약혼한 왕녀는 수명도 다 누리지 못했다. 나폴리 왕은 여러 차례 왕녀를 풀어줄 것을 요구하며 항의했지만, 그로부터 2년 뒤 베네치아 정부는 이 왕녀가 파도바의 수녀원에서 죽었다고 발표했다. 사인은 분명치 않다.

이로써 베네치아 정부는 키프로스왕국에서 일어날 소란의 싹을 잘라버렸다. 왕위 계승권을 주장할 수 있는 사람은 키프로스에서 멀리 떼어놓고, 베네치아에 반대하는 중신들의 가족은 인질로 삼는 방식으로. 베네치아는 이런 강경책으로 키프로스 섬 안에서는 일단 평온을 유지하는 데 성공했지만, 섬 밖의 움직임은 그렇게 간단히 수습되지는 않았다. 어린 왕이 죽은 뒤 카테리나를 억지로 왕위에 앉힌 베네치아는 그후 15년 동안 무력을 동원하여 다른 나라를 위압하는 무력 시위를 끊임없이 계속해야 했다. 한편으로는 터키와 끊임없이 전쟁과 평화를 되풀이하면서, 무려 여덟 번이나 키프로스의 항구를 그들의 대함대로 가득 채워야 했던 것이다. 하지만 이런 일을 단행한 덕에 베네치아에 대한 반란 음모는 하나도 성공하지 못했다.

1475년 8월, 전여왕 샤를로트가 나폴리 선박 4척과 함께 알렉산드리아로 갔다는 정보가 들어왔다. 베네치아공화국은 당장 갤리선 몇 척에 150명의 크레타 병사를 태워 키프로스로 보냈다.

1476년 6월, 나폴리 왕이 아들 알폰소에게 큰 배와 500명의 병사를 주어 이집트로 보냈으며, 샤를로트는 로도스 섬에서 대기하고 있다는 정보가 들어왔다. 베네치아 정부는 크레타 해군기지에 있는 모든 함대를 키프로스로 보내는 동시에, 로도스 섬의 주권자인 로도스 기사단장에게 다음과 같은 경고를 보냈다.

"만약에 기사단이 샤를로트를 지원할 경우, 공화국은 앞으로 로도스 기사단을 적으로 간주할 것임."

터키의 위협을 가장 가까이에서 느끼고 있던 로도스 섬은 베네치아의 이같은 협박에 양보할 수밖에 없었다.

1477년 8월, 샤를로트가 이집트의 술탄과 빈번히 연락을 취하고 있다는 정보가 들어왔다. 그러자 모도네에 있는 해군기지에서 로레단 제독이 전함대를 이끌고 키프로스로 달려갔다.

1477년 12월, 샤를로트가 이집트에 상륙하여 술탄의 환영을 받았다는 정보가 들어왔다. 로레단 제독은 24척의 선단을 이끌고 키프로스로 갔다. 동시에 레반트 해역에 있는 베네치아 국적의 배는 군선과 상선을 불문하고 모두 완전 무장하라는 명령을 받고, 로레단이 지휘하는 함대에 편입되었다.

이보다 두 달 전, 공화국 원로원은 베네치아 귀족 100명과 그들의 가족에게 키프로스 방어 의무를 부여하여 키프로스에 이주시키기로 결의했다. 하지만 이것은 키프로스의 재정난 때문에 당분간 연기되었다.

1479년, 샤를로트가 키프로스의 몇몇 가신들과 연락을 취하여 반란을 일으킬 계획이라는 정보가 들어왔다. 공화국 정부는 당장 크레타 해군기지에 있는 함대를 키프로스로 보내는 동시에, 음모자 전원에 대한 처리를 로레단 제독에게 일임했다. 음모자들은 로레단에게 고문과 심문을 받고 모든 것을 자백한 뒤, 반란 예정일에 모두 교수형을 당했다. 이 실패는 왕위에서 쫓겨난 뒤 16년 동안 왕위에 복귀하기 위해 로도스 섬과 로마, 이탈리아 전역, 마지막에는 이집트까지 돌아다니며 정력적인 활동을 계속한 전여왕 샤를로트의 정열에도 찬물을 끼얹게 되었다. 이제 나폴리 왕과 이집트의 술탄에게도 버림받은 그녀는 이집트를 떠나, 8년 뒤 로마에서 가난하게 죽었다. 43세의 나이에 혼자 쓸쓸히 죽었다. 다만, 모든 사람의 동정을 받고 있던 이 나라 없는 여왕의 무덤은 바티칸 안에 마련되었다.

1479년 가을, 베네치아의 '10인 위원회'는 다음과 같은 극비 정보를 얻었다. 샤를로트를 버린 나폴리 왕 페란테가 몰래 카테리나 여왕에게 접근하여 이집트에 있는 아들 알폰소와 결혼시키려 한다는 정보였다. 카테리나는 비록 베네치아 사람이지만, 여왕으로서의 위엄도 실권도 갖지 못한 허수아비 같은 처지에 늘 불만을 품고 있다는 것은 이제 모르는 사람이 없었다. 하지만 나폴리 왕의 이런 움직임을 알아차린 베네치아는 여왕에게는 아무것도 알리지 않았다. 단지 함대를 보내 섬 주변의 방비를 강화하는 동시에, 여왕의 신변을 더욱 엄중하게 감시했을 뿐이다. 그리고 이 책략에 가담하고 있는 것으로 간주된 피카르도 재상을 회의에 참석하라는 명목으로 베네치아로 불러들였다. 재상은 그후 다시는 키프로스로 돌아가지 못했다.

1483년 1월, 나폴리에서 큰 배 2척과 500명의 병사가 레반트 해역으로 향했지만 악천후 때문에 그리스 해안에 표착했다는 정보가 들어왔다. 베네치아공화국은 도메니코 말리피에로(『연대기』의 저자)를 해군 지휘관으로 선임하여, 모도네와 아르치펠라고 사이의 에게 해로 파견했다. 하지만 말리피에로 장군의 진짜 임무는 그리스 해안에 있는 나폴리 선박들의 동향을 감시하는 것이었다.

당시의 복장
1 베네치아 공화국의 해군 제독
2 터키의 병사
3 터키의 술탄

베네치아는 터키와 이집트 사이에 전쟁이 일어날 듯하다는 것을 전부터 알고 있었지만, 1487년 1월에 드디어 터키 해군이 다르다넬스 해협을 떠난다는 확증을 얻었다. 이를 뒷받침하듯, 터키 군대는 물과 식량을 보급하기 위해 함대가 키프로스에 기항하는 것을 양해해달라고 베네치아에 요청해왔다. 베네치아는 당장 아드리아 해를 경비하기 위해 갤리선 2척만 남겨놓고, 트레비잔 장군이 지휘하는 나머지 함대를 모두 키프로스로 보냈다. 트레비잔은 다음과 같은 지령을 받았다.

"물과 식량을 보급하기 위해 키프로스에 상륙하는 터키 병사는 무장을 해서는 안되고, 한번에 8명 내지 10명씩만 상륙시킬 것. 터키 장교의 상륙은 어떤 수단을 써서라도 저지할 것."

하지만 베네치아 정부의 걱정은 다행히 기우로 끝났다. 터키는 그해에도 이듬해에도 8만 명의 병사와 120척의 배로 이루어진 대함대를 다르다넬스 해협에서 움직이려 하지 않았기 때문이다.

하지만 터키 함대의 움직임은 키프로스에 대한 베네치아공화국의 정책 전환을 강요하는 사건이 되었다. 지금처럼 여왕을 표면에 내세워 독립 왕국의 허울을 유지하면서 실질적인 식민지로 삼고 있는 것만으로는 안심할 수 없게 되었다. 베네치아공화국은 이제 오랫동안 방패막이로 사용한 수단을 버리기로 했다. 즉 키프로스를 합병하기로 한 것이다.

1487년 2월 21일, 베네치아의 두칼레 궁에서는 원로원 전체 회의가 소집되었다. 중대 사항을 결정해야 하기 때문에, 결석자에게는 500두카토(약 2천 200만 원)의 벌금이 부과되었다. 물론 비밀회의였다. 의제가 설명되었다.

"키프로스에 대한 터키의 위협을 제거할 수 있는 유일한 방법은 키프로스를 공화국에 합병하는 것뿐이라는 결론을 얻었다. 성 마르코의 사자 깃발이 키프로스 하늘에 나부낌으로써 키프로스가 베네치아의 영토임이 명백해지면, 현재 베네치아와 터키가 맺고 있는 협정 가운데 서로의 영토권을 존중한다는 조항에 따라 키프로스의 안전은 보장될 것이다."

키프로스 합병은 의원 대다수의 찬성으로 가결되었다. 하지만 비록 허울뿐이라고는 해도 어엿한 독립 왕국인 키프로스의 합병을 강행하려면 다른 나라들의 생각도 충분히 고려해야 한다. 특히 키프로스와 옛날부터 깊은 관계를 갖고 있는 이집트의 의향을 무시하고 합병을 강행할 수는 없었다. 베네치아는 키프로스 합병을 의결하긴 했지만, 제독에게 훈령을 내려 합병을 실행에 옮기는 것은 당분간 보류했다. 합병이라는 강한 인상을 주지 않으면서 이 결의를 실행에 옮길 수 있는 계기를 기다리기로 한 것이다.

이 결의를 비밀사항으로 놓아둔 채, 베네치아 정부는 우선 세 가지 포석을 깔았다. 첫째, 이집트 주재 베네치아 대사가 술탄을 만나서, 키프로스가 이집트와 베네치아의 공통된 적인 터키 손에 넘어가기보다는 베네치아에 귀속되는 편이 양국에 유리하다고 운을 떼었다. 둘째, 베네치아가 키프로스에 파견한 행정관들 가운데 카테리나 여왕의 친족인 니콜로 모체니고와 조반니 콘타리니를 본국으로 소환했다. 셋째, 여느 때처럼 함대를 파견했다. 원로원은 키프로스에서의 군비 증강안을 가결하고, 프란체스코 프리울리를 신임 제독으로 선출했다. 신임 제독은 키프로스에서 일어나는 어떠한 사태에도 즉각 신속한 행동을 취할 수 있도록 40척의 갤리선을 항시 준비해두라는 훈령을 받았다. 이렇게 포석을 깔아놓고, 베네치아는 키프로스 합병이라는 큰

일을 실행에 옮길 좋은 기회가 오기를 기다렸다.

최후의 저항

1년이 지났다. 카테리나 여왕은 아직 아무것도 모르고 있었다. 그러나 나폴리는 베네치아가 키프로스에 대해 무언가 최종적인 행동을 일으킬 것 같다는 낌새를 채고 있었다. 그들은 이대로 가다가는 키프로스를 손에 넣을 기회가 영영 사라져버린다고 생각하기 시작했다. 나폴리 왕으로서는 키프로스가 베네치아에 완전히 귀속되는 것은 나폴리 세력이 레반트 해역으로 밀고 들어갈 길이 완전히 막혀버리는 것을 의미했다.

지금까지 나폴리 왕이 키프로스를 손에 넣으려고 애쓴 수단은 두 가지였다. 하나는 죽은 자크 2세의 딸과 자기 아들 알폰소를 결혼시키는 것이었지만, 왕녀가 베네치아에 인질로 끌려갔다가 파도바의 수녀원에서 죽는 바람에 이 의도는 좌절되었다. 또 다른 수단은 왕자 알폰소를 전여왕 샤를로트의 양자로 삼는다는 조건으로 샤를로트의 왕위 복귀를 돕는 것이었지만, 이것도 베네치아의 신속한 군사행동으로 말미암아 번번이 실패로 끝났다. 게다가 샤를로트는 1년 전에 로마에서 세상을 뜨고 말았다.

나폴리 왕은 키프로스에 대한 야심을 이루기 위한 마지막 수단으로 카테리나 여왕을 선택했다. 나폴리 왕은 9년 전에도 이 계획을 은밀히 추진했지만, 베네치아의 완벽한 정보망에 노출되는 바람에 중단할 수밖에 없었다. 같은 계획을 되풀이하는 것은 최악의 조건이지만 어쩔 도리가 없었다. 게다가 나폴리 왕의 이 책략은 불행히도 키프로스에 대한 베네치아의 경계태세가 가장 완벽한 시기에 추진되었다. 모든 준비를 갖추고 키프로스 합병에 가장 적절한 구실이 나타나기만 기다리고 있던 베네치아로서는 나폴리 왕을 중심으로 한 음모자들이 그야말로 반갑기 그지없는 손님처럼 보였을 것이다. 이 음모의 종말은 뻔했다. 오직 카테리나만이 아무것도 모르고 있었다.

여기에 이르러 또다시 리초 데 마린이 등장한다. 1473년에 '파마구스타의 난'을 일으킨 주모자의 한 사람이었던 그는 그후 15년 동안 베네치아 정부의 집요한 추적을 피하면서 지중해를 두루 돌아다니는 활동을 멈추지 않았다. 그는 나폴리, 카이로, 로도스 섬의 실력자들 사이를 돌아다니며 활발하게 움직였다. 1476년에는 그의 가족이 모두 베네치아에 볼모로 끌려갔지만, 이것도 베네치아에 반대하는 그의 집념을 없애지는 못했다. 1487년, 나폴리에서는 페란테 왕과 리초 데 마린이 카이로에서 왕자 알폰소를 불러다놓고, 키프로스 여왕인 카테리나와 알폰소를 결혼시키려는 계략을 꾸미고 있었다. 리초는 여왕의 승낙을 얻어내는 일과, 카이로의 술탄한테서 이 계획에 대한 승인과 원조를 확보하는 역할을 맡았다. 여왕의 승낙이 떨어지는 대로 나폴리와 알렉산드리아에서 함대가 키프로스로 달려가, 그 무력을 배경으로 혼례를 재빨리 치르도록 되어 있었다.

이듬해인 1488년, 우선 이집트로 간 리초는 이 계략에 대해 술탄의 전폭적인 동의를 얻어내는 데 성공했다. 게다가 술탄은 그에게 이집트 대사의 자격도 주었다. 이어서 리초는 키프로스로 잠입해 들어갔다. 베네치아의 엄중한 감시를 받고 있는 이 섬에서, 그는 여왕의 시녀인 엘레나의 도움으로 은밀히 카테리나를 만날 수 있었다. 이 혼담에 대해 카테리나는 승낙하지도 않았지만 거절하지도 않았다. 아직 34세인 그녀는 1년도 채 안되는 결혼생활밖에 경험하지 못했고, 그것도 무려 15년 전의 일이었다. 그후 끊임없이 밀려드는 어려움과 싸우면서 이름뿐인 여왕으로 지내고 있던 그녀는 25세의 젊은 왕자 알폰소와의 혼담에 마음이 기울어지기 시작했다. 하지만 이 결혼을 승낙하는 것은 베네치아 출신인 그녀에게는 조국에 대한 배신을 의미했다. 리초는 계속 망설이는 여왕한테서 확답을 얻어내지는 못했지만, 기대는 가질 수 있었다.

이때만 해도 베네치아는 여왕과 리초의 회견을 까맣게 몰랐던 모양이다. 그런데 알렉산드리아로 돌아간 리초가 시내에서 베네치아 영사와 우연히 마주치고 말았다. 그는 영사를 몰라보았지만, 영사가 베네치아의 요주의 인물인 리초를 잊을 리가 없다. 그는 당장 프리울리 제독에게 이 사실을 알렸다. 게다가 여왕을 다시금 설득하기 위해 키프로스로 떠날 예정인 리초가 타려고 한 배는 프랑스 국적의 상선인데다, 화물도 싣고 있지 않았다. 베네치아 영사는 이 사실도 제독에게 자세히 보고했다.

화물을 싣지 않은 상선이 의심받는 것은 당연하다. 알렉산드리아 주재 베네치아 영사한테서 이런 보고를 받은 프리울리 제독은 다른 목적으로 위장하여, 함대 전체를 이끌고 크레타 해군기지에서 키프로스로 떠났다. 그러나 키프로스로 직행하는 대신, 키프로스 섬에서 가장 높은 산꼭대기가 멀리 보이는 해상에 정박한 채 때가 오기를 기다렸다. 태양은 크레타 섬 쪽의 수평선 너머로 가라앉으려 하고 있었다. 저녁 해가 뉘엿뉘엿 질 무렵, 감시병이 서쪽 바다에서 상선을 발견했다고 소리쳤다. 당장에 갤리선단이 그 상선을 포위하고 정선(停船) 명령을 내렸다. 무장한 병사들을 이끌고 상선에 올라탄 제독은 선장에게 말했다.

"나는 이 배가 승객 한 명을 태우고 있다는 것을 알고 있다. 그 손님의 이름을 대라. 불지 않으면 선장을 비롯한 승무원을 모두 목매달겠다."

이 갑작스러운 사태에 놀란 선장은 겁에 질린 나머지 당장 입을 열었다. 리초 데 마린이 알렉산드리아에서 승선했지만, 키프로스에서 내렸다는 것. 이 근처 바다에서 나흘 동안 기다리라는 지시를 받았다는 것. 나흘째 되는 날 해질녘에 해안에서 신호를 보낼 테니까, 그 신호가 보이거든 자기를 상선까지 태워갈 전마선을 해안으로 보내달라고 했다는 것. 그래서 이렇게 기다리고 있다는 것. 그리고 오늘이 바로 나흘째 되는 날이라는 것까지 자백해버렸다.

  제독은 선장과 승무원 한 명만 프랑스 상선에 남겨놓고, 나머지 승무원은 모두 함대의 갤리선에 옮겨 태운 뒤, 자기 휘하의 베네치아 병사들을 프랑스 상선에 가득 태웠다. 이 일을 끝낸 뒤, 제독 자신도 프랑스 상선에 올라탔다. 그런 다음 함대에 대해서는 키프로스 해안에서 보이지 않는 먼 해상으로 나가 대기하고 있으라고 명령했다. 이날의 마지막 태양이 수면을 황금빛으로 물들였다. 함대는 그 황금빛 수면을 가르며 떠나갔다. 해가 진 뒤의 바다는 붉은 포도주빛으로 물들어 있었다. 해안에서는 아직 신호가 오지 않는다. 달빛이 수면을 비추기 시작했다. 달빛을 받은 수면이 은빛을 띠었다. 제독은 배의 등불을 모두 끄게 한 다음, 키프로스 해안에서 보면 배가 달빛을 역광으로 받아 은빛 바다 위에 검게 떠올라 보이도록 시리아 쪽 바다로 배를 이동시켰다. 해안에는 아직 등불의 그림자도 보이지 않는다. 맑은 밤공기와 창백한 침묵 속에서 시간이 흘러갔다.

  달이 중천에 떠오를 무렵이었다. 제독을 비롯한 베네치아 병사들은 해안의 어둠 속에서 등불이 깜박이는 것을 보았다. 배에서도 당장 등불로 신호를 보냈다. 전마선이 수면 위로 내려졌다. 프랑스 승무원 가운데 선장과 단둘이 남겨졌던 선원이 그 작은 배에 태워졌다. 리초에게는 한마디도 벙끗해서는 안된다는 엄명과 함께. 노젓는 소리가 들리고, 전마선은 상선 곁을 떠났다. 이 작은 배가 돌아오기를 기다리는 시간은 누구에게나 일각이 여삼추였다. 드디어 전마선이 돌아와 프랑스 상선에 옆구리를 댔다. 배에서 내려준 사다리를 타고 승선한 리초는 말없이 맞이하는 선장을 향해 기분좋게 말했다.

"만사가 다 잘됐소. 게다가 이 배로 무사히 돌아올 수 있었던 것도 신에게 감사해야지."

선장의 등뒤에 제독이 모습을 나타낸 순간, 숨어 있던 베네치아 병사들이 일제히 리초에게 덤벼들었다. 리초와 동행한 키프로스 귀족 트리스탄 지브레도 함께 붙잡혔다. 두 사람은 제독 앞에서 혹독한 고문과 심문을 받았다. 리초와 트리스탄은 거듭되는 고문을 견디지 못하고, 카테리나 여왕과 나폴리 왕자 알폰소의 결혼을 축으로 한 반(反)베네치아 음모의 자초지종을 자백할 수밖에 없었다.

리초와 트리스탄은 갤리선을 타고 베네치아로 압송되었다. 족쇄와 수갑을 찬 여행이었다. 이들을 태운 배가 코르푸 섬 근처까지 왔을 때, 트리스탄 지브레는 베네치아에서 자신을 기다리고 있는 운명을 생각하며 고민하다가, 그런 운명을 당하는 것은 도저히 견딜 수 없다고 결론지었다. 그는 반지 속에 숨겨두었던 다이아몬드 가루를 먹고, 며칠 동안 심한 고통을 겪은 뒤 배 안에서 숨을 거두었다.

1488년 10월 17일, 리초 한 사람만 압송해온 갤리선이 베네치아에 도착했다. '10인 위원회'에 특별히 구성된 조사위원회가 그를 취조하게 되었다. 고문과 심문이 다시 시작되었다. 두칼레 궁에 있는 '10인 위원회실'에서 위원 전원이 참석한 가운데, 리초는 다시 한번 음모의 자초지종을 자백했다. 조사위원회는 선고도 내리지 않은 채, 그를 두칼레 궁 안에 있는 '다 바소'(지하감옥)에 집어넣었다. 이 감옥은 높이가 245센티미터, 너비가 255센티미터, 길이가 548센티미터인 독방인데, 침상으로 쓰이는 길이 205센티미터, 너비 74센티미터의 나무판이 유일한 가구였다. 독방에는 복도 쪽으로 창문이 하나 뚫려 있을 뿐이었고, 거기에도 3센티미터 굵기의 쇠창살이 촘촘히 박혀 있었다. 복도 곳곳에 놓인 등불빛이 이 쇠창살을 통해 들어올 뿐, 햇빛은 전혀 들어오지 않았다.

이 음모가 실패로 끝난 것을 맨 먼저 안 사람은 카이로의 술탄이었다. 리초가 붙잡힌 뒤에 프랑스 선원들은 곧 석방되었는데, 이들 중에 리초의 비서가 한 사람 끼여 있는 것을 베네치아측은 미처 몰랐다. 석방된 뒤에 로도스 섬으로 달아난 비서는 거기서 카이로의 술탄에게 아랍어로 편지를 써서 일의 자초지종을 알렸다. 이 편지를 읽은 술탄은 격분했다. 이 음모는 애당초 그가 자진해서 시작한 것도 아니었기 때문에, 음모가 실패로 끝난 것은 그리 큰 타격이 아니었다. 그보다는 이집트 대사의 자격을 가진 리초에 대한 베네치아의 처사에 화가 난 것이다. 이 음모가 발각되는 데 실마리가 된 것은 알렉산드리아에서 리초를 보았다고 본국에 알린 베네치아 영사였다. 화가 난 술탄은 이 영사를 감옥에 가두어버렸다.

카이로의 술탄이 모든 것을 안 지금, 나폴리 왕이 알게 되는 것은 시간 문제였다. 그러나 베네치아 정부는 그때까지 수많은 음모를 분쇄했을 때와는 달리, 나폴리 왕과 이집트 술탄과 로도스 섬의 기사단장에게 항의하거나 경고하기 위한 사절을 보내지도 않았고 서한조차 보내지 않았다. 그 대신, 리초가 베네치아에 도착한 지 닷새째인 10월 22일, '10인 위원회'는 1년 전에 원로원에서 의결한 채 극비 사항으로 놓아두고 실시를 보류한 '키프로스 합병안'을 마침내 실행에 옮기기로 결의했다. 참석한 17명 전원이 찬성표를 던졌다. 결의 내용은 다음과 같았다.

"프리울리 제독은 기지 수비를 위해 소수의 갤리선을 남겨놓고, 나머지 함대를 이끌고 키프로스로 급히 떠난다. 섬 전체에 함대 배치를 끝낸 다음, 제독은 카테리나 여왕을 만나 키프로스왕국을 베네치아공화국에 양도할 것과 여왕 자신도 베네치아로 귀환할 것을 베네치아공화국의 이름으로 제의한다. 동시에 '10인 위원회'는 여왕의 동생이자 코르나로 가문의 상속자인 조르조 코르나로를 키프로스에 급파하여, 베네치아공화국의 제의를 여왕이 자유의사로 수락하도록 설득하게 한다. 그래도 여왕이 끝내 거부할 경우, 제독은 베네치아공화국 정부의 결의를 수행하기 위해 어떤 실력 행사도 할 수 있는 권한을 갖는다."

프리울리 제독에게 이런 지령이 내려진 지 16일 뒤, 조르조 코르나로는 키프로스를 향해 베네치아를 떠났다. 이로써 카테리나 여왕과 키프로스왕국의 운명은 결정되었다.

한편, 베네치아의 두칼레 궁 지하감옥에 갇혀 있는 리초는 세상과 격리된 채 엄한 감시를 받고 있었기 때문에, 키프로스에서 무슨 일이 일어나고 있는지를 알 도리가 없었다. 그후의 리초를 알려주는 것은 연대기 작가 사누도가 남긴 'De origine urbis Venetae et Vita omnium Dunum'(베네치아의 기원과 통령들의 생애)이라는 제목으로 알려진 자료뿐이다. 베네치아 정부의 최고 기밀을 접할 기회를 갖고 있었던 사람은 사누도뿐이었기 때문이다. 다른 연대기 작가들도, 키프로스 사람인 조르조 부스트론과 플로리오 부스트론도 리초가 베네치아로 압송된 뒤의 소식은 전혀 알지 못했고, 따라서 그것을 기록할 수도 없었다. 사누도가 얼마나 중요한 기밀까지 알고 있었고 또 서술할 자유를 갖고 있었는지는 위에 말한 문헌이나 그의 대표작인 『일지』가 18세기 말에 베네치아공화국이 몰락할 때까지 공화국의 기밀문서실에 보관된 채 출판이 허용되지 않은 것만 보아도 알 수 있다. 오늘날 르네상스 시대의 베네치아, 아니 이탈리아를 공부할 때 필수적인 자료로 되어 있는 사누도의 기록은 그 당시에도 베네치아공화국의 정치를 담당한 귀족들의 교과서 역할을 맡고 있었다.

이 사누도에 따르면, 리초는 3년 동안 지하감옥에 갇혀 있었다. 키프로스에서 볼모로 끌려와 같은 베네치아 땅에 살고 있던 가족은 리초의 처지를 알고는 있었지만, 그를 만날 수도 없었고 그의 생사조차 확인하지 못했다. 자살하지 못하도록 엄중한 감시를 받고 있던 리초는 카테리나 여왕이 키프로스왕국을 베네치아에 양도하도록 강요당하고 있는 것도 알지 못했다. 여왕이 결국 굴복하고 베네치아로 떠난 지 두 달 뒤인 1489년 5월 13일, 마침내 리초는 사형선고를 받았다. 그러나 사형은 금방 집행되지 않았다. 그후에도 그는 2년 반 동안 더 감옥 생활을 견뎌야 했다. 외국의 신하는 신중하게 다룰 필요가 있는데다, 리초는 더구나 이집트 술탄의 대사 자격을 갖고 있었다. 여차할 경우에는 그가 아직 살아 있다는 것을 보여줄 필요가 있었다.

1491년 어느 겨울 밤(사누도도 날짜는 밝히지 않았다), 'C · D · X'(Consiglio dei X, 즉 '10인 위원회'의 약자. X는 로마 숫자로 10을 말한다—옮긴이)라는 표지판을 달고, '10인 위원회'의 명령을 즉각 받을 수 있도록 항시 대기하고 있던 곤돌라가 밤의 운하를 조용히 미끄러져갔다. 곤돌라 선장이 '10인 위원회' 위원장한테서 호출을 받은 것이다. 선장은 극비리에 리초를 데려오라는 명령을 받았다. 선장은 지하감옥으로 내려갔다. 그러고는 맨발의 리초를 망토로 감싸고, 머리에 자루를 뒤집어씌웠다. 선장은 이렇게 온몸을 감싼 리초를 두칼레 궁에 있는 무기고로 데려갔다. 리초는 전부터 대중 앞에서 사형을 집행해달라고 요구하고 있었다. 무기고로 끌려온 뒤에도 그는 계속 그것을 주장했다. 그러나 '10인 위원회' 위원들은 침묵만 지킬 뿐이었다. 늘어놓인 무기들이 둔탁한 빛을 내고 있었다. 무기고 한복판에 상자가 놓였다. 두 손을 묶인 리초가 상자 위로 올라섰다. 대들보에 매달린 밧줄 끝이 그의 목에 감겼다. 상자가 옆으로 넘어졌다. 시체는 자루에 담긴 채 무라노 섬으로 옮겨졌다. 그 섬에 있는 산 크리스토포로 사원 뒤뜰에 구덩이가 파이고, 시체는 자루에 담긴 채 구덩이 속에 던져졌다.

카이로의 술탄은 리초가 감옥에서 병사했다는 베네치아의 공식 발표에 강력히 항의하고 베네치아와 국교를 단절했지만, 이것도 그리 오래 지속되지는 않았다. 터키의 위협을 앞둔 마당에 베네치아를 적으로 돌리는 것은 이집트에는 대단히 불리했기 때문이다. 베네치아는 그것까지 다 계산에 넣고 있었다. 그거야 어쨌든, 교묘하게 정세를 읽고 선수를 친 베네치아의 정치에 의해 모든 일은 이미 끝난 뒤였다.

키프로스 합병

키프로스에서는 겨울이 내륙지방에서 다가온다. 따라서 수도 니코시아에 있는 왕궁도 늦가을에는 해안의 파마구스타로 옮겨야 한다. 물론 지중해에 떠 있는 섬이니까 베네치아의 겨울처럼 혹독하지는 않지만, 그래도 그게 관습이라는 것이리라. 궁정은 봄이 시작될 무렵까지 파마구스타에 있는 것이 보통이었다.

1489년, 카테리나의 보잘것없는 궁정도 여느 때처럼 파마구스타로 옮겨와 있었다. 그러나 올해의 카테리나는 여느 때와는 달랐다. 왕궁 창문으로 내다보이는 항구에 정박해 있는 베네치아 선단을 볼 때마다. 이제까지는 그 선단이 자기를 보호해주는 힘으로 여겨져 마음이 든든했지만, 지금은 그것이 그녀를 주위에서 조금씩 죄어들어오는 기분나쁜 존재로 여겨지는 것이었다. 불안했다.

돌이켜보면 이 불안이 시작된 것은 지난해 늦여름의 어느 날, 트리스탄의 누이이자 그녀의 시녀인 엘레나가 리초 데 마린을 데려왔을 때부터였다. 그때 눈을 빛내며, 낮지만 열띤 목소리로 그녀에게 마치 따지고 들듯 열심히 설득하던 리초의 모습이 생각났다. 리초의 머리에는 벌써 백발이 섞여 있었다. 그를 보고 또 그의 말을 들으면서, 카테리나는 키프로스에 처음 도착했을 때 지금은 고인이 된 남편과 함께 배까지 그녀를 마중나왔던 리초의 모습을 머리에 떠올렸다. 젊은 시절의 리초는 남편 못지않게 잘생긴 청년이었다. 두번째로 찾아온 리초에게 설득당하면서, 그때도 그녀는 불안했다. 하지만 그때의 불안은 스스로 자신의 인생을 선택할 때 느끼는 불안, 오히려 기운을 북돋워주는 불안이었다.

그것을 두려움과도 비슷한 지금의 불안으로 바꾸어놓은 것은 엘레나가 가져온 소식이었다. 엘레나는 리초가 붙잡혔다는 소식을 가져왔다. 베네치아가 모든 사실을 알아버렸다. 엘레나의 오빠 트리스탄도 붙잡혔다. 엘레나는 두려움에 떨면서 하소연했다.

"제 운명도 뻔해요. 여왕 마마, 저와 함께 도망쳐요. 놈들은 마마께서 혼담을 수락하신 걸 알아냈다구요."

엘레나는 결국 혼자서 로도스 섬으로 피신했다. 그러나 그때는 엘레나를 따라갈 마음이 나지 않았다. 조국 베네치아가 공화국의 양녀인 자기를 해칠 리가 없다고 생각했기 때문이다. 키프로스에 주재하고 있는 베네치아 행정관들도 전과 다름없이 정중했다. 그들의 표정에서는 아무것도 알아낼 수가 없었다. 다만 모든 것을 알고 있으면서도 한마디도 하지 않는 냉정함을 느낄 수 있을 뿐이었다. 카테리나는 궁정 시녀들이 자기도 모르는 사이에 조금씩 새로운 얼굴로 바뀌어가는 것을 이 무렵에야 겨우 알아차렸다. 그래도 베네치아에서 시집올 때 그녀를 따라온 시녀가 아직은 몇 명 남아 있었지만, 자기를 육친처럼 정성껏 보살펴준 엘레나가 로도스 섬으로 떠나버렸기 때문인지, 그녀에게는 이 겨울이 몹시 쓸쓸하게 느껴졌다.

카테리나는 처음으로 엘레나가 있는 로도스 섬에 가는 것도 괜찮겠다는 생각이 들었다. 그러나 아직도 망설임은 남아 있었다.

1월 24일 이른 아침이었다. 파마구스타 항구로 나온 사람들은 새벽 안개를 뚫고 다가오는 수많은 배를 보고 깜짝 놀랐다. 안개가 걷힌 뒤에 보니, 그것은 항구 안팎을 가득 메운 대함대였다. 붉은 바탕에 금실로 성 마르코의 사자를 수놓은 깃발이 갤리선마다 돛대에서 펄럭이고 있었다. 그 깃발들은 지중해 특유의 짙푸른 겨울 하늘 속에 또렷이 새겨져 있었다.

그 무렵 카테리나는 프리울리 제독이 찾아왔다는 전갈을 받았다. 몸단장을 끝내고 알현실로 들어간 카테리나는 낯익은 제독 옆에 동생 조르조가 앉아 있는 것을 보고 깜짝 놀랐다. 17년 만에 다시 보는 동생이었지만, 카테리나는 하나뿐인 남자 형제인 조르조의 얼굴을 잊지 않았다. 너무나 뜻밖의 상봉에 말문이 막혀버린 카테리나에게 제독은 정중히 인사를 하고 그대로 물러갔다. 방에는 누나와 남동생만 남겨졌다.

동생이 입을 열었다. 베네치아공화국 정부가 키프로스왕국을 합병하기로 결정했다는 것. 합병말고는 외적으로부터 키프로스를 지킬 방법이 없기 때문이라는 것. 여왕은 베네치아로 돌아간 뒤에도 '레지나'(여왕, 왕비)의 지위와 8천 두카토의 연금을 보장받게 된다는 것. 동생은 여기서 갑자기 목소리를 낮추었다.

"10인 위원회는 모든 걸 다 알고 있어요. 누님이 적국 왕자와의 결혼을 승낙하신 것도, 그리고 지금 로도스 섬으로 망명하려 하고 있다는 것도."

동생은 다시 말을 이었다. 베네치아공화국은 여왕의 이번 행위를 공화국에 대한 배신으로 간주할 수도 있지만, 반역행위로 단정할지 어떨지는 앞으로 여왕이 어떻게 처신하느냐에 달려 있다고.

카테리나는 동요를 감추지 못했다.

"나는 이 아름다운 왕국에서 여왕으로 사는 데 익숙해졌어. 처음엔 나한테 왕관을 주어놓고 이제 와서 그걸 돌려달라니…… 베네치아 사람들은 내가 죽은 뒤에 키프로스를 손에 넣는 것으로 만족할 수 없을까. 왕위는 죽은 내 남편이 남겨준 거야. 그걸 버릴 마음은 없어. 내가 죽은 뒤라면 모를까…… 그리고 섬 사람들이 어떻게 생각할지도 고려하지 않으면……."

카테리나는 울고 있었다. 잠시 방 안에 침묵이 흘렀다. 높은 언덕에 있는 이 왕궁까지는 항구의 떠들썩한 소리가 들리지 않았지만, 항구를 가득 메운 성 마르코의 사자 깃발은 훤히 내려다보였다.

그러나 동생은 이야기를 그만둘 수 없었다.

"키프로스를 생각하기보다는 누님의 조국 베네치아를 생각하셔야죠. 게다가 지금처럼 정세가 어렵고 불확실한 시기에는 누님이 언제 키프로스에서 쫓겨날지, 아무도 알 수 없는 일입니다. 키프로스 사람들도 오랫동안 여자의 통치를 받은 것을 부끄럽게 여기고 있을지도 몰라요. 언젠가 누님에게 닥쳐올 위험을 제거하려면, 한 가지 결정과

한 가지 방법밖에 없습니다. 누님은 아들도 없는 몸이니까, 왕국을 공화국에 양도하고 베네치아로 돌아가세요. 방법은 그것뿐이에요. 누님이 왕위를 물려받았을 때, 정세가 지금처럼 어렵지 않았던 그 무렵에는 공화국이 누님을 도왔고, 나라를 다스리는 누님에게 만족하고 있었어요. 하지만 지금 키프로스 주변에는 어디에도 안전한 곳이 없고, 정복욕에 가득 찬 모든 나라가 이 나라를 호시탐탐 노리고 있습니다. 그래서 원로원이 이런 결정을 내린 겁니다. 누님이 위험을 느끼지 않는다고 하셔도, 작년 여름에 공화국 군대가 도우러 오지 않았다면 키프로스는 터키 손에 넘어갔을 겁니다. 누님도 도망치거나, 아니면 붙잡혀서 콘스탄티노플에 노예로 끌려갔을지도 모르지요. 지금은 사소한 잘못도 엄청난 결과를 초래할 수 있는 시기입니다. 불행한 일이 일어나기 전에 미리 대비해두는 것은 결코 쓸데없는 짓이 아닙니다. 운명은 모든 방향에서 다가오고, 온갖 형태를 취하는 법입니다. 친구라 해도, 항상 늦지 않게 도와주러 올 준비가 되어 있다고는 할 수 없어요. 베네치아와 키프로스의 거리도 멀지만, 바다는 그보다 훨씬 넓습니다. 이 문제는 잘 생각하셔야 합니다.

왕국을 공화국에 넘기면, 누님의 이름은 공화국 역사에 영원히 남게 될 겁니다. 연대기 작가나 기록자들도 한 여자의 위대한 결단을 공화국이 얻은 것 가운데 가장 아름다운 것으로 기록할 겁니다. 이 키프로스에 오랫동안 살았다 해도, 누님은 조국인 베네치아의 일원이고 가족의 일원이라는 것을 보여주셔야 합니다. 공화국 시민들은 누님이 베네치아에 도착하기를 애타게 기다리고 있습니다. 지금까지 어떤 여자, 어떤 남자에 대해서도 이토록 간절하게 기다린 적이 없습니다. 설령 베네치아가 변경의 작은 도시라 해도, 자기한테 삶을 부여한 고향에 대해 자기가 할 수 있는 일은 하는 것이 마땅하다고 생각합니다.

그런데 베네치아는 변경의 작은 도시이기는커녕, 이탈리아, 아니 전 세계에서 가장 아름다운 도시입니다. 누님의 소중한 것을 주기에 더없이 어울리는 도시라구요.

지금까지 누님이 여왕으로서 다행히 좋은 통치를 계속할 수 있었던 것은 모두 공화국 덕택이라고 생각하셔야 합니다. 그런 공화국의 제의를 거부하신다면, 그것은 은혜를 원수로 갚는 짓입니다. 그러면 공화국은 누님의 거절이 누님 자신의 의지가 아니라 내 생각에 따른 것이라고 생각할지도 모릅니다. 그렇게 되면 베네치아 전체가 나를 증오할 테고, 코르나로 가문도 그 보복을 면치 못하게 될 겁니다. 하지만 누님이 공화국의 제의를 받아들인다면, 누님 자신만이 아니라 코르나로 가문에도 좋은 결과를 낳을 겁니다.

모든 것은 그것을 언제 어떻게 사용하느냐에 따라 그 가치가 결정되는 법입니다. 마지막에 이기는 것이 중요하지요. 신은 어떤 인간이 신의 좋은 종인지 아닌지를 시험하기 위해 시련을 주십니다. 그 시련 앞에서는 어떤 기도도 어떤 희생도 도움이 되지 않습니다. 단지 신이 원하시는 일을 실행할 수밖에 없습니다. 우리 베네치아 사람은, 베네치아라는 가장 위대하고 아름다운 도시가 바라는 것, 그것이 바로 신이 원하시는 것과 같다고 생각해야 하지 않을까요."

카테리나는 눈물을 흘리면서 듣고 있다가 겨우 이렇게 중얼거렸다.

"네가 그렇게 생각한다면, 나도 너와 똑같이 생각하도록 노력하마. 하지만 베네치아공화국이 이 왕국을 받는 건 내 의지에서 나온 게 아니라 네가 힘쓴 덕택일 거야."

카테리나는 이렇게만 말하고, 여러 가지 준비를 해야 한다면서 자리에서 일어났다. 몹시 피곤했다. 오랜만에 동생을 만났다는 반가움은 전혀 없었다.

그로부터 한 달 동안 카테리나는 몹시 바쁘게 지냈다. 그녀는 키프로스의 주요 도시들을 일일이 돌아다녀야 했다. 키프로스가 카테리나 여왕의 자유의사에 따라 공화국에 양도된다는 것을 섬 주민들에게 알리기 위해서였다. 그녀는 과거에 이집트 술탄한테서 선물받은 담비 털가죽 가운을 입고, 프리울리 제독과 함께 그녀에게 부과된 여왕으로서의 마지막 의식을 치러냈다. 니코시아, 셀리나스, 리마솔…… 그녀는 왕관을 쓰고 이런 도시들에 입성하여, 광장에서 키프로스 왕가인 뤼시냥 가문의 깃발을 내리고 그 대신 베네치아공화국의 깃발을 올리는 의식에 제독과 나란히 참석해야 했다. 의식이 끝난 뒤 도시를 떠나는 카테리나의 머리 위에서는 이미 왕관이 벗겨져 있었다.

2월 26일, 마지막 의식이 파마구스타에서 거행되었다. 이날 카테리나는 상복을 연상시키는 검은색 공단 드레스를 입고 있었다. 그녀가 앉은 왕좌 앞에서, 옥색 바탕에 은빛 줄무늬와 사자 도안이 새겨진 뤼시냥 왕가의 깃발이 내려졌다. 그리고 붉은색 바탕에 금실로 성 마르코의 사자를 수놓은 깃발이 항구가 내려다보이는 하늘에 높이 내걸렸다. 그 순간, 항구에 정박해 있는 배들에서 잇달아 축포가 터졌다. 의식은 이것으로 모두 끝났다. 키프로스 섬은 이때부터 베네치아공화국의 한 지방 행정구역이 되었다.

그로부터 보름 뒤, 카테리나는 영원히 키프로스를 떠났다. 18세 때 왕비로 이 섬에 온 이후, 어느덧 17년이 지나 있었다.

귀향

6월이 되면 아드리아 해는 달마티아(오늘날의 크로아티아와 몬테네그로의 일부)의 산지에서 불어오는 바람으로 가득 찬다. 따라서 아드리아 해를 지나 베네치아로 오는 배는 가을보다 속도가 느려지는 것이 보통이다. 카테리나를 태운 배가 오랜 항해 끝에 베네치아의 리도에 도착한 것은 키프로스를 떠난 지 석 달 뒤인 6월 6일이었다. 리도 항구에는 통령 보좌관이 마중나와 있었다. 보좌관은 내일 아침에 통령을 비롯한 정부 고관들이 리도로 와서 베네치아까지 모시고 가기로 되어 있으니까, 오늘 하룻밤은 리도의 산 니콜로 수녀원에서 휴식을 취하라고 카테리나에게 전했다. 통령이 리도까지 영접을 나오는 것은 국빈 대우였다. 카테리나는 옛날 키프로스로 떠나기 전에 4년을 보낸 산 니콜로 수녀원에서 17년 만에 돌아온 베네치아에서의 첫날밤을 맞았다.

이튿날, 바다는 좀 거칠었다. 그러나 베네치아의 초여름 하늘은 끝없이 푸르렀고, 산 마르코 사원 앞의 깃대 위에 내걸린 붉은색과 황금색의 베네치아공화국 깃발은 바다에서 불어오는 바람에 힘차게 나부끼고 있었다. 그렇게 넓은 산 마르코 광장도, 선착장 부근의 작은 광장도 인파로 가득 차 있었다. 주변 건물들의 주랑도 광장에서 넘쳐난 군중으로 발 디딜 틈이 없을 지경이었다. 키프로스 여왕 카테리나가 도착하는 모습을 보려고 모여든 군중이었다.

종이 울리기 시작했다. 종루에서, 시계탑에서, 맑은 종소리가 베네치아의 초여름 하늘 가득히 울려 퍼지기 시작했다. 그 순간, 항구 왼쪽에 늘어서 있는 군선들이 일제히 예포를 쏘았다. 여왕이 도착한 것이다.

황금색과 붉은색으로 장식된 '부친토르'(통령 전용선)가 곧장 산 마르코 선착장으로 다가오고 있었다. 길이 34미터, 너비 7미터, 높이 8미터인 이 갤리선은 선체가 황금으로 칠해지고, 갑판에는 붉은색 비로드 천막이 쳐져 있었다. 뱃머리에는 성 마르코의 사자를 수놓은 베

베네치아공화국 국기

네치아공화국 깃발이 펄럭이고, 옆구리에서 좌우 21개씩 뻗어나온 황금빛 노에는 그 하나마다 노잡이들이 네 명씩 달라붙어 율동적으로 물을 가르고 있었다.

이 갤리선의 천막 안에는 카테리나가 아고스티노 바르바리고 통령과 나란히 앉아 있었다. 그 주위에는 영부인을 비롯한 베네치아 명문 귀족의 부인들이 제각기 화려한 의상을 다투며 앉아 있고, 그 바깥쪽에는 공화국 정부 고관들이 앉아 있었다. 이 호화로운 선박 주위에는 역시 화려하게 치장한 곤돌라들이 부채꼴을 이룬 채 선착장으로 다가가고 있었다. 이날 리도에서 베네치아까지 카테리나를 수행한 일행은 귀족 부인 100명, 고관 및 명문 귀족이 100명이었다고 당시 기록은 전하고 있다.

산 마르코 선착장에 도착한 '부친토르'에서 내려선 카테리나는 거기에 모여 대기하고 있던 베네치아 귀족들의 영접을 받았다. 그녀는 가슴을 깊이 판 검은색 비로드 드레스를 입고, 키프로스 관습에 따라 머리에 하얀 베일을 쓰고 있었다. 얼굴을 가린 베일이 세차게 불어오는 해풍에 날아가는 것을 머리에 쓴 키프로스 왕관이 겨우 막아주고 있었다.

카테리나 코르나로 343

카테리나와 통령을 앞세운 행렬은 두칼레 궁을 오른쪽으로 보면서 작은 광장(피아첸타)을 빠져나간 다음, 산 마르코 광장(피아차)으로 들어섰다. 일행은 여기서 걸음을 멈추었다. 산 마르코 사원 정면에서 환영식을 거행하기 위해서였다. 환영식 도중에 통령은 공화국을 위해 공을 세웠다는 이유로 카테리나의 동생 조르조 코르나로에게 '산 마르코의 기사'(카발리에레 데이 산 마르코) 작위를 수여했다.

환영식이 끝난 뒤 일행은 산 마르코 사원 안으로 들어갔다. 그리고 양도식이 시작되었다. 카테리나가 미리 작성된 증서를 낭독했다. 키프로스 여왕 카테리나는 커다란 기쁨과 함께 키프로스왕국을 베네치아공화국에 바친다는 내용이었다. 이어서 통령이 일어나 카테리나 여왕의 사려깊은 결단과 베네치아에 대한 그녀의 조국애를 치하하고, 마지막으로 키프로스왕국을 선물한 카테리나에게 감사의 뜻을 표했다. 이어서 카테리나와 통령은 키프로스 양도증서에 제각기 서명했다. 이 일을 마친 카테리나는 제단 앞으로 걸어나갔다. 통령도 그 뒤를 따랐다. 카테리나가 두 손을 올려 머리 위에서 왕관을 내렸다. 그러고는 왕관을 받쳐든 두 손을 그대로 통령에게 내밀었다. 그 순간, 그 자리에 참석한 사람들은 카테리나의 드레스 소매에서 물결처럼 흘러넘친 하얀 레이스가 어두컴컴한 사원 안에서 황금빛으로 어렴풋이 빛나는 것을 보았다. 통령이 왕관을 받아드는 것으로 의식은 끝났다.

그후 사흘 동안 그녀는 공화국 국빈으로서, 당시 베네치아공화국을 방문하는 국빈들의 숙소로 쓰인 페라라 공작 저택에 머물게 되었다. 이 저택은 1621년 이후에는 터키 상인들의 숙소인 '폰다코 데이 투르키'가 되었고, 오늘날에도 그렇게 불리고 있다. 그 사흘 동안은

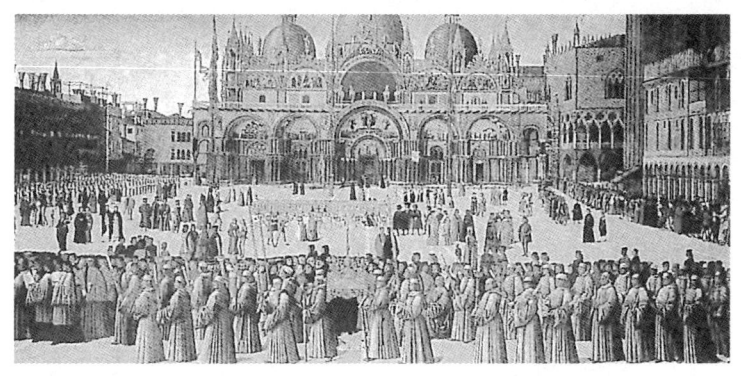
젠틸레 벨리니가 그린 「산 마르코 광장을 지나가는 십자가 행렬」

밤낮으로 연회와 무도회가 계속되어, 그녀는 잠시도 쉴 틈이 없었다. 이런 가운데 자신이 조금씩 키프로스를 잊어가고 있다는 것을 카테리나는 아직 깨닫지 못했다. 그저 베네치아의 화려함을 기분좋게 느꼈을 뿐이다. 모든 사람에게 '여왕 마마'(레지나)라고 불리면서, 그 화려함의 중심에 놓여 있었기 때문이기도 했다. 작위를 갖지 못한 베네치아 귀족 여자들 틈에서 오직 그녀만은 어떤 형태로든 여왕이었기 때문이다.

페라라 공작 저택에서 사흘 동안 국빈 생활을 마치고, 카테리나는 동생 조르조의 집으로 옮기게 되었다. 아버지가 돌아가신 뒤, 조르조는 산 폴로에 있는 집을 떠나 대운하 옆에 있는 산 카시아노의 저택에서 살고 있었다. 이 집은 그때부터 오늘날까지 코르나로 여왕 저택이라고 불리게 되었다. 페라라 공작 저택에서는 리알토 다리를 향해 하류 쪽으로 조금 내려간 곳에 있었다. 대운하를 사이에 두고 맞은편에는 '카 도로'(황금 저택)의 아름다운 모양이 바라다보였다.

베네치아에 온 지 보름째 되는 6월 20일, 바르바리고 통령이 보낸 사절이 카테리나를 찾아왔다. 사절은 증서 한 장을 가져왔는데, 거기에는 그녀의 장래에 관해 공화국 정부가 결정하고 통령이 승인한 사항이 적혀 있었다. 그녀는 평생 동안 아솔로 영주의 지위를 가질 수 있고, 그곳에서 나오는 수익금 가운데 해마다 8천 두카토의 연금을 보장받게 된다는 것. 또한 뤼시냥 왕가에 대대로 내려온 칭호는 그대로 사용해도 좋다는 것. 따라서 앞으로도 '키프로스·아르메니아·예루살렘의 여왕'이라고 칭해도 좋고, 거기에 '아솔로의 시뇨라(여주인)'라는 칭호가 새로 덧붙게 된다는 것. 카테리나의 제2의 인생은 이렇게 결정되었다.

그러나 이 결정에는 그럴싸한 겉보기와는 다른 내막이 있었다. 우선 아솔로 영주는 빛좋은 개살구에 지나지 않았다. 지위를 세습할 수 없기 때문이다. 게다가 아솔로에는 종전대로 베네치아 행정관이 배치되고, 수비병도 베네치아 소속이다. 뿐만 아니라 그들에게는 새로운 임무, 즉 카테리나의 신변을 감시하는 임무가 추가로 주어졌다. 베네치아에 합병된 키프로스 주민들이 독립을 되찾기 위해 음모를 꾸밀 명분을 주지 않기 위해서였다. 그들과 '연금되어 있는 키프로스 여왕'의 연락을 차단하는 것, 이것이 베네치아의 진짜 목적이었다.

또한 연금을 8천 두카토로 못박은 데에도 내막이 있었다. 증서에는 아솔로에서 나오는 수익금이 적을 경우에도 그 액수를 보장하기 위해서라고 되어 있지만, 수익금이 그보다 적었던 적은 일찍이 한번도 없었다. 베네치아의 속셈은 그러므로 카테리나가 재정적으로 지나치게 풍요로워지지 않도록 제동을 거는 데 있었다. 해마다 나오는 연금은 그해 말까지 다 소비되도록 베네치아가 조처하고 있었다는 증거도 있다.

공화국은 겉보기에는 그녀에게 상당한 배려를 해준 것처럼 보인다. 그러나 카테리나의 실제 처지는 아름다운 고지대 아솔로—베네치아에서 50킬로미터밖에 떨어져 있지 않아 충분히 감시할 수 있는 거리에 있었다——에 연금된 화려한 포로 생활이었다. 그런데도 카테리나 자신은 이런 내막을 깨닫지도 못했고, 설령 깨달았다 해도 그런 데 관심을 가질 여자도 아니었다. 그녀는 '키프로스·예루살렘·아르메니아의 여왕, 아솔로의 여주인 카테리나'라고 즐겁게 서명했다.

여기서 카테리나가 떠난 뒤의 키프로스에 대해 간략하게 써두고자 한다. 후세 역사가들은 이 시기를 키프로스에 대한 베네치아 통치의 제2기로 보고 있다.

베네치아는 키프로스의 초대 총독으로 바르다살레 트레비사니를 보냈다. 그리고 그 밑에 7명의 행정관을 두었다. 베네치아 치하에서 키프로스의 경제 상태는 많이 나아진 모양이다. 음모나 반란도 거의 일어나지 않았다.

베네치아는 이렇게 키프로스의 내정에는 성공했지만, 섬 밖의 레반트 해역에서 터키 세력이 커지는 상황을 타개할 방법은 갖지 못했다. 카테리나가 키프로스를 베네치아에 넘겨준 지 약 100년 뒤, 터키는 마침내 키프로스에 대한 야욕을 드러냈다. 1570년 7월 24일부터 이듬해 8월 16일까지, 역사상 '파마구스타 공방전'으로 알려진 전쟁이 벌어졌다. 전쟁은 비참했다. 방어하는 키프로스-베네치아 군대가 4천 명인 반면에 공격하는 터키 군대는 무려 7만 5천 명. 패배한 수비군은 전멸하고 아녀자들까지도 몰살당했다. 수비대장 마칸토니오 브라가딘은 끝내 투항을 거부했기 때문에 산 채로 껍질이 벗겨졌고, 그 껍질은 터키 술탄에게 전리품으로 헌상되었다. 이로써 기독교 국가로서 오랜 역사를 가진 키프로스는 터키제국의 지배 아래 들어가고 말았다.

셰익스피어의 명작 『오셀로』는 베네치아 통치의 제2기에 들어가 있던 무렵의 키프로스를 무대로 하고 있다. 1508년에 크레타 총독인 크리스토포로 모로가 키프로스에서 크레타 섬으로 돌아가는 배에서 아내를 죽였다는 기록이 사누도의 『일지』에 남아 있다. 셰익스피어의 주인공 오셀로는 흑인(무어인)인데, '모로' 라는 이름은 흑인이나 피부가 검은 사람이라는 의미도 갖고 있다. 바다를 삶의 터전으로 삼았던 베네치아 사람들은 적어도 해군만은 자기 나라의 귀족들로 구성했다. 해군 제독은 비상 권한을 가진 명예로운 직위였고, 퇴역한 뒤에는 공화국 통령이 된 경우도 많다. 이것은 식민지 총독도 마찬가지다. 외국인이나 흑인이 식민지 총독이 된다는 것은 거의 불가능한 일이다. 그런데도 셰익스피어가 주인공을 흑인으로 설정한 것은 무엇 때문일까. 단순히 이름으로 쓰인 '모로' 를 정말 흑인을 뜻하는 것으로 믿었기 때문일까, 아니면 진상을 알고 있으면서도 일부러 베네치아라는 이국적 정취를 더욱 강조하기 위해서 그런 것일까. 어느 쪽이 사실인지는 알 수 없다.

어쨌든 키프로스를 터키에 빼앗긴 것은 베네치아에는 뼈아픈 손실이었다. 5세기가 넘도록 레반트 해역만이 아니라 지중해 전역의 제해권을 장악하고 있던 베네치아공화국의 세력은 그후 요란한 소리를 내며 무너져내렸다. 그리고 1645년부터 1669년까지 24년 동안, 1억 2천만 두카토(약 5조 5천억 원)의 비용을 쏟아붓고 10만 명의 사망자를 내면서까지 지키려고 애쓴 크레타 섬도 결국은 터키에 빼앗겼다. 이 크레타 공방전의 패배로 베네치아는 지중해의 패권을 터키에게 넘겨준 셈이다. 신항로를 발견한 에스파냐와 포르투갈의 해양 진출도 베네치아의 쇠퇴에 조금은 영향을 주었지만, 베네치아가 쇠퇴한 진정한 원인과 진정한 적은 터키제국이었다고 말할 수 있다. 그래서 터키의 위협을 물리치는 데 전력을 기울이고 있던 베네치아공화국은 바다에 관해서는 세계 제일의 선진국이면서도, 당시 후진국이라기보다는 신흥국이었던 에스파냐와 포르투갈에 신세계 진출의 영예를 허용하고 말았다.

시인 바이런은 나중에 이 크레타 공방전을 베네치아의 '일리아드'라고 노래했다. 파마구스타 공방전의 비참한 종말도 시인의 아름다운 시의 소재가 되는 상황에서는 베네치아의 세력도 끝장이다. 외국 시인이 시로 노래한 것은 좋을지 모르나, 베네치아 사람들도 이 2대 공방전의 아름다운 최후에 눈물을 흘렸다. 키프로스를 교묘한 책략으로 획득한 베네치아의 그 현실적인 합리적 정신은 어디로 가버렸을까.

같은 무렵 베네치아에 머물고 있던 프랑스 사람 조느망 뒤베레는, 베네치아에서 가장 성대한 축제이자 베네치아가 바다에서 떨치고 있는 세력을 과시하는 축제인 '센사'(바다의 여신과 통령의 혼례식)를 보면서, 빈정거리는 투로 이런 글을 남겼다.

"Ces vieux coquz vont épouser la mer. Dont ils sont les maris, et les Turcs l'adultère." (이 늙은 수컷들은 바다와 결혼하려 든다. 그들은 바다의 남편이지만, 바다는 터키 사람들과 간통을 저지르고 있다.)

종말

여자들 중에는 어떤 고통이나 비애를 겪어도 그것이 조금도 그늘을 드리우지 않는 사람이 있다. 애써 그것을 극복하고 겉으로 내색하지 않으려 하는 것은 아니다. 그렇다고 해서 그 고통과 비애를 가슴 속에 담아두고 도약의 발판으로 삼으려 하는 것도 아니다. 고통이나 비애는 저절로 아주 자연스럽게 그녀들한테서 떠나간다. 마치 운명의 여신이 그녀들한테는 평소의 전의를 잃어버리는 것 같다. 이런 여자는 가장 행복한 여자다. 그리고 남자들에게는 가장 이상적인 여자이기도 하다.

아솔로 시절의 카테리나만 알고 있는 사람은 이 우아하고 쾌활한 부인이 키프로스 여왕으로 있던 15년 동안 온갖 음모와 반란에 대한 공포 속에서 살아온 바로 그 여자라고는 도저히 믿을 수 없었을 것이다. 12명의 시녀, 80명의 귀족에게 둘러싸인 카테리나는 그 작은 궁정의 중심에서 화려한 나날을 즐기고 있었다. 아솔로는 모든 의미에서 키프로스와는 달랐다. 메마른 공기와 강렬한 태양, 지중해에서 불어오는 부드러운 바람, 명암이 뚜렷한 풍경…… 이런 것들을 특징으로 가진 키프로스에 비해 이탈리아 북부의 고지대에 위치한 아솔로는 브렌타 강과 피아베 강 사이에 끼여 있고, 맑은 공기와 푸르른 초목이 아름답게 펼쳐진 곳이다. 키프로스는 17세기까지 유럽에서 오늘날의 샴페인 같은 지위를 차지하고 있던 향기로운 포도주를 생산했지만, 아솔로 부근은 강렬한 향기가 없는 브랜디인 그라파의 산지로 유명하다.

카테리나는 이 아솔로에서 생애의 마지막 21년을 보냈다. 그녀에게는 이 작은 궁정(코르테)이 즐겁고 화려하기만 하면 충분했다. 이사벨라 데스테처럼 예술적 분위기를 추구하는 욕심도 없었기 때문이다. 그래서 손님도 까다롭게 고르지 않고, 찾아오는 사람이면 누구나 환영했다. 손님의 발길이 뜸해지면 그녀가 직접 베네치아까지 사람을 만나러 가기도 했다. 베네치아공화국도 중요한 연회를 베풀 때는 반드시 그녀를 초대했다. 그리고 그런 기회에는 카테리나를 위해 가장 좋은 자리를 마련해주었다.

카테리나 스포르차가 남편(지롤라모 리아리오)과 함께 베네치아를 방문한 것은 1481년이었으니까, 그때 카테리나 코르나로는 아직 키프로스에 있었지만, 1493년에 밀라노 공작부인 베아트리체 데스테가, 그리고 1502년에 이사벨라 데스테가 베네치아를 방문했을 때 열린 연회에는 카테리나 코르나로도 참석했다.

그녀는 베네치아에서 열린 종교 행사에도 얼굴을 내밀었는데, 이것은 오늘날 베네치아의 아카데미아에 장식되어 있는 젠틸레 벨리니의 1500년도 작품 「십자가의 기적」에 당시 46세의 카테리나 코르나로가 노추한 모습을 드러내고 있는 것으로도 증명할 수 있다. 요컨대 그녀는 어디에나 얼굴을 내밀고 있었던 셈이다.

키프로스에서 베네치아에 도착했을 때 받은 국빈급 환영, 아솔로 영지, 그후 베네치아에서 연회가 열릴 때마다 제공되는 상석, 이런 것들을 카테리나는 자신에 대한 경의의 표시라고 굳게 믿고 있었다. 키프로스 합병이 집정에 지친 카테리나 여왕의 자발적인 양도라는 것을 세간에 보이기 위해서는, 그리고 합병한 키프로스를 원활하게 통치하기 위해서는 카테리나에게 이처럼 화려한 생활을 보장하는 편이 유리하다고 판단한 베네치아의 참뜻을 그녀는 알지 못했다.

아솔로의 카테리나 궁정이 그후의 역사에 조금이라도 남아 있는 것은 시인인 피에트로 벰보 덕이다. 카테리나의 친척이기도 한 벰보는 그의 연애론이라고 할 수 있는 『리 아솔라니』(아솔로 사람들)를 카테리나의 궁정에서 썼다.

이 작품은 아솔로에서 열린 어느 시녀의 결혼 피로연에서 3명의 귀족과 3명의 시녀가 사랑에 대해 대화를 나누는 형식을 취하고 있다. 여왕도 참석했다고 되어 있지만, 그녀는 아무 발언도 하지 않는다. 이 사교적 대화는 3부로 나뉘어 있다. (1) 어떤 사랑이 옳고 어떤 사랑이 그른가. (2) 여자와 파멸, 사랑과 고통. (3) 관능적인 사랑과 정신적인 사랑에 관하여. 그리고 올바른 사랑은 아름다움에 대한 끝없는 갈망이고, 그것은 신 앞에서 신성하며 영원불멸하므로 정신적인 사랑이야말로 지고하다고 결론짓고 있다.

하지만 이 미남 시인은 당대 최고의 미녀나 교양있는 상류층 부인들을 모두 친구로 삼고, 저 악명 높은 루크레치아 보르자의 애인이 될 정도로 용기도 있을 뿐더러, 나중에는 세 아이까지 낳고도 타고난 사교적 수완으로 추기경 자리에 오른 인물이다. 그의 이같은 생애는 상당히 흥미롭지만, 자신의 실제 생활과는 정반대의 내용이 담긴 그의 글, 특히 『리 아솔라니』는 진부하다고밖에 말할 수 없는 사교계의 산물이다. 그래도 당시 카테리나의 주변 상황을 알려주는 자료는 된다. 그리고 이 작품은 카테리나가 아니라 시인의 옛 애인인 루크레치아 보르자에게 바쳐졌다.

1510년 7월 10일, 두칼레 궁에서는 각의(閣議)가 열리고 있었다. 통령은 류머티즘 때문에 회의에 참석하지 못했다. 이 자리에 산 마르코 사원의 행정관인 조르조 코르나로의 대리인으로 바티스타 모로시니와 루이지 말리피에로 및 검찰총장 니콜로 돌핀 등 세 사람이 모두 검은색 망토를 걸치고 참석하여 발언권을 요구했다. 발언을 허락받은 그들은 조르조의 누나인 키프로스 여왕 카테리나가 사흘 동안 복통을 앓은 끝에 오늘 새벽 네 시에 56세를 일기로 세상을 떠났다고 말했다. 그들은 이 사실을 알리기 위해 각의에 참석한 것이다. 통령이 회의에 참석하지 않았기 때문에 평의원인 루이지 프리울리가 각료 전체를 대표하여 여왕의 죽음을 애도한다고 말했다. 이어서 각의는 타계한 여왕을 위해 산 마르코 사원의 종을 12번 타종하기로 결의했다.

같은 날 오후, 원로원에도 카테리나의 죽음이 알려졌다. 원로원은 카테리나의 장례와 관련하여 다음과 같이 결의했다. 장례식은 이틀 뒤인 12일에 조르조 코르나로를 상주로 하여 치른다는 것. 장례식에는 모든 각료와 원로원 의원, 베네치아 대주교를 비롯한 모든 주교들, 그밖에 귀족들도 되도록 많이 참석할 것.

  그날 밤, 아니 아직도 밤깊은 이튿날 새벽에, 베네치아에는 "달걀 만한 우박이 공중에서 불을 뿜을 만큼 무시무시한 태풍이 몰아쳤다." (사누도) 그 세찬 비바람 속을 뚫고, 프란체스코 수도회의 수녀복을 입힌 카테리나의 유해가 하룻밤의 경야(經夜)를 치르기 위해 산 카시아노 성당으로 운구되고 있었다. 망자의 시신이 들어 있는 관 옆에는 십자가와 촛대를 각각 받쳐든 복사(服事) 소년 두 명과 수도사 두 명이 따르고 있을 뿐이었다. 일가붙이는 아무도 따라가지 않았다. 동생 조르조의 저택에서 성당까지는 샛길로 50미터도 채 안되는 짧은 거리였다. 게다가 그 길은 양팔을 벌리면 손끝이 닿을 정도였다. 이 비좁은 샛길을 초라한 운구 행렬이 서둘러 빠져나갔다. 비바람 때문에 촛불은 집에서 나오자마자 꺼져버렸다. 수도사들이 황망히 읊조리는 기도 소리와 길모퉁이에 관이 부딪치는 소리만이 칠흑같은 어둠 속에서 비바람 소리를 뚫고 들려왔다. 산 카시아노 성당에 도착하자, 물에 빠진 생쥐 꼴이 된 수도사와 소년들, 그리고 관을 날라온 두 인부도 관을 거기에 놓아둔 채 모습을 감추어버렸다. 성당 밖에 나와 관을 맞이한 성당측 사람들은 친척도 정부 관계자도 동행하지 않은 것을 보고는, 역시 어딘가로 사라져버렸다. 넓은 성당의 텅 빈 어둠 속에 그녀의 관만 혼자 외롭게 내팽개쳐져 있었다.

  이튿날 아침, 카테리나의 시신이 담긴 관은 하룻밤을 보낸 산 카시아노 성당에서 장례식이 열릴 산 티아포스톨리 성당으로 떠났다. 장례 행렬의 선두에는 커다란 십자가를 받쳐든 베네치아 대주교, 스팔라토 대주교, 펠트레 주교, 모체니고 수도원장 등 베네치아 종교계의 고위 성직자들이 저마다 눈부시게 장식한 예복을 입고 걸어갔다. 성가대가 찬송가를 부르면서 그 뒤를 따라갔다. 하인 몇 명이 조심스럽게 받쳐든 관 뒤에는 상주인 조르조 코르나로와 통령 대리인이 나란히 걸어가고, 마지막으로 코르나로 집안 사람들과 친척들, 베네치아 귀족들이 긴 꼬리를 이루고 있었다. 관은 금장식으로 가장자리를 두른 검은색 비로드로 덮여 있고, 20년 전에 카테리나가 키프로스왕국을 양도한 이래 산 마르코 사원에 보물로 보관되어 있던 키프로스 왕관이 오늘만은 보관실에서 나와 관 위에 놓여 있었다.

이 화려하고 엄숙한 장례 행렬을 대운하 맞은편의 산타 소피아로 옮기기 위해, 운하에 작은 배들을 나란히 늘어놓고 그 위에 널빤지를 얹은 임시 다리가 만들어졌다. 장례 행렬은 그 다리 위를 천천히 건너갔다. 여기서부터는 베네치아에 있는 모든 종파의 수도사와 수녀들도 행렬에 참여하여, 그들이 가져온 헤아릴 수 없이 많은 촛불과 횃불들이 아침의 운하에 변덕스러운 불빛을 던지고 있었다.

장례식이 열릴 산 티아포스톨리 성당 안에는 특별히 제단이 만들어져 있었다. 관은 그 위에 안치되었다. 장례 행렬을 따라 여기까지 온 사람들이 모두 자리에 앉았다. 장례식은 베네치아 대주교가 집전했고, 『베네치아 역사』의 저자인 안드레아 나바젤로가 조사를 읽었다. 이것으로 장례식은 끝나고, 참석자들은 뿔뿔이 흩어져 떠났다.

멋진 위선이다. 게다가 철저한 위선이다. 카테리나 코르나로의 일생은 이 베네치아의 위선에 휘둘리고 장식되었다. 위선은 그 위선을 자각하지 못하는 사람이 저지르면 아무 도움도 되지 않을 뿐더러 고

약한 악취로 사람들을 해친다. 그러나 자신의 위선을 충분히 자각하고 있는 사람의 위선은 효과가 있을 뿐만 아니라 예술적인 아름다움마저 지닌다. 르네상스 시대의 베네치아 사람들의 이 강인한 정신은 지금은 단지 지중해 하늘에 울려퍼지는 너털웃음, 자유로운 정신과 날카로운 감수성을 가진 인간만이 들을 수 있는 드높은 웃음소리로만 남아 있을 뿐이다.

후기

1966년 11월의 일이다. 아르노 강의 범람으로 피렌체 시에 물난리가 났다. 폭우 때문에 물이 불어난 산에서 내려오는 홍수와 밀물 때문에 바다에서 올라오는 역류가 피렌체 시내의 베키오 다리 근처에서 마주치는 바람에, 탁류가 둑방 위로 넘쳐흘러 시가지를 덮친 것이다.

내가 로마를 떠나 피렌체에 도착한 것은 그로부터 사흘 뒤였다. 물은 이미 빠져 있었지만, 흙탕물과 함께 흘러나온 중유(重油)가 건물 벽에 5미터 높이까지 시커먼 흔적을 남겨놓아 홍수가 얼마나 굉장했는가를 여실히 보여주고 있었다. 냄새도 지독했고, 시내에서 먹을 수 있는 따뜻한 음식이라고는 커피뿐이었다. 그런 와중에 많은 학생들이 미술품을 대피시키거나 진창 속에 파묻힌 고문서를 구해내느라 바쁘게 움직이고 있었다.

나는 프레비타리 교수가 지도하는 국립 고문서관 담당반에 들어갔다. 여학생이 많이 있는 반이었는데, 대부분은 미국인이었다. 우리는 진창 속에 파묻힌 수많은 고문서들을 파내어 필사본과 인쇄본으로 분류한 다음, 한 장씩 정성껏 씻어서 사이사이에 흡수지를 끼워넣는 작업을 하게 되었다.

작업은 날마다 계속되었다. '르네상스의 여인들'을 테마로 한 이 책을 쓰기 위해서는 공부를 어떤 식으로 해야 할 것인가를 깨닫게 된 것은 바로 그 작업을 하고 있을 때였다. 현대에 저술된 역사서만 읽는 것은 쉽다. 하지만 그것은 영어나 독일어나 프랑스어로 씌어진 이탈리아 르네상스의 역사서를 읽는 것과 별차이가 없다. 어떻게 하면 후세의 세례를 받지 않고 그 시대에 바짝 다가갈 수 있을 것인가. 그러기 위해서는 되도록 많은 원자료를 읽는 수밖에 없다고 생각하게 된 것이다.

그때로부터 벌써 2년 반의 세월이 지났다. 그동안 끊임없이 따뜻한 격려와 조언을 해주신 '중앙공론사'(中央公論社)의 편집장 가스야 씨와 편집부의 가타이쓰라 씨에게 진심으로 감사드리고 싶다.

또한 나를 자주 만나주시고, 그때마다 귀중한 충고의 말씀을 해주신 하야시 다쓰오 선생님. 후지사와 선생님 댁을 찾아갔다가 돌아오는 길이면 나는 나 자신의 무능함을 절실히 깨달으면서도 온몸이 떨리는 듯한 일종의 전율을 느끼곤 했다.

하기하라 씨에 대한 고마움도 잊을 수 없다. 자신의 저술 경험을 토대로 조언을 해주신 하기하라 씨는 "역사가에게도 허용된 상상이 있다"고 말씀하셨다. 이 말씀은 내가 글을 쓰고 있는 동안 줄곧 멀리서 들리는 천둥소리처럼 내 머릿속에서 울리고 있었다.

이탈리아에서 공부할 때에도 많은 분들의 도움을 받았다. 몬레알레 추기경과 베론치 여사를 비롯한 이탈리아 친구들의 이름을 들자면 한이 없다. 그래서 한 분의 이름만 쓰기로 하겠다. 주세페 시모네 씨에게 깊은 고마움을 보낸다.

끝으로, 출판부의 이노우에 씨와 곤도 씨에게도 깊은 감사를 드리고 싶다. 이 책을 출판하느라 여러 가지로 수고가 많았을 것이다.

1969년 3월 1일 도쿄에서
시오노 나나미

『르네상스의 여인들』 창작 뒷이야기

―언젠가 시오노 씨는 "쓰고 싶은 것만 써왔다"고 말씀하신 적이 있습니다. 데뷔작인 『르네상스의 여인들』도 그렇습니까?

■ 아니에요. 이 책만은 남이 쓰라고 해서 썼어요. 그것도 순전히 우연하게.

어느 맑은 날 이른 아침에, 로마에 있는 우리 집 전화가 요란하게 울렸어요. 파리에 살고 있던 친구 하나와 요시히코(塙嘉彦) 씨한테서 걸려온 전화였는데, 파리 공항에서 걸고 있다는 거예요. 그가 하는 말이, 중앙공론사(中央公論社)의 가스야(粕谷)라는 동료가 지금 로마로 떠났는데, 어젯밤에 과음을 해서 예정된 비행기를 놓치고 다음 비행기를 탔다, 로마 공항에 마중을 나오기로 되어 있는 NHK 특파원한테 연락하려 해도 전화번호를 모른다, 그러니 당신이 대신 마중을 나가줄 수 없느냐는 거예요. 그 무렵 나는 다른 건 몰라도 시간만은 주체하기 힘들 만큼 많았기 때문에 좋다고 대답하긴 했지만, 나는 그 가스야라는 사람을 몰라요. 그래서 어떻게 하면 그를 알아볼 수 있겠느냐고 물었더니, 하나와 씨의 대답이, 가장 일본인다운 일본인을 찾으라는 거예요. 세상에 그렇게 아리송한 대답이 어디 있겠어요.

하지만 파리에서 로마까지는 한 시간 반밖에 안 걸려요. 서둘러 나갈 준비를 했지만, 레오나르도 다 빈치 공항까지 택시를 타고 갈 돈이 없는 거예요. 1달러가 360엔 하던 시절이었죠. 그래서 로마 도심에 있는 외국인 기자 클럽에 가서, 그곳에 모여 있는 기자들한테 공항까지 드라이브하고 싶은 사람 없느냐고 물어봤죠. 그랬더니 『르 몽드』의 특파원인가 하는 사람이 좋다는 거예요. 그래서 그 사람 차로 공항까지 달렸어요. 내가 공항에 도착한 것과 '에어 프랑스' 기가 활주로에 착륙한 게 거의 동시였어요.

마중을 나왔다 해도 얼굴을 모르니까, 세관을 통해 나올 때 붙잡을 수는 없어요. 비슷한 시간에 도착하는 다른 비행기 승객들도 한데 뒤섞여 나오는 것이 세관이니까요. 그래서 '르 몽드' 씨와 함께 그 사람의 기자증으로 공항 안에 들어가서, 비행기에서 내려 게이트로 올라오는 길목에서 기다렸어요. 그 비행기에는 일본인이 두 사람 타고 있었고, 게다가 둘 다 남자예요. 그 중에서 어쨌든 일본인다운 일본인이라면 저 사람이다 짐작하고 말을 걸었죠. 가스야 씨입니까 하고.

가스야 씨가 깜짝 놀란 표정을 짓더군요. 하나와 씨는 가스야 씨가 탄 비행기가 떠난 뒤에 나한테 전화를 걸었으니까, 가스야 씨는 아무것도 몰랐겠죠. 그런데 험상궂게 생긴 서양 남자를 거느린 일본 여자가 느닷없이 불러 세웠으니, 깜짝 놀란 것도 당연하죠. 나는 어쨌든, 그런 건 상관하지 않고, '르 몽드' 씨의 기자증 덕분에 세관도 무사통과하고, 공항 현관 앞에 놓아둔 차에 태운 다음, 숙소가 어디냐고 물었더니 사보이 호텔이래요. 그래서 곧장 로마 시내로 가서 호텔까지 데려다주었어요.

그후 사흘 동안, 어쨌든 시간만은 남아도니까 가스야 씨의 가이드 역을 맡았죠. 그러다가 마지막 날 가스야 씨가 묻는 거예요. 대학에서는 뭘 공부했냐고. 철학과에 다녔고, 졸업논문 주제는 르네상스 미술사였다고 대답했더니, 『르네상스의 여인들』이라는 제목으로 100매쯤 (일본에서는 400자 원고지를 쓴다. 그러니 우리가 쓰는 200자 원고지로는 200매인 셈이다 — 옮긴이) 써보지 않겠느냐는 거예요.

——가스야 씨는 머릿속에서 무언가 번득이는 것이 있었나 보죠?

■ 글쎄요. 아마 그런 건 없었을 거예요. 가스야 씨가 나중에 쓴 걸 보니까, 건방진 여자애라서 그만 직업의식을 드러냈다고 되어 있었으니까요. 가스야 씨는 귀국하면 『중앙공론』 편집장이 되기로 결정되어 있었고, 그 때문에 미국과 유럽을 순회하고 있었어요. 그래서 만나는

일본인한테는 거의 다 글을 써보라고 권했던 것 같아요. 그 유혹에 넘어간 사람이, 미국에서는 당시 시카고 대학 교수였고 지금은 하버드에서 가르치고 있는 이리에 아키라(入江昭) 씨였고, 유럽에서는 나였나 봐요. 귀국했을 때 만나보고 알았는데, 가스야라는 편집자는 편견 없이 누구하고나 만나는 사람이었어요. 그리고 상대방 이야기를 잘 듣죠. 다 듣고 나면 이렇게 말해요. 그거 참 재미있군요, 글로 써보시지 않겠습니까. 그 무렵의 『중앙공론』은 명실공히 일본의 '오피니언 리더'였대요. 잡지에 아무리 좋은 글이 실려도 독자가 적으면 영향력을 행사하는 것은 바랄 수 없지만, 당시 『중앙공론』은 15만 부나 팔렸다니까요. 하기야 나는 이름만 알고 있을 뿐 읽어본 적은 없었지만요.

―그런데 왜 집필을 승낙했습니까?

■ 노는 데 신물이 나 있었겠죠. 아니, 그후에도 놀았으니까, 노는 데 일단락을 지은 시기라고 말해야 할지도 몰라요.

하지만 놀았다 해도 나이트클럽에서 밤새 춤만 추었다고는 생각지 말아주세요. 나한테 놀이란 지금 당장 돈이 되는 일은 아니라는 뜻에 불과하니까요. 그러니까 느긋한 여행도 나한테는 놀이에 속해요. 로마를 축으로 삼아, 유럽과 북아프리카와 중근동 지방을 부채꼴 모양으로 돌아다닌 시기였으니까요.

―아무리 그렇지만, 1달러가 360엔 하던 시절이었는데요.

■ 정말이에요. 하지만 지금처럼 1달러가 120엔이었다 해도, 당시 나는 20대 후반에 갓 접어든 나이였으니까 단체여행이나 호화여객선 유람은 하지 않았을 거예요. 본다는 것은 곧 생각하는 것이기도 해요. 고독하기 어려운 환경이나 지나치게 쾌적한 환경은 오히려 생각에 방해가 되죠. 그래서 육지에서는 열차를 타거나 히치하이킹을 했고, 바다에서는 이런 말이 있는지 어떤지는 모르지만 요트하이킹을 했어요.

―시오노 나나미가 히치하이킹을 하다니, 믿을 수가 없군요!

■ 믿든 안 믿든, 여기저기 돌아다니고 싶으면 그 방법밖에 없었던 시절이에요. 배낭여행이나 어린 학생들의 단체 해외여행이 시작된 건 그후였죠. 그리고 나도 나름대로 히치하이킹의 지침을 갖고 있었어요.

첫째, 히치하이킹에 성공하지 못해도 괜찮을 정도의 돈은 항상 준비해둘 것. 다시 말해서 선택의 여지를 남겨둘 것.

둘째, 티셔츠에 청바지를 입어도 상관없지만, 깨끗하고 단정한 차림을 할 것.

셋째, 도로의 가드레일에 걸터앉아서 손만 흔드는 따위의 무례한 행동은 하지 말 것. 반드시 길가에 서서 기다릴 것.

넷째, 치마를 걷어올려 다리를 드러내 보이고 그것으로 관심을 끄는 짓은 하지 말 것. 못된 남자의 차에 타는 위험을 자초할 가능성이 크니까요.

다섯째, 길모퉁이처럼 차를 세우기 어려운 곳에는 서 있지 말 것.

여섯째, 직접 운전하든 운전수가 딸려 있든, 혼자 여행하고 있는 사람을 노릴 것. 동승자가 많으면 질문공세에 시달려서 오히려 피곤해지니까요.

일곱째, 다가오는 차를 운전하고 있는 사람, 운전수가 딸린 차라면 뒷좌석에 앉아 있는 사람의 눈을 똑바로 바라보면서 미소를 지을 것.

마지막은 나를 태워준 사람의 말상대가 되어줄 것. 상대도 심심해서 태워주는 것이니까, 차를 얻어 탄 이상은 열심히 말상대를 해줘야죠.

이렇게 하면 별로 오래 기다리지 않고도 차를 얻어 탈 수 있었어요. 끼니때는 맛있는 것도 얻어먹을 수 있고요. 한번은 출판사 사장의 차를 얻어 탔는데, 나중에 우리 집으로 이탈리아 역사와 관련된 책을 잔뜩 보내준 적도 있어요.

─── 요트하이킹은 어땠습니까.

■ 지중해에는 요트 항구가 수없이 많은데, 거기서 요트 선원을 구하는 경우가 많아요. 선착장에 즐비하게 정박해 있는 요트 뱃머리에 '이스라엘의 자파까지 선원 1명 구함'이라고 쓴 팻말이 세워져 있거나 하죠. 히치하이킹과의 차이점은 말상대가 아니라 인부를 구한다는 거예요. 공짜로 태워줄 테니까 일을 하라는 거죠. 게다가 히치하이킹은 기껏해야 하루 여행을 함께할 뿐이지만, 요트 여행은 하루로 끝나지 않아요. 그래서 내 요트하이킹 경험도 두 번뿐인데, 그 중 한 번은 여섯 달이나 걸렸어요. 그때 이야기를 해볼까요.

요트 항구는 이탈리아 안에도 많지만, 그때 나는 몰타 섬을 보고 싶었어요. 그래서 로마에서 몰타까지는 비행기로 가서, 우선 로도스 기사단의 본거지가 있었던 것으로도 유명한 몰타를 둘러본 뒤에 요트 항구로 내려갔어요. 몰타 섬은 전에 영국 식민지였죠. 옛날 영국 식민지의 요트 항구라서 그런지, '브리티시 퍼브'라는 이름의 선술집이 있더군요. 퇴색한 영국 왕실 사진이 걸려 있고, 한 세대 전의 술집처럼 고풍스러운 분위기였어요. 이런 부류의 선술집에는 게시판이 있고, 거기에 구인광고가 다닥다닥 붙어 있어요.

─── 시오노 씨는 요트를 조종해본 경험이 있나요?

■ 물론 없어요. 그래서 구인광고 중에 '무경험자도 괜찮다'라고 씌어 있는 걸 찾았죠. 그랬더니 두 개가 있더군요. 그래서 선착장에 가서 면담을 신청했어요. 첫 번째 요트는 보기만 해도 굉장했죠. 당당한 마스트가 두 개에다 배 길이도 거의 30미터나 되고, 제복 차림의 선원들이 바쁘게 일하고 있었어요. 면담하러 나온 사람은 독일어를 쓰는 스위스인인데, 정말로 성공한 금융업자 같은 인상을 물씬 풍기더군요. 다음 기항지는 이집트의 알렉산드리아이고, 몰타에서 거기까

지 곧장 갈 거래요. 내가 할 일은 승객들의 식사 시중이었어요. 젊은 일본 여자는 대환영이라니까, 배에 타느냐 마느냐는 내 대답에 달려 있었죠.

다음에 보러 간 것은 호화 요트가 늘어서 있는 선착장 중앙에서 멀리 떨어진 저쪽 끝에 정박해 있는 요트였어요. 가서 보니까 10미터도 될까말까 한 소형이고, 물론 마스트는 한 개뿐이었죠. 나를 맞아준 것은 반바지 차림의 청년이었는데, 선원인 줄 알았더니 그가 고용주래요. 잠시 후에 나타난 것이 그 사람 친구였어요. 둘이서 요트를 타고 지중해 일주여행을 하고 있대요. 둘 다 케임브리지 대학원을 졸업하고, 한 사람은 영국 외무부, 또 한 사람은 런던의 금융회사에서 일하기로 이미 결정되어 있지만, 취직은 1년 뒤로 미루고 여행을 떠났다는 거예요. 요트도 중고품이고, 나이를 물어보니 둘 다 나하고 동갑이에요. 둘이서 충분히 조종할 수 있는 요트인데 왜 사람이 필요하냐고 물었더니, 통조림과 크래커에 질렸대요. 그 대답을 듣고 즉석에서 말했죠. 이 요트로 결정했어요 하고.

―남자만 둘인데 무섭지 않던가요?

■ 내가 상대를 신사로 생각하고 대하면, 신사답게 행동하는 게 영국 엘리트예요. 하지만 젊은 남자 두 명과 요트를 타고 지중해로 나간 걸 알면 도쿄의 어머니가 까무러치실 테니까, 어머니는 물론 아무한테도 알리지 않았어요. 부모님한테 거짓말을 하는 것은 나쁘지만, 사실을 모두 말할 필요는 없으니까요.

―요리에는 자신이 있었나 보군요.

■ 그럴 리가 있나요. 다만 요리로 만족시키기가 가장 쉬운 것도 영국 남자예요. 그리고 중고 소형 요트라면 연안을 따라 항해할 수밖에 없으니까, 평균 사흘에 한 번은 항구에 들어갔고, 세 번에 한 번 정도

는 육지 레스토랑에서 먹었어요.

——배에서 식사를 끝낸 뒤에는 갑판에서 일광욕이라도 하면서 지냈습니까?

■ 소형 요트는 일광욕을 할 만한 장소도 없고, 그럴 겨를도 없어요. 달리기 시작하면 45도는 기울어진 채 달리죠. 아무리 더워도 항해할 때는 구명조끼를 입고 있어야 돼요. 게다가 세 사람밖에 없으니까, 무슨 일이든 하지 않으면 안돼요. 두 남자가 돛을 교체하느라 바쁘면, 움직이지 말라는 엄명을 받았다 해도 내가 조종간을 잡을 수밖에 없어요. 돛의 종류도 배웠고, 어떤 바람에는 어떤 돛이 필요한지도 배웠고, 해도를 읽는 법도 배웠어요. 가장 좋은 해도는 역시 영국 해군이 만든 거라는 사실도 알았고요. 패권국은 중세 르네상스 시대의 베네치아공화국도 그렇고 고대 로마 제국도 그렇고 모두 지도의 정확성을 중시했다는 것은 알고 있었지만, 지도가 얼마나 많은 정보를 포함할 수 있는지는 그때 처음 알았어요. 지금도 해도만 보면 그 해역이 어떤 상태에 있는지 알 수 있어요.

——몰타 섬을 떠난 뒤에는 어디에 기항했습니까?

■ 소형 중고 요트는 연안 항해밖에 못하니까, 서쪽의 튀니지로 가려 해도 우선 도중에 있는 판텔레리아라는 작은 섬에 도착하는 게 선결 문제예요. 그런데 다행히 순풍을 만난 덕에 이탈리아 영토인 판텔레리아를 왼쪽으로 보면서 계속 달린 끝에 튀니지의 수도인 튀니스에 그대로 들어갈 수 있었어요. 나는 요트에 대해서는 문외한인데, 몰타에서 튀니스까지 단숨에 곧장 달렸으니 단계적으로 경험을 쌓을 계제가 아니었죠. 마치 바다에 내팽개쳐진 기분이었어요.

요트로 지중해를 일주한다 해도, 그 두 사람은 요트 조종이라는 스포츠를 즐기기보다 요트는 항구에 놓아두고 주변 지역을 둘러보는 데 중점을 두었어요. 나한테는 아주 잘된 일이었죠. 지프를 빌려 타고 돌아다녔어요. 튀니스 근처에 있는 카르타고 유적은 물론, 자마 회전이 벌어졌다는 곳에도 가보았죠. 게다가 이왕 여기까지 온 김에 고대 로마 유적도 보자고 해서, 알제리 국경을 넘어 고대 로마 시대의 도시인 팀가드까지 원정을 갔으니, 지금 생각하면 셋 다 젊었구나 싶어요. 그때만 해도 내가 30년 뒤에 그 지방의 이야기를 쓰게 될 줄은 꿈에도 몰랐지만요.

튀니스를 떠난 뒤에는 튀니지 동해안을 남하하여 리비아로 들어갔어요. 거기서도 여기저기 들르면서 이집트의 알렉산드리아를 향해 동쪽으로 나아갔죠. 사막이란 단순히 모래언덕만 이어진 곳이 아니라는 것도 알았고, 비가 내리지 않아서 메마른 것이 아니라 비는 내리지만 빗물을 가둬두는 것이 없어서 말라버린다는 것도 알았고, 인간이 사막에 정착한 뒤 푸르름을 유지할 수 있었고 푸르름을 유지할 수 있으면 비도 내리게 된다는 걸 납득할 수 있더군요. 왜 사막에 도시를 건설했는지 의아했지만, 도시가 기능을 발휘하고 있던 시대에는 그 주변 지역도 사막이 아니었어요. 문헌에도 나와 있듯이, 2천 년 전의 북아프리카는 로마 제국의 곡창지대였으니까요.

——역사나 지리에 관심을 둔 여행이라면, 이집트는 보물 창고였겠군요.

■ 정말이에요. 그곳에는 보름 가량 머물렀을까. 영국인이 왜 이집트에 매료되는지도 알았어요. 그리스나 로마 문명은 자기네 선조라고 생각할 수 있지만, 이집트는 그것과 반대되는 문명이기 때문이에요. 내 '고용주' 두 사람은 그리스나 로마를 이야기할 때는 자기네 일처럼 이야기하다가, 이집트 문명을 이야기할 때는 순수한 관광객으로

표변하는 게 재미있었어요.

그후의 여행은 이야기하자면 길어지니까 그만두겠지만, 팔레스타인을 북상하여 레바논과 시리아를 지나 터키 영토로 들어가서 소아시아 남해안을 따라 서쪽으로 갔어요. 물론 도중에 키프로스 섬을 둘러보기도 하고, 시리아에 들렀을 때는 팔미라와 국경 너머에 있는 발베크까지 갔으니까 정말 기운도 좋았다고 말할 수밖에 없어요. 그러고는 로도스 섬에 들렀다가 소아시아 서해안을 북상하여 이스탄불로 갔어요. 과거의 콘스탄티노플을 본 뒤에는 에게 해의 여러 섬에 들르면서 아테네로 갔죠. 에게 해를 다도해라고 말하는 이유도 이해할 수 있었고, 그리스 민족이 해양민족이었던 이유도 알겠더군요. 어쨌든 잔잔한 바다 저편에는 또 다른 섬이 보이는 거예요. 이래서는 배를 몰고 바다로 나가고 싶은 마음이 드는 것도 당연하죠. 에게 해를 항해하는 것은 연안 항해 자체였으니까요.

그런데 아테네를 다 보았을 무렵에는 나도 싫증이 났어요. 그래서 두 사람한테 작별인사를 하고 나 혼자 비행기를 타고 로마로 돌아왔지요. 몸을 혹사하는 것을 일종의 쾌락이라고까지 생각하면서 감수하는 영국 엘리트와 함께 다니는 데 지쳐버린 거예요. 몸을 혹사하는 데에도 한계가 있다는 생각이 들더군요. 물론 혹사 자체가 쾌락이라는 생각에도 전적으로 동의할 수는 없었고요.

그래도 영국 엘리트에게 역사나 고고학은 전문적으로 배우는 학문이라기보다 교양이라는 것을 납득할 수 있었어요. 그리고 런던의 서점에서 역사나 평전, 자서전 코너가 그렇게 넓은 공간을 차지하고 내용이 풍부한 이유도 납득이 갔어요. 이 여행에서 돌아온 지 몇 달 뒤에 가스야 씨를 만난 거예요.

── 그래서 마침내 『르네상스의 여인들』 제1부인 '이사벨라 데스테'가 발표되는데요…….

■ 유감이지만, 일은 그렇게 간단치 않았어요. 가스야 씨가 '르네상스의 여인들'이라는 제목을 주었을 당시만 해도 나는 르네상스 시대에 어떤 여자들이 있었는지도 몰랐어요. 그나마 이름만이라도 알고 있었던 것은 이사벨라 데스테와 루크레치아 보르자뿐이었죠. 그래서 우선 이사벨라를 쓰기 위해 공부를 시작했지만, 르네상스 시대의 여성 전체를 공부한 게 아니에요. 나는 총론이라는 걸 싫어해요. 각론을 쌓아가면 자연히 총론이 된다는 생각이에요.

그런데 이사벨라 한 사람만 썼을 뿐인데 120매가 넘어버렸지 뭐예요. 가스야 씨는 르네상스 시대의 여인들 전부를 100매로 정리해달라고 했거든요. 그래서 할 수 없이 그대로 가스야 씨에게 보내고, 한 인물에 대해 썼을 뿐인데 매수가 이렇게 되어버렸으니 어떡할까요 하고 물어봤죠. 그때 가스야 씨가 보내온 답장을 남겨두었어야 하는 건데. 어떻게 대답하면 신인에게도 글을 써볼 마음을 일으킬 수 있는지를 보여주는 표본이니까요. 요지만 말하면, 이대로 좋으니까 원고 매수 따위는 신경쓰지 말고 계속 쓰라는 거였어요. 그래서 내친 김에 루크레치아 보르자를 썼고, 공부하는 동안에 떠오른 카테리나 스포르차도 쓴 거예요.

── 시오노 씨는 그 여인들에 대해 아주 자연스럽게 쓰고 계시지만, 상당량의 사료를 조사한 뒤에 썼다는 느낌이 전해집니다. 만토바, 모데나, 피렌체, 베네치아, 그리고 로마의 바티칸 고문서 보관소와 연구자들이 말하는 원사료도 조사하셨겠지만, 인터넷이 없던 시절에 어디에 어떤 사료가 있는지를 조사하는 것만도 여간 힘든 작업이 아니었을 겁니다. 그리고 이탈리아인 연구자와도 접촉하지 않으면 사료에

접근할 수 없었을 텐데요.

■ 나는 대학인을 세 부류로 나누고 있어요. 첫째는 과연 대단하구나 하고 감탄하지 않을 수 없는 연구자. 둘째는 어느 세계에서 일하더라도 평범한 성과밖에 올릴 수 없는 사람. 셋째는 대학이라는 세계에서만 통하는 사람. 접촉할 만한 가치가 있는 사람은 첫 번째 부류에 속하는 사람뿐이에요. 그런데 이탈리아인은 재미있는 사람들이에요. 르네상스 문명도 고대 로마 문명도 이탈리아에서 태어난 세계사적 수준의 문명인데, 본격적인 연구는 대부분 이탈리아인이 아닌 외국인의 손으로 이루어졌어요. 언젠가 내가 어떤 이탈리아인한테 그 얘기를 했더니, 이렇게 대답하더군요. 만들어낸 것은 우리니까, 하다못해 그것을 연구하는 일쯤은 외국인의 몫으로 남겨두는 게 친절한 노릇이 아니겠냐고. 그래서 정말로 접촉할 필요가 있는 연구자는 대부분 영국이나 미국, 독일이나 프랑스 학자니까 접촉하기도 간단치 않아요. 다만 첫 번째 부류에 속하는 이런 사람들은 반드시 저술이나 논문을 발표하고 있어요. 연구 성과가 출판되어 있으니까 그걸 읽으면 되고, 직접 접촉할 필요는 없어요.

그리고 인터넷이라면 왠지 만능이라는 느낌이 들지만, 그것은 자료를 모으는 데 편리할 뿐이고, 내가 하는 일처럼 사료를 철저히 읽는 것이 중요한 경우에는 인터넷이 결코 구세주가 아니에요.

간단한 예를 들어보죠. 에드워드 기번이 『로마제국 쇠망사』를 쓴 것은 18세기 말이에요. 물론 인터넷은 없었고, 19세기부터 시작된 과학적 고고학 연구의 성과도 이용할 수 없었죠. 그렇다면 그로부터 200년 뒤인 현대의 사학자가 인터넷으로 자료를 수집하면 기번처럼 불후의 로마사를 쓸 수 있을까요. 대답은 분명 '노'예요. 역사를 쓴다는 행위는 쓰는 사람의 모든 인격과 모든 재능의 총화이고 그 반영이에요. 두 번째와 세 번째 부류에 속하는 학자들과 접촉하는 게 시간 낭비에 불과한 것도 그 때문이죠.

왜 흔히들 말하잖아요. 제아무리 위대한 인물도 하인이 보기에는 그저 보통사람일 뿐이라고. 물론 가까이에서 늘 접하는 사람이 보면, 영웅이나 천재도 보통사람과 다름없는 평범한 부분이 많겠죠. 하지만 나는 이 말을 다르게 해석해요. 보통사람에 불과한 하인의 눈에는 영웅이나 천재도 보통사람으로밖에 보이지 않는다고. 역사가는 영웅이나 천재의 시점과 하인의 시점을 둘 다 갖추고 있어야 돼요.

――그렇군요. 하지만 어느 참고자료를 읽어야 할지는 어떻게 조사합니까? 그건 아무래도 인터넷을 이용해야 할 것 같은데.

■ 처음부터 기계에 의존하기보다 우선 세간의 평판이 높은 책을 몇 권 읽어요. 제대로 된 연구서라면 반드시 각 페이지 아래나 권말에 자세한 '주'와 참고문헌 목록이 있어요. 성실한 독일 학자들의 경우에는 본문의 다섯 배나 되는 '주'를 달기도 해요. 그런 것을 조사하면, 뭘 공부해야 할지 저절로 알게 되죠. 그때 비로소 인터넷으로 대학 출판부 같은 곳에 접속하면 그 내용을 알 수 있지만, 나는 원사료 제일주의라서 지금도 그렇게까지는 하지 않아요. 연구자가 인용하는 '부분'만 읽는 것은 원사료를 읽은 게 아니라고 생각하니까요. 그리고 원사료, 즉 동시대인의 기록은 인터넷으로는 절대로 입수할 수 없어요. 책을 사서 직접 읽을 수밖에 없죠.

내가 원사료 제일주의를 고집하는 것은 내가 쓰려고 하는 인물과 같은 시대에 살았던 사람들의 생각을 알고 싶기 때문이에요. 처음에는 그런 막연한 심정이었지만, 나중에 후쿠다 쓰네아리(福田恒存) 선생이 가르쳐준 것으로 분명해졌어요. 선생은 나한테 이렇게 말씀하셨죠. 문장은 의미를 전달할 뿐만 아니라 육체의 생리도 전달하는 법이라고. 나는 동시대인의 '목소리'를 듣고 싶은 거예요. 연구서에 인용되어 있는 '부분'만으로는 절대로 '목소리'를 들을 수 없어요. 그것은 그 연구자가 인용하고 싶다고 생각한 '부분'에 불과하니까요. 필터로 거르지 않은 원래의 문장을 전부 읽지 않는 한, 육체의 생리에 다가갈 수 없어요. 내가 쓰려고 하는 인물이 쓴 글이 있다면, 그거야말로 그 사람의 '목소리'를 듣기에는 가장 적당한 사료가 되죠. 원사료가 우선이고, 다음이 후세가 쓴 연구서라는 방침은 지금도 변함이 없어요.

──그 방식으로 쓴 첫 번째 작품이 『중앙공론』 지면에 발표되었군요.

■ 물론 데뷔는 『중앙공론』으로 했지만, 거기에 이르기까지의 과정은 간단치 않았어요. 제1부 '이사벨라 데스테'가 잡지에 게재되기 전에 귀국한 나를 기다리고 있었던 것이 무려 여섯 달에 걸친 특별 훈련이었으니까요. 처음 원고를 보냈을 때, 가스야 씨가 "이대로 좋으니까 계속 쓰라"고 말한 건 새빨간 거짓말이었구나 하는 생각이 들더군요.

가스야 편집장은 우선 프랑스에서 갓 귀국한 하나와 요시히코 씨한테 나를 떠맡겼어요. 무책임하게 나를 소개했으니까 책임을 지라는 거죠. 그때부터 원고 묶음을 들고 중앙공론사에 다니기 시작했어요. 문장을 구체적으로 다듬는 작업이 시작된 거예요. 책임을 떠맡은 꼴이 된 하나와 씨도 정말 난감했을 거예요. 하나와 씨가 어째서 행갈이도 하지 않고 빽빽하게 쓰냐고 물으면, 나는 행갈이를 많이 하면 매수만 늘어나는데, 그렇게 해서 원고료를 많이 받는 건 실례이기 때문이라고 대답했으니까요. 그런 나를 상대로 처음부터 가르치려니 오죽 답답했겠어요. 하나와 씨는 쓸데없이 행갈이를 많이 한, 그래서 빈칸 투성이인 원고는 자기도 싫어하지만, 필요한 행갈이도 있다는 것까지 가르쳐야 했어요.

 게다가 하나와 씨는 영어와 프랑스어로 쓴 같은 종류의 책을 읽고는, 나한테 이 대목은 무슨 뜻이냐고 묻는 거예요. 그래서 내가 이러저러한 사정으로 이러저러하게 된 거라고 대답하면, 하나와 씨는 아주 재미있다면서 그걸 써야 한대요. 그러면 나는 그 부분을 고쳐 써서 다시 가져가죠. 그런 일이 계속 되풀이되었어요.

 게다가 하나와 씨는, 직접 예문을 써주고 이런 식으로 고쳐 쓰라고는 절대로 말하지 않는 편집자였어요. 고쳐 쓸 필요가 있다고 생각해도, 다른 식으로 쓸 수는 없느냐고 말할 뿐이죠. 그러면 나는 또 곰곰 생각한 끝에 다시 써서 가져가고, 그런 일의 반복이에요.

 그 기간이 무려 여섯 달이었어요. 가스야 편집장은 어떤 필자에게나 이처럼 집요하게 퇴고를 시키는 건 아니라고, 나한테는 위로도 되지 않는 말로 격려해주었고, 하나와 씨도 신참은 고참을 감탄시키는 것만으로는 부족하다, 고참을 경악시킬 정도가 아니면 데뷔할 수 없다고, 질타인지 격려인지 알 수 없는 말을 했지만, 나는 경악이고 뭐고 알 게 뭐냐는 심정이었어요. 교바시(京橋)에 있는 중앙공론사에서 도쿄 역까지 가는 동안, 이탈리아어 욕말을 모두 기억해내서 그걸 중얼거리면서 돌아가곤 했죠. 어떤 욕이었는지, 이 자리에서는 절대로 말할 수 없지만요. 하지만 또 한편으로는 이런 일도 있었어요.

 하나와 씨는 원고를 본 뒤에 이따금 나한테 저녁을 사주었는데, 그게 언제나 고급 식당이에요. 라면이나 우동만 먹어서는 훌륭한 작품을 쓸 수 없다는 게 하나와 씨의 지론이었죠.

 어느 날 저녁, 긴자(銀座)의 작은 요릿집에 갔을 때의 일이에요. 들어가서 평소에 이용하는 작은 방으로 가려는데, 카운터에 앉아 있던 사람이 하나와 씨한테 말을 걸었어요. 나는 먼저 방에 들어가서 기다렸기 때문에, 나중에 들어온 하나와 씨의 말을 듣고서야 알았지만, 말을 건 사람은 중앙공론사 사장이었어요. 하나와 씨는 여자친구가 영화배우고 화려한 것을 좋아하는 사람이니까, 사장은 하나와 씨가 회사 돈으로 여자친구한테 비싼 음식을 사주는구나 생각했는지, "저 여자는 유명한 작가입니까?" 하고 빈정거리는 투로 묻더래요. 여기까지 말하고 나서 하나와 씨는 웃으면서 이러는 거예요. "그래서 '저 사람은 앞으로 유명해질 작가입니다' 하고 대답해주었지요." 우리 둘이서 실컷 웃었죠.

——그래서 『르네상스의 여인들』 제1부 '이사벨라 데스테'가 발표되었는데, 자기 이름을 난생 처음 활자로 보았을 때 감개는 어땠습니까?

■ 감개요? 여섯 달 동안이나 특별 훈련을 받은 뒤라서 기쁘지도 않았고 흥분하지도 않았어요. 먼 서양의 옛날 이야기이고, 소설 체제도 갖추지 않았고, 일본인도 등장하지 않아요. 게다가 잡지의 권위와 원고료는 반비례한다고 생각지 않으면 참을 수 없을 만큼 원고료도 쌌어요. 그런 글을 쓰는 게 직업이 되리라고는 도저히 생각할 수 없었기 때문에, 시집가라는 말도 하지 않고 내 마음대로 살 수 있게 해준 부모님한테 작은 효도나 하려고 본명으로 발표했어요. 그러고는 나중에 아뿔싸 했죠. 작가가 될 줄 알았으면 좀더 여자다운 필명을 생각해 두는 건데 하고…….

이렇게 특별한 감개도 없었기 때문에, 가스야 씨와 하나와 씨가 마음을 써주는 게 오히려 우스웠을 정도예요. 그들이 이러더군요. 연작이라는 걸 알 수 있는 첫 작품은 반응이 없는 게 보통이니까, 반응이 없어도 걱정하지 말라고. 이 말이 내 장난기를 자극했어요. 반응이 없는 게 보통이라고? 그렇다면 반응을 만들어버리자고 생각했죠.

'독자의 편지'를 위조한 거예요. 그것도 두 통이나. 그걸 여동생 친구 두 명한테 정서를 시켜서, 그 아이들 이름으로 중앙공론사에 보냈어요. 그때는 제2부를 퇴고하느라 날마다 중앙공론사에 다니고 있었는데, 하루는 가스야 씨가 들뜬 태도로 들어오더니 "벌써 왔습니다" 하면서 편지를 내미는 거예요. 어쩌면 진짜 독자의 편지일지도 모른다 싶어서 자세히 보니, 유감스럽게도 내가 쓴 가짜예요. 그래도 훑어보는 척하고 있었더니, 가스야 씨가 "침착하시군요" 하는 거예요. 침착한 게 당연하죠. 내가 쓴 '반응'이니까.

며칠 뒤에 가스야 씨를 만났더니, "또 왔습니다" 하면서 편지 한 통을 건네주었어요. '또'가 아니죠. 그게 최초의 진짜 '반응'이었으니까. 이번에는 가스야 씨가 침착했고, 나는 흥분해서 몇 번이나 되풀이해서 읽었어요.

——『중앙공론』에 게재된 건 이사벨라와 루크레치아와 카테리나, 세 여자뿐이지요?

■ 신인이니까 책으로 묶을 때는 잡지에 발표하지 않은 새로운 인물을 한 사람 포함시키는 편이 좋다는 게 가스야 편집장의 생각이었어요. 그래서 그동안 받은 원고료를 몽땅 들고 베네치아로 가서, 네 번째 여자는 거기서 썼어요. 싼 원고료로 어떻게 넉 달이나 살 수 있었을까 싶지만, 숙소는 외국의 젊은 학자들이 묵는 주데카 섬의 싸구려 여인숙이었고, 식사는 어부들이 모이는 간이식당에서 했어요. 이따금 사치스러운 기분을 맛보고 싶으면, 옛날 거상(巨商)의 저택을 호텔로 개조한 다니엘리 호텔 로비에서 차를 마시면서 공상에 잠겨도 좋고, 그리티 팔라초의 테라스에서 눈앞의 대운하를 오가는 배들을 바라보아도 되니까, 베네치아 생활도 돈이 그렇게 많이 들지는 않았

어요. 이렇게 해서 원고지 100매를 쓰려던 게 600매가 되고, 내 데뷔작이 탄생한 거예요.

─서평은 어땠습니까?

■ 신인의 데뷔작에는 평론가들도 친절한지, 서평이 지금보다 훨씬 많았어요. 그런데 그중에 '이건 논 여자가 쓴 작품'이라는 평이 있어서 섬뜩했어요. 어떻게 알았나 하고…….

많은 서평들 가운데 하나만 소개하죠. 문예평론가인 시노다(篠田) 씨의 평론인데, 가스야 씨와 하나와 씨가 책 띠지에 사용한 문장이에요.

"저자의 내면에는 일본 역사에서는 찾을 수 없는 이탈리아 르네상스의 치열한 삶의 표현에 대한 정열이 소용돌이치고 있고, 그것이 이들 네 여인의 생애를 장식하는 정열을 매체로 하여 분출한 것이다. 거기에서 나는 문학적이라고 부를 만한 정신의 계기를 발견하지만, 이런 에세이는 적어도 현재의 일본에서는 문학과 역사라는 두 영역에서 의붓자식 취급을 받고 있는 만큼, 이 신인의 출현을 특히 귀중하게 생각하고 싶다."

30여 년이 지난 지금, 이 평론을 다시 읽으면 정말 감개무량해요. 신인 딱지는 벌써 오래 전에 떨어졌는데, '문학과 역사라는 두 영역에서 의붓자식 취급을 받고 있는' 것만은 전혀 달라지지 않았으니까요. 하지만 나는 본질적으로 낙관적이랄까, '의붓자식 취급'을 받을 때마다 조토 디 본도네와 어깨를 나란히 하는 시모네 마르티니라는 화가의 벽화가 생각나곤 해요. 시에나 시청에 걸려 있는 이 벽화는 코발트빛 하늘을 배경으로 넓은 골짜기를 혼자 말을 타고 가는 기사를 그린 걸작이죠. 기사의 오른쪽과 왼쪽에는 높은 성벽을 둘러친 도시가 보여요.

시모네 마르티니가 그린 「구이도리초 다 폴리아노」(부분)

이 그림을 머리에 떠올리면서 속으로 생각하죠. '문학'과 '역사'의 경계는 서로 맞닿아 있는 게 아니라 '두 영역'은 따로 떨어져 있고, 그 중간에는 넓은 골짜기가 펼쳐져 있다고. 그러니까 나도 사람들이 복작거리는 '영역'에 억지로 밀고 들어가려 할 필요는 없고, 테마에 따라서는 '문학'에 접근하거나 '역사'에 가까이 다가가더라도 이 그림 속의 기사처럼 자유롭게 뛰어다니면 된다고. 이 생각은 오랫동안 나를 지탱해주었답니다.

2001년 봄, 로마에서

참고문헌

1. 르네상스기 전반에 관하여

• 당시의 기록 · 연대기

Alberi, E., "Le relazioni degli ambasciatori veneti al Senato durante il secolo XVI," Firenze, 1839~1863.

Archivio Storico Italiano, Firenze, 1842~1854.
  a. "Storia di Milano scritta da Giovan Pietro Cagnola"(1023~1497).
  b. "Storia di Milano scritta da Giovanni Andrea Prato"(1499~1519).
  c. "Cronaca di Milano scritta da Giovan Marco Burigozzo"(1500~1544).
  d. "Degli Annali Veneti dall'anno 1457 al 1500 del Senatore Domenico Malipiero, ordinati ed abbreviati dal Senatore Francesco Longo."
  e. "Documenti per servire alla storia della Milizia Italiana dal XIII al XVI secolo raccolti negli Archivi della Toscana e preceduti da un discorso di G. Canestrini."
  f. "Cronaca della città di Perugia dal 1492 al 1503 di Francesco Matarazzo detto Maturanzio."
  g. "Memorie perugine di Teseo Alfani dal 1502 al 1527."
  h. d'Arco, C., "Notizie di Isabella Estense moglie a Francesco Gonzaga, aggiuntivi molti documenti inediti che si riferiscono alla stessa Signora, all'istoria di Mantova ed a quella generale d'Italia."
  i. "Documenta aliquot quae ad Romani Pontificis notarios et curiales pertinent".
  l. "Sommario della Storia d'Italia dal 1511 al 1527 composto da Francesco Vettori."

Bembo, P., "Opere complete," Milano, 1808~1810.

Burchardi, Johannis, "Diarium sive rerum Urbanarum commentarii ab Anno MCDLXXXIII ad Annum MDVI," Paris, 1883~1885.

Conti di Foligno, Sigismondo dei, "Le storie dei suoi tempi dal 1475 al 1510," Roma, 1883.

Corio, B., "Historia di Milano," Venezia, 1554.

Franco, G., "Habiti d'huomeni et donne Venetiane con la processione della Ser. ma Signoria et altri particolari cioè trionfi feste cerimonie publiche della nobilissima città di Venetia," Venezia, 1617.

Guicciardini, F.,
   a. "Storia d'Italia," Roma, 1968.
   b. "Ricordi," Milano, 1951.

Infessura, S., "Diario della città di Roma"(1294~1494), Roma, 1890.

Jovii, P., "Opera quotquot extant omnia illustrata," Basel, 1578.

Machiavelli, N.,
   a. "Opere complete," Milano, 1960~1965.
   b. 『マキアヴェリ』(「世界の名著」第16券, 貴任編集 會田雄次,「君主論」池田廉譯,「政略論」永井三明 譯), 東京, 1966.

Pii II Pontifici Maximi, "Commentarii rerum memorabilium quae temporibus suis contigerunt," Frankfurt, 1614.

Platina, B., "Vita Sixti IV," Venezia, 1562.

Rerum Italicarum Scriptores,
   —"Editio Palatina," Ludovico Antonio Muratori—, Milano, 1733.
   a. "Marini Sanuti Leonardi filii patricii veneti De origine urbis Venetae et Vita omnium Ducum"(1421~1493).
   b. "Storia della Repubblica Venezia," na scritta da Andrea Navagiero, Patrizio Veneto.
   —"Editio Altera," G. Carducci & V. Fiorini—, Città di Castello-Bologna, 1900.
   c. "Il diario romano di Gaspare Pontani"(1481~1492).
   d. "Iacobi Volterrani Diarium Romanum ab Anno MCCCCLXXIX ad Annum MCCCCLXXXIV."
   e. "Diario de Sebastiano de Branca Tedallini"(1485~1524).
   f. "Diario di Antonio de Vascho"(1480~1492).
   g. Priuli, G. "I Diarii"(1494~1512).
   h. "Diario Ferrarese dall'anno 1409 fino al 1502 di autori incerti."

i. Zambotti, B., "Diario ferrarese"(1476~1504).

l. "Johannis Burckardi capelle pontificie magister ceremoniarum Liber notarum ab Anno MCCCCLXXXIII ad Annum MDVI."

Sanudo, M., "I Diarii"(1496~1533), Venezia, 1879~1903.

Vecellio, C., "Habiti antichi e moderni," Venezia, 1598.

• 후대 역사가의 저작

Burckhardt, Jacob, 『イタリア・ルネサンスの文化』(「世界の名著」第45卷 柴田治三郞 譯), 東京, 1966.

Cipolla, C., "Storia delle Signorie Italiane dal 1313 al 1530," Milano, 1881.

Cognasso, F., "Società e costume, L'Italia nel Rinascimento," Torino, 1965.

Gregorovius, F., "Geschichte der Stadt Rom im Mittelalter, vom V bis zum XVI Jahrhundert," Stuttgart, 1886~1896.

Lamansky, Vl., "Secrets d'Etat de Venise," St. Petersbourg, 1884.

Pastor, L. von, "Geschichte der Päpste seit dem Ausgang des Mittelalters," Freiburg i. Br., 1901~1930.

Portigliotti, G., "Rinascimento. Porpora, pugnali, etère," Milano, 1924.

Romanin, S., "Storia documentata di Venezia," Venezia, 1852.

Sismondi, S. de, "Histoire des Republiques Italiennes du Moyen âge," Paris, 1809~1818.

2. 이사벨라 데스테에 관하여

Amadei, F., "Cronaca Universale della città di Mantova," Mantova, 1954~1957.

Bacchelli, R., "La congiura di don Giulio d'Este," Milano, 1931.

Baldini, M., "Don Giulio d'Este. Poema drammatico," Modena, 1930.

Bellonci, M.,

  a. "Lucrezia Borgia," Milano, 1939.

  b. "I segreti dei Gonzaga," Milano, 1963.

Bongiovanni, G., "Isabella d'Este marchesa di Mantova," Milano, 1939.

Cartwright, J., "Isabella d'Este marchioness of Mantua," London, 1903.

Coniglio, G., "I Gonzaga," Milano, 1967.

Croce, B., "Curiosità storiche," Napoli, 1921.

Frati, G., "Giuoche ed amori alla corte di Isabella d'Este," A.S.L., III, IX, XXV,

Milano, 1898.

Luzio, A.,

a. "Isabella d'Este e il sacco di Roma," Milano, 1908.

b. "La Galleria dei Gonzaga venduta all'Inghilterra," Milano, 1913.

c. "Isabella d'Este e i Borgia. Con nuovi documenti," Milano, 1916.

d. "Isabella d'Este e la corte sforzesca," A.S.L., III, XV, XXVIII, Milano, 1901.

e. "Isabella d'Este nei primordi del papato di Leone X e il suo viaggio a Roma nel 1514~1515," A.S.L., IV, VI, XXXIII, Milano, 1906.

f. "Isabella d'Este e Francesco Gonzaga promessi sposi," A.S.L., IV, IX, XXXV, Milano, 1908.

g. "La reggenza di Isabella d'Este durante la prigionia del marito. 1509~1510," A.S.L., IV, XIV, XXXVII, Milano, 1910.

h. "Isabella d'Este di fronte a Giulio II negli ultimi tre anni del suo pontificato," A.S.L., IV, XVII, XVIII, XXXIX, Milano, 1912.

i. "Federico Gonzaga ostaggio alla corte di Giulio II," 'Archivio della Reale Società romana di Storia Patria,' IX, Roma, 1886.

l. "Precettori di Isabella d'Este," Ancona, 1887.

m. "Isabella d'Este e Giulio II," 'Rivista d'Italia,' Milano, 1909.

n. "Isabella d'Este nelle tragedie della sua casa," 'Atti e memorie della Reale Accademia Virgiliana,' Nuova V, Mantova, 1912.

o. "La Madonna della Vittoria del Mantegna," 'Emporium,' Bergamo, 1899.

p. "I ritratti di Isabella d'Este," 'Emporium,' Bergamo, 1900.

Luzio, A. & Renier, R.,

a. "Delle relazioni d'Isabella d'Este Gonzaga con Ludovico e Beatrice Sforza," A.S.L., II, VII, XVII, Milano, 1890.

b. "Francesco Gonzaga alla battaglia di Fornovo(1495) secondo i documenti mantovani," A.S.I., V, VI, Firenze, 1890.

c. "Mantova e Urbino. Isabella d'Este ed Elisabetta Gonzaga nelle relazioni famigliari e nelle vicende politiche," Torino, 1893.

d. "Il lusso d'Isabella d'Este marchesa di Mantova," N.A., LXIII, LXIV & LXV, Firenze-Roma, 1896.

e. "La cultura e le relazioni letterarie di Isabella d'Este Gonzaga," 'Giornale Storico della Letteratura Italiana,' XXXIII-XLII & XLII, Roma-Torino, 1899~1903.

f. "Gara di viaggi fra due celebri dame del Rinascimento," 'Intermezzo,' I, Roma, 1890.

Malaguzzi-Valeri, F., "La corte di Ludovico il Moro. La vita privata e l'arte a Milano," Milano, 1913.

3. 루크레치아 보르자에 관하여

Ademollo, A.,
- a. "Alessandro VI, Giulio II e Leone X nel carnevale di Roma. 1499~1520," Firenze, 1886.
- b. "Lucrezia Borgia e la verità," 'Archivio Storico Provinciale di Roma,' Roma, 1887.

Alvisi, E., "Cesare Borgia duca di Romagna. Notizie e documenti," Imola, 1878.

Bacchelli, R., "La congiura di don Giulio d'Este," Milano, 1931.

Baldini, M., "Don Giulio d'Este. Poema drammatico," Modena, 1930.

Bellonci, M., "Lucrezia Borgia," Milano, 1931.

Bendedei, N., "Lettera al pontefice Alessandro VI per gli sponsali di Lucrezia Borgia con Alfonso d'Este," Ferrara, 1889.

Beltrami, L.(Polifilo), "La guardaroba di Lucrezia Borgia," Milano, 1903.

Boschi, G., "Lucrezia Borgia," Milano, 1929.

Campori, G., "Una vittima della storia, Lucrezia Borgia," N.A., II, Firenze, 1866.

Cappelletti, L., "Lucrezia Borgia e la storia," Pisa, 1876.

Catalano, M., "Lucrezia Borgia duchessa di Ferrara," Ferrara, 1920.

Chiappini, L., "Gli Estensi," Milano, 1967.

Cionini, N., "Angela Borgia e una pagina della storia sassolese del secolo XVI," Modena, 1907.

Croce, B., "La Spagna nella vita italiana durante la Rinascenza," Bari, 1922.

Dell'oro, I., "Il segreto dei Borgia," Milano, 1938.

De Roo, P., "Material for a history of pope Alexander VI," Bruges, 1924.

Feliciangeli, B., "Il matrimonio di Lucrezia Borgia con Giovanni Sforza signore di Pesaro," Torino, 1901.

Ferr Ara, O., "Il papa Borgia," Milano, 1953.

Frizzi, A., "Memorie per la storia di Ferrara," Ferrara, 1791~1809.

Fusero, C.,

a. "Cesare Borgia," Milano, 1958.

b. "I Borgia," Milano, 1966.

Gandini, L.A., "Lucrezia Borgia nell'imminenza delle sue nozze con Alfonso d'Este," S.P.R., Bologna, 1902.

Gatti, B., "Lettere di Lucrezia Borgia a M. Pietro Bembo dagli autografi conservati in un codice della Biblioteca Ambrosiana," Milano, 1859.

Gregorovius, F., "Lucrezia Borgia. Secondo documenti e carteggi del tempo," Firenze, 1874.

Luzio, A., "Isabella d'Este e Borgia. Con nuovi documenti," Milano, 1916.

Medin, A., "Il Duca Valentino nella mente di Niccol Machiavelli," 'Rivista Europea,' Firenze, 1885.

Menotti, M., "I Borgia. Documenti inediti sulla famiglia e la corte di Alessandro VI," Roma, 1917.

Morsolin, B., "Pietro Bembo e Lucrezia Borgia," N.A., LII, Firenze, 1885.

Pepe, Guglielmo, "La Politica dei Borgia," Napoli, 1945.

Portigliotti, G., "I Borgia," Milano, 1913.

Soranzo, G., "Studi intorno a papa Alessandro VI Borgia," Milano, 1951.

Wirtz, N., "Ercole Strozzi poeta ferrarese," 'Atti e memorie della deputazione ferrarese di Storia Patria,' XVI, Ferrara, 1906.

4. 카테리나 스포르차에 관하여

Bernardi, A.(Novacula), "Cronache forlivesi," Bologna, 1896.

Cobelli, L., "Cronache forlivesi," Bologna, 1874.

Allodoli, E., "Giovanni dalle Bande Nere," Firenze, 1929.

Alvisi, E., "Cesare Borgia duca di Romagna. Notizie e documenti," Imola, 1878.

Amadori, C., "La Caterina Sforza di P.D.Pasolini," Forli, 1894.

Bellonci, M., "Lucrezia Borgia," Milano, 1939.

Bondi-Solieri, B., "Madonna Caterina di Forli," Faenza, 1955.

Braschi, A., "Caterina Sforza," Bologna, 1965.

Burriel, A., "Vita di Caterina Sforza Riario," Bologna, 1795.

Cerato, M., "Caterina Sforza," Roma, 1903.

Cian, V., "Caterina Sforza," Torino, 1893.

Costa, P., "Lamentazioni di Caterina Sforza Riario," Lugo, 1932.

Fusero, C., "Cesare Borgia," Milano, 1958.
Galli, R., "Imola tra la Signoria e la Chiesa," Bologna, 1927.
Marinelli, L., "Caterina Sforza alla difesa dei suoi domini nella Romagna," S.P.R., Ⅳ, 21 & 22, Bologna, 1932.
Masi, E., "Caterina Sforza," N.A., II, CXXIX, 45, Roma, 1893.
Medin, A., "Il Duca Valentino nella mente di Niccolò Machiavelli," 'Rivista Europea,' Firenze, 1885.
Moncallero, G.L., "Documenti inediti sulla guerra di Romagna del 1494," 'Rinascimento,' Firenze, 1953~1955.
Monti, A., "La rocca di Ravaldino. Caterina Sforza e Giovanni dalle Bande Nere," 'Forum Livii,' II, No 1~2, Forli, 1927.
Morsiani-Quadalti, D., "Del luogo dov'è morta la contessa Caterina Sforza, signora d'Imola e di Forli," Bologna, 1880.
Oliva, F., "Vita di Caterina Sforza," Forli, 1821.
Pasolini, P.D.,
 a. "Caterina Sforza," Roma, 1893.
 b. "Nuovi documenti su Caterina Sforza," S.P.R., XV, Bologna, 1897.
Pepe, Guglielmo, "La politica dei Borgia," Napoli, 1945.
Renier, R., "Caterina Sforza," 'Gazzetta Letteraria', No 30~31, Torino, 1893.
Ricotti, E., "Storia delle compagnie di ventura in Italia," Torino, 1847.
Rossi, G., "Vita di Giovanni de'Medici," Milano, 1833.
Saltini, G.E., "Caterina Sforza," A.S.I., Firenze, 1894.
Sani, S., "Caterina Sforza e il Duca Valentino," 'Vita Nuova,' Bologna, 1925.
Villari, P., "Niccolò Machiavelli e i suoi tempi," Firenze, 1877.

5. 카테리나 코르나로에 관하여

Archivio Storico Italiano, Firenze, 1842~1854
 d. "Degli Annali Veneti dall'anno 1457 al 1500 del Senatore Domenico Malipiero, ordinati ed abbreviati dal senatore Francesco Longo," III.
 m. Cagnola, "Questo se'l Pianto de Negroponte."
 n. "La persa di Nigroponte."
 o. "Perdita di Negroponte, scritta per Frate Iacopo della Castellana."
Bustron, F., "Cronaca di Cipro," Mas-Latrie, 'Collection de documents inédits sur

l'histoire de France,' Paris, 1879.

Colbertaldo, A., "Istoria di Caterina Corner regina di Cipro," Biblioteca Marciana, Venezia.

Cornet, E.,
a. "Le guerre dei veneti nell'Asia," Wien, 1852.
b. "Lettere al Senato di Giosafatte Barbaro," Wien, 1852.

Lusignano, S., "Historia di Cipri," Bologna, 1573.

Bailly, A., "La République de Venise," Paris, 1946.

Battistella, A., "Un nuovo documento sull'acquisto di Cipro da parte della Repubblica di Venezia," 'Atti del Reale Istituto Veneto di Scienze, Lettere ed Arti,' LXXX, Venezia, 1920~1921.

Bosio, I., "Historia della sacra Religione et Ill. ma Militia di San Giovanni Gierosolimitano," Roma, 1619.

Brown, H.F., "Studies in the history of Venice," London, 1907.

Centelli, A., "Caterina Cornaro e il suo Regno," Venezia, 1892.

Cerone, F., "La politica orientale di Alfonso d'Aragona," 'Archivio storico per le provincie Napoletane,' XXVII & XXVIII, Napoli, 1902~1903.

Cessi, R.,
a. "Storia della Repubblica di Venezia," Venezia, 1942.
b. "Un falso eroe della rivolta di Famagosta," 'Atti del Reale Istituto Veneto,' Venezia, 1911.

Dudan, B., "Il dominio Veneziano di Levante," Bologna, 1937.

Forcellini, "Strane peripezie di un bastardo di casa d'Aragona," Napoli, 1915.

Ghinzoni, P., "Galeazzo Maria Sforza e il Regno di Cipro," A.S.L., VI, Milano, 1879.

Guerdan, R., "L'oro di Venezia," Milano, 1967.

Hill, G., "A history of Cyprus," Cambridge, 1940~1948.

Lane, F.C., "Venetian ships and shipbuilders of the Renaissance," Baltimore, 1934.

Loredano, G.F., "Historie de'ReLusignani," Henrico Giblet, Venezia, 1653.

Luzzatto, G., "Storia economica di Venezia del IX al XVI secolo," Venezia, 1961.

Magnante, G.,
a. "Documenti mantovani sulla politica di Venezia a Cipro," 'Archivio Veneto-Tridentino,' VIII, Venezia, 1925.
b. "L'acquisto dell'isola di Cipro da parte della Repubblica di Venezia," 'Archivio

Veneto,' V, 5 & 6, Venezia, 1926.

Manfroni, C.,

  a. "Storia della Marina Italiana dalla caduta di Costantinopoli alla battaglia di Lepanto," Roma, 1933.

  b. "I colonizzatori italiani durante il Medio Evo ed il Rinascimento," Roma, 1933.

Maranini, G., "La Costituzione di Venezia," Venezia-Firenze, 1927~1931.

Mas-Latrie, L. de,

  a. "Histoire de l'ile de Chypre sous le règne des princes de la Maison de Lusignan," Paris, 1855.

  b. "Nouvelles preuves de l'histoire de Chypre," 'Bibliotêque de l'école des chartes,' Paris, 1871~1874.

  c. "Documents nouveaux servant de preuves a l'histoire de Chypre," Paris, 1882.

Molmenti, P., "Storia di Venezia nella vita privata," Bergamo, 1910~1911.

Simonsfeld, L., "Caterina Cornaro," 'Archivio Veneto,' XXI, Venezia, 1881.

_____, "Civiltà veneziana del'300," Firenze, 1956.

_____, "Civiltà veneziana del'400," Firenze, 1957.

_____, "Civiltà veneziana del Rinascimento," Firenze, 1958.

_____, "Trattato del titolo regio dovuto alla serenissima Casa di Savoia insieme con un ristretto delle rivolutioni del reame di Cipri," Torino, 1633.

시오노 나나미와의 행복한 만남
• 역자가 독자에게

이 책을 구입한 분들, 또는 서점에서 이 책을 앞에 놓고 살까말까 망설이며, 자못 심각하게 호주머니 사정과 책의 무게를 이리저리 재 보고 있는 분들 중에는, 『르네상스의 여인들』이라는 멋진, 그리고 입맛 당기는 제목에 호기심을 느낀 분들도 물론 있겠지만, 짐작건대 십중팔구는 시오노 나나미라는 저자의 이름에 이끌렸을 것입니다. 그 울림만으로도 매혹적인 이름, 시오노 나나미. 『로마인 이야기』를 비롯해서 『남자들에게』, 『바다의 도시 이야기』, 『나의 친구 마키아벨리』, 『마키아벨리 어록』 등 많은 책이 국내에서 속속 번역되어 책읽기의 진미를 안겨주고 있는 시오노 나나미. 이제는 우리나라 독자들에게도 사뭇 친숙한, 그리고 의미있는 이름이 되었습니다. 인스턴트 식품 같은 책읽기가 판치고 있는 독서 풍토에, 교양-오락으로서의 책읽기라는 독서 본연의 고전적이고도 신선한 바람을 불러일으킨 주인공인 것입니다.

그렇다면 시오노 나나미는 어떤 작가인가. 그를 국내에 처음 소개한 책(『로마인 이야기』 제1권, 1995년 9월 초판 발행)에는 이렇게 적혀 있습니다.

"시오노 나나미는, 아직 우리나라에는 다소 생소한 편이지만, 문학과 역사를 넘나들며 다양한 장르의 작품을 발표한 대작가로 오래 전부터 정평이 나 있는 인물이다. 일본에서는 대부분의 대형서점이 그의 작품들을 따로 모은 특별 코너를 마련해놓고 있으며, 그의 책들은 발간되는 날 베스트셀러 목록에 오를 정도다."

그후 반 년 남짓한 사이에 그의 책들은 우리나라에서도 베스트셀러가 되었고, 그의 이름은 인문주의적 책읽기의 앞자리에 놓이게 되었습니다. 그를 소개한 글을 다시 인용하자면 이렇게 이어지고 있습니다.

"시오노 나나미는 1937년에 일본 도쿄에서 태어났다. 1963년에 학습원대학(일본의 귀족 출신 자제들이 다니는 명문 교육기관이다) 철학과를 졸업한 뒤, 이듬해인 1964년에 혈혈단신 이탈리아로 건너가 로마에 살면서 이탈리아 르네상스를 공부했다. 5년 동안의 유학생활을 보낸 뒤 일본으로 잠시 귀국했다가, 1970년에 다시 이탈리아로 건너가 이탈리아인 의사와 결혼하여 피렌체에 정착했다(지금은 로마에 살고 있다).

그의 집필 활동이 본격적으로 시작된 것도 이 무렵부터인데, 그는 치열한 정신주의와 상식을 꿰뚫는 역사 해석으로 크게 주목을 받아왔다. 그의 이런 면모는, 권모술수가 소용돌이치는 정쟁 속에서 때로는 음모에 휩싸이고 때로는 그것을 이용하면서 표표히 살아간 네 여성의 일생을 그린 처녀작 『르네상스의 여인들』을 비롯하여……"

그러나 여기에서는 이만 줄이겠습니다. 그에 대한 소개는 『로마인 이야기』를 비롯한 다른 책들에도 이미 나와 있고, 만약에 시오노 나나미라는 이름을 처음 대하는 독자라면 좀 번거롭더라도 그의 책들을 구해서 읽어보면 될 것이기 때문입니다(서점에 가서 '시오노 나나미의 책'을 달라고 하면, 책방 주인이나 점원은 아마 당신을 좀더 다른 눈길로 볼지 모릅니다. 예컨대 요리사가 입맛 높은 고객을 만났을 때

보내는 반갑고 그윽한 눈빛 같은 것 말입니다).

이 책은 제목이 말해주고 있듯이, 르네상스 시대를 살았던 여인들의 이야기를 담고 있습니다. 르네상스. 신(神) 중심의 종교적 도그마로 뒤덮인 중세의 어둠에서 벗어나, 인간 중심의 문화적 숨결이 넘실대는 근대의 광장으로 역사의 수레바퀴를 움직인 시대정신. 이 혁신이 움튼 터가 이탈리아였고, 또한 그 개화가 가장 만발했던 곳도 이탈리아였다는 것은 누구나 다 아는 사실입니다. 그렇다면 르네상스의 꽃인 이탈리아 르네상스, 그 시대를 관류하는 정신은 무엇인가. 저자는 이렇게 말하고 있습니다.

"이탈리아 르네상스의 요체는 비좁은 정신주의의 껍데기 속에 틀어박히지 않은 대담한 영혼과 냉철한 합리적 정신에 있다. 여기에 입각한 정신과 육체의 감각적이고 관능적인 조화. 이것을 감지하지 못하는 한, 이탈리아 르네상스의 정신을 이해할 수는 없을 것이다."

그래서 르네상스 시대의 이탈리아에서는, 한편으로는 문학과 예술이 꽃을 피운 반면에, 다른 한편에서는 온갖 형태의 권모술수와 정치투쟁—교황권과 왕권의 다툼, 왕국과 공국의 갈등, 외침과 내란, 정략결혼과 배신—이 소용돌이쳤습니다.

이 들끓는 시대를 이끌어간 주역은 남성들이었습니다. 얼핏 떠오르는 이름만 들어도 그렇습니다. 종교계의 교황들, 정치계의 로렌초 데 메디치와 체사레 보르자, 문예계의 단테, 보카치오, 레오나르도 다 빈치, 라파엘로, 미켈란젤로······. 그러나 이 '남성의 시대'에도 '여성의 한계'를 떨쳐내며 자기 시대를 열정적으로 살아간 여인들이 있었습니다.

타고난 정치적 재능과 예술적 영혼을 한껏 발휘하여, 강대국에 둘러싸인 작은 나라를 슬기롭게 지켜낸 만토바 후작부인 이사벨라 데스테.

교황의 딸로 태어나 권력의 심장부에서 자랐으면서도, 그 아름다움 때문에 정략과 정쟁의 제물로 희생된 비극의 주인공 루크레치아 보르자.

여자이면서도 여자이기를 거부한, 그리하여 남성의 시대를 정면으로 부딪쳐 나가다가 끝내 좌절한 '이탈리아의 여걸' 카테리나 스포르차.

강요된 운명에 의해 키프로스 여왕이 되었으나, 결국은 그 운명에 의해 망국의 꼭두각시가 될 수밖에 없었던 '베네치아의 딸' 카테리나 코르나로.

시오노 나나미는 이들을 역사 속에서 불러내어 우리 앞에 데려다놓고 있습니다. 부분적인 전설로만 알려져 있는 그들이 이 책에서 온전한 모습으로 되살아나 우리를 사로잡는 것은 작가의 뛰어난 서술과 묘사 덕입니다. 작가의 붓놀림은 대가의 솜씨여서, 때로는 큰 획을 긋듯 힘차게 뻗치다가, 때로는 가는 선을 그으며 부드럽게 휘어지기도 합니다. 그의 붓끝에서 주인공들은 사랑을 불태우고, 한숨을 내쉬고, 절망으로 주저앉고, 분노에 떨고, 다시금 일어나 옷깃을 매만집니다. 그리고 우리는 그들이 숨쉬는 공기를 통해 르네상스 시대의 속내를 읽게 됩니다. 거기에는, 때로는 역병에 걸려 버려진 시체들이 썩어가는 냄새가 감돌기도 하고, 때로는 궁정 무도회장을 가득 메운 지체 높은 이들의 위선적인 웃음소리가 울려퍼지기도 하고, 때로는 밀실에서 머리를 맞대고 음모를 꾸미는 자들의 그림자가 촛불빛에 아른아른 떠오르기도 하고, 때로는 정념에 타오른 불륜의 불꽃이 어두운 강변을 비추기도 합니다. 그러나 몇 발짝 물러서서 다시 바라보면, 이 모든 영상들 위에 찬란히 빛나는 것은, 그 온갖 악취와 위선과 음모와 불륜의 탁한 공기를 밀어내는 자유로운 정신과 예술적인 아름다움입니다. 그들은 결국 새로운 시대를 열기 위해 몸부림쳤던 것이고, 그들의 고통이 감동으로 다가오는 것도 그래서일 것입니다.

지금까지 나온 시오노 나나미의 책들을 읽어본 독자들 중에는, 그처럼 대단한 필력과 상상력을 가진 작가의 처녀작은 과연 어떤 것일까 궁금하게 여긴 분들이 많았을 것입니다. 작가 자신도 다른 글(정확히 밝히자면 『로마인 이야기』 제4권, 율리우스 카이사르의 『갈리아 전쟁기』를 다룬 부분)에서 언급했듯이, "작가의 '처녀작'에는 그후에 쓴 모든 작품의 싹이 담겨 있"기 때문입니다. 이 책 『르네상스의 여인들』을 읽는 것은 순서를 거꾸로 해서 30여 년 전의 시오노 나나미를 읽는 것이지만, 우리는 이 책에서 '싹' 만이 아니라 '꽃' 까지 볼 수 있을 것입니다.

『르네상스의 여인들』의 번역을 마친 지금, 참으로 감회가 깊습니다. 시오노 나나미가 필생의 마지막 혼신을 쏟아 집필하고 있는 『로마인 이야기』를 번역하고 있는 나로서는, 처녀작까지 번역함으로써 그의 저술 활동을 출발선과 결승선에서 만나고 있는 셈인데, 더없는 기쁨이고 보람이 아닐 수 없습니다.

전에 시오노 나나미가 한국을 방문했을 때, 그를 잠깐 만날 기회가 있었습니다. 비록 짧은 만남이었으나, 책을 통해서 느꼈던 인상을 확인하기에는 충분한 자리였습니다. 글에 대한 애정은 글쓰기에 헌신하는 자만이 가질 수 있는 특권이라는 것을 나는 새삼 깨달았습니다. 기독교의 본산인 로마에서 30년 넘게 살아오면서도 그가 끝내 종교적 아웃사이더의 자리를 고수할 수 있었던 것도 어쩌면 글쓰기를 하나의 신앙으로 받아들인 자부심 때문이 아닐까 하는 생각도 들었습니다.

이런저런 이야기 끝에, 『로마인 이야기』에 이어 『르네상스의 여인들』까지 번역하게 된 인연을 소중하게 생각한다고 했더니 그는 통역을 거치지 않고 내게 직접 이탈리아어로 말했습니다. "그라치아! 그라치아!" 나중에 사전을 찾아보았더니, 이 말은 "좋다! 고맙다!"는 뜻이었습니다.

　옮긴이 김석희

르네상스의 여인들

시오노 나나미 ▮ 르네상스 저작집 2

지은이 **시오노 나나미**
옮긴이 **김석희**
펴낸이 **김언호**
펴낸곳 **(주)도서출판 한길사**

등록 • 1976년 12월 24일 제74호
주소 • 10881 경기도 파주시 광인사길 37
      www.hangilsa.co.kr
      E-mail: hangilsa@hangilsa.co.kr
전화 • 031-955-2000~3
팩스 • 031-955-2005

제1판 제 1 쇄 1995년 9월 30일
제1판 제11쇄 2001년 7월 30일
제2판 제 1 쇄 2001년 12월 30일
제2판 제 9쇄 2018년 6월 15일

값 15,000원

ISBN 978-89-356-1080-8 03800
• 잘못 만들어진 책은 구입하신 서점에서 바꿔드립니다.